PRIMES GRATUITES
DU
PAYS, JOURNAL DE L'EMPIRE

L'ENVERS ET L'ENDROIT

PAR

M. AUGUSTE MAQUET.

———◆———

I.

Aux environs de Verberie, entre l'Oise et Roberval, il n'y a pas encore bien longtemps qu'on apercevait, sur un coteau rouge, une vieille tour carrée, mal coiffée d'un chaume gris ébouriffé; sorte de squelette de moulin à vent sans bras, elle servait de grange à une petite ferme voisine, et l'on avait renoncé à en faire un colombier, parce que les corbeaux, inexpugnables dans leurs crevasses, s'obstinaient à manger tous les pigeons, moins peut-être par goût pour cette viande mélancolique que par respect pour la tradition.

Cette ruine s'appelait Montvalat. Nul n'eût su dire pour quelle raison, ni les valets de charrue qui depuis un siècle y mettaient leurs chevaux à l'ombre, ni les chasseurs qui s'y donnaient rendez-vous, ni le vieux mendiant qui savait s'y creuser un gîte sous la saillie cylindrique de l'énorme parpaing de pierre.

L'auteur de ce récit s'est arrêté là bien souvent, pour rafraîchir ses chiens, et il disait *Montvalat* comme tout le monde, sans que ce nom éveillât rien dans son esprit. Tout au plus, rapprochant machinalement ces deux idées, mont et vallée, y trouva-t-il la raison du nom donné jadis à cette tour, à cause de sa situation sur un monticule au-dessus d'une ride de la plaine. Là se bornèrent ses recherches archéologiques, et c'était plus qu'on n'en avait jamais fait pour cette ruine vénérable.

Depuis, un grand niveleur a traversé ce pays. Huit rails de fer écrasent maintenant les sables rouges du coteau. La première locomotive a balayé en passant la tour carrée. A-t-on comblé le vallon? a-t-on rasé la montagne? peu importe. Il ne reste plus rien de Montvalat, pas même le nom, pas même peut-être le souvenir.

C'est alors que par un hasard étrange, et comme s'il eût déchiffré tout à coup une inscription tumulaire, celui qui écrit ces lignes a trouvé, en cherchant autre chose, le sens du mot enseveli avec la vieille ruine. Ce mot est un nom, et ce nom une histoire.

Les Montvalat, ancienne famille de l'Artois, grands seigneurs au seizième siècle, avaient beau-coup souffert sous Richelieu, qui leur avait éventré plus d'un donjon. Domptés et ralliés, ils étaient venus apporter les débris de leur fortune sur les bords de l'Oise, où le chef de la maison, amoindri et passablement humilié, s'était décidé, en soupirant, à bâtir un petit château entouré d'un millier d'arpents de terre et de bois.

Mazarin, clément, mais homme de mémoire, avait appris à Louis XIV le nom de ce rebelle, avec certaines particularités de sa rébellion. Le jeune prince non plus n'oubliait guère, et son enfance, écoulée parmi les mépris et les luttes, léguait nombre de ressentiments à sa virilité. Longtemps après la résurrection de la toute-puissance royale, il bouda Montvalat, qui fut oublié dans ses terres. Deux générations se rouillèrent ainsi obscures, loin des premiers rayonnements d'un règne qui lustrait à neuf l'or, l'azur et la pourpre de tous les blasons de France.

En ce temps-là un gentilhomme ne pouvait faire ou agrandir sa fortune que par le roi. Or les choses de ce monde, quand elles ne croissent pas, diminuent. Les Montvalat étaient donc bien réduits, lorsqu'en 1680 environ, le dernier des disgraciés du roi, Louis-Marie, marquis de Montvalat, chef de la famille, mourut sexagénaire, laissant trois fils dont l'aîné n'avait pas vingt-quatre ans.

Ces jeunes gens se partagèrent le patrimoine. Je dis se partagèrent, car ils s'aimaient tendrement, comme c'est l'ordinaire parmi les gens persécutés. Et au lieu de tout prendre en chassant ses deux frères à Malte ou dans l'Église, l'aîné, qui s'appelait Robert, garda chez lui Henri, le second, et Didier le dernier des fils. Tous trois vécurent libres dans le domaine de Montvalat; heureux, s'ils n'eussent pas senti couler dans leurs veines, malgré la jeunesse insouciante, ce sang tumultueux et brûlé d'un père dont la vie avait dévoré tant d'ambitions et de chagrins.

Le château se composait d'un corps de logis modeste, flanqué de deux pavillons ou tours carrées. La ruine dont nous parlions tout à l'heure était l'une de ces deux tours. Robert, l'aîné, habitait le centre, Henri l'aile droite, Didier la gauche.

1

La vie était bonne, dans ce pays de ressources. L'eau, les bois et la plaine, trois richesses inépuisables, défrayaient à Montvalat les besoins et les plaisirs. Comme, du bois patrimonial, on touchait à la forêt d'Hallate, contiguë elle-même aux forêts de Chantilly, c'était, dans les taillis des trois frères, un perpétuel va-et-vient de cerfs, de chevreuils et de sangliers. Cette abondance attirait, à Montvalat, l'élite des chasseurs du voisinage, et, parmi tous ces compagnons de bruit et d'exercice, la douceur et la loyauté des trois gentilshommes leur avaient concilié de solides amis.

L'un d'entre eux, surtout, s'était attaché à Didier de Montvalat. Il était Clermont, de la branche de Chates, héritier unique de la seigneurie de Clermont, voisin et familier des princes de Condé chez lesquels il avait été nourri page, comme on disait alors.

Le grand Condé vieillissant, fatigué, mais toujours sûr de son coup d'œil, distingua Clermont parmi la jeune noblesse qui l'entourait, et il l'attacha aux princes de Conti, ses deux neveux, à leur début dans la carrière.

L'aîné de ces princes venait d'épouser la fille du roi et de Mlle de La Vallière, Marie-Anne de Blois, légitimée de France; Condé avait été le demander à sa mère ensevelie vivante aux Carmélites du faubourg Saint-Jacques, et cette alliance, il la sollicita, dit-on, avec ardeur, car elle lui promettait pour sa maison un avenir de grandeur et de préférence. En effet, Louis XIV, heureux d'unir l'enfant de son amour à un prince de son sang, avait doté comme une reine la fille de Louise de la Miséricorde.

Cette faveur de l'astre qui vivifiait tout, Condé l'espérait surtout pour le plus jeune de ses neveux, qu'on appelait alors la Roche-sur-Yon, et qu'il aimait à l'idolâtrie, ayant deviné chez lui les hautes qualités qui font les héros. — Celui-là, pensait le grand homme, continuera mon nom et ma race; celui-là est le germe sacré: ménageons-lui les caresses du soleil. Beau-frère d'une fille chérie du roi, toujours à portée du trône d'où tombent les commandements et les grandes charges militaires, il saisira sans obstacle les occasions de s'illustrer. Vienne une journée de Rocroi, le Condé est prêt.

Cependant ce mariage ne tint pas ce qu'il avait promis. Louis XIV, aussitôt qu'il eut marié sa fille, se souvint qu'il avait des fils à établir. Le duc du Maine, infirme, poltron, ridicule à la guerre et ridiculisé par les soldats, fit, cruellement pour le cœur du père et de sa gouvernante Maintenon, briller la valeur et la bonne mine des neveux de Condé. Le peuple aimait ceux-ci, les sachant d'un sang pur; il leur témoignait son amour avec frénésie; à eux les acclamations bruyantes, les refrains enthousiastes; au fils de la Montespan, un froid silence, quelquefois un amer sourire plus éloquent qu'une injure.

Cet antagonisme ruina l'édifice élevé par Condé. Le roi regarda les Conti d'un œil sombre et se promit de leur refuser désormais ces occasions mortelles à la popularité de ses bâtards.

Il enveloppa même dans cette défiance la princesse de Conti sa fille, qui jeune, belle jusqu'à éblouir et adorée à la cour, n'était point haïe du peuple comme les enfants de la Montespan. Car les larmes et les expiations de la Carmélite avaient racheté son titre de duchesse et les grandeurs de sa fille. Louis, secrètement excité contre celle-ci par ses sœurs et son frère du Maine, ne la persécutait pas encore, mais il guettait le prétexte et enveloppait les Conti d'une surveillance effrayante pour quiconque eût senti couver l'orage.

Or, excepté Condé, le courtisan sagace, qui donc se fût alarmé à la cour de Chantilly, ou dans la petite cour très-choisie que la princesse de Conti tenait à Versailles? Toute cette jeunesse rieuse, railleuse et puissante, princes vaillants fiers de leur épée, princesse enivrée de ses succès et de sa beauté, sans rivale, disait-on, sur la terre; tous ces enfants n'avaient-ils pas les fêtes, les parures et l'amour? n'avaient-ils pas les bénédictions et l'encouragement populaires, et la splendeur du passé, comme les promesses de l'avenir? Quelle place restait-il à la prudence au sein de tant d'éblouissements? Néanmoins l'orage grossit, savamment préparé au sein même de Jupiter, et ce prétexte tant souhaité précipita la foudre.

C'est dans cette cour remuante et belliqueuse que le jeune Clermont grandissait, s'attachant de plus en plus aux Conti, et prenant sa part comme en famille des leçons de Condé ou des intrigues et des espérances de la maison.

Tous les congés que lui donnaient Versailles et Chantilly, Clermont les employait à courir à Montvalat, près de son petit ami Didier, le dernier des trois frères. Ces jours-là étaient de grandes fêtes pour tous quatre. Le page apportait chez les solitaires comme un reflet des splendeurs de la cour. Ses récits émerveillaient l'auditoire ardent et impressionnable.

Quand il peignait en traits de flamme les cérémonies, les divertissements, les amours, il apparaissait à ses amis comme un être privilégié, vivant avec les demi-dieux, s'abreuvant de nectar et glissant entre les nuages et la terre. S'il parlait des projets brillants de ses jeunes maîtres, s'il détaillait leurs journées d'exercices guerriers, d'études politiques, s'il soulevait plus hardiment le voile jeté sur un radieux avenir, alors que le vieux règne se briserait, et que la jeunesse régnerait à son tour, Clermont voyait autour de lui flamboyer les regards, il entendait soupirer ces vaillantes poitrines, il comprenait le muet reproche de ses amis, honteux d'être écartés de tant de périls et de gloire. Aussitôt il les rassurait: —Patience! disait-il, si les rancunes du roi sont éternelles, le roi ne l'est pas. Monseigneur le grand Dauphin montera sur le trône, et nous sommes au mieux avec Monseigneur. C'est, de lui à nous, un échange assidu de petites cajoleries cachées, comme une secrète alliance. Frère de notre belle princesse, Mme de Conti, il aime passionnément sa sœur, il la respecte et se plaît chez nous. Il ne parle jamais de Mme de La Vallière sans témoigner pour elle d'une sympathie et d'une vénération presque religieuses. Patience! chers amis, je parle souvent de vous à nos princes, et s'ils avaient le crédit des bâtards de là Montespan, votre réconciliation avec le roi serait faite. En attendant, comptez sur mon zèle pour saisir au vol toute occasion qui s'offrira de vous rapprocher de moi. Nous ferons notre première campagne ensemble!

Sur ces paroles franches comme leur amitié, Clermont serrait les mains de Didier, souriait aux deux frères, et les heures s'envolaient, et jamais il ne quittait Montvalat sans y laisser une consolation, un espoir.

II.

Un soir de juillet 1685, Robert et Henri s'évertuaient, avant souper, à étudier leur *Théorie de l'attaque des places*, car c'étaient des esprits sérieux, stimulés par les plus nobles ambitions. Didier quittait la tour carrée pour aller prendre son bain dans l'Oise, lorsqu'un galop de cheval retentit sur la route, à quelque distance du château, et tout à coup Clermont se trouva devant Didier, les bras étendus, l'œil étincelant de promesses.

Au cri de joie poussé par leur frère, Robert et Henri se penchèrent hors de la fenêtre, aperçurent le page de Conti et, jetant bas crayons et compas, descendirent précipitamment à la rencontre du bien-venu visiteur.

Clermont, d'ordinaire élégant et raffiné, ne portait ce jour-là ni broderies, ni dentelles, ni plumes. Son pourpoint de drap vert bordé d'un velours noir, étroitement agrafé, sa ceinture de cuir, ses manches à parements impitoyablement fermées à la chemise fine qui s'en échappait seulement aux poignets, des gants de daim à revers, de lourdes bottes de voyage, la solide épée à la coquille de fer remplaçant la fine rapière de toilette, un je ne sais quoi de sauvage et de mystérieux qui respirait en lui et s'exhalait de lui, arrêta soudain les trois frères devant leur ami, lequel, pour un instant, garda le silence et parut jouir délicieusement de leur surprise.

—Eh! seigneur, s'écria Didier le premier, non sans un serrement de cœur qui faisait trembler sa voix, d'où nous vient ce guerrier au maintien terrible?

—Demande plutôt où il va, répondit le page; mais, d'abord, ajouta-t-il en tournant la tête pour s'assurer que les valets n'écoutaient pas, tirons à l'écart, mes amis, hors des murs: ici comme à Versailles ils pourraient avoir des oreilles.

Robert se dirigea vers la pelouse un peu roussie qui séparait le château des parterres. Là, bien à découvert, sous le ciel étoilé, eux seuls pouvaient s'entendre; ils se serrèrent en un groupe étroit, et Clermont, posant sa main sur l'épaule de Didier:

—Aujourd'hui 20 juillet, lui dit-il à voix basse, nous avons tous deux dix-sept ans, toi et moi; aujourd'hui la Providence m'a fait un présent: j'en apporte la moitié à mes amis de Montvalat.

—Qu'est-ce que ce présent? demanda Didier doucement ému.

—Une nouvelle, une grande nouvelle.

Les trois jeunes gens tressaillirent. Leurs yeux seuls interrogèrent Clermont.

—Voici, répliqua-t-il. Le jour que je vous ai promis tant de fois est enfin arrivé. Plus de gêne, plus de prison, plus de maître jaloux, plus de Maintenon bigote.

—Le roi est mort! s'écrièrent à la fois Henri et Robert.

—Non, non, il vit, et vivra cent ans. Il vivra toujours. C'est dans cette crainte que nous venons de prendre un parti. Comme il nous est bien démontré que, pour nous étouffer, le roi ne veut plus de guerres; comme il est évident que d'ici à deux ans la France sera une immense capucinière, dirigée par Louis quatorzième du nom, avec M. du Maine pour premier acolyte, nous n'hésitons plus. Nous allons demander ailleurs ce qu'on nous refuse ici. L'empereur fait la guerre aux Turcs, nous partons trouver l'empereur.

—Comment, vous partez, demanda timidement Robert, qui, vous?

—Oh! rassurez-vous, Montvalat, s'écria Clermont, la compagnie est nombreuse et passablement choisie. C'est d'abord Mgr le prince de Conti, M. le prince de la Roche-sur-Yon, son frère; c'est M. le prince de Turenne, MM. de Créqui, M. de Villeroy, MM. les ducs de Liancourt et de la Roche Guyon, M. le prince Eugène... toutes personnes d'assez bonnes maisons, comme vous voyez, et dont l'absence fera peut-être plus de tort à l'armée française que leur présence ne produisait d'effet à la cour.

—Quoi! toute cette noblesse sort de France! dit Robert.

—Elle n'y sera plus demain au matin.

—Et toi, murmura Didier frémissant, tu pars aussi, j'imagine?

—Comme tu vois.

—Je ne devine pas bien alors, répartit vivement le jeune homme, en quoi consiste ce présent si agréable dont tu prétendais apporter ici la moitié.

—Quoi! tu ne comprends pas, interrompit Clermont avec chaleur, que j'apporte la liberté, la vengeance et la gloire! Tu ne comprends pas que je ne veux rien de tout ce qui se prépare, si je ne le partage avec vous! Quoi! tu supposerais que, dans une aubaine où le roi n'est pour rien, j'aie oublié mes trois amis et tout gardé pour moi seul en égoïste! Enfants que vous êtes, mais on va sabrer des Turcs, conquérir des duchés et piller des sultanes. Mais sautez de joie, enfants! je vous emmène!

—Oh! Clermont! brave Clermont! s'écrièrent avec ivresse les trois frères en se précipitant l'un au col, l'autre à l'épaule, le troisième sur la main ouverte de leur ami.

—Oui, reprit-il, c'est convenu avec M. le prince de la Roche-sur-Yon. — Amène tes camarades, m'a-t-il dit, je me charge d'eux.

—Il se charge de nous! digne prince!

—Oui, mais faisons vite; je me suis dérobé tandis qu'ils arpentent la route d'Allemagne. Le prince m'a donné jusqu'à demain pour rejoindre. N'emportez que le strict nécessaire: nous avons de l'argent; vos chevaux et vos épées avec un porte-manteau, en voilà assez pour le présent.

Plus tard vos bagages arriveront. Faisons vite, vous dis-je, et surtout pas de bruit : car la moindre indiscrétion perdrait tout. Vite! une heure de retard, et nous serions arrêtés !

— Arrêtés? demanda Robert, et pourquoi ?

— Comment, pourquoi ? Si jaloux que soit le grand monarque, et si content de savoir MM. de Conti loin de Versailles, croyez-vous que cette satisfaction et cette jalousie aillent jusqu'à laisser passer chez l'empereur la fleur de sa noblesse et deux princes du sang royal?

— C'est donc à l'insu du roi, balbutia Robert, que MM. de Conti font le voyage ?

— Pardieu! s'écria Clermont avec un franc éclat de rire.

— Et sans autorisation même d'un ministre?

Clermont se mit à rire de plus belle.

— C'est bien là ce qui en fait le charme, dit-il, n'est-ce pas, Didier?

— Je le crois bien! s'écria celui-ci transporté. Allons! Henri, allons! Robert, dépêchons, ne faisons pas attendre notre général !

— Un moment, un moment, dit Robert subitement refroidi.

— On dirait que vous hésitez, Montvalat! demanda le page surpris.

— Je n'hésite pas du tout, monsieur de Clermont, répliqua Robert. Je refuse.

Un cri de désespoir poussé par Henri et Didier n'ébranla point sa résolution. Il poursuivit en regardant fixement ses frères :

— Si nous étions princes du sang, ou seulement Bouillon, ou seulement ducs, et bien en cour comme ces grands seigneurs qu'on nous nommait tout à l'heure, vous me verriez déjà botté, armé et en selle. Car le roi pardonnera toujours à son gendre et au beau-frère de sa fille la princesse, il pardonnera aux forts. Mais qu'êtes-vous, MM. de Montvalat? des gentillâtres en disgrâce, presque des rebelles. Ce qui s'appellera escapade de la part des autres se nommera pour vous désertion, trahison, lèse-majesté. On boudera ces gros messieurs ; à vous, on vous coupera la tête.

— Oh! oh! dit Henri avec un sourire de dédain.

— Eh bien! après! s'écria Didier, bouillant et mutiné.

— Après? répondit Robert froidement. Eh bien! monsieur, si l'on vous coupe la tête pour avoir trahi l'Etat et le roi, notre nom sera déshonoré. C'est précisément le contraire de ce que j'ai juré à notre père, lorsqu'il est mort en me recommandant de vous protéger, en vous recommandant de m'obéir.

Robert s'arrêta. Henri baissait les yeux. Didier, pâle et le cœur gonflé, avait quitté le bras de Clermont et détournait la tête.

— D'ailleurs, reprit Robert, croyez-vous que je ne souffre pas, moi aussi, de perdre une chance qui était le rêve de mes jours, le délire de mes nuits! Croyez-vous qu'elle ne me dévore pas, cette obscurité qui vous pèse? Ah ! s'il ne s'agissait que de la vie... mais il s'agit de l'honneur... Au surplus, M. de Clermont est un parfait gentilhomme, un ami véritable, ce n'est pas lui qui voudrait nous perdre. Consultez-le, maintenant qu'il a réfléchi... Tenez, je m'abandonne à sa décision, s'il persiste à nous emmener, je cède, nous partons.

Henri et Didier, par un mouvement rapide, se tournèrent vers Clermont, d'ordinaire si résolu, si téméraire. A son tour, il baissa la tête et ne proféra point une parole.

— Hélas! murmura Didier.

— Vous voyez, reprit Robert tristement. Est-ce cruel, à vingt ans, de parler comme je viens de faire? mais je ne suis plus un jeune homme, je suis leur père, M. de Clermont.

— Vous êtes un brave cœur, dit le page ému. Moi j'étais et je suis encore un fou. Mais, si l'honneur consiste pour vous à refuser, il consiste pour moi à consommer cette folie. — Puisque tu t'obstines dans ce coup de tête, — a dit le grand Condé à M. de la Roche-sur-Yon — prends Clermont. — Je suis pris, mes amis.

— Et sans trop de répugnance, interrompit Henri essayant de sourire.

— Laissons-le partir, dit Robert avec effort : tout retard est pour lui maintenant un danger, pour nous un supplice.

Alors il embrassa tendrement le page, qui tendit les bras à Henri. Quand ce fut au tour de Didier, l'étreinte fut longue ; l'enfant étouffait son désespoir ; Clermont refoulait des sanglots prêts à éclater. Robert les sépara avec une affectueuse violence ; Henri entraîna lui vers la cour, où l'attendait son cheval ; Robert s'empara de l'autre, le berçant pour ainsi dire sur son sein. Vainement chercha-t-il à l'empêcher d'entendre. Les fers du cheval au départ résonnèrent bruyamment sur le pavé. Didier tressaillit et releva la tête. Il ne vit plus que son frère Henri qui revenait vers eux seul, lentement et le front incliné.

III.

Après le départ de Clermont, une tristesse profonde envahit la maison des trois frères.

Les deux aînés perdaient l'espoir d'une fortune brillante, compromise désormais par la ruine certaine de leur jeune protecteur. En effet, Robert comprenait et s'efforçait de faire comprendre à ses frères les conséquences de la colère du roi lorsqu'il apprendrait la fuite des princes ; quant à Clermont, il serait sacrifié, peut-être même par ses maîtres. Sans compter les mauvaises chances d'une guerre en Hongrie, guerre sauvage, avec des barbares, tous les fléaux semblaient ligués contre cette expédition de Français étourdis qui, croyant n'aller affronter que des Turcs, rencontreraient la peste, la famine et la trahison non moins dangereuse, l'Autriche à laquelle ils vouaient leurs courages.

Ce fut pendant longtemps au foyer des Montvalat le sujet des entretiens de chaque jour. Peu à peu les vives impressions du moment se perdirent dans l'habitude et la douleur aiguë fit place à une sombre uniformité.

Didier, seul, ne s'accoutuma pas à la perte de son ami. C'était une âme tendre, une créature nerveuse, poussant à l'extrême la joie ou l'amertume de ses perceptions. Ce jeune homme aux sourcils bruns, aux cils soyeux qui voilaient ses longues paupières, au teint blanc et nacré comme celui d'une jeune fille, — cet être frêle dont la prunelle noire recélait des flammes inextinguibles, tandis qu'on lisait sur ses traits corrects, sur ses lèvres dessinées par un carmin pâle l'austère froideur et l'ascétique chasteté des martyrs de la Rome chrétienne, ce pauvre cœur aimant, qui de sa première sympathie s'était fait une passion ardente, faillit succomber au chagrin de la séparation.

Ses deux frères, émus de l'état où ils le voyaient, lui devinrent doux et complaisants, plus encore que par le passé. Ils s'efforçaient de le distraire. Naïfs consolateurs qui n'avaient pas même la conscience de leur insuffisance et se figuraient calmer par un présent, par une caresse de frère, l'insatiable soif de tendresse qui s'allume en certaines âmes, symptôme précurseur de la fièvre d'amour!

Il ne fut donc plus contrarié dans ses langueurs, dans ses mornes paresses. Quelquefois il passait des jours à flotter, couché dans son bateau, sur la nappe verte et molle de l'Oise, parmi les joncs qui criaient sous la proue, parmi les herbes tièdes, dont les panaches, polypes onduleux, finissaient par s'emparer de la barque et l'amarraient dans leurs touffes comme à un îlot fleuri. C'est là que, tard, aux premiers feux de l'étoile du soir, le retrouvaient des serviteurs inquiets qui l'avaient appelé sans le tirer de son étrange sommeil. On lui faisait alors la guerre sur ce goût bizarre, on le poussait à la promenade, on le réconfortait soit par quelque souvenir de Clermont, soit par quelque hypothèse plus ou moins encourageante sur l'expédition de Hongrie; enfin, on lui arrachait un sourire, et puis on se couchait; et les deux aînés, qui dormaient jusqu'au matin, n'entendaient pas Didier s'agiter dans sa chambre et continuer par l'insomnie nocturne l'œuvre de destruction commencée par les torpeurs du jour.

Cependant le temps marchait. De l'ami absent pas de nouvelles. Comment Clermont n'avait-il pas écrit? Robert de Montvalat fit un voyage à Paris. Il y apprit que la cour était divisée en deux camps depuis le départ des princes. Un ministre les ayant rappelés instamment, avec promesse de pardon pour tous, excepté pour le prince Eugène, à qui défense était faite de revenir en France, ceux qu'on favorisait avaient refusé de rentrer. Celui qu'on exilait avait répondu : « Je rentrerai en France et malgré eux. » Cette réponse du prince Eugène courait Paris comme un frisson prophétique. Et le roi n'avait fait qu'en rire avec M. du Maine et leurs amis. La France paya plus tard ces rires dédaigneux d'une moitié de son sang et de dix ans de larmes.

Robert était encore à Paris quand on y apprit tout à coup la bataille de Grann, en Hongrie, et la défaite des Turcs, et les prodiges de valeur accomplis par MM. de Conti à la face de l'Europe. L'escapade de ces jeunes gens tournait en odyssée héroïque, on s'arrachait dans les rues les bulletins de leur victoire, comme si elle eût sauvé la France; les deux Conti furent chantés au coin de tous les carrefours, et leur popularité s'accrut des persécutions royales.

La princesse de Conti, fille du roi, quitta la cour sur ces entrefaites. On prétendit qu'elle venait d'être exilée aussi. L'histoire d'une querelle entre elle et le fils boiteux de la Montespan se propagea aussitôt et prit les proportions d'une insulte faite à la princesse, qui défendait, dit-on, son mari et son beau-frère contre les sarcasmes du bâtard jaloux.

Le fait est que Mme de Conti se retira chez le prince de Condé à Chantilly ; le roi s'y opposait, prétendit la chronique : il voulait l'envoyer ailleurs, mais les instances de la princesse furent si vives que le père dut céder à sa fille. Elle partit à peu près seule. Il va sans dire que dans les moments d'orage les courtisans restent volontiers du côté de la main qui tient la foudre. La princesse s'ensevelit sous les ombrages séculaires chéris du grand Condé. Celui-ci, à l'arrivée de cette visite compromettante, les quitta bien vite pour un sourire du roi qui l'appelait à Marly. La fille de La Vallière resta seule avec un écuyer dans l'immense château.

Aussitôt le peuple, aussitôt les bourgeois, aussitôt la jeune noblesse, de plaindre et d'adorer cette reine de beauté, cette fée enchanteresse, abandonnée à dix-huit ans parmi les loups. Plus d'un roman de l'époque fait allusion à l'illustre Aristonice ou Cléobule, princesse incomparable et errante que l'auteur promène avec des torrents de larmes dans la sauvage Hyrcanie, au bord des précipices grouillants de vipères. Aristonice signifiait Marie-Anne, fille de France, et cette Hyrcanie féconde en lions n'était autre que le grand quinconce ou l'allée de Sylvie.

Telles furent les nouvelles que rapporta Robert tout palpitant. Il revint à Montvalat croyant y trouver des lettres de Hongrie, et se hâtant, parce qu'il savait que les lettres lui seraient adressées, que Didier n'oserait les ouvrir sans lui et se consumerait dans l'attente. Pas de lettres à Montvalat, pas l'ombre d'un souvenir! Ainsi, quand toute la cour avait reçu des courriers, quand le moindre courtaud de boutique discutait la topographie de la bataille et le nombre des canons et des queues de cheval imprimés dans les gazettes, un ami, le plus tendre et le plus dévoué des amis, eût ignoré jusqu'au fait lui-même, sans ce voyage de Robert.

Les deux aînés doutèrent du cœur de Clermont.

Didier haussa légèrement les épaules et, regardant Robert avec un muet reproche :

— N'est-il pas plus simple de supposer, interrompit-il, qu'il est blessé mortellement ou mort?

Il s'agissait de guérir cette nouvelle souffrance. Robert devinait à la pâleur de son frère les résultats qu'un pareil doute amènerait en peu de temps. Il se consulta longuement avec Henri, et tous deux, sous prétexte d'une partie de chasse, se rendirent à Chantilly où jamais ils n'étaient allés,—très-fiers de leur nature, se sachant pestiférés de la disgrâce royale, et résolus à ne rien solliciter, fût-ce de Clermont. Mais, pour cette fois, en présence de la cruelle incertitude où les plongeait son silence, la fierté fléchit, les deux frères partirent avant l'aube, et le soleil levant les trouva frappant à la porte du pavillon qu'habitait l'officier de service au château de Chantilly.

Il leur fut répondu que M. de Clermont se portait à merveille, qu'il était surprenant qu'il n'eût pas écrit à ses amis de Montvalat, car il avait écrit à plusieurs autres. Cet officier même était l'un de ces heureux. Il fit voir sa lettre à Robert, une lettre triomphante et gaie.

Robert et Henri, confondus et ne doutant plus de l'oubli du page, sentirent pourtant beaucoup de joie à le savoir sain et sauf. Pour s'expliquer l'exclusion dont ils étaient victimes, ils firent mille suppositions. Une seule eût suffi. Ils n'avaient qu'à se rappeler leur nom, suspect à la cour, et à réfléchir qu'une lettre, écrite de Hongrie par un page de Conti à un Montvalat, était bien aventurée à la poste, sous un ministre aussi curieux que M. de Louvois. Mais cette réflexion si raisonnable fut la seule qu'ils omirent. Ils revinrent donc chez eux et instruisirent Didier de son bonheur et de son malheur.

Ils accompagnèrent leur récit de quelques apophtegmes sur la vanité des amitiés de cour, engagèrent l'enfant à se montrer un homme. Ils ajoutèrent, sans amertume, que Didier en verrait bien d'autres dans la vie, qu'il n'était qu'au début, etc., etc. Ils terminèrent en lui remontrant affectueusement qu'on a tort d'aller chercher loin ce qu'on a sous la main, et, ouvrant leurs bras au petit frère, lui donnèrent la preuve de cette vérité par une tendre et chaleureuse étreinte.

Soit que Didier les crût, soit qu'il craignît d'être ingrat en ne feignant pas au moins de les croire, il passa dès ce moment à un état plus calme, à des manifestations plus raisonnables. Il reprit peu à peu ses travaux en compagnie des aînés; — travaux fort intermittents, sans doute, mais qui témoignaient d'une rémission salutaire de son esprit. Son penchant pour la solitude ne diminua point, mais on put s'apercevoir qu'il cherchait à se distraire, et plus d'une fois Robert l'y excita, soit en garnissant généreusement sa bourse, soit en affectant de ne plus surveiller lorsqu'il s'absentait de Montvalat.

IV.

Ces absences de Didier se multiplièrent peu à peu, et à tel point qu'elles finirent par inquiéter ses frères autant que d'abord elles les avaient réjouis.

Ce n'était pas cependant que le résultat n'en fût assez avantageux pour le moral et pour la santé du jeune homme. Chaque jour il sortait à cheval et ne rentrait que le soir. S'il revenait à l'heure du repas commun, il y apportait un bon visage, un appétit satisfaisant. Il se montrait, tantôt, rêveur avec de doux et fins sourires; tantôt, s'il se sentait observé, causeur et conteur intarissable. Alors il énumérait les routes qu'il avait battues, les détours qui l'avaient égaré, tel recoin inconnu de la forêt d'Hallate où il s'était oublié avec un livre.

Il paraissait avoir pris un grand amour des bois, lui, naguère exclusif pour l'eau et la plaine. Seulement, quand Robert lui demandait, sans intention malicieuse, quelque détail précis, ou lui proposait de l'accompagner dans ces excursions merveilleuses, c'était soudain un embarras visible, une retraite maladroite à travers des faux-fuyants dont on le railla d'abord, et dont plus tard on s'étonna qu'il eût besoin de faire usage.

La nouvelle maladie de Didier se révélait, entre autres diagnostics, par une recherche de parure jusque-là inusitée. Ses frères le virent avec étonnement passer de la simplicité campagnarde à une minutie digne de Versailles. Cette métamorphose s'opéra tout à coup, du jour au lendemain. Il soignait ses habits, choisissait ses dentelles, composait ses costumes de sortie comme un gentilhomme du bel air qui dîne chez les marquises, et cela, pour courir, en plein bois, dès six heures du matin. La chose, si peu naturelle qu'elle fût, n'aurait peut-être pas éveillé la défiance des aînés, sans une remarque fortuite de Robert, à laquelle succédèrent des soupçons sérieux.

Il lui sembla un soir, tandis qu'il regardait rentrer Didier, que le jeune homme était suivi à distance. Des fenêtres du château, la vue s'étendait sur toute la plaine et enfilait la route coupant un long massif de bois. Robert crut remarquer, dis-je, que deux hommes venus bien loin derrière Didier s'arrêtaient au coin du massif, s'abritaient à l'ombre des derniers bouquets de chênes et suivaient de l'œil le jeune cavalier, qui rentrait au pas, voluptueusement, la tête penchée, comme alourdie par l'extase.

Au sortir de ce bois, commençait la plaine, sans interruption jusqu'au monticule, piédestal de Montvalat. Ces observateurs purent donc voir Didier gravir lentement le chemin sinueux et pénétrer sous la voûte du château. Alors ils parurent échanger entre eux un geste de satisfaction et s'en retournèrent par où ils étaient venus.

Robert n'attacha point sur le moment beaucoup d'importance à cette particularité. Elle ne le frappa réellement que le lendemain au matin, lorsque, de la même fenêtre, guettant sans se montrer, Didier qui partait avec un cheval harnaché de neuf, et pourtant moins splendide que son maître, il aperçut comme deux points noirs dans la clairière du bois au bord de la plaine. Ces ombres, son œil familiarisé avec le moindre détail du voisinage s'étonnait de les trouver là.

Il appela Henri, lui montra l'objet équivoque, et Henri, chasseur infaillible, répondit que c'étaient sans doute deux chevreuils curieux, humant le soleil sur cette lisière.

— Nous les verrons bien s'enfoncer sous bois, —ajouta-t-il — au bruit des pas du cheval.

Mais tout au contraire, à l'approche du jeune homme, les deux formes noires s'aplatirent sous l'herbe. Didier passa devant elles sans rien voir, —il rêvait comme toujours—et peu à peu il s'éloigna dans la route de sable jaune. Soudain les deux prétendus chevreuils se levant, Robert et Henri distinguèrent deux hommes qui s'avancèrent avec précaution jusqu'au fossé de la bordure, puis se placèrent sur la route même, et, de là, observèrent l'insouciant voyageur qui continuait son chemin.

Lorsqu'il eut dépassé la ligne lumineuse de l'horizon, ils se mirent en marche sur sa trace. C'étaient les guetteurs de la veille.

Dans les campagnes, les habitants sont rares. Il est aisé à chacun de reconnaître un homme à des distances considérables. Un enfant distinguera d'une lieue l'étranger à ses allures, à son geste, à son habit. Tous les gens du pays, Robert les connaissait, il les signalait sans hésiter, maraudeurs ou braconniers, rampant dans le sillon ou glissant dans les broussailles : mais ces deux personnages, ces deux ombres d'un noir si ferme, d'une démarche si peu rustique, il s'avoua aussitôt qu'il ne les connaissait pas, et son frère ayant partagé sa surprise, c'est-à-dire son inquiétude, tous deux sortirent du château sans ébruiter leurs projets, et, coupant au court le long d'une oseraie qui rejoignait le bois, ils manœuvrèrent de façon à rencontrer les inconnus suspects à l'intersection des deux chemins.

Mais la fortune ne les servit pas. Ils ne purent revoir ces hommes. Vainement parcoururent-ils les allées, les carrefours si connus, rien, pas de traces, pas de nouvelles. Ils rentrèrent à Montvalat, épuisés.

Le soir, Didier, en arrivant, les trouva près du feu causant avec animation, et ils le reçurent avec une gêne manifeste. On soupa tristement, le repas fut court, la prolixité de Didier n'arracha que des monosyllabes à ses frères.

Quand les valets furent éloignés, Robert pria le jeune homme de le suivre dans sa chambre, celle-là même qu'habitait autrefois leur père. Henri s'assura que personne ne rôdait dans le vestibule, et, montrant un siège à Didier qui essayait de railler leurs airs solennels, il vint s'asseoir lui-même à la droite de Robert, qui préparait avec recueillement son meilleur exorde.

— Didier, mon frère, dit-il enfin, vous nous causez de grands chagrins, à Henri et à moi. Vos absences, que nous ne comprenons pas, que vous ne nous expliquez pas d'une manière satisfaisante, nous paraissent de nature à compromettre le repos de cette maison.

Il se tut, cherchant la réponse dans le regard incertain du jeune homme.

— Mais, mon frère, répliqua Didier affectant l'air d'une victime, vous ne m'avez jamais interdit de sortir. Si maintenant telle est votre volonté, je ne sortirai plus.

— C'est mal prendre mes paroles, Didier, ou plutôt c'est une feinte nouvelle. Vous savez à merveille que je ne vous enchaîne pas, pas assez peut-être. C'est dans votre intérêt que nous nous préoccupons de vos sorties, c'est pour votre sûreté.

— Ma sûreté ! — s'écria ironiquement le jeune homme en saisissant avec adresse ce mot qu'il croyait hasardé, — que risqué-je donc à me promener aujourd'hui dans des bois où je vais seul depuis ma naissance ?

— Il serait possible, dit froidement Robert, que vous risquassiez beaucoup plus aujourd'hui qu'il y a un mois, par exemple.

Didier se tut, attentif.

— Il serait possible aussi, ajouta le frère aîné, que vous n'allassiez pas seulement dans ces bois dont vous parlez.

Didier rougit.

— On ne va pas dans les broussailles avec des dentelles, on ne fait pas pour les taillis des toilettes comme celles que nous vous voyons faire à vous et à votre cheval.

Didier passa de l'écarlate au ponceau brûlant.

— Où allez-vous ainsi chaque jour depuis un mois ? demanda tout à coup Robert.

Le jeune homme blessé, effrayé peut-être de la question si directement posée, se cabra et soutint un moment le regard ferme de son aîné.

— Assurément vous faites mal, poursuivit Robert, car vous vous cachez de vos meilleurs amis : donc vous craignez leurs reproches. Vous faites mal, vous dis-je, et nous ne sommes pas seuls à nous en apercevoir. Déjà votre conduite attire l'attention publique ; déjà vos démarches sont observées.

— Observées ! balbutia Didier en attachant sur son frère deux grands yeux timides.

— Oui, vous êtes espionné, suivi, compromis sans doute, et nous gémissons d'ignorer, Henri et moi, ce que savent les gens qu'on attache à vos pas, les espions qui vous guettaient hier et vous ont suivi ce matin.

Didier eut une mauvaise pensée : il crut que ses frères cherchaient à l'effrayer pour tirer de lui son secret. La première jeunesse est ombrageuse et fière. Ces parfums printaniers montent facilement au cerveau. L'enfant s'endurcit donc, et prenant un air dégagé :

— J'ignore absolument, dit-il, le sens de tant d'énigmes. Me suit-on, ne me suit-on pas, qu'importe ! on verra bien que je me promène et ne fais point de mal.

Robert fronça le sourcil, Henri se leva impatient.

— Est-ce là votre réponse ? demanda Robert.

— Mais, mon frère....

— Est-ce votre dernier mot ?

Didier acquiesça du geste.

— Eh bien ! interrompit Robert avec dignité, puisque la tendresse et les douces paroles n'ont plus prise sur votre cœur, puisque vous vous faites un jeu de mes conseils comme de mes alarmes, puisque, en un mot, vous ne me laissez pour vous sauver d'autre ressource que la rigueur, je serai sévère ! A dater d'aujourd'hui, chevalier de Montvalat, vous ne sortirez plus du château sans ma permission.

— Mon frère ! s'écria Didier épouvanté.

— Vous savez que je me fais obéir, continua Robert, menaçant et pâle.

— Mon frère, je vous jure que je ne fais point de mal. Je vous jure...

— Où allez-vous depuis un mois ?

— Oh ! ne me le demandez pas, je vous en supplie ! dit l'enfant tout palpitant et joignant ses mains avec angoisse.

— A votre majorité je vous laisserai libre. Jusque-là, votre tuteur, votre aîné, votre maître, je vous somme de répondre à ma question.

Robert s'irritait. En lui s'allumait le feu sombre et dévastateur des blanches colères paternelles.

— Je t'en prie, Didier, je t'en prie, réponds à notre frère, murmura Henri à l'oreille du jeune homme, qui chancelait éperdu.

— Non, taisez-vous, enfant ingrat, s'écria Robert, puisque vous n'avez plus pour nous ni respect ni amitié ! Taisez-vous ! Seulement, avec votre secret emportez cette liberté qui vous est si précieuse, nous ne pouvons plus vivre ensemble sous le toit de notre père ! Adieu !

Didier poussa un cri étouffé, courut à son frère et lui saisit la main en tombant à deux genoux.

— Pardon, Robert ! pardon ! dit-il en mouillant cette main de ses larmes. Ne me haïssez pas, vous allez tout savoir.

V.

Robert se sentit désarmé. Il releva Didier, le fit rasseoir, lui donna le temps de se remettre.

— Espérons, lui -dit-il, mon cher enfant, que toutes ces hésitations ne nous cachent pas un malheur.

— Hélas ! monsieur, répondit le jeune homme tremblant encore, s'il y a malheur, au moins aurai-je la consolation d'en souffrir seul.

— Il n'y a pas de malheur ou de joie qui ne s'étende à nous trois, dit Henri en embrassant Didier. Sois tranquille, Robert est bien bon, il nous aime, et, si tu as besoin d'aide, il ne te manquera pas.

— Je n'ai besoin que de votre indulgence, mes chers frères ; et puis, quand j'aurai parlé, je ne demanderai plus rien que le secret et l'oubli.

Didier était si rouge, si troublé, que Robert l'interrompit.

— De quoi donc s'agit-il ? Auriez-vous commis une faute ?

— Oh ! oui.

— Grave ?

— Je le crains !

— Est-ce possible, Didier !... Pauvre enfant !... s'écrièrent les deux frères avec compassion.

— Plaignez-moi, plaignez-moi... je suis...

— Voyons.

— Je suis... amoureux.

L'enfant, après ce mot terrible, baissa brusquement la tête. Son trouble venait moins peut-être de la honte d'un tel aveu que de l'effroi causé à cette âme innocente par la violence du sentiment inconnu qui la tyrannisait. En effet, tant de timidité s'alliait mal avec le feu de deux yeux noirs que pas une femme n'eût regardé en face, pour peu qu'ils eussent osé la regarder eux-mêmes.

Cependant le début de la confidence avait soulagé considérablement le cœur des deux aînés. L'affaire pour eux diminuait de proportion ; le crime devenait peccadille, le péril se changeait en risque. Voilà ce qu'ils se dirent l'un à l'autre d'un coup d'œil. Ils se trompaient beaucoup. Didier seul, dans son instinct, sentait juste, et avait donné à l'aventure son véritable nom : un malheur plein de gravité.

— Il s'agit de nous raconter cela, reprit Robert avec une sorte d'enjouement. Quand et comment t'est venue cette passion-là ?

— Oh ! mon frère, bien simplement, allez. On ne croirait jamais que tout un être, toute une vie, se trouvent ainsi transformés en un instant !

Didier mit dans ces mots une telle expression d'énergie et de souffrance, qu'avec plus d'attention ses frères eussent plongé jusqu'au fond de sa plaie. Mais leur aveuglement ne devait pas se dissiper si vite.

— Nous t'écoutons, ajouta Henri en l'engageant d'un sourire.

— Il y a cinq semaines, dit l'enfant, la tête penchée, les mains jointes, — car il rassemblait péniblement ses idées et ses forces, — oui, il y aura demain cinq semaines, je vivais tranquille ; vos bontés m'avaient consolé du départ et du silence de Clermont. Je commençais à me sentir libre de cœur, comme vous me laissiez libre dans toutes mes actions. Je me souviens que, pour la première fois depuis bien longtemps, j'avais dormi la nuit entière, et qu'au réveil je me trouvai dispos, allègre, prêt à reprendre ma bonne vie d'autrefois, c'est-à-dire le mouvement, le grand air et tous les goûts qui pendant mon engourdissement m'avaient abandonné. J'allai en grande hâte voir mes chiens, vieux amis oubliés, qui, lorsque je les fis coupler, faillirent s'étrangler de joie ; je déjeunai d'un grand appétit, vous m'en fîtes la remarque.

— Je me souviens, dit Henri, tu partis en chantant.

— Oui, je chantais ; cela m'animait encore. Mon cheval m'emmena près des bordures de la forêt, où je découplai pour me débarrasser des chiens qui s'impatientaient. Bientôt ils attaquèrent je ne sais quoi, et je les perdis.

La forêt est grande. Nous y avons droit de suite, et je suivis les maudites bêtes. Mais, vous le savez, dans plusieurs enclaves nous n'avons pas droit, et je fus forcé de tourner. Les bois étaient encore fourrés ; peut-être me laissais-je aller à des distractions ; toujours est-il que je m'égarai, je n'entendais plus les chiens. L'idée me vint qu'ils étaient retournés sans moi à Montvalat ; alors, m'orientant de mon mieux, je marchai encore une bonne heure, mais je n'étais que mieux perdu.

Il faut croire que j'avais franchi, sans y prendre garde, les limites d'une propriété particulière, car depuis quelques minutes je parcourais une sorte de parc aux larges allées moussues, aux hêtres séculaires, quelque chose d'émondé, de soigné, fort différent des sauvages massifs de la forêt. Mon cheval n'en pouvait plus, je l'attachai à un arbre et m'avançai dans l'allée, pensant, à son extrémité, trouver un rond-point et des poteaux, ou peut-être une maison de garde.

— C'est la réserve de M. de Condé que vous nous décrivez, s'écria Robert. Comment ne vous y reconnûtes-vous pas ?

— Non, mon frère, je connais cette réserve dont vous parlez. Ce n'est point là que je me trouvais, ainsi que vous l'allez voir. J'en étais bien loin ; écoutez encore.

Robert, surpris, hocha la tête.

— Je m'en allais donc, cherchant ma route, poursuivit Didier, quand soudain j'entendis courir derrière moi : c'étaient deux hommes d'une tournure aisée, quasi-militaire, qui semblaient chercher à me joindre. Je les attendis ; ils furent bientôt près de moi, et presque au même moment des gardes que je n'avais pas remarqués, et qui me cherchaient aussi, sans doute, débouchèrent du taillis et m'entourèrent. Derrière eux je vis mes chiens, tenus en laisse par un valet, et se pourléchant l'oreille basse comme après une curée frauduleuse. Les physionomies de tout le monde m'avertissaient de leur faute ; j'avais, bien malgré moi, commis un délit de chasse dans cette propriété.

Aussitôt je fus décontenancé. Ces gardes, ces officiers me toisaient arrogamment. En ce temps-là, ma tenue de chasseur était plus que modeste, et vous ne me reprochiez pas de "dentelles. Je sentis que j'avais toutes les allures d'un braconnier. On me questionna, je répondis mal ; on me menaça, je me fâchai tout de suite, et je demandai à parler au maître du bois, dont j'affirmai que j'ignorais le nom et les limites.

Mais l'un des officiers, souriant d'un air froid :

— C'est à vous, d'abord, à vous nommer, dit-il ; car enfin, si vousne savez où vous êtes, vous savez parfaitement que vous n'êtes pas chez vous.

— En admettant qu'il ait un chez lui, interrompit grossièrement l'autre officier.

Je me sentis pâlir, et je crois bien qu'à défaut d'épée, je répondis à cet homme par un mortel regard dont il ne fit que rire, ce qui m'exaspéra. M'adressant au premier qui m'avait interrogé civilement :

— A vous, monsieur, lui dis-je, je ne ferais pas difficulté de répondre, mais à cause de ce manant, de ce drôle, ajoutai-je en étendant la main jusqu'au visage de mon offenseur, je ne sonnerai pas un mot. Qu'on me conduise au maître !

— Ah !... ah !... murmurèrent les deux frères, aussi intrigués qu'intéressés, voilà un singulier début à votre histoire d'amour.

— Il est vrai, répondit le jeune homme, et je me crus bien près d'être écrasé par cette troupe que mes paroles avaient rendue furieuse. Décidé à ne pas me laisser insulter, je détachai mon fusil que je portais en bandoulière, et m'écriai de nouveau : — Passage ! où est le maître !

Mais sur-le-champ ces hommes, qui me serraient si étroitement l'instant d'avant, s'écartèrent de moi. Quelqu'un les rappelait derrière ; je me retournai, je regardai la personne à qui l'un des officiers me montrait respectueusement. C'était une jeune femme, ou plutôt une jeune fille, debout, dans l'allée ; un rayon de soleil rouge jouait en miroitant sur sa robe de velours.

— Nous y voilà, dit Robert : cette jeune femme, ou jeune fille, était bien belle, nécessairement.

— Oui, mon frère, très-belle.

— Elle vous interrogea, sans doute ?

— Je ne crois pas, mon frère. Non, je ne crois pas.

— Comment ! vous ne croyez pas ; vous n'en êtes donc pas sûr ?

— Je suis plutôt sûr qu'elle ne m'a point parlé. Si elle l'eût fait, je me rappellerais le son de sa voix. C'est moi, au contraire, qui parlai. C'était naturel, dans ma position.

— Que lui dites-vous, mon cher Didier ; voyons,

ne vous faites pas ainsi arracher les paroles... Eh bien ! vous ne répondez pas !

— C'est que je cherche, mon frère, je cherche tant que je puis.... pour vous satisfaire... Eh bien ! je pense lui avoir dit qui j'étais. Je pense avoir ajouté que mes chiens s'étaient perdus... Il est vraisemblable que je me serai justifié de mon mieux.

A ces mots si embarrassés, à ces luttes presque douloureuses de l'enfant contre une répugnance invincible... Robert et Henri, surpris, échangèrent un coup d'œil.

— Je pense... je crois... il est vraisemblable... en vérité, chevalier, vous ne me parlez pas comme une créature raisonnable... serait-il possible que vous eussiez perdu la mémoire ?

— Il n'y aurait rien d'étonnant, monsieur, répliqua doucement Didier, cette apparition m'avait saisi, cloué sur place, et il sortait de ses yeux une flamme pénétrante qui a dévoré en moi jusqu'au moindre vestige de ce qu'alors j'ai pu faire, dire ou penser.

— Quels yeux ! s'écria Robert, je n'en ai jamais vu qui m'aient produit un pareil effet.

— Ni moi, ajouta gaîment Henri.

— Vous êtes bien heureux... ou bien à plaindre, mes frères, murmura tout bas l'enfant, dont le sang brûlait la joue et rougissait de vives morsures le front si blanc, aux tempes frémissantes.

— Cependant cette scène a dû finir, reprit Robert, et vous êtes revenu de ce parc enchanté au prosaïque Montvalat, à moins que l'enchanteresse n'ait préféré vous renvoyer sur un nuage. En ce cas, racontez au moins le coup de baguette.

Didier fit un mouvement d'impatience aussitôt réprimé.

— Monsieur, dit-il, ensuite je fus congédié par cette personne.

— Alors, pour vous congédier, elle vous a parlé ?

— Non. J'étais resté rivé à ses yeux qui m'examinaient. Quelqu'un me rendit mes chiens ; on m'arracha de cette allée ; je me sentais changé en statue, aux lèvres entr'ouvertes.

— Là ! tu vois bien que c'était une fée ! s'écrièrent ensemble Robert et Henri, riant pour le faire rire. Mais il ne sourcilla point.

— J'en ai eu l'idée, répliqua-t-il simplement. Une femme ordinaire ne saurait être si belle !

— Comment la nommez-vous, cette divinité, mon petit Amadis ? demanda Robert.

— Ah ! je ne sais point son nom.

— Bon ! vous êtes moins féru que je ne le croyais ; ne pas savoir le nom d'une femme qu'on adore ! c'est qu'on ne l'adore pas. Tant mieux, tant mieux ! chevalier. Cependant vous l'avez revue depuis ?

— J'ai voulu la revoir, oui, monsieur.

— Avez-vous réussi ?

— Bien rarement.

— Tout au plus une trentaine de fois en trente jours, peut-être ?

Didier, de plus en plus glacé, répondit :

— Il est bien vrai que tous les jours je me suis senti attiré de ce côté ; il est vrai que j'ai passé de longues heures à essayer de l'apercevoir, soit derrière une fenêtre, soit sous les tilleuls de sa terrasse, mais je ne suis point hardi, et j'eusse mieux aimé mourir que de commettre une indiscrétion. Voilà pourquoi, en trente jours, comme vous dites, malgré mes assiduités, j'ai eu bien rarement le bonheur de l'entrevoir. Voilà comment je n'ai point appris le nom de cette personne; il me suffisait de me souvenir que je l'avais vue et d'espérer que je la reverrais.

— Une terrasse... dit Robert cherchant... plantée de tilleuls...

— Il me semble que je connais cela, ajouta Henri, rêvant aussi.

— Ne cherchez pas, mes frères, interrompit Didier, la maison est dans les bois de Fleurines : elle appartient à M. de Sillery.

—L'écuyer de M. le prince de la Roche-sur-Yon?

— Précisément.

— En ce moment en Hongrie avec Clermont et les princes ?

— Oui, mon frère.

— Eh bien! alors, si l'on connaît déjà la maison et le propriétaire, la personne en question n'est pas une énigme tout à fait indéchiffrable ; — on s'informera.

— Je pense, interrompit l'enfant avec timidité, que c'est une parente de Mme de Sillery recemment sortie du couvent.

— Ah! vous pensez encore cela... Mais c'est une conjecture hardie... où la prenez-vous? Sur quelle base?

— J'ai une fois questionné une femme de la maison... Oh! convenablement, balbutia Didier, à qui ces détails arrachaient l'âme.

— Et l'on vous a dit que c'était bien une parente ?...

— Oui, mon frère.

— Ainsi, mon cher Didier, récapitulons. Vous êtes amoureux d'une jeune femme ou fille, belle à miracle, parente de madame de Sillery et fraîchement sortie du couvent...

Didier baissa la tête. Il en avait assez répondu; le questionner au delà était une cruauté. Mais l'amour, cette douloureuse maladie du cœur, les meilleurs amis du malade n'hésitent presque jamais à la traiter par des remèdes qui déchirent le cœur lui-même. Robert se figura qu'avec une raillerie incisive, opiniâtre, il extirperait sans difficulté le germe encore inenraciné du mal.

— Vous êtes amoureux, continua-t-il, d'une fille ou d'une femme que vous avez entrevue..... de loin, de très-loin, et discrètement, une petite demi-douzaine de fois.

Même silence de Didier.

— Je gage avec vous, mon enfant, que vous n'êtes pas amoureux du tout, s'écria-t-il pour couronner sa période. Je gage que vous ne la connaissez pas, qu'elle vous est un prétexte à poésie, une sorte de remplaçant qui comble le vide fait en votre cœur par l'absence de Clermont. Enfin, chevalier, je gage que vous ne sauriez seulement nous dire la couleur de ces yeux magiques, par lesquels vous vous prétendez ensorcelé. N'êtes-vous pas de mon sentiment, Henri ?

— Et je l'eusse exprimé de même, dit celui-ci; j'ajouterai, toutefois, qu'un amoureux bien épris est moins passif d'ordinaire et plus curieux que

dans cette circonstance ne l'a été notre cher Didier. A son âge, les murs de terrasse n'ont pas la hauteur que leur attribuent vulgairement les architectes. Et, d'ailleurs, il n'est pas d'élévation que ne franchissent un soupir bien poussé, un billet bien lancé, une œillade bien amorcée. Qu'en pensez-vous, Robert?

— Moi, je persiste, répondit le frère aîné, à nier devant ce jeune homme, non-seulement son amour, mais la femme qui l'aurait inspiré. Elle n'existe qu'à l'état de vapeur, dans un cerveau malade. Autrement, notre frère est sage, il eût réfléchi, il eût discuté ce sentiment, il eût combattu, enfin. Un coup d'œil n'est pas une balle, que diable ! et n'abat point un homme irrémissiblement. Didier nous a raconté une fable, soit, mais j'en attends la moralité.

L'enfant blessé au vif se replia un moment sur lui-même.

Quoi! après tant de souffrances, après tant d'efforts pour laisser aller ce secret en lambeaux saignants, ne rencontrer rien que l'ironie; pas une caresse, pas une goutte de baume sur la plaie si douloureusement découverte ! Didier se repentit d'avoir parlé.

— Nous attendrons votre conclusion, dit Robert de plus en plus persuadé que son souffle suffirait à dissiper le fantôme. Avouez, cher enfant, que cette bulle de savon si radieuse des couleurs du prisme, si savamment soufflée, si tendrement caressée par votre imagination, avouez, dis-je, qu'elle se ternit déjà, avouez qu'elle crève... Ce dénoûment nous rendra tous beaucoup plus heureux que nous ne l'étions ce matin : vous, qui ne souffrirez plus, et nous qui ne vous verrons plus souffrir pour un enfantillage.

Ces consolations plus cruelles encore que la raillerie firent bondir Didier, l'affranchirent de tout scrupule et changèrent sa passion en fanatisme.

— Vous vous méprenez complétement sur mes sentiments, répliqua-t-il, ou du moins je ne comprends pas les vôtres. L'amour, selon moi, n'est pas une souffrance, c'est le plus immense, le plus vivifiant des bonheurs. Je ne sais pas le nom de la personne que j'aime, il est vrai; à peine l'ai-je entrevue quelquefois, j'en conviens; mais, si je m'en contente, tout n'est-il pas bien pour moi? Escalader des terrasses, écrire des billets, on le fait, je le sais, mais je gagne plus à ma timidité qu'à toutes ces hardiesses un peu banales. La couleur des yeux dont vous me parlez, l'analyse de leur séduction, oh ! je n'essaierai pas de vous les dire. Cette beauté, je ne m'en suis jamais rendu compte à moi-même. Quand sa pensée effleure mon cœur, soudain le printemps m'inonde de parfums, l'aurore m'imprègne de lumière, le ciel chante pour moi toutes ses harmonies. Voilà ce que je ressentis en la voyant : ne trouvez-vous pas que ce soit un beau rêve? Eh bien ! c'est devenu une réalité, dont le seul ressouvenir gonfle mon cœur, et caresse mes veines par mille frissons délicieux. Autrefois je n'avais pas cela, je ne connaissais pas l'existence. Pourquoi lutterais-je contre cet amour? je lui dois une félicité céleste. D'ailleurs, pourrais-je lutter? Ai-je mes forces pour le combat? Êtes-vous bien sûrs que je vous comprenne, quand vous me reprochez ma faiblesse, ou quand vous accueillez mes aveux par des sarcasmes?... La passion est une folie, on ne raisonne pas avec les fous! Écoutez-moi sans colère, mais écoutez-moi bien; j'essaie de me traduire à vous; j'y tâche avec le respect, avec la tendresse que je vous ai voués depuis ma naissance. Mais si mes paroles vous surprennent, si tant d'audace vous choque, ne les imputez pas au Didier que vous avez connu : ce n'est pas à lui que s'adresseraient vos plaintes, ce n'est plus son cœur qui bat dans ma poitrine, c'en est un autre dont je ne comprends pas la nature, dont je ne sais plus calculer les battements. Ma raison est absente, mon âme est là-bas. Ce qui fut ma pensée est maintenant une image que je contemple incessamment au dedans de moi-même. Elle me sourit, je lui réponds; elle m'appelle, je la suis; si c'est dans la vie, je vivrai; si c'est dans la mort, je mourrai. Vous voyez bien que la raillerie serait inutile, je subis mon sort, je ne le discute pas.

Il s'était levé pour épancher plus librement le flot tumultueux soulevé de son cœur à ses lèvres. Il se rassit soudain, épuisé, livide, et dans ses yeux hagards brilla funèbrement la seule étincelle de vie qui survécût en cette cendre glacée.

Le morne silence des deux frères éperdus témoigna que, cette fois, ils avaient tout à fait compris.

VI.

Une semblable discussion entre frères équivaut à un rude combat. Tous trois avaient usé leurs forces et sentaient le besoin d'une trêve.

Les deux aînés engagèrent Didier à prendre du repos, et le conduisirent à sa chambre sans manifester ni regret, ni colère. Eux-mêmes ne se rendaient compte qu'imparfaitement de leur impression. La nuit s'avançait, apportant, comme toujours, la solitude rafraîchissante, les généreuses pensées, les sages conseils.

Didier demeura seul, effrayé à la fois et satisfait d'avoir vengé ses blessures. Robert et Henri restèrent assez longtemps dans l'ombre du corridor à surveiller les premiers mouvements de cet esprit exalté. Muets, anxieux, ils ne se rassurèrent qu'au retour du valet de Didier. Ce garçon raconta qu'il venait de mettre au lit son jeune maître. Alors les deux aînés, qui jusque-là n'avaient pas échangé une parole, entrèrent chez eux à leur tour. Robert se contenta de dire à Henri qu'il leur fallait essayer de dormir; Henri comprit que dormir signifiait réfléchir, et il obéit.

Le lendemain, si matinals qu'ils eussent été, Didier l'avait été plus qu'eux. Car ils le virent tête nue se promener dans le parterre, alors que pour la première fois ils levaient l'un et l'autre le rideau de leur fenêtre. Didier, encore pâle et les yeux ombrés d'un cercle violacé, marchait le front haut, les mains libres, vêtu comme autrefois, c'est-à-dire sans arrière-pensées; il semblait dire : — Je ne sortirai pas ce matin.

Robert et Henri remarquèrent ce détail qui leur parut de bon augure; ils se réunirent chez Robert pendant une demi-heure pour mettre en commun les réflexions de la nuit; ils s'avouèrent avec épouvante que la situation les débordait, qu'un caractère si énergiquement dessiné demandait les plus habiles ménagements. L'invasion soudaine de la passion dans un cœur disposé à l'incendie eût sans doute nécessité des mesures radicales, mais Didier l'avait dit, après le délire le désespoir. Pour le présent, rien à faire que d'observer et de gagner du temps.

À la suite de ce conciliabule, les aînés descendirent. Didier, sans paraître les attendre, circulait d'un pas égal, avec sangfroid, sur les pelouses. Son calme annonçait une résolution inébranlable. Lorsqu'il vit venir à lui ses frères, il ne changea point d'attitude. Comme le champion après le signal, il se tenait sur la défensive, décidé à ne point attaquer, à ne pas reculer. Ce fut le plan que Robert lut en caractères éclatants dans son regard clair et fixe, sur ses lèvres blanches et serrées. Toutefois, il venait au-devant de son frère aîné presque aussi familièrement que d'habitude, et sa contrainte se révélait seulement par une nuance plus accusée de respect.

Robert, arrivé près du lionceau qu'il voulait dompter, débuta par une caresse. Il lui ouvrit les bras, et Didier, qui, la veille encore, s'y fût précipité avec une effusion sans réserve, rendu défiant par le choc qui l'avait meurtri, ne reçut l'accolade qu'avec déférence et la remboursa d'un profond salut.

Henri, peut-être, eût imité Robert; mais, embarrassé par le coup d'œil scrutateur du jeune homme, il se contenta de lui serrer la main, et l'allée dans laquelle ils entraient se trouvant être plus étroite, il marcha derrière l'aîné qui tenait toujours son bras autour du cou de Didier. Ce dernier comprit qu'une nouvelle action allait s'engager dans laquelle on lui ménageait naturellement un désavantage quelconque. Il avait fait déjà la part du feu.

— Eh bien! mon frère, dit Robert le premier, avez-vous pu dormir?

— Non, mon frère, répliqua Didier.

— Vous aurez beaucoup pensé, cher enfant?

— Beaucoup, dit froidement le jeune homme.

Robert avait peut-être espéré une résipiscence. Le ton sur lequel ces deux syllabes furent répondues, leur accentuation brève et sèche comme le ressort d'un mousquet qu'on arme, démontrèrent à l'aîné que son interlocuteur était resté adversaire. Aussitôt, rendu par ce froid contact au sentiment de sa dignité, un peu honteux de ses avances si mal accueillies, il ôta lentement sa main de l'épaule de Didier, et s'arrêtant au milieu de la promenade commencée :

— Je pense que nous aurons une belle journée; n'est-ce pas votre avis? dit-il à Henri qui le rejoignit aussitôt.

Un pli imperceptible, l'ébauche d'un sourire amer parut et s'effaça au coin des lèvres de Didier. Il avait dérouté l'attaque. On levait le siège; il respira.

Robert prenant Henri à son tour par le même

geste affectueux dont naguère il caressait le frère rebelle :

— On chasserait bien un renard par ce beau froid sec ; qu'en dites-vous, compagnon ?

— A vos ordres, s'écria Henri. Préviendrai-je le garde ?

— S'il vous plaît, dit Robert.

Puis, voyant l'empressement amical du second, l'immobilité morne du troisième, symptôme menaçant qui l'alarma :

— Pardonnez mon caprice, Henri, s'écria-t-il soudain ; j'oublie que je suis brisé, malade. Je ne saurais endurer le cheval aujourd'hui.

Du coin de l'œil il guettait Didier pour surprendre au moins en lui un regret de ce malaise dont il pouvait à bon droit se croire la cause. L'enfant mutin ne s'attendrit pas. Il demeura farouche et insensible comme un marbre. Souffrait-il assez pour ne pas sentir la souffrance d'autrui ?

Robert, indigné de ce nouvel échec, se hâta de dire à Henri qu'il comptait sur sa bonne compagnie toute le jour. Quant à Didier, sans le regarder davantage, il lui jeta ces mots glacés :

— Que je n'interrompe point votre promenade. Et il partit au bras de l'autre frère.

Tous deux supposaient bien que cette superbe attitude de Didier présageait une sortie dans la journée. Il n'en fut rien. Le jeune homme assista aux repas, en prit sa part sans affecter ni triomphe ni tristesse. Il lut un peu dans sa chambre, mais il se promena la plus grande partie du jour. Sans cesse en vue de la maison, répondant librement quand on lui adressait la parole, n'évitant, ne cherchant personne, somme toute, malgré ses airs décidés du matin, il semblait avoir inauguré un système de concessions. Le soir vint sans qu'il eût parlé de sortir.

— S'il se contente de bouder un peu, et qu'il fasse ce que nous désirons — pensèrent les aînés — laissons-le bouder à l'aise. Son humeur passera ; le bénéfice nous restera.

Pendant la soirée, on causa comme à l'ordinaire. A part une légère fraîcheur dans les relations et certain phébus dans le langage, Didier fut bien. Henri lui proposa une partie de trictrac qui, acceptée civilement, fut très-consciencieusement jouée. Robert regardait les coups, du côté d'Henri. On atteignit de la sorte l'heure habituelle de la retraite.

Plus Didier paraissait se soumettre — hélas ! la nature humaine est ainsi, et souvent la bonne nature — plus Robert se drapait dans sa majesté pour faire payer au vaincu sa défaite. Au fond du cœur, il tressaillait de tendresse et de joie. Le petit frère, son flambeau à la main, vint saluer respectueusement les aînés, qui prirent leur revanche du matin par une froideur de même degré.

L'enfant parti dans sa chambre, Robert et Henri se trouvèrent moins à plaindre qu'ils n'avaient craint de l'être. Ils firent force plans pour l'avenir ; ils en revinrent toujours à l'indulgence, car ils étaient bons, délicats et pleins d'affection pour cet écolier trop précoce. Déjà ils se voyaient maîtres du lionceau apprivoisé, le forçant à déplorer ses aspirations à l'indépendance virile. Que si, par trop de soumission, cet enfant se ren-

dait malheureux, et, cœur aimant, se consumait dans un amour défendu, on verrait, on s'informerait de cette jeune fille. Les Sillery étaient grands gentilshommes, mais, enfin, la distance n'était par infranchissable, d'un Montvalat à la pensionnaire, parente indirecte sans doute, car M. de Sillery n'avait ni fille ni nièce. Et puis, sans aucun doute, les choses n'iraient point jusquelà. Ces deux messieurs avaient des théories infaillibles sur l'amour.

Ils s'endormirent doucement dans de si complaisantes pensées. Et la nuit, même entière, ne leur eût pas paru longue, tant leur sommeil s'annonçait tranquille et bienfaisant.

Mais vers le milieu de cette nuit Robert entendit gratter à sa porte. Une voix l'appelait :

— Monsieur le marquis, c'est moi, Adrien.

Robert alla ouvrir. Il vit son piqueur à moitié vêtu, quelque peu troublé, qui d'une main se grattait l'oreille et de l'autre fort tremblante, mal assurée, secouait plutôt qu'il ne tenait sa vaste lanterne, dont les rayons éblouirent M. de Montvalat.

— Qu'y a-t-il, Adrien, pourquoi me réveiller ainsi ?

Cet homme raconta que M. Didier venait de descendre à l'écurie, avait sellé un cheval, croyant n'être ni vu ni entendu, avec précaution et observait de faire passer l'animal sur la paille ; alors il s'était ouvert à petit bruit la porte basse fermée seulement au loquet; enfin il était sorti.

— Comment ! s'écria Robert stupéfait, sorti ! Quelle heure est-il donc ?

— Tantôt une heure du matin, M. le marquis.

— Et tu l'a laissé sortir... malheureux !

Un large ébahissement du piqueur apprit à Robert que ce brave homme n'eût jamais pris sur lui la responsabilité d'une pareille consigne.

— Il a raison, pensa le maître. — Réveille M. Henri, ajouta-t-il, prie-le de ma part de passer chez moi.

Le digne Adrien attendait un remercîment, peut-être même une explication quelconque.

— C'est bien à toi de m'avoir prévenu, dit le marquis. M. Didier est un étourdi, et toi tu es un brave homme.

Adrien satisfait courut s'acquitter de sa commission.

Mais, avant qu'Henri fût habillé, Robert, tout éperonné, entrait dans sa chambre.

— Bottez-vous, mon frère, dit-il. — Toi, Adrien, selle-nous deux chevaux. — Vous pensez comme moi, n'est-ce pas, Henri ? Ce drôle de Didier nous a joués : il est parti pour faire quelque nouvelle folie. Oh ! il me la paiera ! Qui sait s'il ne se fera pas rompre le cou ? Vous savez qu'on l'espionne. Qui sait s'il ne tombera pas dans quelque piège infâme ? Maudit soit ce caractère traître et indiscipliné !

— Ayez pitié de lui, au nom de notre mère ! dit Henri d'une voix émue. Cependant il ne le mérite pas, j'en conviens, le sournois ! Qu'est-il allé faire ? Où est-il allé !

— Eh ! pardieu ! mon frère, ce petit serpent nous a menti avec ses pudibonderies et ses bergerades ; il a pris ou donné quelque rendez-vous d'amourette : ne le voyez-vous pas clairement par son départ ?

— Un rendez-vous chez M. de Sillery ?

— Pourquoi non ?

— Il peut nous avoir donné le change sur la maison comme sur la maîtresse. C'est autre part qu'il sera allé.

— Non, Henri. Sous peine d'être convaincu de mensonge au cas où nous le ferions suivre, il a dû déclarer sincèrement le lieu de ses exploits amoureux. Et puis, dans le premier moment de surprise, il n'a pas eu le temps de mentir ; j'en répondrais. Partons !

— Le rattraperons-nous, seulement ?

— Oh ! je brûle d'une colère que mon cheval comprendra, je vous le jure, s'écria le jeune homme en tordant son fouet dans ses doigts nerveux. Ah ! prenez vos pistolets ; bien ! et votre épée !

Une heure après, MM. de Montvalat, bien armés, bien montés, arpentaient rapidement la route, se dirigeant, non sans peine, malgré leur parfaite connaissance des bois, vers la maison si chère à Didier, dont parfois, au clair d'une lune avare, ils relevaient les traces fraîches encore dans le sable.

VII.

On touchait à la fin de l'automne. Un vent sec chassait et ramenait, comme les flots d'une marée montante, des tourbillons de feuilles mortes. Parfois, au passage de gros nuages bistrés, l'obscurité la plus opaque enveloppait nos voyageurs, et, sous la couche de feuilles qui recouvrait la route, ils ne trouvaient plus, aux endroits incertains, les pas du cheval de Didier.

Cette recherche prolongeait pour eux les angoisses de leur expédition. Ils regrettèrent plus d'une fois de n'avoir pas emmené leur piqueur, dont le fallot eût remplacé les astres obstinément voilés de cette nuit funeste.

L'oreille au guet, mettant à chaque instant pied à terre, ils perdirent un temps précieux. La fureur concentrée de Robert dégénérait en spasmes qui ébranlaient ses membres, et l'on entendait ses dents grincer comme dans la fièvre. Le patient Henri, exaspéré lui-même par les obstacles, déployait une activité voisine de la rage, car pour la quatrième fois il venait de perdre au coin d'un carrefour la piste du fugitif.

Tandis que de concert ils maudissaient Didier, honteux l'un et l'autre, ivres de dépit, furieux contre l'ombre, la tourmente et leur impuissance, ils entendirent, dans l'une des routes aboutissant à ce carrefour un bruit qui n'était ni le vent, ni le sifflement des feuilles, ni aucun de ces murmures mystérieux des grandes forêts, où les arbres s'entrechoquent, où les cerfs brament, où le hibou hulule, où les vieux sangliers rôdant par les gaulis se heurtent aux troncs sonores, harmonies multiples que le vent résume en une puissante et monotone voix, intelligible dans chacun de ses détails pour l'oreille exercée et attentive.

Les deux frères en furent frappés en même temps ; le bruit grandissait, il approchait.

— Un cheval, murmura Robert.

— Un cheval emporté sans doute, répliqua Henri, car il court frénétiquement.

— Il vient, dit Robert, il vient ; écoutez, oui.

— Dans cette allée, ajouta Henri, il arrive comme la foudre.

— Assurément, il a démonté son cavalier.

— Assurément... Ah mon Dieu ! quelle idée !

— Si c'était le cheval de Didier... N'est-ce pas ce que vous voulez dire ?

— Malheur, malheur, sur ce misérable enfant qui n'a pas songé aux tortures qu'il nous fait subir !

Cependant s'approchait ce cheval, ou plutôt cette tempête ailée ; ses pieds frappaient la terre d'un roulement retentissant ; on entendait gronder le souffle dans ses flancs gonflés ; deux jets de vapeur brûlante sifflaient en jaillissant de ses naseaux et illuminaient pour ainsi dire les ténèbres de leur traînées phosphorescentes.

Encore quelques secondes, et l'animal aurait passé devant eux. Avides, épouvantés, ils se demandaient s'il ne fallait pas lui barrer la route ou seulement s'assurer à son passage que c'était bien le cheval de leur frère et que le cavalier manquait. Mais soudain, comme pour répondre à leur question muette, un petit cri humain se fit entendre, un de ces rauques stimulants, plus aigre que le fouet, plus déchirant que l'éperon, qui enleva l'animal éperdu et précipita encore sa course furibonde.

Un cavalier guidait le cheval. Henri et Robert distinguèrent un moment son ombre courbée sur le cou de la noble bête ; en vain crièrent-ils : — Didier ! Didier !... en vain, se montrant, les bras étendus, essayèrent-ils de se faire reconnaître et d'arrêter l'élan de ce météore insensé, leurs cris, leurs gestes, se perdirent dans la poussière et dans l'écho de la trombe qui passa en grondant devant leurs regards désespérés.

Mais tout à coup un silence. Le cheval s'est abattu à vingt toises des deux frères. Le cavalier a roulé par-dessus sa tête ; Robert et Henri s'élancent, le cœur navré. Infailliblement, dans cette chute effroyable, l'homme et le cheval ont dû s'écraser tous deux.

— Ah ! malheureureux ! crient-ils, malheureux !

Et ils s'empressent pour porter secours à l'infortuné, qu'ils croient encore être leur frère.

— Le premier qui me touche est mort ! répond une voix qui n'a rien d'humain, une voix sans haleine et brisée par l'agonie.

— Ce n'est pas Didier, s'écrie Robert en s'approchant, malgré la menace d'un pistolet soulevé par une main défaillante.

— Montvalat ! murmura la voix éteinte...

— C'est Clermont ! s'écrièrent les deux frères en soulevant dans leurs bras ce corps inanimé.

Mais vainement s'efforcent-ils de relever leur ami qu'ils réchauffent et embrassent. Le page de Conti a perdu connaissance, peut-être même a-t-il perdu la vie. Ses yeux sont fermés ; de son front déchiré sur un caillou, le sang coule abondamment; affaissé sur lui-même il plie comme un cadavre dans les bras de ses amis au désespoir. Le cheval, plus heureux que son maître, ne gémit plus, ne souffre plus; s'il est tombé, c'est qu'il était mort.

Mais tandis que MM. de Montvalat étanchent le sang et adossent Clermont à un arbre, ils ont tout oublié; Didier s'est effacé de leur pensée. Ce qu'ils se demandent, c'est s'ils sauveront leur ami; ce qui les inquiète, c'est cette arrivée si soudaine, si mystérieuse du page, que tout le monde croit en Hongrie; c'est enfin l'ardeur délirante avec laquelle il poussait son cheval, comme si la forêt n'était pas sûre, comme si quelque démon eût sauté en croupe derrière lui.

Mais cette nuit fatale couve encore d'autres malheurs. Robert et Henri frissonnent tout à coup d'une terreur superstitieuse, car derrière leur groupe ainsi disposé sur le bord du chemin un nouveau bruit se fait entendre. Des cavaliers haletants, précédés de porte-flambeaux, semblent chercher avidement les traces du page. Ils arrivent, ils entourent les deux frères, dont les chevaux, libres à quelques pas, leur ont dénoncé la présence.

— Secours! secours! dit Robert en les voyant, Ce malheureux va mourir.

La troupe se composait de cinq archers, précédés par un capitaine. Tous mettent pied à terre.

— C'est lui! nous le tenons enfin, dit le chef en reconnaissant à la lueur des flambeaux le visage livide et ensanglanté de Clermont.—Qui êtes-vous, messieurs, ajouta-t-il en repoussant les deux frères avec défiance. Oui, qui êtes-vous, et comment vous trouvez-vous ici avec ce cavalier à pareille heure?

Un des archers s'approchant de l'oreille du chef lui murmure bien bas à l'oreille le nom de MM. de Montvalat qu'il a reconnus.

— Ah! s'écrie le capitaine, ce n'est plus étonnant. Bien! bien! c'était un rendez-vous. Qu'on les désarme! qu'on surveille tous leurs mouvements! Quant à nous, fouillons ce jeune homme, les papiers doivent être dans son pourpoint. Allons!

—Nous désarmer! fouiller Clermont! mais vous êtes donc des voleurs! s'écria Robert. Nos armes, vous ne les aurez pas, et, si vous touchez ce malheureux, prenez garde! Sachez que c'est un page de M. le prince de Conti.

En parlant ainsi, en se précipitant vers leur ami malgré les archers qui les avaient entourés, MM. de Montvalat venaient de jeter le désordre dans la troupe et de dégager Clermont toujours sans mouvement au pied de l'arbre. Mais alors le chef de l'expédition jugea prudent de composer avec ses deux adversaires.

— Et vous, leur dit-il, sachez que nous agissons au nom du roi. Sachez que ce jeune homme est poursuivi depuis la frontière, qu'il a échappé à trois lignes d'agents apostés pour l'arrêter. Il est porteur d'une correspondance criminelle pour certaine personne suspecte du voisinage, et nous avons ordre de saisir cette correspondance à tout prix. Quant à vous, messieurs de Montvalat, depuis un mois nous vous surveillons aussi tous

trois, et pour cause. Résisterez-vous, ferez-vous rébellion? En ce cas vous êtes complices du crime dont nous recherchons les preuves. Décidez-vous promptement, car nous sommes pressés. Le roi commande. Etes-vous pour lui ou contre lui?

Le silence de Robert, son hésitation dans cette terrible conjoncture, firent voir aux archers que l'argument avait porté coup. Ils s'élancèrent sur leur proie; déjà ils étendaient vers Clermont leurs mains avides, ils le touchaient.

Mais aussitôt de ce coin sombre se releva le prétendu cadavre: une flamme rouge, une explosion, jaillirent de sa main. Le plus entreprenant des archers, le chef, bondit en arrière, la cervelle traversée d'un coup de pistolet.

Clermont, soulagé par la perte de son sang, refroidi par le vent et la rosée, avait repris connaissance pendant la discussion; peu à peu il se recueillait, il écoutait, et, décidé à mourir plutôt que de livrer ce qu'on lui voulait prendre, il provoquait ainsi ses ennemis à un combat désespéré.

Traversant jusqu'à ses deux amis, dans le premier moment de stupeur qui suivit son attaque, et pendant que les archers relevaient leur compagnon:

— Robert, Henri, si vous ne m'aidez pas, dit-il, si ces lettres sont prises, la princesse de Conti est perdue, et moi je suis déshonoré!

— Jetez-les dans un buisson, glissa Henri à son oreille.

— Impossible, répartit Clermont, elles sont cousues dans ma ceinture; il faut que je meure ici. Par grâce, mes amis, par pitié, ne leur laissez pas mon cadavre! Secourez-moi!

— Contre le roi! murmura Henri. Oh! Didier, misérable Didier! pourquoi nous as-tu conduits ici!

— Eh! ce n'est pas Didier qui nous perd, c'est la fatalité, interrompit M. de Montvalat, mais qu'importe! avant tout, l'honneur! Soyez tranquille, M. de Clermont, nous ne vous abandonnerons pas. Prenez mon cheval et fuyez, nous arrêterons ici ces quatre hommes!

En même temps il soulevait le page dans ses bras vigoureux et le plaçait en selle. Les archers comprirent. Les uns se précipitèrent sur le petit groupe pour lui barrer le passage, les autres, plus avisés, montèrent eux-mêmes à cheval. Mais Clermont, ranimé, avait déjà tourné bride et passé sur le ventre aux archers à pied. Des deux pistolets de Robert il abattit deux chevaux qui commençaient à le serrer de près. Les archers, furieux, firent feu à leur tour. On vit, dans la fumée, Clermont continuer sa route sain et sauf, mais Robert était tombé. Henri se précipita sur le corps de son frère en poussant des cris déchirants.

VIII.

Didier, libre enfin, savourait sa liberté avec une joie sauvage. Il aimait cette nuit noire; il buvait à longs traits ce vent aux froides rafales. Sa fièvre, irritée par vingt-quatre heures de contrainte, se résolut en soupirs de béatitude lorsqu'il arriva en face de la maison qui renfermait son trésor, lorsqu'il prit possession, comme à l'ordinaire, de son banc, vieille arche de pont en ruines, masquée par des saules et des lierres, d'où l'on apercevait, par-delà le grand chemin, les fenêtres de l'inconnue.

O jeunesse! ô poésie saintement absurde des premières amours! quelle réalité de délices égalera jamais vos chimériques voluptés! Lequel courra plus avide au rendez-vous, de l'amant qui adore la porte ou de l'amant qui en a la clef? Lequel des deux reviendra plus triomphant?

Oui, c'était pour ce recoin mystérieux que Didier, depuis un mois, quittait chaque jour ses frères et qu'il eût quitté le monde; c'était pour épier pendant de longues heures une apparition de cette divinité, pour observer un de ses mouvements, pour deviner le jeu de son ombre. Pendant toute une semaine elle ne paraissait pas: la maison semblait morte. Tout à coup on la voyait à la fenêtre, s'accoudant au balcon: alors un soleil surnaturel, un astre inconnu, celui du paradis des anges, transfigurait soudain le ciel et la terre. Didier voyait, il aspirait, il s'enivrait. Si l'idole descendait sur la terrasse des grands tilleuls pour s'y promener accompagnée, Didier ne remuait pas; caché comme un insecte dans son feuillage, il se réchauffait aux rayons de l'astre d'or, il faisait de loin sa provision de bonheur. L'inconnue se promenait-elle seule, Didier, plus hardi, allait prendre son cheval attaché dans le bois voisin; il se promenait aussi, lui, sur la route, devant cette terrasse, n'osant pas regarder, mais palpitant de la certitude d'être vu. Il passait bien loin, puis revenait, puis repassait encore, et ces témérités inouïes noyaient son cœur d'épouvante et d'ivresse.

Tel avait été, disons-nous, l'emploi de toutes ses journées, et quand il s'échappa dans cette nuit de tourmente, imprévoyant des catastrophes qu'il allait causer, Didier n'espérait même pas le stérile bonheur d'apercevoir une fenêtre, un rideau ou une ombre. L'obscurité était trop profonde, les volets trop bien fermés. Tout dormait à cette heure. Mais il respirerait l'air qui caressait cette maison chérie, il mêlerait son souffle aux murmures magiques qui berçaient le doux sommeil de la bien-aimée. Et puis, comme les ambitions grandissent chez les amoureux comme chez l'avare, Didier méditait un grand projet réalisable cette nuit même, si la tempête propice voulait lui prêter son fracas et ses ténèbres.

La jeune fille avait, quelques jours avant, dans sa promenade, cueilli, puis effeuillé, des chrysanthèmes sur la terrasse. Ces précieux débris devaient être là, jonchant le sol. Didier les sentait sans les voir, il les eût trouvés les yeux fermés. Quelle belle entreprise au plus fort de l'orage, contre les tourbillons du vent et l'effort de toute la nature; quelle volupté de pénétrer sur cette terrasse redoutable non pour les vulgaires aventures auxquelles le prosaïque Henri avait fait allusion, mais pour la conquête d'une si suave relique! Quels délices de saisir la fleur qu'elle avait touchée et de baiser le balustre de pierre à l'endroit où ses deux bras s'étaient posés!

Pour cette âme de salpêtre, le désir, c'était l'é-tincelle, c'est-à-dire l'explosion. Le moment est favorable. Un nuage immense enveloppe et confond ciel et terre. Les éléments sont déchaînés. Didier s'élance de sa cachette, il escalade l'angle de la muraille, là où des cavités ménagées dans la pierre laissent un passage aux eaux de pluie. En quelques bonds il atteint le faîte, il embrasse un arbre, il est arrivé.

Soudain le vent apporte à son oreille l'écho affaibli d'une détonation lointaine. Quelque braconnier, sans doute, à l'affût dans la forêt. Pauvre homme, que risque-t-il? son coup de feu va se perdre dans la grande voix des rafales. Qu'il fasse bonne chasse; qu'il soit heureux, ce n'est pas Didier qui le dénoncera.

Il s'avance courbé, retenant son haleine, vers l'extrémité de la terrasse, à l'endroit où la jeune fille a égrené ses fleurs. Mais voilà encore des coups de feu au loin, trois, quatre, cinq explosions.

Les forestiers faisaient donc bonne garde. Pauvre braconnier! Ah! tout le monde ne peut pas être heureux.

Didier palpe et saisit les chrysanthèmes flétris. Ce sont bien eux, c'est-à-dire c'est bien elle; il remercie Dieu qui a laissé tomber de telles félicités sur la terre. Désormais l'amour ne sera plus vague; l'amant ne sera plus seul; ces fleurs représentent une volupté pour chacun de ses sens. Maintenant il les touche, au jour il les verra; sur leurs tiges rompues, sur leurs pétales mutilés il reconnaîtra l'empreinte des doigts adorés qui les meurtrirent. Ce parfum âpre et balsamique de la pâle fleur d'automne éveillera en lui toute idée d'amour et de beauté. Le chrysanthème sera sa fleur, il a son secret. Et vous qui pouvez dormir quand Didier vous aime, vous que vos rêves n'avertissent point de sa présence, désormais, malgré vous, il possède une part de vous.

Certes, ce n'est pas après un tel succès, au sein d'un pareil bonheur, qu'il y aurait place pour le regret d'hier, pour l'inquiétude de demain. L'enfant ingrat n'a plus de famille, plus de mémoire; tout l'univers est pour lui dans ce sol qu'il foule, dans ces murs qui blanchissent vaguement au crépuscule. Qu'une fenêtre s'illumine, qu'une ombre s'y encadre, Didier va se prosterner, non plus devant Dieu, mais devant l'idole. Car ces fleurs sont magiques, leur sève est un philtre: qui sait si elles ne feront pas un prodige! effaçant le passé, pourquoi n'évoqueraient-elles pas l'avenir?

Le prodige, le voilà. Il s'annonce par une sourde rumeur qui se mêle aux bruits de l'ouragan. On dirait des voix étouffées auxquelles des soupirs répondent. Si Didier n'était pas assuré de sa raison, s'il n'avait là devant lui cette maison endormie, s'il ne sentait au-dessus de lui, autour de lui, partout la nuit et la solitude, il croirait que la maison s'éveille, il croirait que des pas y retentissent, il croirait que des lumières s'y promènent; non, non, l'enchantement opère; ces bruits, ces lueurs, ces frémissements, c'est le vertige qui éblouit Didier, c'est la peur, réaction naturelle d'un excès d'audace, c'est le cœur qui étouffe après un excès de bonheur.

Mais oui, grand Dieu! on a marché dans l'avenue qui conduit du parc à la maison. Oui, l'on a parlé; tout s'allume aux parois latérales, les fenêtre s'ouvrent à grand bruit, les portes crient, un concert de voix empressées, haletantes, est suivi d'un tumulte de gens qui descendent, qui montent, qui courent dans les vestibules; on selle des chevaux, on s'arme, on part. Tout ce désordre éclate et flamboie en une minute avant que Didier foudroyé ait eu le temps de s'assurer s'il rêve ou s'il est fou.

Cependant, lorsque le doute n'est plus permis, tandis que l'ombre enveloppe encore la terrasse, et que les effets d'une alarme si étrange ne se sont pas produits encore dans cette partie écartée de la maison, le jeune homme se décide à fuir. Ses genoux tremblent, le sol lui paraît mobile et lourd comme un sable mouvant, ses regards vacillants accusent l'incertitude de ses résolutions, mais pourtant il avance vers l'angle qui a favorisé son escalade et protégera de même son évasion.

Au même instant une longue traînée de lumière court en avant de lui et projette démesurément son ombre sur la terrasse resplendissante. Il s'arrête, effaré, et il se retourne : une grande et large fenêtre vient de s'ouvrir de plein pied avec le sol. Il n'a que le temps de se jeter derrière un arbre. Une femme s'élance au balcon, vêtue à la hâte, et roulant ses cheveux d'une main mal assurée. Elle répond à peine à diverses personnes qui sont entrées avec des flambeaux dans son appartement comme pour lui apporter quelque grande nouvelle. Elle repousse des femmes qui achèvent de l'habiller. Le cœur de Didier bat à s'échapper de sa poitrine : c'est l'inconnue, c'est l'idole, belle et touchante en ce désordre comme jamais poëte ne pût rêver Vénus blessée ou Armide en larmes.

Pendant qu'elle écoute avidement au dehors et interroge les ténèbres, une voix partie du fond des appartements, une voix qui remue Didier jusqu'aux entrailles, appelle tout à coup, lamentable et énergique à la fois :

— Madame la princesse! madame la princesse!

L'inconnue se retourne, court à la rencontre de celui qui a poussé ce cri.

— Clermont! dit-elle, mon pauvre Clermont!

Et Didier, pâle d'horreur, aperçoit son ami, le page de Conti, effaré, inondé de sueur et de sang, qui tombe à genoux devant cette femme en murmurant avec un doux sourire :

— J'ai voulu mourir aux pieds de Votre Altesse Royale pour lui dire que la lettre de Monseigneur est sauvée.

Un nuage passa sur les yeux de Didier; cette divinité, cette jeune fille, toute sa félicité, toute sa vie, c'était la princesse de Conti, la femme d'un prince du sang, la fille du roi!

— Non, vous ne mourrez pas! s'écria la princesse en relevant le page, que des mains empressées comblaient de soins auxquels il s'arrachait avec désespoir.

— Oh! je le veux, madame! il le faut! dit Clermont en versant un torrent de larmes : car ces coups de feu qui m'ont épargné sur la route ont frappé mes généreux défenseurs; j'ai entendu leurs cris douloureux après le sifflement des balles. Eux, que je rencontrais par hasard; eux, qui pouvaient me laisser mourir, ils sont blessés pour moi, morts peut-être!... Non, je ne survivrai pas à MM. de Montvalat!

À ce nom foudroyant, Didier, frappé déjà d'un premier coup si terrible, se releva, hagard, les cheveux dressés, se cramponnant pour rester debout à l'arbre qui l'enveloppait de son ombre.

— Les voilà, les voilà, on les amène ici! s'écria un officier accouru près de la princesse; un seul est atteint, Dieu merci! l'autre est sauf.

Clermont, les assistants, coururent à la rencontre du blessé; la princesse elle-même voulut descendre dans la cour pour recevoir le funèbre cortège.

Quand Didier, du haut de la terrasse, aperçut de loin les flambeaux et les torches défilant lentement dans l'avenue, lorsqu'il put distinguer, sur le lit de douleur qu'on apportait, un corps ou plutôt un cadavre inanimé, le cœur lui bondit jusqu'à la gorge, il s'élança par-dessus le balustre, tomba dans un fourré dont les broussailles, en se brisant, le criblèrent de blessures; il courut comme un forcené jusqu'à la grille sous laquelle passait en ce moment Robert, son frère aîné, livide, sanglant et les yeux fermés. Debout près du blessé marchait Henri-épuisé de larmes, une main de Robert dans les siennes. Il aperçut tout à coup Didier.

— Vous voyez votre ouvrage, lui dit-il en l'écartant avec une sombre colère. Sans vous notre frère vivrait, et, grâce à vous, il va mourir. Mais qu'importe! chevalier de Montvalat, retournez à vos amours!

Didier se tordit les mains en silence ; ses yeux arides cherchèrent Dieu dans le ciel pour le prendre à témoin de ce qu'il souffrait et faire un suprême appel à sa miséricorde. Cependant le triste cortège entra au château; Didier resta seul, anéanti, méditant un châtiment digne du crime; on eût dit qu'il espérait la foudre.

Mais bientôt, s'agenouillant devant une dalle tachée du sang de son frère :

— Dieu juste, dit-il d'une voix ferme, Dieu tout-puissant! recevez le serment que je fais de n'aimer plus rien que vous en ce monde! Sauvez la vie de mon frère, et je me consacre uniquement à vous jusqu'à mon dernier jour !

De cette place où venait de prier un enfant se releva un vieillard, mort à jamais aux joies de la terre. Dieu l'entendit et pardonna, sans doute,— il avait tant aimé!

IX.

Plusieurs années après cet épisode qu'on pourrait appeler le prologue de notre histoire, la fortune avait soufflé sur cette jeunesse fatiguée du calme plat de la cour, et les événements si impatiemment souhaités n'avaient manqué ni à l'Europe ni à Versailles.

La princesse de Conti devenue veuve à 18 ans; les deux autres filles du roi et de la Montespan mariées, l'une au duc de Bourbon, petit-fils du grand Condé, l'autre au duc de Chartres, neveu du roi ; l'édit de Nantes révoqué; la ligue d'Augsbourg déchaînant sur la France seule tout l'Empire, la Suède, l'Espagne, la Hollande et la Savoie ; le grand Condé mort; la couronne d'Angleterre tombée sur le front de l'irréconciliable Guillaume d'Orange ; Louvois foudroyé en quelques minutes; les victoires de Fleurus, Staffarde, Steinkerque, Nerwinde et la Marsaille, immortalisant et décimant la France; le maréchal de Luxembourg emporté avec la fortune du royaume, telles furent les distractions que la destinée offrit à ces jeunes ambitieux qui trouvaient d'abord la vie trop monotone.

Quant à Versailles, il n'avait pas changé. Le roi n'était qu'un peu plus vieux ; Mme de Maintenon n'était qu'un peu plus vieille. Leur férule n'était qu'un peu plus lourde pour des écoliers devenus hommes. Les princes et les jeunes gens s'allaient faire tuer à la guerre pour ne pas périr d'ennui. Pour les princesses et les dames, n'ayant pas cette ressource, elles faisaient de leur mieux, et ce mieux était bien peu de chose.

Qu'on se figure, dans un silence opaque et solennel, une représentation cérémonieuse donnée par des ombres devant une assemblée de vivants, contenus bien moins par le respect que par la peur. Le moindre rire mal étouffé fera scandale, le plus léger mouvement retentira comme un tumulte. Telle était la cour; une scène où les acteurs jouent et recommencent la même pièce; une salle où les spectateurs, pressés de jouer à leur tour, n'osent pas siffler, mais trouvent la pièce trop longue.

Un matin, après la messe et avant le dîner, le roi, fatigué de Versailles, de Trianon et de Marly, las de la guerre et de la paix, des prologues d'opéra et des pamphlets de Hollande, n'ayant pas même la ressource d'aller s'ennuyer chez Mme de Maintenon qui était partie pour Saint-Cyr, le roi vit dans le parc des préparatifs de feuillages, d'illuminations et de feux d'artifice, et se souvint tout à coup qu'il approchait de son jour de fête, c'est-à-dire de ses soixante ans, âge auquel un roi même n'est plus jeune, quoi que puissent faire pour le lui persuader la musique et la poésie.

Il s'assombrit. Le temps était maussade, la journée suspecte. Trois audiences menaçantes, demandées en forme par des gens qui, jouissant des grandes entrées, n'avaient qu'à se présenter pour être admis. C'étaient l'Allemande Madame, seconde femme de Monsieur, et femme difficile ; le duc de Lorraine, un ami douteux qui, ayant perdu son duché, se mourait d'envie de le reprendre, tandis que le roi, pour le garder, essayait de lui faire épouser sa fille, la princesse veuve de M. de Conti ; enfin, le duc de Bourbon, un gendre. Ces gendres demandent toujours quelque chose.

Le roi voyait, du coin de l'œil, ces trois personnes qui l'attendaient et tuaient le temps à se faire ou à se rendre des révérences.

Il prit le chemin le plus long pour rentrer dans son cabinet, et, rencontrant le capitaine en quartier chargé, selon l'usage, de la police militaire de la ville et du château :

— Sait-on, demanda-t-il, quels étaient les gens qui menaient si grand bruit hier au soir derrière les réservoirs ?

— Sire, c'étaient les délégués de la compagnie des gendarmes-Dauphin, répondit le capitaine.

— Depuis quand MM. les gendarmes se croient-ils autorisés à chanter et à porter des santés si bruyamment et si près de chez moi ?

— Sire, ils avaient l'honneur de boire à M. le prince de Conti, — un peu en souvenir de Steinkerque, dont c'est, je crois, l'anniversaire, — mais surtout à cause de la présence du prince et pour le remercier.

— Ah ! dit le roi très-froidement, M. de Conti était là, buvant avec les gendarmes de Monseigneur ?

Il s'arrêta ; puis reprit :

— Et on le remerciait... de quoi ? de Steinkerque ? c'est déjà vieux... D'ailleurs, il n'a pas, j'imagine, gagné la bataille à lui seul.

— Non, Sire, MM. les gendarmes témoignaient à S. A. R. leur satisfaction pour la nomination des deux brigadiers nouveaux qu'il vient d'obtenir pour eux de monseigneur le Dauphin.

— Quels brigadiers ? demanda le roi en relevant la tête.

— MM. Robert et Henri de Montvalat, incorporés tout récemment aux gendarmes.

Le roi fit un mouvement. Ce nom de Montvalat l'agaçait toujours malgré lui.

— Monsieur le Dauphin, murmura-t-il, peut mettre dans ses gendarmes les brigadiers qu'il voudra, mais tout cela ne vaut pas le bruit qu'ils ont fait. Je ne veux pas de bruit à Versailles ; dites-le à qui de droit.

Le capitaine s'inclina.

— De ce pas, Sire, répliqua-t-il, je vais l'annoncer à M. de Clermont.

A ce nom, le roi fit une grimace plus significative encore.

— Pourquoi à Clermont? dit-il.

— Parce que c'est lui, Sire, qui, en sa qualité d'enseigne des gendarmes, donnait le repas de fête.

— Eh bien! dites-le lui très-ferme, riposta le roi. J'aurais été bien étonné de ne pas voir ce nom-là dans une affaire qui m'est désagréable.

Sur cette sortie il quitta le capitaine et poursuivit son chemin. A la porte l'attendait le premier exempt du château avec le rapport de la nuit, résumé ordinairement très-perfide et très-redouté que la police particulière du roi lui dressait chaque matin de la conduite de toute la cour pendant les dernières vingt-quatre heures. Ce système d'espionnage, importé d'Espagne par Anne d'Autriche, et d'Italie par Mazarin, avait fait partie dès l'enfance du roi de son éducation politique, et, il faut l'avouer, lui rendait les plus grands services pour discipliner une famille nombreuse, divisée et fort disposée aux empiétements de tout genre.

Le roi déchira l'enveloppe, et tout en marchant se mit à lire, entre autres révélations :

« 4 août. La maison de la rue du Pot-de-Fer, près les Sœurs de la Charité, devant laquelle, une nuit du mois dernier, on avait prétendu voir monseigneur le Dauphin attendant, ce qui était absurde, appartient à une demoiselle de Choin, fillé d'honneur de madame la princesse douairière de Conti. Cette demoiselle de Choin s'y est installée nouvellement. Elle y passe les instants de loisir que lui laisse son service chez madame la princesse. Cette nuit, après onze heures, un homme est entré mystérieusement dans ladite maison d'où il n'est sorti qu'au point du jour. A son habit de nuit, d'une étoffe étrangère, il a été reconnu aussitôt... »

Le roi assez peu intéressé, bien que le document promît mieux encore, interrompit sa lecture en songeant qu'il ferait attendre trop longtemps Madame, personne fort irritable sur les questions d'étiquette, et dont il craignait les boutades tudesques.

Il froissa donc le papier, ajournant la suite, et entra dans son cabinet.

Le roi donnait parfois aux dames leur audience d'une façon singulière. Il s'arrêtait devant la personne qui avait à lui parler, et prêtait une de ses oreilles dans laquelle la réclamation devait être glissée à voix basse, laconiquement et sans aucune pantomime possible, comme au confessionnal. Il était arrivé souvent que deux parties en discussion occupassent à la fois chacune un côté du roi, lequel, avec une dextérité merveilleuse, écoutait et répondait à droite et à gauche sans que l'un des adversaires comprît la réclamation de l'autre ni la réponse faite par le roi.

Il va sans dire que ces audiences trop publiques et très-familières, fort recherchées par les diseuses de rien, étaient l'effroi des plaignantes qui prétendaient à une discussion en règle. Or, dans l'audience à l'oreille, elles étaient expédiées en une minute, rarement en deux et toujours avec une solution des plus vagues, en raison de la circonspection commandée par la présence d'un nombreux auditoire.

Le roi s'approcha donc de Madame, l'oreille tendue, pour lui donner une de ces audiences sommaires, mais la digne princesse n'en voulut pas. Elle commença le cérémonial des audiences solennelles, prit sa distance, et obligea le roi à l'écouter en grand. Ce début sembla de très-mauvais augure à S. M. qui, par un salut gracieux à MM. de Lorraine et de Bourbon, les avertit de se tenir à l'écart. Ils passèrent dans la galerie voisine.

La princesse parlait un français vigoureusement timbré de consonnes germaniques. L'âpreté de sa diction ne s'alliait pas mal à certaine animation de son teint, à certain éclat de ses yeux, qui promettaient à Louis XIV une scène de famille.

Lorsque Madame eut vu les deux princes hors de portée :

— Sire, dit-elle, mon fils, M. le duc de Chartres, a eu l'honneur d'épouser Mme votre fille, et ce lui a été certainement un grand honneur.

Ce mot la suffoquait; elle devint pourpre. Le roi se rappelait la rage de Madame à l'occasion de ce mariage avec une bâtarde; il se rappelait l'héroïque soufflet dont elle avait gratifié monsieur son fils le jour où celui-ci donna son consentement. Contre une telle amazone, la susceptibilité eût été dangereuse; il le prit sur un ton conciliant.

— Ce fut une grande joie pour moi, dit-il, ma chère sœur.

— Eh bien! Sire, il faut que la joie soit un peu pour tout le monde, reprit l'irascible Allemande. Madame votre fille ne rend pas mon fils heureux.

Le roi rougit, mais se contint.

— Est-ce possible? dit-il.

— Oui, Sire, M. de Chartres est doux, patient avec les femmes, il est faible même, il tient en cela de Monsieur, qui n'a jamais su repousser une injure.

— Heureusement, madame, interrompit le roi, votre fils n'a pas la même faiblesse avec les hommes. Il est lion de ce côté. Il tient de sa mère.

Madame fit la révérence, mais ne désarma pas pour un compliment. Poussant ses avantages :

— Sire, continua-t-elle intrépidement, Mme la duchesse de Chartres est d'un orgueil qui nous blesse tous. Nous sommes aussi de bonne famille et habitués à des égards. Elle en manque. Hier elle a offensé mon fils, et moi particulièrement.

— J'en suis au désespoir, dit le roi; mais êtes-vous bien sûre?...

— Jugez-en. Mon fils avait été supplié d'assister à une fête donnée en son honneur et en l'honneur de M. de Conti, par les gendarmes-Dauphin.

— Je sais, je sais, interrompit le roi mal à l'aise.

— A propos de l'anniversaire...

— D'une bataille gagnée. Je sais, je sais.

— De Steinkerque, dit avec éclat la princesse, où mon fils a, dit-on, très-bien fait, en vrai prince du sang !

— Assurément, dit le roi fronçant le sourcil. Eh bien! madame?

— Eh bien! Sire, M. le duc de Chartres était convenu avec M. de Conti d'accepter l'invitation, quand, madame votre fille intervenant, a prétendu que ce serait désobliger Votre Majesté. Mon fils a soutenu le contraire. La duchesse s'est emportée, riant beaucoup de Steinkerque qu'elle appelait la journée des cravates. Elle a naturellement beaucoup d'esprit, madame votre fille, Sire, trop d'esprit.

Le roi, blessé par cette allusion à l'esprit proverbial des Montespan, se renferma dans un de ces froids silences qui désarçonnaient en Europe les plus audacieux harangueurs. Madame passa outre à fond de train.

— Mon fils se fâcha, ajouta-t-elle : la duchesse le traita en écuyer. J'arrivai pour essayer de rétablir la paix, et madame votre fille m'insulta mon tour en parodiant ma prononciation allemande. C'était me reprocher que je ne suis pas Française. Jour du ciel! non, je ne le suis pas, et je m'applaudis d'être née dans un pays où les enfants respectent leur mère !

— Calmez-vous, calmez-vous, ma sœur, dit le roi en lui prenant les mains. Mme de Chartres est une étourdie, une mauvaise tête, mais son cœur est bon, j'en réponds. Elle vous fera très-humblement ses excuses et les fera d'elle-même.

— Publiques! alors, publiques, s'écria la princesse exaspérée, car l'offense a été publique. Il y avait là quelqu'un quand elle nous a traités ainsi, mon fils et moi.

— Qui donc?

— D'abord l'ex-précepteur de mon fils, l'abbé Dubois.

— Ce n'est personne, cela, ma sœur... Ensuite?

— Ensuite, le gentilhomme qui venait au nom des gendarmes, M. de Clermont.

Le roi bondit sous cette nouvelle piqûre.

— Lui encore ! dit-il. Madame, ne faites pas attention ; ce quelqu'un-là est sans conséquence, c'est moins que rien. Vous en feriez quelque chose en demandant que notre fille se justifiât devant lui. Ces gens-là ne doivent nous entendre que quand nous leur faisons l'honneur de leur parler.

Puis, ajoutant à ces civilités diverses autres caresses et promesses qui dégonflèrent peu à peu le cœur de l'Allemande, il la congédia satisfaite à peu près pour cette fois.

— Oh ! ces Montespan, sang terrible ! murmura-t-il lorsqu'il fut seul. Cette enfant-là me donnera des chagrins.

Le roi pensait avec satisfaction qu'il avait encore deux filles avec lesquelles il serait probablement plus heureux.

Comme pour s'être contenu il se voyait un peu rouge et animé, il voulut employer à se bien remettre quelques minutes entre cette audience fâcheuse et les deux autres dont il était menacé.

Naturellement le rapport inachevé se présenta pour opérer cette transition. Le roi en reprit la lecture à l'endroit où il l'avait interrompue.

— Hum !... Choin !... Cette nuit, passé onze heures... un homme est entré mystérieusement dans ladite maison : A son habit d'étoffe étrangère, il a été reconnu aussitôt pour M. de Clermont.

— Ah ! gronda le roi, impatienté par ce nom malencontreux, c'est donc une peste, ce Clermont-là !

Et, le roi frappant du poing sur sa table, l'huissier se figura que c'était le signal pour la reprise des audiences. Il introduisit donc M. le duc de Bourbon, qu'en se retournant le roi trouva au milieu de son cabinet. Et ce n'était pas une apparition capable de rasséréner un esprit malade.

En effet, le petit-fils du grand Condé ressemblait à un de ces nains effrayants de Paul Véronèse et de Velasquez. Tête énorme, teint safrané, tronc bossu et rabougri, jambes torses ; tout cela soudé ensemble par des nodosités formidables. L'œil bilieux, d'un noir-rouge, respirait une audace effrénée que, chez tout autre qu'un si grand prince, on eût appelée l'effronterie du crime. On sentait, sous cette enveloppe, les violences d'un sang perpétuellement révolté par des obstacles invisibles ; dans les anfractuosités de ce moule s'agitait une âme tourmentée, faussée, honteuse, une âme qui eût été celle d'un roi, si le corps eût été celui d'un homme. Malicieux, instruit, d'une intrépidité dangereuse chez un personnage de ce rang, redouté, redoutable, haï, presque autant qu'il était ridicule, tel était l'époux donné par Louis XIV à sa deuxième fille. Aux étrangers, le premier aspect de cette difformité diabolique donnait la fièvre : ses intimes familiers en étaient quittes pour le frisson.

Il est difficile de comprendre comment le roi, si cruel pour ce qu'il appelait les magots de Téniers, avait pu se résoudre à croiser sa race élégante avec ce nain épouvantable. Mais le roman ne discute pas les questions d'Etat. Louis XIV, en apercevant son gendre, se mit à lui sourire avec d'autant plus de bienveillance, qu'il le trouva plus torve et plus sinistre.

— Quelle bonne fortune vous amène si matin ? demanda le roi.

— Ma mauvaise fortune, Sire, mon désespoir, répliqua le duc de Bourbon fort ému, soit en réalité, soit pour le besoin de la cause. Je viens déposer une plainte aux pieds du roi, une plainte trop longtemps étouffée, mais que les circonstances rendent obligatoire pour mon repos et ma dignité. Puisse Votre Majesté me pardonner de lui causer cette peine ! Il s'agit de Mme la duchesse.

— Ma fille !

— Oui, Sire. Ce n'est pas assez de cette humeur caustique dont tout le monde se plaint à la cour et qui choisit ses victimes jusque dans sa famille, jusque dans son ménage, plus haut encore ! N'épargner rien, ni personne, est d'un goût au moins douteux chez une princesse née si près du trône...

— Mon fils, interrompit le roi avec bonté, soyez indulgent pour votre femme comme je le suis moi-même. Elle chansonne tout le monde, c'est vrai, moi tout le premier ; la manie est déplorable, mais non sans remède. J'ajouterai que ces chansons, trop facilement applaudies par les courtisans, ne sont pas toujours d'elle, et on lui en attribue malicieusement les plus méchantes, qu'elle n'eût jamais osé faire. Elle les reniera, je m'y engage. La paix.

Le duc ne se rendit pas aussi facilement que son royal beau-père l'avait espéré.

— Je ne lui reproche pas seulement ses chansons, dit-il, à d'autres torts infiniment plus graves... si graves que je rougis au moment de les déclarer à Votre Majesté.

— Vous me surprenez, murmura le roi, expliquez-vous, M. le duc.

— Sire, en vérité, la difficulté s'accroît à chaque mot qui se présente. Sire, Mme de Bourbon aime la table.

— C'est vrai, c'est vrai, plaisir de vieillard ou d'enfant, plaisir qui convient peu à la jeunesse, mais plaisir innocent au fond.

— Assurément, Sire ; mais à table, on boit... on boit du vin ; et si une femme, une princesse, en venait à s'habituer au vin...

— Oh ! ce n'est pas à craindre, duc.

— Pardonnez, Sire, pardonnez, répliqua le duc, ce reproche a pu être fait déjà un certain nombre de fois à madame de Bourbon.

Le roi, qui l'avait fait lui-même, ce reproche, n'insista pas. Il se contenta de dire qu'un défaut peut toujours être corrigé, il promit une admonestation sévère. Mais le gendre n'avait pas tout dit.

— Les reproches de Votre Majesté sont, je ne le nie pas, fort sensibles à la duchesse, continua-t-il, mais elle sait les éviter, sans renoncer à son étrange goût. Elle se cache.

— Si elle se cache, c'est déjà un progrès, M. le duc.

— Loin de là, Sire, une personne qui s'enferme pour s'assurer la liberté est bien près de la licence.

— Monsieur ! monsieur !

— Et Mme de Bourbon s'enferme si bien qu'elle m'a fait défendre sa porte, à moi... pas plus tard que cette nuit.

— C'est signe qu'elle vous respecte, et ne veut pas être vue dans un état peu digne de votre rang à tous deux.

Le duc s'animant et pâlissant de plus en plus, répondit avec véhémence :

— Madame de Bourbon n'a pas ce scrupule pour tout le monde, car, tandis qu'elle se barricade pour moi dans la maison que vous lui avez donnée au bout du parc, maison trop commode, Sire, tandis que l'époux est exclu, d'autres sont plus favorisés.

— Qu'est-ce à dire, monsieur le duc? demanda superbement le roi.

— Je dis ce que je sais, répondit le prince, tremblant de colère et de peur.

— Vous affirmez que Mme de Bourbon vous a exclu pour recevoir quelqu'un !

— Parce qu'elle avait reçu quelqu'un, oui, Sire. J'affirme que cette nuit mes gens ont vu sortir de chez elle cette personne à une heure indue. J'affirme que l'insulte est de celles qu'un homme de mon nom ne subit pas sans vengeance, car j'aime ma femme, et je tiens à mon honneur, sinon à son amour.

En prononçant ces mots, le prince devint livide, et la violence qu'il se fit pour concilier le respect dû au roi avec sa passion haineuse bouleversa son visage et le rendit effrayant pour le maître lui-même.

— C'est moi qui me chargerai de vous venger, s'il y a lieu, répliqua sèchement Louis XIV. Reposez-vous sur moi de ce soin. Mais d'abord vous me donnerez bien toutes les preuves. Quel est l'homme que vous accusez ?

— M. de Clermont.

Le roi fit un mouvement si brusque, il recula si précipitamment au bruit de ces deux syllabes cabalistiques, ses yeux lancèrent un si furieux éclair, que le duc demeura saisi de l'effet qu'elles avaient produit sur ce buste de bronze.

— Etes-vous bien sûr de ce que vous avancez? dit le monarque; la chose est sérieuse, au moins, et je la crois impossible.

— J'ai dit que j'affirmais, Sire. Le rapport qu'on m'a fait détaille jusqu'aux moindres circonstances. L'homme que j'ai nommé, je dirais jusqu'à son costume, jusqu'à sa coiffure; d'ailleurs il se cachait peu. Sa pelisse hongroise est assez connue : il la portait hier.

— C'est vrai, pensa le roi, serrant ses lèvres, et repassant d'un regard les lignes de son rapport à lui, qui signalaient, rue du Pot-de-Fer, l'habit étranger de Clermont. Il fit quelques pas pour rappeler son sang-froid, puis sonna l'huissier.

— Pas un mot! dit-il au duc. J'informerai. Vous aurez satisfaction. Adieu ! monsieur.

Le duc prit congé. L'huissier entra.

— Qu'on prévienne Mme la duchesse de Bourbon que je l'attends. Ah! M. de Lorraine : lui d'abord; introduisez !

Et le roi, qui brûlait de réfléchir, de s'éclairer sur ces mystères alarmants, fut contraint d'interrompre le travail de sa pensée pour aller au-devant de son futur gendre.

— Par bonheur, songeait le père si rudement éprouvé, je n'ai rien à craindre de Mme de Conti. Celle-là est sans défauts. Elle est la perle de ma famille et du royaume. M. de Lorraine ne peut que me remercier.

Ce fut dans cette illusion que le grand roi accueillit son hôte avec une familiarité presque paternelle. Le jeune prince lorrain, cependant, ne rayonnait pas comme il eût été convenable aux approches d'un événement heureux.

— J'ai la douleur d'apprendre à Votre Majesté, dit-il après les compliments d'usage, que ses bienveillants projets sont renversés ou bien près de l'être. L'alliance de la France et de la Lorraine n'en sera pas rompue, sans doute, mais ce ne sera plus, comme nous y comptions, une alliance de famille.

Louis ouvrit ses grands yeux clairs, moins clairs toutefois que ce limpide langage. Cet étonnement signifiait si bien : — Pourquoi ? que le duc de Lorraine répondit :

— Sire, j'avais depuis quelque temps soupçonné le peu d'attrait de madame la princesse de Conti pour l'alliance projetée, mais je doutais encore. On aime à douter lorsqu'il s'agit de posséder ou de perdre la plus belle et la plus accomplie des princesses. Douter en ce cas, c'est presque espérer encore. Malheureusement, aujourd'hui le doute n'est plus permis. Madame de Conti ne sera jamais duchesse de Lorraine.

— En voilà, mon cousin, la première nouvelle, dit le roi presque décontenancé par cette avalanche de disgrâces.

— Hier, Sire, reprit le prince lorrain, ayant fait demander à Mme la princesse une entrevue vers le soir pour expliquer avec elle divers bruits qu'on m'avait rapportés, à propos de certaines préférences qu'elle aurait, je vais me faire comprendre, ayant, dis-je, fait annoncer ma visite à madame votre fille, je reçus pour réponse qu'elle était au lit, souffrante, et hors d'état de recevoir.

— En effet, interrompit le roi, ma fille de Conti n'a pu assister au jeu hier, elle est malade.

— Je le crus comme Votre Majesté, continua le Lorrain, mais bientôt on m'avertit de la parfaite santé de Mme la princesse, et l'on me désigna même un endroit où je la pourrais voir se promenant dans l'état le plus prospère. Je me défiai de l'avis. Je voulus en prouver la fausseté, la malveillance : je me rendis au lieu indiqué où je vis en effet la princesse en promenade.

— Cela prouve tout au plus, mon cousin, qu'elle allait mieux et prenait l'air; elle aura fait cet effort pour ne pas contraindre ses dames à rester enfermées par ce temps chaud.

— Ah! Sire, ce n'est pas avec des dames que la princesse se promenait.

Le roi rougit une troisième fois pour sa troisième fille.

— Avec qui donc? mon cousin, murmura-t-il.

— Avec un excellent gentilhomme, sans doute.

— Son écuyer d'honneur?

— Homme d'honneur, oui; écuyer, non.

— Veuillez le nommer, mon cousin.

— Est-ce bien nécessaire, Sire ? j'en appelle à votre haute délicatesse.

— C'est tellement nécessaire, mon cousin, dit

le roi piqué, que, sans ce nom, je douterais de l'exactitude.

— Monsieur de Clermont, répliqua froidement le prince.

Un nuage épais, douloureux comme un vertige, obscurcit les yeux du roi. C'était la colère, plus que la colère, un choc impétueux de tout le sang chassé du cœur au front par le ressentiment d'une mortelle injure. A l'aspect de ce majestueux visage, envahi par la flamme et nuancé subitement d'une pourpre violacée, semblable à l'apoplexie, le duc de Lorraine eut peur et pitié tout à la fois. Il s'approcha vivement. Louis l'écarta d'un geste hautain.

— S'il ne s'agissait pas de ma fille, répliqua-t-il, si vos paroles ne s'adressaient point à moi, je croirais que vous ne les avez prononcées que par suite d'une gageure. Mais d'abord on ne gage pas avec le roi, ajouta-t-il d'un ton qui n'appartenait qu'à lui seul. Ensuite je ne saurais m'émouvoir d'une fable, d'une chimère, d'une erreur, mon cousin, car vous ne pouvez sérieusement prétendre que ma fille de Conti se soit hier promenée avec ce Clermont, attendu que c'est impossible.

— Je l'ai vue, Sire, et pour être parfaitement sûr, — en ces circonstances, et avec de telles personnes, on doit l'être avant de prendre une résolution, — non-seulement j'ai vu Mme la princesse, mais j'ai voulu qu'elle me vît. Je me suis donc approché, au risque de blesser les convenances ; j'ai eu l'honneur de la saluer, et j'ai parlé à M. de Clermont, qui, comme toujours, a été parfaitement civil et respectueux.

Les deux bras du roi tombèrent languissants sur la tapisserie de l'écran auquel il se tenait adossé.

— Voilà, Sire, ajouta M. de Lorraine pour conclure, un dénouement imprévu, triste pour moi, mais qui, ne diminuant en rien mon respect et mon dévouement pour Votre Majesté, laissera bien entière, j'en ai l'espoir, l'affection dont vous vouliez bien m'honorer.

Étourdi par ce dernier coup, le roi n'écouta plus que sa fureur et, sonnant avec vivacité :

— Qu'on avertisse Mme la princesse de Conti, s'écria-t-il, j'ai à lui parler.

L'huissier allait répondre, on entendit dans la galerie des voix de femmes : l'une, enjouée, bruyante comme une fanfare, éclata soudain sur le seuil du cabinet royal.

C'était la duchesse de Bourbon, accompagnée ou plutôt suivie de la princesse de Conti. La première se précipitait ; la seconde, au mépris de l'étiquette, se tenait sérieuse et réfléchie derrière sa jeune sœur.

— La princesse de Conti ! Votre Majesté permet que je me retire ? dit le duc de Lorraine.

Et, sans attendre la réponse du roi, il prit congé en saluant, avec la plus noble courtoisie, celle qu'il venait de dénoncer si résolument au père et au souverain.

— Venez, venez, ma sœur, s'écria la duchesse de Bourbon, petite et mignonne fée aux yeux pétillants, au mordant sourire. Venez, je vois d'ici que le roi veut me gronder ; vous m'aiderez à supporter et à calmer sa colère.

— Il est possible que le roi veuille parler à vous seule, dit Mme de Conti, inquiète malgré sa bonne contenance.

Et elle fit mine de s'éloigner.

— Restez, commanda le roi d'un air terrible. J'ai affaire à toutes deux !

X.

L'aspect du roi irrité produisit son effet ordinaire sur les deux princesses, mais le caractère de l'une et de l'autre se peignit tout entier dans la manifestation de leurs sentiments.

Mme de Bourbon se monta l'esprit jusqu'à la fanfaronnade. Ramassant toutes les petites forces de son petit corps et allumant tous ses feux pour s'étourdir en éblouissant, elle traduisit sa terreur par une bravade désespérée.

La princesse de Conti, au contraire, immobile, droite et recueillie dans le fier silence d'une déesse, commanda le calme à ses yeux, la modestie à son maintien ; son émotion, qui l'étouffait, échappa au roi si clairvoyant. Elle n'eût pu être trahie que par le cruel battement de son cœur, et le cœur humain, nul, excepté Dieu, ne l'entend palpiter, même à l'instant où il se brise.

En présence de ces deux jeunes femmes, l'une charmante, l'autre adorable, reflets vivants de leurs mères qu'il avait tant aimées, le roi ne se rappela ni sa jeunesse, ni ses fautes, qui lui commandaient l'indulgence. Blessé dans son orgueil par l'opiniâtreté de ce nom maudit qui faisait invasion à la fois dans tous ses secrets de famille, incapable d'expliquer cette invasion, sinon par une conspiration quelconque dont il ne tenait pas les fils, Louis n'avait qu'un désir, qu'un but, celui d'arracher le secret à ses filles par la douleur d'une torture équivalente à celle qu'on venait de lui faire subir.

Pourquoi et comment Clermont se trouvait-il partout ? Aux gendarmes, chez Mme de Chartres, rue du Pot-de-Fer, chez Mme de Bourbon, chez la princesse de Conti : chez ces dernières surtout, dont la mésintelligence était notoire, et semblait être un héritage transmis à chacune d'elles avec le sang des mères rivales. Cette mésintelligence n'était-elle qu'apparente ? Cachait-elle une entente secrète plus redoutable au roi que l'inimitié n'était désagréable au père ? La ligue des enfants royaux était-elle formée comme la ligue des rois et des peuples contre cette vieille autorité despotique, pesante à la famille ainsi qu'à l'Europe ?

Ou bien cette mésintelligence, très-réelle entre les enfants de la Vallière et ceux de la Montespan, avait-elle été poussée par les deux filles jusqu'à la rivalité d'amour ? Clermont, beau et recherché, serviteur déclaré des Conti, aurait-il été ambitionné par la duchesse de Bourbon, cet esprit envahissant et dominateur ? Comptait-elle sur le scandale de cette usurpation pour causer un chagrin de plus à sa sœur aînée ?

Telles étaient les craintes fort confuses, mais poignantes, du vieux roi. Il hésitait entre l'un et l'autre danger, presque également inquiet de voir ses filles unies, ou de les savoir rivales. Aussi, dans sa pensée, combinant par un calcul prompt et sûr la double hypothèse qui l'alarmait, il voulut en opérer la solution à l'aide d'une épreuve contradictoire. Il se promit de faire déclarer l'une des princesses par la pression qu'il exercerait sur l'autre, sachant bien que, s'il y avait intrigue d'affaires, il serait assez fort diplomate pour le deviner, tandis que s'il y avait amour, les coupables qu'il connaissait à fond se trahiraient suffisamment elles-mêmes, l'une étant attaquée par l'orgueil et l'autre par le cœur.

C'est à cet adversaire redoutable que les pauvres femmes allaient livrer bataille, Mme de Bourbon riant pour cacher ses frissons, Mme de Conti toussant légèrement pour occuper le silence.

Le roi commença par la duchesse, qu'il sentit bien être la plus troublée, Brusquant les préliminaires, il lui apprit qu'une plainte venait d'être faite par son mari, plainte sérieuse et qui l'accusait d'une absence totale de dignité personnelle et d'égards pour M. le duc.

Le front de la duchesse, un peu nuageux au début de la mercuriale, s'éclaircit tout à coup. Elle pria le roi de bien préciser, attendu, dit-elle, que, le duc lui reprochant quantité de choses, il serait bon de savoir quelle était l'accusation privilégiée du jour.

Le roi répondit que la raillerie n'était pas de saison en présence d'une accusation plus que sérieuse, attendu que la faute pouvait être appelée déshonorante. Il ne s'arrêta point à gazer; le mot gaulois ne l'effraya pas, et il nomma le premier grief du mari — ivrognerie, — sans plus de détours.

La duchesse devint rouge, et son œil s'enflamma de colère. Cette rude correction devant sa sœur!

— Je ne nie point absolument, répliqua-t-elle avec assurance. Le mot en dit plus que je n'en fais peut-être, mais la chose ne me procure pas encore les résultats que je lui demande.

Le roi la regarda, surpris de l'étrange justification.

— Oui, Sire, continua Mme de Bourbon, ce n'est pas toujours parce qu'ils aiment le vin que les ivrognes boivent. Quelquefois ils essaient d'oublier. Supposez, par exemple, une femme jeune, passable et intelligente, qu'on aurait forcée, quand il y a tant d'hommes beaux, spirituels ou seulement convenables, d'épouser un nain, un monstre, un prodige; une femme qui ne pourrait ouvrir les yeux sans voir cet effrayant bossu, ce gnome hideux; une femme à qui on aurait imposé d'aimer ce phénomène, de le respecter, d'en perpétuer la race épouvantable... Quand cette femme-là chercherait par hasard à s'étourdir, à oublier, qui donc oserait lui en faire un crime?

Le roi interrompit d'un geste inquiet.

— N'ayez pas peur, je n'ai nommé personne, dit la duchesse avec un impitoyable dédain.

Louis sentit qu'il n'était pas sur un terrain avantageux; on le forçait de se défendre. Il attaqua brusquement.

— Une princesse n'est pas une femme, dit-il avec majesté. Et puis il ne s'agit pas seulement d'un vice. J'ai peur qu'on ne vous reproche beaucoup plus.

— Oh! oh! dit en éclatant de rire la duchesse sérieusement inquiète. Un crime peut-être?

— Vous avez refusé l'entrée de votre appartement à M. le duc, hier.

— C'est possible, Sire; chaque fois que je le puis, je le fais, Certains visages font aimer la solitude.

— Si vous aimez tant la solitude, madame, reprit le roi armant ses yeux perçants d'une fixité insupportable, pourquoi recevez-vous des gens qui ne sont pas votre mari?

— Quels gens? demanda la jeune femme frappée au cœur, mais redoublant d'audace.

Le roi promena son regard de l'une à l'autre des sœurs, épiant sur les deux visages l'effet du mot qu'il balançait habilement avant de le laisser tomber.

— Un homme qu'on a vu sortir cette nuit de chez vous, un jeune homme.

— Par exemple! s'écria la duchesse tremblante de peur et, trépignant pour faire croire qu'elle tremblait de colère.

— M. de Clermont, dit le roi.

Mme de Conti tressaillit d'abord à ce nom, mais se remit soudain, et il ne demeura sur ses traits que l'expression d'une surprise profonde.

Quant à la duchesse, comme si ce nom l'eût délivrée et lui assurât la victoire, elle partit d'un éclat de rire complétement irrévérencieux.

— Ce n'est pas aussi risible que vous le croyez, madame, interrompit le roi, furieux d'avoir si mal réussi, car je saurai la vérité avant peu et je punirai les coupables.

— Sire, tout ce que Votre Majesté fera pour me punir ne vaudra pas ce qu'elle a fait en me mariant, dit la duchesse riant toujours. Au couvent, en exil, en prison, je n'ai rien à perdre que mon mari. C'est tout bénéfice.

Et elle rit de plus belle. La princesse de Conti écoutait, médiocrement rassurée.

— Sera-ce également avantageux pour l'autre coupable, reprit tout à coup le roi poursuivant son épreuve, et continuerez-vous à rire, madame, si ma justice s'appesantit sur M. de Clermont?

— Votre justice sera une injustice, voilà tout, Sire; au surplus, qu'on lui coupe la tête, à ce pauvre garçon, si cela peut faire plaisir à mon mari. Malheureusement elle ne servira pas à grand'chose. Cette belle tête-là n'irait pas sur ses épaules bossues.

Mme de Conti frémit à cette affreuse plaisanterie, et la duchesse, qui s'en aperçut en même temps que le roi, s'approcha d'elle et lui dit avec une malice féroce:

— Défendez donc Clermont, ma sœur. Moi, je ne le puis, d'après tout ce qu'on vient de dire. Mais vous, dont on ne dit rien, vous à qui appartient ce pauvre gentilhomme, parlez donc!

— Allons! pensa le roi, je suis toujours sûr d'une chose, c'est qu'elles se haïssent plus que jamais.

— Voyons, en effet, Madame, dit-il en se tournant vers Mme de Conti, qui dédaignait de répondre. Votre sœur a raison; vous pourriez peut-être défendre ce gentilhomme.

— Comment! Sire, le défendrais-je? répartit la

princesse, à qui son habile ennemie venait de renvoyer la balle empoisonnée.

— Ma fille, outre qu'il est un zélé champion de votre maison, et qu'il s'est signalé maintes fois à votre service en des circonstances délicates que je n'ai point oubliées,—le roi faisait allusion à la lettre de Hongrie sauvée par l'intrépidité du page, — vous lui pourriez prêter votre appui dans les circonstances présentes, parce que vous devez connaître l'emploi de sa soirée d'hier.

L'amertume menaçante de cette attaque fit comprendre à Mme de Conti que son tour était venu de se défendre vigoureusement. Elle n'avait pu prévenir la visite faite au roi par M. de Lorraine. Donc le roi savait tout. Plus de salut que dans une noble sincérité.

— Je comprends, dit-elle, à quoi Votre Majesté veut faire allusion. On a vu hier au soir M. de Clermont chez moi et avec moi. N'est-ce pas ce que le roi veut dire ?

— Vous aurez complété ma pensée, madame, quand vous ajouterez que vous aviez refusé votre porte à M. de Lorraine.

— Comme moi à M. de Bourbon, chuchotta la duchesse en se reprenant à rire.

— Avec cette différence, dit gravement la princesse, que M. de Lorraine n'est pas mon mari et qu'il ne le sera jamais. Car je désire conserver la liberté que m'a donnée si malheureusement mon veuvage : or, une personne libre n'a rien à se reprocher, quand elle dispose innocemment d'une heure de son temps, qui n'appartient qu'à elle.

— Pour un Clermont, au refus d'un prince souverain, s'écria le roi avec une explosion de colère, pour un agent d'intrigues et un coureur d'aventures ! Voilà ce qu'on aura de la peine à me prouver, madame.

Là-dessus, donnant carrière à sa vieille haine contre Clermont, contre les Conti ; rappelant sans pitié leurs fautes ; revenant sur la guerre de Hongrie, sur la soif de popularité qui dévorait cette famille ; frappant furieusement le prince de Conti, frère du défunt, l'idole présente de la ville et de la cour, son principal épouvantail, le père outragé, dans une diatribe qui dura longtemps, fit, au grand soulagement de sa bile, les affaires du roi de France. Questions d'État mêlées habilement aux questions de famille, Conti amalgamé avec Clermont, rébellion et complot confondus avec débauche et adultère, exemples tirés de l'histoire ancienne ou moderne, tout fut traité avec développements.

Les princesses se turent, écrasées. Madame de Bourbon elle-même, au nom du prince de Conti, ramené si souvent et sous une escorte de flamboyants regards, devint aussi attentive qu'elle s'était montrée folle, et s'observa non moins soigneusement que sa sœur.

Le roi remarqua l'impression produite par sa harangue, mais sans savoir quel point avait particulièrement amené ce résultat : l'une et l'autre se taisaient. Le silence est une défense si habile !

— Répondez quelque chose, au moins, s'écria Louis.

Madame de Conti, plus vaillante et plus généreuse, se dévoua la première. Elle répondit qu'elle n'avait jamais pu douter de la haine du roi pour la famille dans laquelle il l'avait fait entrer. Elle n'était pas coupable du mérite des princes ses parents, mérite qui leur faisait tant d'ennemis. Que M. le prince de Conti fût aimable, qu'il fût aimé, la chose était facile à comprendre, toutefois, si c'était un crime, nul ne pouvait en rendre sa belle-sœur responsable.

Ici on eût pu voir glisser furtivement sur les joues nacrées de la petite duchesse une rougeur de flamme éteinte aussitôt qu'allumée, comme s'allume et s'éteint l'éclair. Mais nul ne regardait de ce côté. Le roi fronçait impérieusement ses sourcils noirs ; la princesse poursuivait son courageux plaidoyer.

— Quant à M. de Clermont, disait-elle, pourquoi tant de reproches et d'épithètes ? Est-ce moi qui ai inventé ce gentilhomme ? n'a-t-il pas été donné au feu prince de Conti par le grand Condé ? N'est-il point passé au second Conti comme héritage de famille ? Est-ce un mauvais serviteur du roi, est-ce un homme dangereux ? qu'on le dise. Nous sommes tous aux pieds de Sa Majesté ; nous ne tenons à rien de ce qui peut lui déplaire. On me reproche l'entrevue que j'ai eue hier avec monsieur de Clermont. Mais pouvais-je l'éviter ? Il venait me parler de la part de Mgr le Dauphin, car Mgr le Dauphin l'aime, ce qui semblerait témoigner quelque peu en sa faveur ; il venait, dis-je, remplir un message. Souffrante à cinq heures, j'avais refusé de voir M. de Lorraine. Mieux disposée à neuf, je me suis levée pour respirer après la chaleur du jour. Justement, j'accompagnais jusqu'aux grilles une de mes demoiselles, Mlle de Choin à qui j'avais permis d'aller à Paris ce soir-là pour prendre possession d'une maison qu'elle vient d'acheter rue du Pot-de-Fer. M. de Clermont arriva ; le nom de Monseigneur qu'il prononça produisit sur mes gens son effet habituel ; je reçus le message et le messager. Voilà mon crime. Les apparences doivent-elles ainsi prévenir un si grand roi habitué à tout discerner ? Les apparences n'accusent-elles pas ma sœur de Bourbon et M. de Clermont ? ajouta-t-elle avec une inspiration soudaine et victorieuse. Cependant il est clair que M. de Clermont, s'il était chez moi, n'était pas près d'elle. Il est clair, par conséquent, que si l'on a vu sortir quelqu'un de chez ma sœur, c'est peut-être un autre, mais ce n'a pu être M. de Clermont.

A ces paroles, prononcées sans passion, mais avec une intelligence marquée, riposte ferme et sûre, touchant deux adversaires à la fois, le roi se replia pour observer. La duchesse, inquiète, regarda sa sœur, qui la regardait aussi, comme pour lui reprocher son attaque récente contre une alliée naturelle. Ce noble et doux reproche d'une belle âme troubla la duchesse et l'avertit de sa faute.

Elle se rappela la phrase de la princesse sur l'amabilité irrésistible du prince de Conti ; elle se rappela sa propre rougeur, que la princesse avait dédaigné de surprendre ; enfin, elle ouvrit les yeux et décida qu'elle ne repousserait pas l'alliance si loyalement offerte contre l'ennemi commun, qui guettait toute faute de l'une ou de l'autre pour en profiter contre les deux.

Aussitôt, avec l'activité qui la caractérisait, elle se jeta dans la mêlée à son tour.

Ce fut sur son mari que portèrent tous les coups. Elle lui rendit avec usure ce que le roi avait si largement distribué aux Conti et à Clermont. Jaloux, aveuglé, comment pouvait-il avoir vu clair? Était-ce raisonnable de la part du roi d'accorder créance à un plaignant dont l'esprit comme le corps était de travers? D'ailleurs, M. le duc rapportait d'après ses espions. Des espions pour une princesse du sang royal! et des espions qui se trompaient! Quels désordres ne pouvait-on attendre d'une semblable tolérance? Et puis un argument primait tous les autres, celui de Mme de Conti: si M. de Lorraine avait vu Clermont chez la princesse, M. le duc ne l'avait pu voir chez Mme de Bourbon.

Heureuse d'avoir été comprise, Mme de Conti se crut sauvée.

— Fort bien, pensa le roi, les voilà maintenant qui s'entendent. Faisons marcher ma réserve : il est temps!

— Mesdames, dit-il avec une cruelle lenteur, — car il les sentait toutes deux suspendues à ses lèvres, — vous avez bien tort de défendre si obstinément un homme qui ne le mérite pas ; un cavalier sans mœurs, sans goût ; un indigne enfin. Je regrette d'avoir à prouver ces dures paroles, mais je le dois, vous m'y aurez contraint par votre aveuglement. Vous, madame, continua-t-il en s'adressant à la princesse, ne parliez-vous pas tout à l'heure d'une demoiselle de votre maison à qui vous donnâtes congé hier ?

— M¹¹ᵉ de Choin, oui, Sire, répliqua Mᵐᵉ de Conti.

— Qu'est-ce que cette personne ?...

— Une fille d'un grand mérite, moins belle que spirituelle et instruite ; de bonne maison, douce et sage, dévouée et désintéressée. Je l'aime.

— Tout le monde l'aime, interrompit la duchesse.

— Fort bien. Elle est sortie de chez vous hier, n'est-ce pas, princesse de Conti ?

— A dix heures, oui, Sire.

— Pour aller à Paris ?

— J'ai eu l'honneur de le dire à Votre Majesté.

— M. de Clermont, à quelle heure vous a-t-il quittée, lui ?

— Vers dix heures et demie.

— Est-ce l'heure à laquelle on l'aurait vu aussi chez moi ? se hâta de dire la duchesse.

Mais le roi l'arrêta d'un geste qui semblait lui commander la neutralité :

— Alla-t-il, en effet, ou n'alla-t-il pas chez vous, duchesse ; était-ce lui qu'on a vu sortir, ou était-ce tout simplement un autre, nous ne l'essaierons pas de le prouver présentement. Chaque chose viendra en son lieu. Mais une vérité incontestable, c'est que M. de Clermont est allé à Paris ensuite ; c'est qu'il y est entré, à minuit, dans certaine maison de la rue du Pot-de-Fer ; c'est qu'il a passé la nuit dans cette maison, toute la nuit ; c'est qu'en un mot il trompe quelqu'un, je ne sais qui, à Versailles, et que sa maîtresse est ce

prodige de talents, de mérite et de sagesse, que vous appelez Mlle de Choin.

Le contre-coup de cette révélation ne se manifesta chez la duchesse que par un petit cri d'étonnement. Mais il n'en fut pas de même de Mme de Conti. La pâleur soudaine de son visage, le tremblement nerveux qui agita tout son corps, trahirent en elle des émotions bien différentes d'une simple surprise. Le roi, cette fois, commença à lire plus distinctement sur l'échiquier.

— Mlle de Choin... un amant... c'est impossible, murmura la princesse.

— Les agents de M. le duc peuvent se tromper, répliqua le roi, mais ma police ne se trompe jamais.

Il tendit à la princesse le rapport accusateur. Elle le prit avec avidité, rassasia ses yeux de la preuve mortelle, et, comme si ce poison se fût infiltré jusqu'au cœur, elle chercha de ses bras rompus un soutien quelconque pour rester debout, puis céda au vertige, ferma les yeux et tomba terrassée dans les bras de sa sœur infidèle, qui triompha d'être sauvée quand son ennemie s'était perdue.

Mais ce contact d'une poitrine douteuse et les regards pénétrants du roi rendirent la princesse plus sûrement à elle-même que n'eussent fait les plus énergiques révulsifs. Elle se redressa, honteuse du moment de faiblesse qui la livrait à un ennemi puissant et à une alliée plus dangereuse encore.

— Pardonnez, Sire, s'écria-t-elle en se courbant devant le roi pour lui cacher ses yeux qu'envahissaient des larmes, je croyais à l'honnêteté de cette fille, je l'estimais, j'eusse répondu d'elle... ce coup m'a fait grand mal. Pardonnez-moi !

— A qui se fier! murmura la duchesse avec une compassion hypocrite.

— A soi seule, répondit fièrement Mme de Conti. Sire, je chasse Mlle de Choin aujourd'hui même.

— Et Clermont ? demanda le roi.

— M. de Clermont ne m'est rien, dit la princesse, tremblante de colère. Il appartient à M. de Conti, mon beau-frère ; il appartient à Monseigneur, il appartient au roi. Je n'ai pas à prononcer sur son sort.

— Voilà qui me met tout à fait à l'aise, répliqua le roi, sûr désormais du champ de bataille. M. de Clermont épousera d'ici à trois jours Mlle de Choin, ou passera le reste de sa vie dans une prison d'État.

Un sourire malin sur les lèvres de la duchesse, un frisson sur les blanches épaules de madame de Conti, furent les derniers trophées que put recueillir le roi après sa victoire. L'audience était finie. Les deux sœurs partirent et se séparèrent.

— La princesse aimait Clermont, se dit le roi, — mais la duchesse, qui aime-t-elle ?

XI.

Dans cette cour immobile dont nous venons de noter les principaux bruits soigneusement épiés par toute l'Europe, vivait plus immobile et plus silencieux, plus ignoré, surtout, que le dernier des obscurs, le premier du royaume, l'espoir de l'avenir, l'étoile polaire de la jeunesse ; monseigneur Louis, grand Dauphin de France, héritier présomptif de Louis XIV.

Figure impitoyablement noyée d'ombre et qui ne rencontra jamais l'étincelle ; fils de roi, père de roi; car il le fut, comme si sa destinée eût voulu l'écraser entre deux trônes; personnage aimé, sans que nul osât le lui dire, révéré sans être obéi, royale chrysalide au réveil indéterminé, il végéta, il dormit sa vie dans les ténèbres.

Capitaine une fois, et illustré par de beaux faits d'armes, on souffla bien vite sur sa renommée pour qu'elle n'éclipsât point la gloire paternelle. Lui-même s'effaça tout tremblant d'avoir fait ce bruit par hasard dans le royaume de son père. Et il en demanda pardon, et il n'en fit plus jamais.

Il vit défiler d'abord les victoires, les amours et les magiques prospérités de ce règne. Puis vinrent les fautes, les revers, les pertes. Malheur ou bonheur, il regarda tout d'un œil sec, ne témoignant ni joie des conquêtes qui agrandissaient son héritage, ni regret des désastres qui le dévoraient. On eût dit qu'il devinait son sort et que, certain du néant, il lui demandait seulement le repos en échange d'une dédaigneuse indifférence. Mais sa génération haletante, qui l'attendait pour souverain, mais cette ligue sourde et irrésistible de tant de millions de vœux le poussant au trône, comment il n'en sentit point le souffle mystérieux, comment il résista dans son imperturbable apathie sans qu'un seul éclair eût trahi chez lui l'impatience, voilà le problème que l'histoire elle-même n'a pas cherché à résoudre, tant l'étude de cette figure inutile a semblé être inutile aussi à la postérité.

Il n'était cependant pas un conspirateur en France, un fougueux calviniste, un fanatique dangereux, qui fût surveillé avec plus de soin que ce soliveau par la police royale. Peine perdue : car quel mal peut faire une ombre? Néanmoins jamais le roi ne s'était accoutumé à sa placidité, à son mutisme. Après s'être donné tant de peine pour le glacer d'une terreur sans relâche, lorsqu'il y fut parvenu, il n'y voulut pas croire. Monseigneur, sans mouvement, sans regard et sans voix, ne cessa jamais d'être plus redoutable à son père que celui-ci ne le fut à Monseigneur, et Louis XIV, qui devait lui survivre, ne crut à l'innocuité de sa vie que lorsqu'il fut bien assuré de sa mort.

Cependant, comme à l'époque où se passe notre histoire Monseigneur était vivant et d'une santé florissante ; comme il avait trente-sept ans environ, l'œil vif, le teint fleuri; comme c'était un prince de grande mine, bien que médiocre de taille, portant haut la tête en public et déployant avec coquetterie les muscles d'une jambe admirable et la finesse d'un pied qui désespérait toutes les femmes; comme, en outre, Monseigneur était veuf, c'est-à-dire libre et en disponibilité pour une alliance au cas où il arriverait à la couronne; comme, enfin, il avait trois fils, et que nul ne prévoyait à son égard les desseins de Dieu, Monseigneur, momentanément réduit à l'état négatif, n'était pas moins dans l'avenir pour le roi et pour tout le monde une valeur absolue des plus considérables.

Le savait-il ? et le poids de cette grandeur qu'il lui fallait renfermer le courbait-il ainsi dans sa cage monotone ? Ce silence de statue, n'était-ce qu'une force compressive de l'excès des sentiments et des pensées? Ce masque voulait-il cacher un visage trop-éloquent? Puisque le roi, son père, observateur incessant et sagace, ne décida pas la question, nous n'y prétendrons pas.

Toujours est-il qu'à Meudon, sa retraite, où il avait enseveli son existence problématique et fondé sa liberté sur l'obscurité, ce prince, moins esclave de son rang qu'il ne l'eût été avec des prétentions plus amples, jouissait en riche particulier des loisirs d'une paix inaltérable. Sa cour, nulle ou à peu près et composée du trop-plein de Versailles, craignait si évidemment de se compromettre par des assiduités à Meudon, que Monseigneur, à son tour, ne se gênait jamais pour ses courtisans. Pas d'étiquette — pas de chaîne. La taciturnité bien connue du prince le sauvait des conversations embarrassantes. Sa sauvagerie lui épargnait les assemblées. Son manque absolu de crédit le délivrait des solliciteurs. Il vivait pour lui et le petit nombre d'intimes connus ou cachés qu'il avait su se choisir. Paresseux comme Louis XIII son aïeul était triste, il passait des journées — ses meilleures — couché sur un canapé, les yeux au plafond, chantonnant les vieux airs espagnols qu'il avait entendu, enfant, chanter par sa grand'mère Anne d'Autriche, et que lui avait répétés sa mère. Sa porte n'était jamais franchement ouverte que pour les Conti, qu'il aimait, surtout sa sœur, fille de La Vallière. Elle était la seule femme de la cour qu'il eût toujours recherchée, attirée, soit parce qu'elle payait son affection d'un sincère et respectueux attachement, souvent éprouvé, soit pour d'autres raisons qui s'établiront dans la suite de cette histoire.

Le jour où le roi eut avec ses filles, à Versailles, la querelle domestique source de tant d'événements, à l'heure même où la scène avait lieu, Monseigneur, à Meudon, venait de prendre son chocolat et le digérait voluptueusement, couché dans un pavillon frais et obscur, ventilé par une brise odorante. Ses jardins, moins pompeux que ceux de Versailles, avaient beaucoup plus de fleurs, auxquelles l'ambre et le musc ne faisaient pas concurrence.

Monseigneur, paré comme à son habitude, depuis le matin, pour n'avoir pas la peine de s'habiller deux fois, tournait et retournait sur un coussin de fine toile bien froide sa tête vermillonnée et alourdie par un demi-sommeil qui laissait transparaître le rêve.

Une longue canne à pomme d'or, un jonc léger comme une plume, occupait à la fois ses quatre membres : car de la main droite, ou, pour se reposer, de la gauche, il frappait en cadence l'un et l'autre de ses souliers, à tour de rôle; cette manière de castagnettes accompagnait passablement certain boléro qu'il fredonnait. Cependant son regard, suivant les ondulations de sa tête, allait parfois chercher à quelques pas, soit à droite, soit à gauche, un compagnon de cette sieste caniculaire, car il en avait un, couché de chaque côté: à gauche, sur la dalle fraîche, c'était un chien; à droite, sur un canapé, c'était un prince. Celui-là, molosse hérissé, à l'œil fauve, sans égal pour la chasse au loup, se nommait Pyrame. Celui-ci, beau, charmant, sans rival en guerre, en amour, en amitié, s'appelait François-Louis de la Roche-sur-Yon, second prince de Conti.

Je n'assurerais pas que Monseigneur n'eût préféré l'entretien de Pyrame à celui de son voisin de droite. Mais M. de Conti était le conteur le plus aimable — et le plus aimé. Sa disgrâce presque officielle à la cour le rendait secrètement cher à Monseigneur, et ce n'était pas un mince courage de la part de l'un et de l'autre que cette intimité cultivée malgré les envieux de Versailles.

Ce jour-là, M. de Conti semblait, grâce à je ne sais quelle langueur touchante, se rapprocher de l'humeur habituelle de Monseigneur. Tous deux avaient mêmes regards vagues, même sourire de souvenir sur les lèvres. L'un oubliait volontiers de parler, l'autre se laissait aller à n'écouter pas. Cependant cet apparent désaccord produisait une harmonie complète. Chacun de son côté, poursuivant une pensée cachée, permettait à l'autre la même distraction, en sorte que leur conversation les attachait bien autant par ce qu'ils ne disaient pas que par ce qu'ils eussent pu dire. Évidemment les deux rêveurs n'étaient ni à Meudon ni ensemble.

M. de Conti, après un de ces silences trop prolongés qui ressemblaient à des pauses de sommeil, se releva soudain sous un coup-d'œil curieux de Monseigneur. Il crut comprendre que ce regard signifiait : — Que faisons-nous ici? Si nous ne nous parlons pas, dormons, — En effet, tous deux ressemblaient furieusement à des gens qui n'ont pas dormi leur tranquille nuit.

— Monseigneur, dit-il tout à coup avec la volubilité d'un ressort qui dévide une trame, votre santé a fait beaucoup de bruit hier au soir, au souper de vos gendarmes,

Et il conta en détail la soirée, les rondes sournoises qui du dehors surveillaient les convives, et l'absence du duc de Chartres, empêché par sa femme d'assister au banquet, et le mauvais caractère de cette fille du roi, et les tribulations de son mari.

Le Dauphin, qui haïssait son jeune cousin, de Chartres, n'eut pas l'air d'avoir entendu; il demanda seulement si les nouveaux brigadiers avaient été bien accueillis.

— Les Montvalat, répliqua M. de Conti, sont fort aimés dans les gendarmes. On les a pris comme un cadeau de V. A. Royale. Il faut dire que ce sont de dignes gentilshommes, et qui méritent de faire fortune, après tant d'années d'épreuves.

— Leur fortune, ils la feront comme moi la mienne, s'écria tout à coup une voix jeune et sonore, qui, pénétrant dans le pavillon comme un son de cloche argentin, acheva d'arracher les deux princes à leur sommeil ou plutôt à leur rêve.

— Tiens! Clermont! s'écria joyeusement M. de Conti.

— Ah! c'est Clermont, murmura Monseigneur sans tourner la tête; bonjour! Clermont.

Malgré cet accueil amical qui prouvait tant de familiarité :

— J'entends Monseigneur, mais je ne le vois pas, dit le jeune homme s'aventurant avec une précaution respectueuse dans ces ténèbres auxquelles ses yeux durent s'accoutumer. Cependant je voudrais bien trouver ses augustes pieds, pour m'y mettre comme il convient un suppliant.

— Ouvre un peu le rideau, bien peu, interrompit le Dauphin effarouché par ce mot de suppliant qui menaçait d'une supplique. Il songea dès lors à changer l'entretien qui débutait si mal.

Clermont, grand et beau cavalier de vingt-six ans, à l'œil noir, au teint brun, aux dents fraîches, obéit au Dauphin, et pendant son petit travail il souriait à M. de Conti, qui, à la lueur du jour bleuâtre, discrètement tamisé dans la salle, observait la mélancolie de ce salut et la vague tristesse répandue sur les traits de son serviteur. Il s'apprêtait même à lui en faire avouer la cause, quand, Monseigneur le prévenant :

— Pourquoi dites-vous, demanda-t-il à Clermont, que ces MM. de Montvalat manqueront leur fortune?

— C'est une famille comme cela, Monseigneur, répliqua le jeune homme. Ils ont tout pour réussir, excepté le succès.

— Bah! ils ont Monseigneur, dit M. de Conti, et Monseigneur les a. Bonne affaire pour tout le monde.

— Dieu soit loué! s'écria Clermont. Il restera encore quelques braves gens pour servir S. A. R, quand nous l'aurons pour roi!

Monseigneur redoubla la mesure du boléro sur le tranchant de ses semelles. Ce fut son unique réponse à cette provocation flatteuse. Clermont espéra qu'il pourrait placer ce qu'il avait à dire, et qui manifestement lui gonflait le cœur.

— La famille est comme cela, reprit Monseigneur tout à coup, il y a donc une famille Montvalat?

— Monseigneur, il y a un troisième frère.

— Pareil?

— Meilleur. Celui-là n'est pas un homme, c'est un saint. Pour expier on ne sait quelle peccadille il est entré dans les ordres malgré les instances et les larmes de ses frères, malgré les miennes. Voilà dix ans de cela. L'Église n'a pas un sujet qui l'égale : austérité, charité, abnégation; je le répète, Monseigneur, Didier de Montvalat n'est pas un homme.

— Il ira loin, hasarda le Dauphin, qui craignit que ces éloges ne fussent une demande d'apostille.

— Il a fait tout le chemin qu'il voulait faire, Monseigneur, dit sérieusement Clermont.

— Serait-il cardinal?

— Il est curé d'un village de deux cents âmes, Fleurines, près Chantilly. Mgr le prince de Conti le connaît bien!

— Si je le connais, s'écria le prince. Ma belle-sœur, Marie-Anne, sur ma recommandation, et un peu sur celle de Clermont, ajouta-t-il avec malice, a voulu l'an dernier le faire évêque. Il a refusé; i tient à son humble clocher, à son pauvre presbytère.

— Voilà un respectable prêtre : avec l'âge, il est vrai, on devient casanier, dit naïvement le Dauphin.

Clermont répondit :

— Monseigneur, Didier de Montvalat est de mon âge, il a vingt-six ans, et il vit comme M. Bossuet prêche. Au surplus, ajouta l'enseigne revenant au point de départ par la transition d'un soupir, c'est dans son presbytère que je compte aller me cacher bientôt.

— Te cacher, dit M. de Conti en se levant, pourquoi te cacherais-tu?

— Oh! Monseigneur, parce que, moi aussi, je suis dans une mauvaise veine; je crois en vérité que mes amis les brigadiers me portent malheur.

— Eh!... quoi donc, balbutia le Dauphin, forcé de s'intéresser à tant de tristesse, qu'as-tu fait pour te cacher? Quelque sottise.

— D'abord, Monseigneur, je viens d'être tancé, c'est-à-dire secoué à tout rompre, par M. le duc d'Ayen, de la part du roi, pour le souper des gendarmes,

— J'en étais sûr, s'écria M. de Conti.

Monseigneur continua son exercice métronomique et ne dit plus un mot. Le nom du roi prononcé devant lui produisait invariablement ce résultat. Craignant même que Clermont, après s'être annoncé comme suppliant, ne le priât d'intercéder pour lui en cette affaire, il se leva de son canapé, tira lui-même le rideau tout entier, au risque de s'effarer par un éblouissement subit. Cet effort d'activité annonçait chez Monseigneur l'état le plus violent de malaise et de trouble. Et Clermont, qui connaissait le caractère du prince, se fût retiré aussitôt, sans M. de Conti, qui lui demanda l'explication catégorique des paroles effrayantes qu'il venait de prononcer.

— Eh bien! Monseigneur, répliqua l'enseigne, tandis que le Dauphin sifflotait pour faire croire qu'il ne voulait ni écouter ni entendre, sachez que, tout à l'heure, outre les bourrades du capitaine des gardes, j'ai reçu, d'une âme charitable et anonyme—entre nous, c'est un huissier, brave garçon, qui parfois me fait l'amitié d'écouter aux portes — l'avis que ma disgrâce est sûre et ma liberté menacée pour un ou plusieurs crimes que, à ce qu'il paraît, nous aurions commis sans le savoir, pas plus tard que cette nuit.., moi ou ma pelisse...

— Cette nuit? s'écrièrent en même temps les deux princes, attirés par les dernières paroles de Clermont, se rapprochant de lui avec une curiosité irrésistible.

— Oui, Messeigneurs, dit l'enseigne, on a rapporté au roi que cette nuit, moi, Clermont, enveloppé dans ma pelisse hongroise, j'ai été vu à la fois sortant d'une certaine maison où certaine dame de Versailles...

Ici le narrateur s'interrompit, heurté à sa gauche par une main furtive : il regarda. M. de Conti, les yeux brillants, dilatés, le suppliait d'un signe mystérieux de ne pas achever sa phrase.

Mais à droite Monseigneur pouvait s'étonner de ne point voir arriver la fin de cette phrase maudite. Clermont, pour cacher le trouble de M. de Conti et dérouter tout à fait Monseigneur, se tourna donc vers ce dernier, puis, cherchant à se rattraper avec cette maladresse fatale qui, presque toujours, d'un faux pas fait une lourde culbute :

— Je perds la tête, dit-il agréablement, ce n'est pas d'une maison de Versailles qu'on prétend m'avoir vu sortir avec ma pelisse... non, c'est d'une maison de Paris, rue du Pot de...

Et il riait le plus bruyamment possible pour mieux entraîner le Dauphin à l'hilarité, mais que devint-il quand il l'aperçut pâlissant, bouleversé et un doigt sur ses lèvres, faire à sa discrétion un appel plus énergique encore et plus pressant que celui du prince de Conti. Monseigneur non plus ne voulait pas qu'on achevât la phrase.

Cependant les deux Altesses s'étaient tourné le dos pour n'être point surprises l'une par l'autre pendant cette injonction en partie double, et Clermont ébahi, à la gêne, n'essayait même plus de rien raccommoder, dans la crainte de gâter tout à fait la situation.

Par bonheur, un grand bruit se fit entendre dans les antichambres, et presque en même temps que les huissiers ouvraient les deux battants pour S. A. R., Mme de Conti, la princesse Marie-Anne, apparut blanche, en désordre, et cherchant son frère, qu'elle appelait pour ainsi dire de ses yeux obscurcis par les larmes.

Cette diversion donna le temps à tous de se remettre. Une seule personne demeura visiblement troublée. C'était la princesse qui, prenant les mains de Monseigneur, les serra longtemps et affectueusement avant de pouvoir prononcer une parole. Elle n'avait aperçu que lui d'abord; son beau-frère, M. de Conti, accourut à elle la voyant si défaite et si tremblante. Clermont, de sa place, salua respectueusement à son tour, mais la princesse ayant tourné la tête pour voir qui la saluait ainsi, elle reconnut l'enseigne et recula frémissante et cambrée comme devant un reptile. Clermont, lui, ne songeait qu'à rendre sa révérence la plus insignifiante possible; il ne songeait qu'à empêcher tout son cœur de venir se refléter dans une politesse. Que devint-il, en voyant le doux visage s'enflammer de fureur et les doux yeux de haine?

— C'est vous, dit la princesse d'une voix vibrante et lourde de mépris; vous osez me saluer, je crois! N'y revenez plus! N'ayez jamais l'impudence de lever les yeux sur moi ni de vous trouver sur mon passage, sinon je vous garde un châtiment proportionné à votre insolence.

La voix ne grondait plus; le regard de feu s'était éteint, Clermont ne comprenait pas encore. Stupéfait, anéanti par la violence de cette apostrophe, il restait cloué sur place, la bouche entr'ouverte, les mains ramenées sur sa poitrine, comme pour dire : « Moi? » Cependant il interrogeait de ses yeux éperdus Monseigneur et M. de Conti, non moins saisis que lui de l'incroyable emportement dont ils venaient d'être témoins.

Mais la fougueuse princesse, ne se sentant pas obéie, se retourna soudain avec un geste hautain et trop intelligible. Elle menaça si royalement

Clermont de son doigt étendu que le doute n'é-
tait plus possible. On le chassait.

A lui, le gentilhomme irréprochable, à lui, le
vieil ami dont le sang avait coulé pour l'honneur
de la famille, à lui, le plus respectueux, le plus
dévoué des serviteurs, à lui, l'idolâtre, l'esclave,
le chien fidèle, cette insulte, cette ignominie !
Ses yeux rendirent éclair pour éclair. Il n'eut que
le temps de se souvenir qu'elle était femme;
princesse, il l'avait oublié.

Pâle de colère et de douleur, il balbutia quelques mots de respect aux deux princes et s'enfuit emportant le trait envenimé qui lui mordait
le cœur.

XII.

Les deux princes s'empressèrent, bien étonnés,
autour de leur sœur qui, après cette dépense
exagérée de forces, était tombée assise, suffoquée
par les palpitations. Ils ne pouvaient comprendre
le changement de ce caractère si patient et si affable, ils comprenaient moins encore comment
Clermont avait pu mériter un si rude châtiment,
en sorte qu'ils exprimèrent à Mme de Conti leur
surprise et leur regret en des termes qui eussent
consolé Clermont s'il avait pu les entendre.

Mais la princesse retrouvant son énergie :

— On voit bien, dit-elle, que vous ignorez ce
qui s'est passé; si vous eussiez, comme moi, subi
la scène que le roi vient de me faire à propos des
désordres de M. de Clermont, s'il vous eût fallu,
comme je l'ai fait, rougir et trembler sous les ac-
cusations les plus furieuses, vous tiendriez un
autre langage.

Au nom du roi, Monseigneur commença à perdre de son assurance. M. de Conti, l'intrépide, fai-
blit un peu à son tour. Ce fut bien autre chose
quand la princesse leur raconta les reproches, les
ressentiments du roi et la haine sans réticences
dans laquelle il confondait les Conti et leur serviteur, ou plutôt leur âme damnée, Clermont.

— Mais, enfin, qu'a fait Clermont? demanda
M. de Conti; et s'il a encore travaillé pour notre
service, sa faute ne saurait-elle être excusée?

— Je ne pense pas, dit aigrement la princesse,
que les débauches de M. de Clermont, ses courses
nocturnes, ses bonnes fortunes équivoques, à
peine déguisées, tant il les poursuit cynique-
ment, puissent s'appeler des services qu'il rend à
notre famille. Désormais, quant à moi, je l'en
tiens quitte. Au surplus, consultez le roi sur cette
affaire, consultez madame la duchesse de Bourbon, appelée comme moi à se justifier.

Ce mot eut à peine franchi ses lèvres, que le
prince de Conti trembla et réussit à peine à cacher son trouble.

— La duchesse !... dit Monseigneur, car l'autre
prince n'eût pu encore parler... la duchesse en
est ?

— Oui, mon frère, et, avec moi, elle a eu sa
part de l'algarade. Apprenez, apprenez à la source
tout ce qu'on reproche à votre protégé, aventures
de toute sorte, et à Paris, et à Versailles, et...

M. de Conti se précipita vers sa belle-sœur comme

pour la calmer; il lui serra la main d'une façon
significative, tandis que Monseigneur, mordant
la pomme de sa canne, arpentait le pavillon et
murmurait des airs lugubres.

— Allons! allons! chère Marianne, du calme, s'é-
cria M. de Conti bien haut. — Plus un mot de
la duchesse devant Monseigneur, ajouta-t-il tout
bas, je vous en supplie! Vous saurez tout!

Et, comme involontairement sa belle-sœur le regardait ébahie, il redoubla ses caresses et, gros-
sissant le volume de sa voix :

— Il ne faut pas être ainsi féroce, que diable!
chère Marianne, reprit-il avec agitation. Ce sont
des misères envenimées par nos ennemis. Et
Clermont, quoi que vous disiez, est un bon serviteur qu'on nous envie. Vous l'avez roué vif, ce
pauvre garçon, vous l'avez traité comme un larron. Un si parfait gentilhomme ! incapable d'un
mauvais trait, n'est-ce pas, Monseigneur ?

— Eh!... eh! il faut voir, il faut voir, dit majestueusement le Dauphin sans interrompre sa promenade.

— Moi, je cours après Clermont, pour le consoler et l'empêcher de faire quelque folie, ajouta
M. de Conti. Vous l'avez malmené de telle sorte,
Marianne, qu'il doit en avoir perdu la tête, et
c'est un homme qui exagère l'honneur, voyez-
vous!

Puis d'une voix insaisissable, d'une voix comme
un souffle :

— Je vous attendrai au sortir d'ici... Silence !

Et il sortit après avoir broyé, à force de le pé-
trir convulsivement, la main mignonne de la princesse, qui, malgré son habitude des difficultés du
monde, se trouvait embarrassée de sa contenance
en présence d'un trouble si extraordinaire. M.
de Conti avait disparu avant qu'elle eût secoué la
torpeur de cette complète annulation qu'il lui
avait fait subir.

Mais à peine Monseigneur se vit-il seul avec sa
sœur qu'il vint tout à coup s'asseoir près d'elle
comme soulagé par l'absence du tiers qui le gênait.

— Le roi est donc bien fâché contre Clermont?
dit-il avec curiosité.

— Furieux, mon frère ! mais beaucoup moins
que moi.

— Vraiment?

— Comprenez-vous cela, Monseigneur? J'ai
chez moi une fille honnête, bien élevée, sage,
recommandée par vous, Mlle Emilie de Choin...

— Hum ! hum ! fit Monseigneur, roulant des
yeux égarés à force de vouloir être indifférents.

— Cette fille, en qui j'avais confiance absolue,
voilà-t-il pas ce misérable Clermont qui la débauche ? Ne lui fait-il pas accepter un rendez-vous
dans sa maison à elle, et ne le surprend-on pas,
cette nuit, sortant de cette maison de la rue du
Pot-de-Fer ?... Oh ! oh!

Et la princesse, le cœur dévoré, se cacha les
yeux avec ses doigts entre lesquels jaillirent encore des larmes.

Le Dauphin s'était écarté sur les derniers mots.
Son visage, ordinairement immuable, trahissait
la perplexité la plus violente. Cependant il se remit à l'aide d'un nouvel effort.

— Quoi, dit-il... on l'a surpris... et... le roi le sait?

— C'est le roi qui me l'a dit.

Monseigneur se leva... Sa main blanche et fine tressaillait en chaque fibre.

— Est-on bien sûr que ce soit Clermont? murmura-t-il en regardant sa sœur à la dérobée.

— Oh! trop sûr... N'était-il pas enveloppé de cette houppelande hongroise si connue... et sur laquelle on a fait tant de chansons... D'ailleurs, personne ne le nie, et Mlle de Choin elle-même...

— Ah! vous en avez parlé à elle... s'écria Monseigneur, incapable de dissimuler l'intérêt qu'il mettait dans cette question...

— Il l'a bien fallu, mon frère, j'ai bien été obligée de l'avoir avec elle, cette explication qui me torturait. Songez, mademoiselle, lui ai-je dit, que si vous ne vous justifiez pas, je serai forcée de prendre un parti sérieux ; — prenez garde!

Monseigneur frissonna.

— Eh bien? dit-il palpitant.

— Eh bien! mon frère, elle était pâle, les joues marbrées, plus une goutte de sang dans les veines, mais elle n'a point marqué de faiblesse, elle n'a pas renié son amant. Je la pressais, je la suppliais de prouver son innocence. J'eusse donné deux ans de ma vie pour une bonne parole d'elle. —Puisque, m'a-t-elle répondu, l'on affirme avoir vu M. de Clermont sortant de chez moi, tout ce que je pourrais dire serait inutile.

— Et... voilà tout? demanda le Dauphin.

— Voilà tout. Je ne lui ai pu ensuite arracher un seul mot. Elle s'est courbée devant moi, comme si elle en appelait au pardon de Dieu. Soit! que Dieu lui pardonne, s'écria Marianne en proie à une surexcitation de colère : quant à moi, je ne lui pardonnerai jamais. Le mal qu'elle me fait rien ne saurait l'exprimer ni le guérir! — Relevez-vous, mademoiselle, lui ai-je dit, et sortez d'ici : je vous chasse!

Monseigneur s'arrêta tout à coup, comme frappé d'un coup invisible : il pâlit, il chancela.

— Qu'avez-vous donc, mon frère, demanda la princesse se levant pour courir à lui avec une tendre sollicitude, souffrez-vous?

— Ma sœur, dit le Dauphin, dont la voix tremblait et faisait trembler les lèvres éclairées d'un pâle sourire, je souffre, en effet, pour ce pauvre Clermont que vous avez si rudement traité, pour cette pauvre fille que je vous avais recommandée et que vous chassez avec ignominie.

Il s'interrompit suffoqué.

— Mais, Louis, pouvais-je faire autrement? murmura-t-elle, saisie de voir pour la première fois le prince entraîné par tant de sensibilité.

—Est-on coupable quand on aime? poursuivit-il de cette même voix émue qui bouleversait Marianne malgré elle. Est-on coupable à ce point qu'on devienne un objet de mépris et d'horreur, qu'on soit insulté, chassé, livré à l'opprobre, presque au bourreau! Mais voilà une pauvre fille perdue, déshonorée, poursuivit-il avec agitation. Qui voudra la voir désormais? qui se retiendra de la mépriser quand on la saura hors de chez vous, chassée?...

Monseigneur, mordant ses mains et précipitant ses pas, offrait à sa sœur un spectacle à la fois bizarre et touchant.

— Bonne Emilie! murmurait-il en haussant les épaules avec des élans de compassion exaltée, honnête fille, car c'est une honnête fille, ma sœur: qui vous dit qu'elle ne souffre pas en ce moment pour la faute d'un autre? qui vous fait croire qu'elle soit coupable?

— Mais, mon frère, elle l'avoue! répliqua la princesse, qui commençait à se demander si cette prodigieuse charité chrétienne ne trahissait pas chez Monseigneur un affaiblissement de l'intelligence.

— Elle avoue parce que c'est une âme noble, parce que c'est une martyre, un ange! s'écria le Dauphin en revenant tout à coup vers sa sœur stupéfaite. Elle avoue parce qu'elle veut sauver un secret, et que pour remplir ce devoir elle serait femme à sacrifier son honneur et sa vie. Voilà pourquoi elle avoue, ma sœur, c'est-à-dire pourquoi elle ment!

La princesse regarda le Dauphin, dont le visage empourpré témoignait d'une passion voisine de la folie. Il courut, oui, il courut à la porte du pavillon, en tira le verrou, et, saisissant la main de Marianne, celle-là même que M. de Conti avait tant martyrisée :

— Ne la chassez pas, dit-il avec véhémence, c'est la plus loyale et la plus honnête des femmes. Gardez-la pour son honneur, pour notre repos. Faites-moi cette grâce, je vous en conjure, moi votre frère et votre ami!

— Mais, Monseigneur, cette loyale, cette honnête femme a pourtant gardé toute la nuit chez elle M. de Clermont.

— Et si ce n'était pas Clermont? dit à voix basse le Dauphin.

La princesse releva la tête.

— Si c'était, continua Monseigneur, quelqu'un qui impose, qui commande, qui force! si c'était un amant auquel rien n'oserait résister dans ce royaume : si c'était moi!

— Vous? bégaya la princesse en joignant les mains avec stupeur.

— Moi, qui l'aime, moi, qui, depuis deux ans, lui ai voué la plus tendre affection avec l'estime la plus entière ; moi, qui, pendant ces deux années mortelles, n'ai réussi, ni par prières, ni par présents, ni par promesses ou menaces, à ébranler cette âme à la fois timide et généreuse, inaccessible à toute autre séduction que celles du cœur. Oui, ma sœur, c'est moi qui, pour entrer chez elle en trompant les espions, ai pris l'habit de Clermont, qui m'est dévoué et qui n'a rien à perdre ; c'est moi, enfin, qui suis tout pour Emilie. Vous avez entre vos mains ma vie, ma consolation, mon bonheur!

Au saisissement causé par cette révélation se joignit chez la princesse une joie ineffable, immense. Clermont, quelle n'avait si brusquement haï que pour l'avoir trop secrètement aimé, ce digne ami n'était pas coupable; il était bien libre, de ce côté du moins!... Marianne embrassa son frère avec une sorte d'ivresse.

Tout à coup la mémoire lui revint. La dernière

parole du roi retentit à son oreille; elle poussa un cri de désespoir.

— Courez à Versailles, courez, mon frère, dit-elle au Dauphin, sauvez Clermont, s'il en est temps encore, sauvez Emilie!

— Qui donc les menace?

— Le roi ordonne qu'ils se marient.

— Emilie... Clermont?...

— Sous trois jours.

— Je l'en défie! s'écria le Dauphin avec une expression d'audace qui frappa la princesse habituée à sa soumission proverbiale. D'ailleurs, Clermont est mon serviteur, je lui dirai de refuser, il refusera.

— Alors il est perdu, on l'emprisonne!

— Soit! Clermont souffrira encore cela pour moi : nous réglerons plus tard!

— Mais je ne veux pas qu'on sacrifie Clermont! s'écria la princesse à son tour, et d'un ton chaleureux, et avec un flamboyant regard, qui frappèrent Monseigneur comme son exaltation, à lui, avait frappé la princesse.

— Ah! murmura-t-il, surpris.

— Vous comprenez, Louis, dit Marianne rouge et caressante, que ce serait une injustice. Vous êtes une âme si noble que vous ne consentiriez pas à la ruine de ce malheureux, ruine infaillible, si nous avons l'air de l'abandonner. M. du Maine, la Maintenon, M. le duc de Bourbon, le duc de Lorraine, excitent le roi contre lui. Il n'a que nous, et nous lui manquerions après tant de services, après dix années d'abnégation et de dévouement... Non, Monseigneur, non, jamais vous ne me conseillerez de trahir ce brave serviteur pour un caprice sans doute éphémère.

— Et moi, répliqua le Dauphin grave et frissonnant, abandonnerai-je mon amie, la seule qui me fasse supporter une vie intolérable, la seule qui m'aime parce que je suis Louis, et non parce que je serai roi? Quoi! dans cette cour, dans cet enfer, chacun dispose au gré de ses plaisirs ou de ses ambitions, chacun commande, chacun existe; l'un a les finances, l'autre les armées, un autre l'Eglise, un autre la popularité, l'amour , tous, ma sœur, tous ont quelque chose qui les soutient et les anime; vous-même, hélas, qui me regardez! et moi, moi le dernier de ce royaume, moi qui ne demande rien, qui ne désire rien, qui n'attends rien même, et n'aspire qu'à conserver mon repos et la propriété d'un pauvre cœur ignoré qui bat pour moi, je devrais encore faire ce sacrifice? vous me conseilleriez de jeter au vent mon amour, au vent ma joie? Ah! le Dauphin de France est bien peu, sans doute, mais enfin c'est au moins un gentilhomme qui, laissant à tous ce qu'ils ont, ne veut pas qu'on lui prenne ce qu'il a. Que le roi garde ses secrets, sa toute-puissance et sa couronne, c'est à lui. Toutes les soumissions, toutes les bassesses, qu'il les réclame de moi : orgueil, rang, espérances, gloire, je sacrifierai tout; je sacrifierai ma maîtresse, mais ma femme! non!... Je veux bien la cacher, mais je la garde!

— Votre... femme! mon frère, murmura en pâlissant la princesse. Mlle Emilie de Choin...

— Est ma femme : il y a huit jours que je l'ai épousée ici, à ma chapelle, comme le roi a épousé Mme de Maintenon.

Mme de Conti baissa la tête, écrasée par ce coup de foudre.

— Voilà pourquoi, reprit le Dauphin avec noblesse, je me suis hasardé tout à l'heure à vous prier de la garder chez vous. Cette demande, il ne me fusse pas permis de la faire pour une maîtresse. Rien de plus chaste et de plus saint que notre amour. En l'abritant sous votre toit, je vous confiais mon honneur et mon bonheur tout ensemble, mais le danger est grand; il peut vous effrayer : à Dieu ne plaise que je vous compromette. Je ne puis offrir d'asile à Mlle de Choin. Ce serait me trahir et la perdre. Elle se retirera dans un couvent. Oubliez donc ce que je viens de dire. Je ne vous ai confié qu'un secret. C'est un dépôt qui ne saurait vous nuire et qui, placé chez vous, ne risque rien.

La princesse ne put entendre froidement ces paroles, ou plutôt ce délicat appel à sa générosité. Elle s'approcha du Dauphin avec compassion et avec respect.

— Monseigneur, dit-elle, vous êtes mon frère, et vous serez mon roi. Je vous ai tendrement aimé pour les bontés dont vous m'avez comblée, pour l'estime que vous avez toujours témoignée à ma mère. Je vous aime plus que jamais, et je n'oublierai de ma vie la faveur que vous me faites d'une confiance dont vous n'êtes pas prodigue. Elle est bien placée, croyez-le, Monseigneur. Mlle de Choin restera chez moi comme mon amie, comme ma sœur. J'aurai pour elle tous les égards qu'elle mérite et que je vous dois. Hier, j'eusse donné ma vie pour vous, désormais je la donnerai pour vous deux. Est-ce ainsi que vous me voulez, réclamez-vous encore plus de votre servante? Parlez.

Le Dauphin allait et revenait sur lui-même étouffant, brisé par les efforts qu'il faisait pour garder sa dignité au sein de la plus poignante émotion qu'il eût ressenti de sa vie. Mais l'aspect de cette adorable figure, mais ses yeux brillants d'amour et de loyauté, mais l'image récréatrice de cette Providence divine, l'amitié, lui arrachèrent un élan et un sanglot de joie. Il ouvrit les bras à sa sœur, ils échangèrent un long baiser, un serment scellé de leurs larmes.

— Allons! dit Mme de Conti la première, voilà qui est bien, je veille sur Emilie, veillez sur Clermont.

— Soyez tranquille : vous ne le haïssez plus autant, ce me semble, chère Marianne? dit le prince en souriant.

— Non! Louis, plus autant, répliqua-t-elle avec un sourire pareil.

Ils se serrèrent la main. Le Dauphin rouvrit la porte, elle partit. Lui se recoucha sur son canapé et étendit sa main enfiévrée, sous laquelle vint s'allonger le museau frais du chien Pyrame.

FIN DU PREMIER VOLUME.

DEUXIÈME VOLUME.

XIII.

Mme de Conti était partie légère et rajeunie de dix ans, n'ayant plus dans l'esprit que cette ombre de préoccupation jetée sur sa joie par le trouble de son beau-frère. Là encore elle craignait quelque chose; Clermont n'était pas suffisamment innocenté. Son alibi prouvé quant à la rue du Pot-de-Fer rejetait la faute sur cette petite maison du parc de Versailles. Aussi, quand Marianne regagna son carrosse, commençait-elle à se trouver aussi perplexe qu'à l'arrivée.

Mais tout à coup sur le chemin, au coude formé par la côte de Bellevue, elle aperçut un cavalier suivi d'un seul valet qui semblait l'attendre au passage. Elle reconnut M. de Conti qui, remettant son cheval au piqueur, monta dans le carrosse et s'assit rêveur dans l'angle le plus obscur.

Après quelques minutes de recueillement, le prince sembla prendre soudain son parti. Marianne retenait son souffle, pour mieux écouter.

— Ma sœur, dit le jeune prince avec effort, j'espère que vous m'aurez compris et tenu parole. Monseigneur ne se doute-t-il pas du petit secret que nous avons ensemble? Non? merci! Il ne reste donc plus qu'à l'expliquer, ce secret. Il m'en coûte, je l'avoue, mais vous m'aimez, vous êtes indulgente. Vous savez comme on m'a marié, sans amour, à Mlle de Condé; vous connaissez mon isolement au sein de cette famille. Ma vie n'est pas joyeuse, vous en êtes témoin.

Il s'arrêta, pensif et de plus en plus troublé par un combat dont les désordres se trahissaient dans l'altération de son noble et charmant visage.

— Il me semble, Armand, lui dit doucement la princesse, que vous prenez le plus long.

— C'est vrai, répliqua-t-il avec vivacité. Je vous fais injure. Je ne voulais vous dire qu'une chose, la voici. Laisser le roi accuser Clermont, laisser Clermont en butte aux plaintes et aux mauvais traitements, n'est pas une action honnête. Ce jeune homme est innocent. Ce n'est pas lui qu'on a vu sortir de la petite maison du parc.

La princesse fit un mouvement auquel se méprit son beau-frère. Il crut qu'elle contestait.

— La personne qu'on a surprise, ajouta-t-il, portait un habit pareil à celui de Clermont, j'en conviens. C'était une ruse, sans doute, pour dérouter les espions.

Marianne, retrouvant chez M. de Conti les mêmes expressions que chez Monseigneur, n'en pouvait croire ses oreilles. Un moment elle pensa que ces deux amis de Clermont s'entendaient pour le justifier par un mensonge. Mais cette idée s'effaça bien vite devant l'immense gravité de l'explication fournie par Monseigneur. Pour M. de Conti, son front baissé, ses regards incertains, la gêne de son maintien, disaient trop qu'il n'avait jamais été plus sérieux.

— Nommez au moins la personne, dit-elle avec un coup d'œil scrutateur.

Le prince fit un effort:

— C'est moi, répondit-il.

— Vous, Armand! dit la princesse avec effroi; vous qui sortiez, la nuit, de chez Mme de Bourbon, votre belle-sœur!

Il rougit et un nuage passa sur ses grands yeux mélancoliques. Presque aussitôt il redevint pâle et tremblant:

— Pourquoi de chez Mme de Bourbon? murmura-t-il. Est-elle seule dans cette maison? Ne peut-on croire qu'il y avait chez Mme de Bourbon une personne quelconque que j'y ai vue? Vous le croyez, n'est-ce pas? Marianne, et vous n'accuserez pas ainsi votre sœur... Je proteste qu'elle ne mérite point les soupçons. Répondez que vous me croyez.

Mme de Conti, fort émue, garda un instant le plus douloureux silence. Dans ce court espace, à la lueur de cet éclair, elle entrevit tout ce que depuis longtemps, distraite et occupée d'elle-même, elle n'avait ni vu, ni senti, ni deviné, dans une ombre bien soudainement illuminée.

Inquiet de cette pause et des réflexions qui la remplissaient, le prince se rapprocha et demanda timidement s'il était nécessaire qu'il nommât cette personne pour disculper Mme de Bourbon.

Mais déjà la princesse avait repris son sang-froid et compris qu'il est des secrets que pas un regard ne doit effleurer sur la terre, et qui changent, tôt ou tard, en ennemis, l'ami imprudent qui les affronte. Elle répondit avec vivacité:

— Non! Armand, plus un mot. Cette personne serait compromise. Cachez son nom à tous. Cachez-vous bien vous-même. Car le roi vous est un cruel observateur. Et M. le duc, je vous en avertis, ne paraît pas disposé à souffrir que sa femme entretienne chez elle des intrigues d'aucune nature, même les plus innocentes, se hâta-t-elle d'ajouter.

Là recommença le silence. Un poids terrible oppressait ces deux poitrines généreuses. Mme de Conti sentit la première combien l'effort du prince avait été noble et chevaleresque, elle lui tendit la main. Elle le remercia d'un sourire.

— Allez! dit-elle, Armand, vous êtes le vrai sang des héros, et celui qui, pour sauver d'un embarras son humble serviteur, ne craint pas de se livrer lui-même, celui-là trouvera toujours des femmes pour l'aimer, des hommes pour le défendre. Mais il y a du choix dans l'un comme dans l'autre. Fasse le Ciel, mon frère, que maîtresse et amis soient toujours dignes de vous et connaissent le prix du cœur que vous leur confiez!

— C'est beaucoup pour moi, dit le prince avec un triste sourire, d'avoir une amie telle que vous. Les maîtresses, ajouta-t-il en soupirant, c'est la chance du jeu de la vie: heur ou malheur; qu'y faire! On aime, peut-on s'en empêcher? On sait qu'on a mal sûrement placé son cœur, mais le retire-t-on, ce cœur, sans qu'il le veuille? Parlons maintenant de Clermont, interrompit-il avec une gaîté convulsive; c'est lui qui risque le plus, puisqu'il a encouru votre disgrâce, et vos regards courroucés foudroieraient un homme plus sûrement que les carreaux du Jupiter de Versailles.

— Clermont, répliqua Marianne rougissant par

degrés jusqu'à l'incarnat le plus vif, ne risque plus rien de mon côté. Je lui ai rendu ma confiance, depuis que vous m'avez appris qu'il ne s'était pas rendu coupable d'une déloyauté dans ma maison. C'eût été déloyal en effet, n'est-ce pas? mon frère, de prendre, pour la détourner de ses devoirs, de sa sagesse, une fille noble confiée à mes soins, et dont la réputation est irréprochable.

En parlant ainsi, elle regardait le prince dans le but de découvrir s'il soupçonnait quelque chose du secret de Monseigneur, mais M. de Conti se contenta de sourire avec une gracieuse malice.

— Vous feriez bien votre cour à la vieille Maintenon, dit-il, Marianne, si elle vous entendait poursuivre avec cette rigueur les contrevenants aux mœurs et à la chasteté. Savez-vous, belle-sœur, que votre petit sermon tombe tout justement sur ma misérable tête, à moi, pécheur endurci, qui viens de vous faire ma confession? Ah! Marianne, soyez charitable! pardonnez à ceux qui aiment, si vous avez le bonheur de n'aimer pas!

Le fin sarcasme et l'affectueuse pression de main qui l'accompagna changèrent en trouble l'embarras de la princesse. M. de Conti pratiqua envers elle la charité qu'il venait de réclamer pour lui : il détourna l'entretien d'un sujet aussi périlleux.

— Je retourne, dit-il, chez Monseigneur. J'ai à convenir avec lui d'un alibi respectable pour notre Clermont : un petit mensonge bien appuyé suffira pour le tirer des griffes royales.

La princesse trembla qu'il ne commît dans cette démarche quelque malentendu trop naturel entre deux mystérieux de cette force.

— N'allez pas vous trahir, mon frère! s'écria-t-elle, Monseigneur est indiscret.

— Monseigneur indiscret? dit le prince surpris. Harpocrate indiscret?

— On peut l'être quand on ne soupçonne pas qu'il y ait danger à parler! Ne demandez pas à Monseigneur de mentir pour justifier Clermont, il pourrait se cabrer faute de comprendre. Dites-lui seulement que vous m'avez vue, que nous avons cherché vous et moi un expédient pour tirer Clermont de sa mauvaise affaire et que nous nous sommes arrêtés, par exemple, à ceci, qu'il avait passé la nuit dernière à Meudon, avec vous et Monseigneur.

— C'est parfait! s'écria le prince joyeux. Maintenant, un peu de sang-froid. Puisque je vais chez Monseigneur, je ne puis m'occuper du pauvre Clermont. Figurez-vous qu'il n'est pas aussi calme que vous et moi ; comprenez bien, Marianne, que vous l'avez offensé, qu'il a de la mémoire, et que je le connais mal, s'il n'est en ce moment occupé à faire quelque coup de sa tête.

— Croyez-vous? dit Marianne inquiète.

— Je ne crois pas, je suis sûr. En ce moment Clermont court à une folie quelconque : au nom du Ciel, bonne Marianne, courez plus vite que lui. J'aime cet honnête homme, et si, mal disposée que vous soyez pour lui, à présent que vous le savez blanc comme la neige ou comme vos belles joues qui pâlissent, de froid, peut-être, rattrapez Clermont, pardonnez-lui, calmez-le ; c'est un

service que vous me rendrez et que je réclame pour l'amour de moi.

Après avoir débité cette prière du ton le plus lamentablement comique et avec une grâce railleuse qui bouleversa la princesse, M. de Conti lui baisa la main, fit arrêter le carrosse et reprit son cheval, laissant Marianne le cœur navré par toutes ces plaisanteries, qui lui faisaient craindre que son secret à elle ne fut guère moins transparent que les secrets des autres.

Le prince n'avait pas encore tourné bride, quand il l'entendit commander à son cocher de continuer au galop jusqu'à Versailles. Il sourit doucement et se dirigea au pas vers Meudon.

Marianne n'était pas au bout de ses chagrins. De retour chez elle, ayant fait venir Mlle de Choin, déjà prête à monter en voiture avec son bagage, et l'ayant tendrement embrassée devant tous, pour lui faire réparation, faveur que cette modeste fille reçut avec autant de noble douceur qu'elle avait mis de résignation à subir l'outrage, la princesse commanda qu'on lui amenât M. de Clermont.

Mais la réponse fut accablante. Clermont, rentré seulement depuis une heure, et dans un état voisin de la rage, avait changé d'habits, demandé un cheval frais; il était parti seul, en tenue de voyage, laissant pour la princesse une lettre que le majordome remit entre ses mains tremblantes.

C'était une démission respectueuse et brève, dans laquelle il annonçait que, décidé à quitter le service, il envoyait en même temps sa démission d'enseigne des gendarmes à Monseigneur.

Un éblouissement de mille étincelles blanches, un tintement aigu dans les tempes, faillirent renverser Marianne à la lecture de ce billet.

Mais l'orgueil la soutint. Elle ne voulut point tomber devant tant de regards. Raidissant ses doigts pour ne point broyer le papier qui les mordait :

— Où croit-on que soit allé M. de Clermont? dit-elle froidement. Quel est d'ordinaire le but de ses promenades?

Chacun regarda son voisin, personne ne répondit.

— A-t-il vu quelqu'un avant de partir? continua Marianne; n'a-t-il point donné des ordres pour sa compagnie? Qu'on voie les brigadiers des gendarmes-dauphin, MM. de Montvalat, ses amis, je crois; ils sauront m'instruire. Et une réponse — vite!

Une nuée de serviteurs s'envola dans toutes les directions.

XIV.

L'instinct de Mme de Conti ne l'avait pas trompée. Dans ces crises de la vie, l'homme de cœur s'adresse soudain à l'amour ou à l'amitié, ses deux ancres de salut. Il n'est pas de désespoir possible pour celui qui possède l'un ou l'autre.

Clermont, à peine à cheval, s'était rappelé ses deux amis, Henri et Robert. Il passa chez eux et les trouva discutant avec le tailleur les agréments de deux uniformes neufs. Les deux gentilshommes, toujours fidèles à leur devise : *doucement, longtemps*, ne songeaient qu'à se réjouir de la bonne fortune présente, et après un long sommeil sans rêves, ils s'apprêtaient à bien dîner, n'ayant de service que le soir. Leur seule crainte était, qu'au souper de la veille, ce noble Clermont n'eût fait des folies de magnificence capables d'indisposer contre le corps des gendarmes la lésinerie de la vieille cour. Et leur crainte, quelle qu'en fût la base, dénotait un esprit toujours juste. Dix ans passés sur la tête de nos amis avaient mûri leur circonspection native ; plus expérimentés, ils étaient devenus plus craintifs. La science de la vie n'est autre chose que beaucoup de crainte tempérée par un peu de raison.

En voyant entrer Clermont défait, l'œil morne et vêtu en voyageur, les deux frères coururent à lui inquiets et la question sur les lèvres. Jusqu'au seuil de cette chambre, Clermont n'avait point songé à ce qu'il dirait. Voir ses amis, leur faire ses adieux, tel avait été le mouvement machinal. En face d'eux, il fut forcé de réfléchir.

Qu'allait-il leur avouer ? dans quel dédale faudrait-il les conduire ? Lui qui à peine osait descendre au fond de son âme, que révélerait-il sans torture et sans dangers ? Ce fut alors qu'il comprit toute l'importance du coup de tête qu'il venait de faire ; son départ le compromettait sans retour.

Mais quand le cœur est déchiré, quand il saigne, et que la blessure exaspère, la seule excuse du patient, c'est l'excès même de sa fureur. Celui-là qui crie bien haut persuade toujours un peu les autres, et d'abord il se persuade lui-même.

Clermont, interrogé par MM. de Montvalat sur ces apparences de départ, répondit qu'il partait effectivement. Il se plaignit avec amertume — quand le tailleur fut parti — des ennemis acharnés qui naissaient sous ses pas comme des fleurs vénéneuses du sol putréfié de la cour.

Robert et Henri lui firent observer que le mérite a le privilège comme le soleil de faire pousser les mauvaises herbes avec les bonnes, que les ennemis sont salutaires, et qu'un homme ne s'en va pas devant des ennemis. Ils ajoutèrent, assez cavalièrement, que d'ailleurs il avait des amis à opposer, de petits pour les frivolités, de grands pour les occasions sérieuses.

Clermont répondit que ses grands amis lui manquaient ; qu'il ne voulait point compromettre les petits ; que ces tracasseries de la cour lui pesaient depuis trop longtemps, et que, déterminé à saisir la liberté aussitôt qu'elle se présenterait, il s'allait rendre libre dès ce jour même. Continuant sur ce ton et s'animant à froid, il raconta, faute de pouvoir donner une raison meilleure, que M. le duc d'Ayen lui avait reproché de la part du roi ce souper de la veille ; que ce reproche brutal constituait une véritable provocation ; qu'il sentait sous cette taquinerie le vieux levain des rancunes royales ; que dix ans de luttes épuisent un homme ; que sa patience avait la vie moins dure que le roi. Bref, il épancha toute sa bile par de fausses issues, mais il l'épancha de manière à faire frémir, à faire trembler les deux frères qui, pour le calmer, épuisaient tous les si-

gnes de la télégraphie, toutes les ressources de la mimique et toutes les caresses de leur cœur aimant et dévoué.

Rien n'y faisait. Ils le soignaient, ces pauvres amis, pour un mal qu'il n'avait pas.

— Enfin, que prétendez-vous ? demanda Henri plus effaré que le frère aîné : un départ, c'est une désertion : avez-vous un congé !

— J'ai donné ma démission, dit tranquillement Clermont sans songer à l'effet de cette parole sur les deux brigadiers qu'il avait installés la veille, et qui fondaient sur ce chef, leur ami, l'espoir et le bonheur de toute leur carrière.

Aussi, l'un en levant ses bras au ciel, l'autre en laissant choir les siens comme des branches mortes, lui apprirent-ils l'immensité du désastre.

— Seuls !... murmura Robert consterné, seuls dans ce corps où nous ne sommes entrés que pour vous !

— Oh ! Clermont, balbutia Henri, vous nous abandonnez !

Clermont passa dans ses cheveux noirs une main furieuse tout ravagée, déracina et meurtrit.

— Que voulez-vous ? je suis ivre de rage, dit-il d'une voix sombre, je suis fou, pardonnez-moi !

— Mais vous reviendrez à vous-même, essaya timidement Robert.

— Jamais, c'est fini !

Et Clermont tomba sur une chaise, le front caché par ses mains frémissantes. Les deux frères échangèrent un coup d'œil de surprise, mais, respectant ce qui couvait sous une telle irritation, ils gardèrent le silence.

Clermont se releva tout à coup.

— Je suis venu vous embrasser, dit-il très-vite, comme pour s'échapper à lui-même, et je pars.

— Vous n'avez pas besoin de nous ? demanda Robert.

— Non, mes amis.

— Où et comment aurons-nous de vos nouvelles ? car, si vous nous abandonnez comme officier, vous nous gardez bien un peu comme amis, n'est-ce pas ?

Clermont fut ému. Il leur prit à chacun une main.

— Je vais, dit-il, droit au consolateur, au soutien, au maître. Je vais chercher celui qui est doux avec les malheureux, fort avec les méchants ; celui qui pleurera, si je pleure, et de ses larmes saintes guérira ma blessure. Je vais chez Didier, votre frère, à Fleurines. Que n'y suis-je déjà ! Que n'y ai-je toujours été ?

Ce cri de la souffrance cachée n'était pas nécessaire pour confirmer les soupçons de Robert et d'Henri. Clermont n'allait certainement pas pour si peu s'enfermer au presbytère de Fleurines, il ne réclamait pas les consolations et les larmes de Didier pour une simple mercuriale du capitaine des gardes à propos d'un souper.

— Vous plaît-il que nous jouissions de votre compagnie pendant quelques moments ? demanda Robert. Nous avons le temps avant l'heure du service de vous accompagner jusqu'à la première poste. Au moins, si nous ne pouvons aller jusqu'à notre cher Didier, nous serons-nous quelque peu rapprochés de lui.

Clermont consentit. Les frères eurent bientôt terminé les préparatifs de cette promenade. Tous trois sortirent par La Villette, marchant de front : Clermont au centre, tous trois plongés dans leurs pensées. Et ce n'eût pas été un spectacle sans intérêt que cette petite troupe d'hommes florissants, vigoureux et braves, allant trouver comme dans un sanctuaire le plus jeune, le plus faible, le plus humble de tous, pour lui demander l'appui et la lumière.

La promenade fut silencieuse. L'un ne voulait point avouer, les autres craignaient de paraître questionner. Clermont tremblait d'être sollicité de renoncer à sa fuite. Robert et Henri étaient trop intéressés à ne point perdre protecteur ami, leur chef, pour oser témoigner leur désir de le garder. Le temps avait marché pendant ces scrupules et ces délicatesses. Trois heures sonnèrent au clocher de la vieille abbaye de Saint-Denis, que nos voyageurs avaient dépassée. Ils s'arrêtèrent au milieu de la plaine dorée qui resplendissait sous le rayon oblique du soleil. Robert pria Clermont d'embrasser pour eux le curé de Fleurines. Clermont les embrassa eux-mêmes en soupirant, et ils se séparèrent à la hauteur de Pierrefitte.

XV.

Celui qui raconte la présente histoire en a beaucoup raconté dans sa vie. Il avait un goût particulier pour celles du temps passé, soit que les vertus et les vices des hommes paraissent plus en relief à distance et frappent plus facilement une vue un peu courte, soit qu'en effet dans le passé les bons cœurs fussent meilleurs, les passions plus nobles, les mœurs plus franches et d'une couleur plus saisissante.

On a beaucoup reproché à cet écrivain l'abus des rencontres, des combats et des grands chemins; aussi des hôtelleries et des chevaux; mais il ne pouvait faire autrement, puisque ses histoires sont antérieures pour la plupart à notre siècle.

Pour le commerce, pour la guerre, pour les affaires, pour les relations d'amitié, d'amour ou de famille, les Français des deux derniers siècles voyageaient beaucoup, et par conséquent se rencontraient quelquefois par les chemins. De là les aventures. Toujours armés, divisés de religion, de partis, de castes, ils combattaient souvent : cela est naturel. Les carrosses n'existant pas plus que les routes, tout voyageur allait à cheval; et ce cheval n'étant point de fer, comme ceux que l'on a inventés de nos jours, et qui s'appellent *locomotives*, il mangeait et se reposait quelquefois avec son cavalier. De là les hôtelleries. Ne reprochez point l'hôtellerie au romancier : bientôt l'historien lui-même la réclamera comme étant de son domaine, garde-meuble assez mal tenu où l'histoire laisse moisir trop de choses dont elle ne se sert pas. Peu d'années encore, et l'hôtellerie n'existera pas plus que la grand'route. Ce sera un vide dans le monde des choses et des idées; certains amis de l'archéologie

seront heureux d'en retrouver l'image dans quelque humble roman destiné seulement à distraire, et qui, grâce à la peinture d'une enseigne pittoresque, se trouvera élevé, sans y avoir prétendu jamais, à l'honneur d'être un livre utile.

Voilà pour les auberges et les grands chemins. Mais quant aux chevaux et au reproche qu'on nous a fait d'exagérer leur force et leur vélocité, nous sommes moins superbe, bien que nous n'ayons pas moins raison. Peut-être la jeunesse nous a-t-elle entraîné à souffler aux coursiers de notre fantaisie des âmes disproportionnées avec les poumons naturels de la race chevaline. Certains trajets fabuleux ont été accomplis par ces bêtes poétiques en des espaces de temps plus fabuleux encore : il faut dire que, toujours amoureux du vrai, même dans la fiction la plus audacieuse, nous lui avons fait, et récemment encore, cette concession de tuer, sur le grand chemin même, bon nombre de ces chevaux célèbres; mais, avouons-le humblement, le kilomètre est indigeste et la minute impitoyable; multipliés l'un par l'autre ainsi que nous l'avons fait trop souvent, ils eussent pu produire une consommation de chevaux beaucoup plus considérable.

Pour corriger ce défaut, nous avons beaucoup médité; nous avons lutté même, et nous ne nous rendons pas sans avoir procédé à de nombreuses expériences. Évidemment nos chevaux de roman ont quelquefois marché un peu vite, mais, tout compte fait, leur œuvre n'était pas impossible; il s'agit d'admettre seulement que c'étaient de très-bons chevaux, bien conduits et rafraîchis de temps en temps, comme il convient. Cette hypothèse consentie, l'objection tombe, et les chevaux d'autrefois sont réhabilités avec l'auteur. Celui-ci s'engage, en retour, à n'user que dans les cas extrêmes de cette vélocité hyperbolique qui nécessite l'emploi des métaphores. Il s'engage à calculer, avec le plus grand soin, les distances, les délais et les temps d'arrêt, comme sur les livres des postes... mais que dis-je ? et pourquoi tant de conscience ? la poste elle-même disparaîtra, les chevaux disparaîtront peut-être. Tout cela deviendra fable comme l'hôtellerie et la grande route, et alors personne ne comptera plus, et alors le roman fera foi, et, pareil à l'antique mythologie, rira au nez des sceptiques assez inurbains pour discuter ce qui les amuse.

En conséquence, nous pourrions passer outre et conduire Clermont tout droit à Fleurines (une bonne douzaine de lieues) sans souffler ni débrider. Mais l'excès du bon droit mène à l'injustice, et nous omettrions, par opiniâtreté, une aventure qui n'est ni sans importance ni peut-être sans agrément. Comme toujours, un cheval en est le prétexte, une hôtellerie le théâtre. Nous sommes au dix-septième siècle. C'est à prendre ou à laisser.

À moitié chemin environ, au village de Louvres, après six lieues gaillardement dévorées, la monture du triste enseigne flaira une grande cour bien bourrée de paille, une de ces écuries à cent places où la litière monte jusqu'aux mangeoires, et son oreille mobile perçut très-distinctement le cliquetis aigrelet de l'avoine qu'on vanne. Cet animal s'arrêta court à la bienheureuse porte, et le maître, enfoncé dans son rêve, n'avait pas eu le temps de serrer la botte pour pousser outre que déjà un valet d'écurie saisissait la bride et tenait l'étrier, tandis que l'hôtelière accourue sur le seuil saluait avec force révérences et sourires le cavalier de belle mine qui lui faisait l'honneur de descendre aux *Quatre-Maillets*.

Clermont descendit. La broche tournait ; l'âtre flamboyait ; la vaste salle reluisait de cuivres, de faïences et d'argenterie ; de deux belles servantes en fonctions, l'une rapportait du jardin un grand panier d'abricots gercés, halés, piquetés de pourpre ; l'autre arrachait d'entre ses genoux robustes le bouchon d'une bouteille sonore. Tout cela disait au voyageur :—Assieds-toi et dîne. Clermont secoua la tête, tourna le dos aux poulets grésillants et ruisselants, aux abricots embaumés, aux servantes rougissantes ; il entr'ouvrit machinalement de sa cravache la porte du petit jardin, allongea le cou, passa une épaule, puis le corps tout entier, et se mit à arpenter les allées bordées d'oseille et de pimprenelle, pour donner à son cheval le temps de manger l'avoine.

Ces jardins rustiques sont aussi charmants qu'ils sont utiles. Pas un pouce de terre n'y est perdu. Une rose s'y débat dans les lacis des haricots à longues gousses, le thym fleuri remplace le buis, à la grande joie des abeilles, un chou plébéien a sa grâce parmi les rouges capucines et les campanules changeantes des volubilis. Le feuillage des carottes est fin et soyeux comme les plus délicats rameaux des aconits et des aches ; la verdure s'enlève avec une fraîcheur riante sur le fond violet des lourds bataillons de betteraves. Un pied d'œillets jaillit en fusées du sein des courges rampantes. Un jasmin poétique grimpe sur la potence vermoulue du puits ; là, l'unique mauvaise herbe qu'on tolère, c'est la pensée ou la fraise ; elles pullulent dans les allées ou sur le bord. La ravenelle accapare les crevasses des murs. Vingt toises sur dix suffisent à tout ce nécessaire et à tout ce superflu ; douze à quinze pieds d'arbres trop consciencieux pour se permettre d'avoir des feuilles, saupoudrent les plates-bandes de prunes jaunes, bleues, vertes, d'abricots confits quand ils tombent, de poires musquées, d'amandes hâtives ; et en septembre la laide muraille de l'enclos disparaît sous les grappes et les pêches plus nombreuses que les pampres.

Clermont reposait doucement son esprit sur ces vulgarités riantes. Le contraste lui rappelait Versailles et ses arbres arrogants, et ses fleurs inutiles, et tous les chagrins qui suivent l'orgueil. Satisfait d'un commencement de vengeance, il jouissait du trouble que son départ laisserait chez la princesse habituée à ses bons services, à son esprit aisé, à la douceur de son cœur. Si ingrate que soit l'âme des gens trop aimés, elle a forcément des retours de tendresse pour l'ami perdu ; elle gémit au moins de n'avoir plus son souffre-douleur.

— Que fait-elle ? se demandait Clermont. Elle a maintenant ma lettre ; elle la montrera au prince son beau-frère. Celui-ci est homme de cœur, il me plaindra ; il lui reprochera sa dureté injuste : car, enfin, je n'ai rien fait, à moins que mon secret, si longtemps contenu, si cruellement étouffé en moi, n'ait éclaté dans un rêve ; à moins qu'il n'ait lui tout à coup dans mes yeux comme le feu échappé du nuage trahit la tempête cachée en ses flancs, et alors la princesse, qui est fière, se serait offensée... Mais non, pas même ce prétexte. Nul n'a deviné ce qui accélère chez Clermont les battements du cœur. Didier même l'ignore, lui, le consolateur, le secours des affligés. Son œil perçant n'a pu plonger jusque-là, distrait soigneusement par la supercherie d'une légèreté affectée.

Aussi, comme le malheureux Clermont va se dédommager ! Comme, affranchi désormais de tout scrupule et résolu à se fermer tout retour, comme il va soulager son pauvre cœur et raconter sa faiblesse à Didier, et lui promettre de quitter la cour, où tant d'affection loyale se paie par une si farouche ingratitude !

Et après cet aveu, Clermont se renfermera dans sa terre, située tout au plus à deux lieues de Fleurines, et, par les chemins qu'il connaît dans les bois, il viendra chaque matin trouver son ami le pasteur ; ensemble ils arpenteront le promenoir mélancolique du presbytère. Ensemble ils parleront de Dieu, qui remplace tout, et de ce monde évanoui comme une fumée, qui autrefois, un moment, prétendit à remplacer Dieu dans leurs jeunes cœurs. Et ce sera pour Mme de Conti une douleur amère, car elle est bonne au fond. Ce lui sera une punition méritée d'avoir retranché de la vie aussi sûrement que par la mort un ami fidèle et un incomparable serviteur.

Il en était là de son soliloque, lorsque l'hôtesse entra dans le petit jardin pour demander à l'officier s'il ne s'appelait pas M. le comte de Clermont. Et sur l'affirmative, elle ajouta que deux messieurs venaient d'arriver qui désiraient lui parler à l'instant même.

Clermont eut d'abord l'idée que Robert et Henri, pour un motif quelconque, l'étaient venus rejoindre à Louvres. Il ne supposa point autre chose et suivit l'hôtesse. Mais en pénétrant dans la salle de l'auberge, il n'y trouva point ceux qu'il s'attendait à y voir.

Deux personnages dont les chevaux essoufflés piétinaient à la porte, tenus par deux estafiers de mine équivoque, se chauffaient, par contenance, en août ! et causaient bas sous la cheminée. Ils se retournèrent à l'arrivée de Clermont ; l'un portait l'épée sans avoir l'air pour cela d'un gentilhomme, l'autre avait un habit de cavalier, des bottes, et par-dessus le costume laïque, il portait le petit collet.

Ce fut ce dernier qui s'approcha de Clermont, poliment, avec une certaine grâce même, et lui demanda un instant d'entretien particulier. Clermont ne connaissait de la maison que le jardin : il indiqua le jardin où l'accompagna son étrange interlocuteur. Un banc fait de douves assemblées se rencontra près du puits sous une coupole de pampres. Clermont l'offrit comme siége à l'inconnu qui l'accepta toujours souriant.

XVI.

C'était un diabolique sourire. L'homme ouvrait deux larges oreilles béantes sous ses cheveux plats et son tricorne fané. Jamais fouine en gaîté, chacal en appétit, ne montrèrent des dents plus aiguës, un museau plus effilé, des yeux plus alertes. Le tricorne obliquant à gauche découvait un front intelligent, élevé, sorte de récipient tout aussi propre à contenir le bien que le mal. Seulement, ce n'était pas douteux, le mal était entré le premier et remplissait la boîte.

L'homme pouvait avoir une quarantaine d'années; il était maigre, blême, ni petit ni grand, vêtu d'une étoffe sans nom comme sans couleur et sans date; un de ces habits éternels comme les ont de pauvres officiers qui se déguisent rarement en bourgeois. Sur cette physionomie de singe passaient des reflets de grandes pensées chassées par ce malicieux sourire comme un vol de colombes par le sifflement d'un oiseau moqueur.

Cette figure remarquable n'était pas étrangère à Clermont; il le témoigna par un mouvement d'attention que saisit aussitôt l'homme au petit collet et aux grosses bottes.

— Eh quoi! monsieur, vous ne me reconnaissez pas, dit-il, et nous nous sommes rencontrés pas plus tard qu'hier!

— Où donc, monsieur? demanda Clermont, irrité d'être relancé jusque dans l'exil.

— Chez S. A. R. le duc de Chartres, où vous veniez apporter une invitation.

— Ah!... pardon, monsieur l'abbé Dubois, je crois, s'écria Clermont avec un léger froncement de sourcils, tribut payé à l'équivoque réputation du personnage.

— Ex-précepteur de S. A. R. Mgr le duc de Chartres, et votre serviteur, dit Dubois avec obséquiosité. Nous nous sommes vus ailleurs, à Steinkerque, ajouta-t-il, j'y accompagnais mon élève.

Clermont, fort mal disposé d'abord pour tout ce qui troublait sa douleur et sa solitude, ensuite pour cet abbé dévoué aux princes d'Orléans, ennemis jurés de Monseigneur et des Conti, voulut dégoûter sur-le-champ Dubois de la rencontre et débuta par la brusquerie.

— Je vous reconnaissais mal, dit-il, sous cet habit d'ordre composite. Et puis, je ne sais comment, chaque fois que j'ai l'honneur de vous apercevoir, un souvenir singulier vient brouiller ma mémoire. Il y a de ces bizarreries. Votre visage, très-reconnaissable, pourtant, me rappelle, je ne sais pourquoi, une figure qui m'était autrefois antipathique, la figure d'un garçon passablement vicieux qui servait, il y a quelque quinze ans, chez un mien cousin, curé de Saint-Sulpice.

— C'était moi, dit tranquillement Dubois.

— Oh! mais vous étiez peut-être servant, clerc, assistant, diacre, se hâta d'ajouter Clermont, honteux d'avoir humilié cet homme.

— Non, monsieur, j'étais laquais, interrompit Dubois, aussi calme que Clermont se sentait embarrassé par cette imperturbable effronterie.

Il se leva comme pour congédier son interlocuteur, mais celui-ci, toujours gracieux, le pria de se rasseoir pour lui accorder quelques minutes d'audience. Clermont, dépité de n'avoir pas désarçonné le fâcheux par une première ruade, redoubla de malveillance et de mauvaise mine.

— Monsieur l'abbé, dit-il d'un ton bourru, le serviteur de M. de Chartres ne peut rien avoir de commun avec le serviteur de MM. de Conti; je me suis fait une loi de ne pas transiger sur ce chapitre.

— Monsieur, repartit Dubois inaltérable dans sa sérénité, je ne suis plus, depuis longtemps, serviteur de MM. d'Orléans; assurément j'ai eu le bonheur d'élever un prince, mais j'ai eu aussi le malheur de le marier. De ces deux services, l'un a complétement effacé l'autre. Madame m'a pris en horreur; Monsieur m'exècre pour plaire à Madame, et mon élève me chasse le plus loin possible pour ne pas déplaire à Monsieur; il en résulte que je suis libre, tout à moi, et que j'occupe mes loisirs à des œuvres de charité ou de conciliation!

— C'est méritoire, interrompit Clermont, et je vous en fais mon compliment. Mais je ne vois pas quel rapport ces bonnes œuvres pourraient avoir avec un pécheur endurci comme moi.

— Un rapport assez direct, répondit gracieusement Dubois. Il faut vous dire, M. le comte, que je suis aumônier de la Prévôté. C'est une charge qui met sous ma direction spirituelle MM. les exempts et leurs acolytes.

— Grand bien vous fasse!

— Ce n'est donc pas, vous le voyez, poursuivit Dubois, comme précepteur ou serviteur de messieurs d'Orléans, mais comme aumônier de ladite Prévôté, que je suis venu ici. J'accompagne une personne avec laquelle vous m'avez vu causer sous la cheminée tout à l'heure, et qui est le chef des exempts du grand prévôt, un galant homme, chargé d'une mission bien triste.

— Qu'y puis-je faire?

— Oh! cela vous intéressera beaucoup quand vous saurez que cet exempt est expédié pour faire l'arrestation d'un coupable.

— Qu'il l'arrête donc!

— Non! non! sa mission est avant tout morale. Le roi lui a commandé de se faire précéder d'un ecclésiastique dont l'éloquence puisse toucher le cœur du criminel, car le roi est bon. A tout péché miséricorde! Si l'ecclésiastique peut provoquer la contrition et amener la réparation de la faute, l'exempt n'a rien à faire : il salue le pénitent et se retire. Si, au contraire, le pécheur incorrigible résiste, — ce que je ne crois pas, — et refuse la réparation exigée, alors l'exempt se montre et le conciliateur disparaît.

— Mais, monsieur Dubois, s'écria Clermont à bout de patience et mordu au cœur par le ressentiment de ses souffrances un instant oubliées, que m'importent votre pénitent, votre exempt et votre conciliateur!

— Rien ne vous importe davantage, monsieur

le comte,— dit Dubois de son air placide et courtois, — car il s'agit d'amener un gentilhomme qui a compromis l'honneur d'une fille noble à épouser cette personne ou à se rendre en prison. Or, le médiateur chargé de cette tâche délicate, c'est moi, et le gentilhomme à persuader, c'est vous.

Clermont ne s'attendait pas à la conclusion. Il fit sur le banc de douves, un bond qui faillit précipiter le médiateur.

— Moi ! murmura-t-il, j'ai compromis...

— C'est l'avis du roi.

— Mais qui donc ai-je pu compromettre au point de l'épouser comme cela, sans dire gare ?

— Mlle Emilie de Choin.

— Je ne la connais pas.

— Vous avez passé la nuit dans son domicile.

— Où cela, son domicile ?

— Rue du Pot-de-Fer.

— Encore le pot de fer ! s'écria Clermont exaspéré. Cette méchante plaisanterie ne va donc pas finir ?

— Elle finira, si vous épousez la demoiselle, dit Dubois, qui commençait à prendre sa revanche et la prenait avec délices.

— Je n'épouserai personne et je romprai les os à ceux qui me mystifient, continua Clermont en serrant les poings.

Dubois, de plus en plus railleur :

— Cher monsieur, dit-il, vous ne romprez point, j'imagine, les os sacrés de Sa Majesté, dont nous exécutons purement et simplement les ordres. Le roi se propose de venger la morale outragée; il dit à un exempt de choisir un ecclésiastique pour porter la parole, c'est l'usage; l'exempt m'a choisi. Je ne vous force pas, moi, à épouser cette demoiselle, je ne vous y engage même pas, si la chose vous déplaît. Examinez seulement si elle vous déplaît plus ou moins que la Bastille ! voilà tout. Je fais mon devoir, c'est-à-dire une proposition ainsi conçue : — Prenez-vous pour légitime épouse Mlle Emilie de Choin, etc., etc.? Répondez par une affirmation ou par deux négations, ce qui est la même chose, au dire de Vaugelas, et quant à moi je vous tiens quitte et vous passe à l'exempt qui vous attend là-bas!

— Mais on n'a jamais vu pareille infamie ! s'écria Clermont, s'abandonnant à sa colère, que Dubois voyait gronder et monter avec une satisfaction sauvage ; mais c'est l'abus le plus criant du despotisme !

Dubois, assis, emboîtait de ses deux mains ses mâchoires de singe, écarquillait ses petits yeux ronds et écoutait.

— Mais je n'ai pas parlé dix fois à Mlle de Choin, poursuivit Clermont ; mais jamais je n'ai mis le pied chez elle ; c'est une lâche calomnie qui coûte à elle l'honneur et à moi la liberté ! Non ! non ! tout cela est impossible; je ne le crains pas, je n'y crois pas !...

Soit que Dubois eût fait un signe pour appeler l'exempt, soit que celui-ci arrivât au moment convenu entre eux, on le vit paraître dans le jardin et s'approcher, tandis que ses deux sinistres acolytes occupaient d'instinct les deux seules issues de l'enclos.

— Eh bien! s'écria Clermont rendu furieux par ce spectacle, vous direz au roi que, si je le voulais, son exempt, ses archers et son médiateur, ne m'empêcheraient pas de franchir ce mur, de reprendre ma liberté, de m'enfuir loin d'un pays livré à de telles horreurs. Oui, vous lui direz que je vous passerais facilement sur le ventre à tous quatre, mais que j'aime mieux, pour l'exemple de l'humanité, pour la honte de ce gouvernement, me laisser prendre comme un mouton et jeter sous les verrous comme un malfaiteur ; vous lui direz que la prison me plaît, que la chaîne fera mes délices, que la mort même, si on veut bien me l'offrir, sera mille fois la bienvenue, puisque chaîne et mort m'empêcheront de voir les iniquités de ce règne, où tout offense Dieu, depuis le maître qui corrompt son peuple par ses exemples, jusqu'aux peuples assez lâches pour endurer un pareil maître !

— Monsieur! monsieur! dit l'exempt s'approchant de Clermont avec compassion, taisez-vous, de grâce, vous vous perdez ; j'ai ordre de consigner votre dire dans un procès-verbal.

— Eh ! laissez Monsieur se soulager, reprit Dubois en frottant avec volupté son museau de renard en liesse; Monsieur ne veut pas du mariage, il est parfaitement libre.

— Alors j'arrête Monsieur, dit l'exempt consultant d'un regard, et Dubois qui acquiesça, et ses deux hommes peu rassurés, malgré leurs mousquetons, à la vue d'un criminel aussi exalté et aussi robuste.

Clermont haussa les épaules et murmura bien bas :

— J'eusse aimé mieux ta solitude, ô Fleurines ! et tes exhortations, mon Didier ! mais je n'eusse peut-être pas assez souffert pour oublier. La Bastille vaudra mieux pour moi.

Il montra le chemin à l'exempt, et salua Dubois sans mépris et sans fiel. Comme ils allaient sortir du jardin pour rentrer dans l'hôtellerie, où rien de cette scène n'avait encore pénétré, le service de la table s'y accomplissait consciencieusement, Clermont aperçut un courrier à la livrée de Conti, un vieil écuyer de confiance qui descendait de cheval, et lui apportait l'ordre de la princesse de revenir sur-le-champ à Versailles, sa démission n'étant acceptée ni d'elle ni de Monseigneur.

Clermont sentit un rayon de joie pénétrer dans son cœur navré. Grâce à cette arrestation, il allait donc pouvoir refuser la capitulation offerte. Il avait donc le droit de demeurer offensé ! Une demi-heure plus tôt, cette démarche eût mis vague de la princesse l'eût mis dans son tort sans réparer l'offense. Et peut-être se fût-on cru trop généreux encore en le rappelant. Les grands font si peu de cas de l'honneur des moindres! ils s'aiment tant, ils veulent si férocement qu'on baise leur main après qu'elle a frappé!

Dieu merci! Clermont allait en prison, il ne pouvait donc retourner à Versailles.

— Mon cher de Vaucelles, dit-il au vieux gentilhomme en souriant pour la première fois depuis de longues heures, vous voudrez bien témoigner à Mme la princesse que je n'eusse point failli de lui obéir, sans une difficulté qui se présente. Il paraît qu'à compter de ce moment je suis au roi, mon cher. Sa Majesté se charge de me loger. Demandez à Monsieur, qui est exempt de la prévôté; l'on m'arrête, et je m'en vais à la Bastille.

Sur ces mots qui changèrent le digne gentilhomme en une statue représentant un courrier le fouet à la main, Clermont se plaça de lui-même dans la chaise amenée pour lui, et demeurée sur un des bas-côtés de la route. Les alguazils montèrent derrière, conduisant au licol le cheval de leur prisonnier. L'exempt, avant de rejoindre celui-ci dans le carrosse, s'approcha de Dubois, comme pour l'inviter à monter le premier.

— Non, dit Dubois en le repoussant, je ne pars pas. Je n'ai plus rien à tirer de ce jeune homme.

— M. l'abbé a-t-il quelques ordres particuliers à me donner?

— Écoute bien. Tu vois ce gentilhomme à la livrée de Conti, peut-être n'est-il pas seul; peut-être essaiera-t-il de favoriser en chemin l'évasion de ton prisonnier? Laisse-toi faire violence. Qu'il se sauve; c'est ce qui peut arriver de plus heureux. Quant à toi, une fois à Paris, ne rends aucun compte à qui que ce soit de ce qui vient de se passer: pas de rapport, rien; je me charge de la rédaction du procès-verbal. Mets quatre à cinq bonnes heures pour aller jusqu'à la Bastille, si ce nigaud ne s'est point enfui. Le roi s'impatientera de ne rien savoir et de ne voir personne, il fera demander des nouvelles; aussitôt, préviens-moi. Je serai rentré vers neuf heures par le coche qui passe ici ce soir. Tu m'as bien compris?

L'intelligente figure de l'exempt eût suffi à répondre pour lui, mais il ajouta d'un air fin:

— Soyez tranquille, monsieur l'abbé, nul autre que vous ne remettra le procès-verbal au roi.

Dubois le remercia par un sourire amical qui trahissait une familiarité de longue date, puis il revint dans l'hôtellerie aussitôt que la cage roulante se fut mise en mouvement, suivie timidement à distance par le courrier de la princesse.

XVII.

Les gens de la maison, par discrétion non moins que par crainte, étaient rentrés mais observaient curieusement derrière les fenêtres, car en ce temps-là une arrestation aboutissait trop souvent à l'inconnu. Dubois calma toutes les inquiétudes en déclarant avec bonhomie qu'il s'agissait seulement d'un étourdi réclamé par sa famille. Il ramena surtout la confiance par sa gaîté, par l'inspection toute gaillarde qu'il passa de la cuisine, de la broche et des belles servantes; il commanda son dîner: un de ces poulets dorés à point, une assiettée d'abricots et de prunes, certaines écrevisses rougissant peu à peu dans une étuvée de gros roussillon renforcé d'épices.

Il se montra difficile à choisir le vin, délicat sur le fromage. Bref, il témoigna de tant d'appétit et de jovialité, que l'hôtesse oublia l'arrestation et crut voir s'arrondir la figure de fouine dont les angles et les cavités sinistres lui avaient

d'abord donné mauvaise idée du personnage. Tandis que la casserolle tintait au cliquetis des carapaces heurtées, tandis que son couvert se dressait dans une salle du rez-de-chaussée, Dubois ayant lorgné les servantes pour leur donner du cœur à l'ouvrage, revint sur le seuil de l'hôtellerie et regarda la chaise, point noir encore distinct sur l'horizon de la route qu'elle gravissait tristement. Son visage alors, rejetant comme un masque la triviale gaîté, les grossiers instincts, les satisfactions sensuelles, s'ennoblit soudain d'une éclatante expression d'orgueil et d'intelligence. Ses yeux profonds embrassèrent l'espace, se dilatant avec sa pensée. Les bras croisés sur sa poitrine étroite, à demi drapé dans son maigre manteau, un pouce sur ses lèvres minces, le tricorne projetant sur ses pommettes et ses orbites une ombre d'où jaillissaient deux éclairs, il considéra longtemps et cette route et ce carrosse et Paris au loin, et au delà Versailles, et encore au delà le monde.

— Ce matin, dit-il, le roi m'eût fait jeter à la porte, si j'eusse été assez niais pour implorer une audience. Demain il me fera chercher par tout Versailles; il me commandera de lui apporter ma précieuse personne; il jouira en tête-à-tête de mon incomparable compagnie; demain, à pareille heure, j'aurai fait un pas qui distancera autant le précepteur en disgrâce que le précepteur avait distancé le laquais. Oui, monsieur de Clermont, j'ai été laquais: vous me l'avez reproché tout à l'heure. Sont-ils en retard, les gens de cour, qui ne savent pas que l'appétit le plus vorace est celui du valet qui dîne le dernier. Roule vers la Bastille, naïf jeune homme: tu portes ma fortune, tu cours pour mes affaires, tu es mon laquais aujourd'hui!

La chaise de poste disparut au sommet de la montée.

Comme Dubois achevait de formuler les idées reflétées sur sa bouche méchante par un sardonique sourire, l'hôtesse l'avertit en même temps que son repas l'attendait. Il se retourna brusquement et entra dans la chambre qu'on lui avait préparée au rez-de-chaussée.

C'était un vaste carré long, sainement planchéié de chêne, garni d'une boiserie à hauteur d'homme et dont le plafond, en poutrelles noircies par bien des fumées, laissait pendre de son centre un énorme bouquet de branches de sapin dans lesquelles les légions de mouches fourmillaient le jour et dormaient la nuit. Un lit vénérable au fond d'une alcôve, celui de l'hôtesse, sans doute, un immense bahut en face de la cheminée, celle-ci naïvement taillée dans la pierre et ornée d'un lambrequin de serge, tel était l'ameublement. Dubois trouva devant sa table, bien propre, bien garnie, bien calée, un fauteuil du temps de Henri IV, aux pieds tordus, aux petits bras bourrés d'étoupes. Il s'y installa, dégustant le parfum de la volaille, humant la vapeur vineuse du court-bouillon et repaissant ses yeux du réjouissant aspect des fruits et des bouteilles à gros ventre. Il débuta par se verser, dans un verre à pied en forme de calice, un glorieux coup de ce nectar jaunissant qu'il regarda perler dans le cristal, puis il en respira largement l'arôme et but ou plutôt suça en fermant les yeux.

L'hôtesse, qui le voyait faire, sourit et se retira en pensant décidément qu'elle tenait là un brave homme.

Et de fait, entre ce convive et le sombre railleur qui, l'instant d'avant, songeait sur le seuil de l'auberge, il y avait toute la distance qui sépare Arimane d'Oromaze, Dubois esprit de Dubois corps.

Peut-être pensait-il en ce moment aux privations de son enfance, de sa jeunesse, aux hontes faméliques du petit vagabond, du manœuvre, du garçon apothicaire et du laquais. C'est la joie réchauffante du contraste, plus encore que la douce chaleur des bisques et du vin, qui, caressant ce cœur usé, en exprimait, pour les envoyer au cerveau, les fumées chatouillantes, les voluptueuses titillations du bien-être apprécié par une exquise intelligence. Et puis, au travers du gobelet prismatique, les ambitions miroitent plus vermeilles, les triomphes espérés prennent des proportions magiques, et la matière, enchantée d'être de la fête, s'émancipe, agace l'imagination, et cette bête, ivre du picotin, emporte l'esprit dans les espaces.

Quand Dubois eut repu généreusement l'estomac et savouré en gourmet les bienfaits de la cave et de la cuisine, quand à force d'égayer les grosses filles par ses œillades tantôt sournoises, tantôt libidineuses, il eut fini par leur faire peur, et qu'il se trouva seul, au dessert, devant un champ de bataille dévasté, sur lequel se dressait encore une bouteille assez pleine pour noyer le reste de bon sens qu'il avait su garder, l'abbé, un peu pâle et avec des yeux d'émerillon, tourna au sourire bonhomme et à la poésie élégiaque. Il appuya ses coudes pointus sur la nappe tachée, concentra son regard sur la fenêtre ouverte en face de sa table et par laquelle, à travers les barreaux, on voyait la route, les maisons d'en face et une mare au pied d'un orme dont les premières branches servaient de perchoir à deux poules jaunes stupides. Il nageait alors dans cette molle atmosphère qui n'est pas encore l'ivresse et n'est plus la raison. Ses yeux voyaient, son pouls battait, son sang circulait ; le tout n'était pas désagréable, mais cependant il lui manquait quelque chose. Soudain, comme pour compléter ses jouissances, une musique bizarre se fit entendre au dehors, accompagnée de chants plus bizarres encore, et à côté du chant pointillaient, à des intervalles fort inégaux, certains gloussements inconciliables avec toute espèce de solfège. Ces harmonies eurent pour résultat immédiat d'attirer devant l'hôtellerie une nuée d'enfants laids, en guenilles et barbouillés, que Dubois vit courir à l'appel de ce charivari grotesque, et qu'il entendit ; car il ne les voyait plus, hurler de joie et battre des mains devant les virtuoses.

Il se fût peut-être dérangé pour connaître la cause de tant de musique, mais ses jambes étaient lourdes ; il se contenta de dodeliner la tête en cadence, et d'unir au rhythme saccadé de l'instrument et de la voix un branle tremblotant de ses genoux qui lui faisaient l'effet d'avoir

grossi à l'égal de sa tête. Etait-ce une secrète sympathie ? était-ce seulement le grincement des nerfs? Dubois s'intéressait à cette musique perfide et battait la mesure, il finit par la scander en franc ivrogne, du dos de son couteau, sur la paroi argentine du verre. En sorte que l'hôtesse crut que son convive l'appelait, et elle entra. Et l'abbé, réveillé se composa de son mieux et fit semblant d'avoir appelé pour interroger.

— Monsieur l'abbé, répondit l'hôtelière, c'est une de ces mendiantes comme il nous en passe tous les jours, ou plutôt non, comme il ne nous en passe jamais. Car elle arrive du Brésil, à ce qu'elle dit, avec une figure brûlée, des jupes de plumes et les bras couverts de verroteries. Ses chansons ne sont pas agréables et l'on n'y comprend rien, pas plus qu'à sa guitare faite d'une vessie sur laquelle sont tendus deux boyaux qu'elle racle. Mais ce qui attire tant de monde et divertit si bruyamment les enfants, c'est le perroquet qu'elle porte sur l'épaule droite et le petit singe perché sur son épaule gauche d'où il s'élance en faisant mille contorsions et gambades. Tenez, écoutez-la, voici qu'elle recommence sa chanson. Oh ! c'est du brésilien pour le moins.

En effet, Dubois écouta et distingua un pêle-mêle de diphtongues enchâssées dans des doubles consonnes, cacophonie empâtée que l'abbé reconnut aussitôt pour être du limousin le plus pur, ou plutôt le plus corrompu ; et comme il le pensait, il le dit avec la franchise d'un homme en pleine digestion.

L'hôtesse, un peu contrariée de voir changer sa Brésilienne en Limousine, essaya de contester, mais Dubois haussa les épaules et prétendit qu'on ne lui apprendrait pas à reconnaître le patois de Brives-la-Gaillarde, son pays natal. Cet argument ferma la bouche à l'hôtesse, et Dubois triompha, l'imprudent ! Il se licencia même jusqu'à railler l'hôtesse et à lui traduire en français de Louvres les vers qu'il prétendit être érotiques de l'idylle chantée par la mendiante. Le drôle tenait à sa gaillardise au dessert.

— Eh bien ! n'importe, dit la bonne femme, c'est drôle, et le singe surtout est impayable. Je vous l'enverrai tout à l'heure. Vous lui donnerez vos noyaux d'abricots.

On l'appela de l'intérieur. Elle sortit. Dubois remplit son verre en ricanant, en fredonnant et en narguant le passé brumeux et les trop nombreux accrocs de sa vie limousine.

Tout à coup la musique éclata devant sa fenêtre même. Il vit dans le treillis de fer s'encadrer le perroquet juché sur la traverse ; le singe se faisait de chaque barreau un mât de cocagne, et derrière, à l'avant-dernier plan, car le fond du tableau était une guirlande de têtes inégales, la chanteuse faisant crier les boyaux sous l'archet et tordait assez disgracieusement une grande bouche pour émettre les *pantoums* charabias de Brives-la-Gaillarde.

Jusque-là, tout allait bien, et l'abbé regardait de bon cœur le perroquet battant des ailes, le singe pelé et galeux se multipliant en voltes et culbutes qui tapissaient toute la fenêtre, mais tout à coup la Brésilienne s'approcha pour demander l'aumône au généreux seigneur, pour qui ses bê tes et elle venaient de *travailler*.

Dubois voit ce masque rouge, cette créature courte et basse, aux joues carrées, aux cheveux filasseux, au béguin noir, aux jambes en poteaux vrillés d'une paire de bas en loques. Il voit et demeure béant, fasciné.

La femme voit aussi ce museau effilé, ces yeux ronds, ce rictus hébété, elle voit, et laisse tomber sa lyre.

Dubois tremble de tous ses membres; une sueur glacée remplace sur sa peau les moites effluves du bon vin. Il enfonce d'un coup de poing son tricorne sur ses yeux, plonge le nez dans son assiette vide et se verse incessamment de l'autre main dans un verre qui déborde et envoie une cascatelle vermeille sur la nappe et de la nappe sur le plancher.

— Marotte! ma femme! murmure-t-il abruti par l'épouvante.

Mais la créature a remarqué ce trouble, elle a tressailli; ses yeux de braise s'allument, elle plonge dans la chambre le peu de son faciès que dix pouces d'écartement entre chaque barreau lui permettent, hélas! d'y introduire.

Elle parle, elle parle français, elle parle limousin, elle voudrait éveiller quelque souvenir chez cet impitoyable abbé dont la ressemblance l'a frappée. Elle voudrait au moins lui faire montrer sa tête opiniâtrément baissée. Mais Hercule lui-même, Hercule, qui leva Cacus à la force du poignet, n'eût pas relevé le front de l'abbé, qui se blottit sous la corne protectrice, qui cherche une idée et qui n'en trouve pas.

La chanteuse en trouve une, elle. Sur un signe, son singe bondit jusqu'à Dubois, saisit de la patte droite un abricot, de la gauche le tricorne qu'il enlève, et quand Dubois, démasqué et pantelant, se lève pour assommer la bête, celui-ci lui tend son propre chapeau pour recevoir l'aumône et grignotte l'abricot en même temps.

Les traits bouleversés du malheureux n'ont apparu qu'un instant, mais cet instant a suffi aux yeux dévorants de la Limousine.

Si ce n'était pas un abbé, murmura-t-elle en secouant les barreaux, je jurerais que c'est bien lui!

Ces terribles paroles ont fait perdre à Dubois le peu de sang-froid qui lui restait. Il arrache son chapeau de la main du singe, qu'il terrasse d'un revers; le singe enfonce une vitre, le perroquet hurle, la femme recule. L'auditoire, ou plutôt l'assemblée, rit à faire trembler les murailles; un nuage passe sur les yeux de Dubois, qui croit que toutes les voix le huent et l'accusent. Lui, l'impudent, le cynique effronté, il perd la tête; tournant comme un bourdon sous une cloche, il cherche à tâtons une issue pour s'enfuir en évitant les regards de tout ce monde; puis il réfléchit qu'il faut payer l'écot, se fouille, trouve un louis qu'il jette sur la table; l'issue se rencontre enfin sous sa main tremblante: c'est une petite porte qui ouvre sur ce même jardin que nous connaissons. Dubois court jusqu'au mur, l'escalade, le franchit, tombe dans les champs, se relève, court, vole et disparaît.

Cependant le singe a entendu sonner la pièce;

l'habitude l'y conduit, il la saisit et la fourre dans la poche de sa maîtresse.

Cependant aussi l'hôtesse entre chez son convive pour savoir son opinion sur la musique brésilienne ou limousine. Plus de convive: on cherche, on s'informe, on suit des traces, le convive s'est enfui: il s'est enfui sans payer, le larron, le coquin; l'hôtesse affirme qu'elle s'en était doutée, qu'elle se défiait de ce brigand d'abbé qui est de la police et a fait arrêter tantôt un si charmant jeune seigneur. La chanteuse jusque-là s'était tenue avidement collée aux barreaux dans l'espoir de revoir le petit collet suspect; mais sur ces mots police et arrestation, elle plie bagage, rappelle perroquet et singe.

— Si c'est lui pense-t-elle, et qu'il m'ait reconnue, il est capable de me faire arrêter aussi. A plus tard! je le retrouverai.

Elle fend le cercle, allonge le pas, gagne le haut du village et se perd dans la brume du soir.

XVIII.

Le soir, chez Mme de Conti, Monseigneur, ravi de n'avoir plus besoin de recourir au mystère, savourait les joies d'une compagnie charmante où Mlle de Choin, désormais admise, apportait sa spirituelle gaîté, sa cordiale reconnaissance.

La princesse, voyant ces deux époux si joyeux, soupirait. Elle comptait les minutes, elle attendait le retour de son vieil écuyer qui devait ramener Clermont.

Belle de sa parure, et plus encore de sa tendresse repentante, Marianne allait, venait, consultait l'implacable horloge qui se permettait de battre seulement soixante secondes à la minute et soixante minutes à l'heure.

Monseigneur, un peu égoïste comme tous les princes, et surtout comme les princes heureux, s'enivrait de paresse, de muets regards et de projets. Il ne pensait à rien qu'à lui-même en deux personnes.

Ce tableau s'anima tout à coup. La princesse rougit et se troubla. Mlle de Choin courut à la fenêtre: on venait d'entendre quelque bruit dans la cour, et des pas de chevaux, et des voix empressées.

Marianne sentait qu'on montait l'escalier, elle sentait qu'on traversait l'antichambre, elle rassemblait toutes ses forces pour ne pas courir audevant de celui qui arrivait, elle se cramponnait à la table, causant éperdûment, sans savoir ce qu'elle disait, à Monseigneur.

Ce ne fut pas Clermont, ce fut M. de Conti qui entra, le front soucieux, les lèvres frémissantes.

— Savez-vous, dit-il, que ce pauvre Clermont est arrêté.

La princesse se leva; Mlle de Choin, avec la perspicacité des femmes chez qui tout élan du cœur double les facultés de l'esprit, s'empressa de parler pour elle, devinant qu'elle ne le pouvait pas. Elle demanda pourquoi, comment, où; elle donna enfin le temps à Marianne de se remettre.

M. de Conti raconta ce que venait de lui dire l'écuyer de Vaucelles qui, dans son zèle, accouru trop vite pour son âge, venait de tomber essoufflé à l'entrée de la première cour. Mlle de Choin apprit aussi qu'elle était la cause de tout, que son nom courait les ruelles, et que Sa Gracieuse Majesté avait jeté son fiancé à la Bastille.

Monseigneur eût ri peut-être, sans le violent chagrin que témoigna M. de Conti, sans la morne pâleur et le désespoir qu'il lut sur les traits altérés de sa sœur.

Il se leva aussi, l'excellent prince ; c'était un tour de force, mais il faut avouer qu'après s'être levé il se rassit sur-le-champ. M. de Conti méditait profondément.

— Messieurs, messieurs, dit Marianne d'une voix tremblante en regardant l'un et l'autre des princes, est-ce que vous souffrirez que ce brave gentilhomme soit ainsi torturé quand il est innocent !

Son coup d'œil éloquent valait mille reproches. Monseigneur en comprit la puissance. Mais que faire ? M. de Conti tressaillit sous l'aiguillon. Mais que dire ? On ne remédie pas au mal aussi promptement qu'on l'a commis.

Cependant M. de Conti, bouillant d'impatience et se rongeant les doigts avec rage, proposa de courir chez le roi et de l'attaquer au coucher, de traiter l'affaire au fond.

Il s'interrompit. Monseigneur tout étendu secouait la tête. Et quand M. le Dauphin prenait cette peine, la chose méritait considération.

Marianne demanda son avis au prince taciturne. Alors Monseigneur, avec un laconisme spartiate, répondit que toute démarche, ce soir, serait imprudente et inutile ; que le fait même de connaître si tôt l'arrestation de Clermont impliquait une sorte de complicité qui effaroucherait le roi ; que d'ailleurs l'ordre d'élargissement, s'il était obtenu, ne pourrait être porté à la Bastille avant le jour suivant.

Marianne, frémissant de douleur et de colère, frappa du pied.

— Quelle nuit va passer ce malheureux, dit-elle, cet honnête et dévoué serviteur ! Quelle idée prendra-t-il de ses maîtres, les premiers de l'État, qui n'ont ni le pouvoir ni le courage de lui venir en aide !

M. de Conti bondit sous cette nouvelle piqûre, et, serrant la main de Marianne, il lui déclara qu'elle avait raison, et que, pour lui, il n'hésitait pas, et partait pour Versailles. Aussitôt, Mlle de Choin, regardant à la dérobée Monseigneur, qui semblait attendre ce regard, on vit le Dauphin se relever et raidir ses jarrets comme un athlète qui se prépare à quelque énorme prouesse.

— Ce n'est pas, dit-il froidement, que je n'aime fort ce cher Clermont et que je ne sois prêt à l'aller défendre : vous voyez que me voilà debout. Mais mon hésitation vient de la persuasion où je suis qu'en demandant sa grâce je vais le faire condamner à quelque horrible traitement : c'est l'usage chez Sa Majesté, chaque fois que je m'intéresse à l'un des miens.

L'argument était si vrai, qu'il demeura sans réplique. Monseigneur continua :

— Demain il y a chasse à tir. Le roi m'a fait inviter, M. de Conti également. Nous nous rendrons à l'heure indiquée chez Sa Majesté. Rien que de naturel dans cette visite. Il sera naturel aussi que nous ayons appris depuis la veille l'arrestation de Clermont. Certes il sera bien hardi de parler de ce sujet au roi ; je ne le ferais pas pour sauver ma tête ! Mais, ajouta le Dauphin en envoyant à l'adresse de sa sœur un coup d'œil chargé de reconnaissance, pour de vrais amis il n'est rien qu'on ne tente. Je tenterai.

— Et moi, s'écria le prince de Conti, moi qui ne suis pas l'héritier du trône, et qui n'ai rien à ménager, je saurai, après Monseigneur, me faire écouter et comprendre.

Charmée de cette double déclaration des alliés, Marianne ne s'occupa plus qu'à entretenir l'étincelle chez l'un et à tempérer le brasier chez l'autre.

— Oui, mon frère, dit-elle au Dauphin, défendez vos amis, faites des paladins au futur Charlemagne ! A demain !

Et à M. de Conti, avec un profond regard d'intelligence :

— Vous, mon cousin, du calme. Il n'est personne ici-bas qui n'ait quelqu'un ou quelque chose à ménager.

Après cet avis énigmatique, parfaitement compris du destinataire, Marianne, au milieu de ses préoccupations douloureuses, sentit comme une secrète joie d'avoir pu garder son secret, en arrachant celui de chacun des princes. Mlle de Choin seule pouvait avoir vu plus loin dans son cœur, mais la princesse la tenait trop bien pour la craindre, et elle se promit tant de réserve, elle parut tout le reste de la soirée si attentive à prévenir chaque désir de Monseigneur, si adroite à donner le change à M. de Conti sur l'intimité des deux nouveaux époux, à Monseigneur sur les confidences de M. de Conti ; elle sut si habilement traiter Mlle de Choin en sujette pour celui-ci, en égale pour celui-là, en amie pour elle-même, que ses trois hôtes la quittèrent ravis, dévoués jusqu'au fanatisme, et qu'elle put se dire, en s'y mettant au lit pour toute une nuit sans sommeil, que désormais elle serait l'âme de cette ligue des amours formée sous ses auspices, institution dont l'utilité pouvait être appelée à grandir avec les événements et dans laquelle, selon l'occasion, elle se réservait d'agréger certain nouvel allié de son choix.

XIX.

Le roi avait contremandé son Marly pour une chasse au tir dans la faisanderie. Ces sortes de parties l'avaient fort diverti quand il était jeune et qu'il faisait tirer les lapins et les faisans par les dames. Mlle de Fontanges, entre autres, se montrait fort adroite et passablement cruelle, ce qui ne déplaisait point à Sa Majesté. Sur le penchant de l'âge, les oasis de la jeunesse reparaissent avec leurs fraîches délices et l'homme se souvient de ses vaillances, de ses appétits d'autrefois, il aime à essayer une comparaison ; quelle joie et quel triomphe, si le point de vue n'a pas changé !

On se demandait bien bas à la fauconnerie si

Sa Majesté prierait Mme de Maintenon à cette fête, et si les pages auraient la satisfaction de voir la vénérable matrone lever ses coiffes pour faire le coup de feu sur les oiseaux et les lapins. Mais les malicieuses personnes, je parle des pages, en furent pour leurs frais de conjectures. Le temps se mit à la pluie et les cataractes célestes s'épanchèrent impitoyablement sur les plaisirs du roi.

Il résulta de cette mauvaise pluie que le roi se leva très-agacé et songea aux affaires, c'est-à-dire aux ennuis, avec une humeur conforme à la tristesse du ciel.

Son premier mot fut pour demander le rapport quotidien ; son second pour Clermont, dont il n'avait pas eu de nouvelles, car l'exempt affidé de Dubois s'était gardé de donner signe d'existence, bien que le roi se fût informé de lui la veille, et à son défaut de l'ecclésiastique chargé du rôle de conciliateur.

On apprit à Sa Majesté que cet ecclésiastique, mandé par l'huissier de service, était arrivé et attendait les ordres du roi. On allait donc le faire entrer, lorsque parut M. le duc de Bourbon, cambré sur ses reins pour gagner un demi-pouce, et tendant les muscles de son front comme pour projeter hors de leurs orbites jaunes ses yeux bilieux, qui n'avaient pas besoin de ce manège pour paraître effrayants.

Il avait ses entrées, il entra, et de superbe qu'il s'était fait voir dans les antichambres, il devint tout à coup souple et caressant devant le roi. Caressant, il n'affectait pas de l'être, car il était joyeux, et le sourire, lueur si douce à tout autre visage, semblait chez lui le feu d'une lampe sinistre transparaissant par cette peau de parchemin.

Il venait remercier le roi de l'avoir vengé avec une si généreuse promptitude de l'insolent auteur de sa disgrâce conjugale. Clermont ayant été écroué la veille à la Bastille, nul doute que la paix ne vînt bientôt se rasseoir au foyer du ménage. Madame la duchesse bravait bien encore l'autorité maritale, elle avait bien encore fermé sa porte avec cent éclats de rire passablement irrespectueux, mais tout cela était jeunesse, folle gaîté, tout cela passerait, et pourvu que le grand roi voulût bien continuer de protéger son gendre, tout irait pour le mieux.

Pendant ce torrent de platitudes et de serviles abjections le roi daignait approuver et promettre d'un regard bienveillant la tutelle demandée. Les deux battants s'ouvrirent, on vit entrer à ce moment Monseigneur, indifférent et comme aveugle entre la haie des courtisans qui le saluaient jusqu'à terre, tant que les portes furent fermées, et qui affectèrent de ne le plus regarder, quand ils s'aperçurent que le roi pouvait les voir.

Le Dauphin vint faire la révérence à son père avec un respect plus profond que s'il eût été le dernier sujet du royaume. L'aspect de la majesté paternelle l'interdisait toujours : il n'avait jamais pu, disait-on, trouver deux phrases de suite quand le roi le regardait en face. Ce jour-là, soit qu'il eût plus besoin d'intéresser le monarque, auquel il voulait demander une grâce, soit qu'en effet l'idée de solliciter le pénétrât de la crainte d'être refusé comme tant de fois déjà, Monseigneur parut plus humble et plus embarrassé que d'habitude.

Cette timidité, nous le savons, flattait le roi, qui voulut bien rassurer son fils et lui expliquer que la chasse n'aurait pas lieu, à cause du mauvais temps. Ce fut le prétexte d'un dialogue de quelques minutes, et le roi supposait que toute la faconde de Monseigneur en serait épuisée. M. de Conti venait d'arriver à son tour, et de saluer avec autant de grâce et d'aisance que s'il eût été le plus privilégié. Monseigneur vit sur les lèvres du prince le mot que son honneur lui commandait de prononcer le premier ; il frissonna, mais domptant sa nature avec autant de volonté qu'en déployait son aïeul Henri IV dans les périls, dont son enveloppe mortelle frémissait.

— Sire, dit-il sans préparation et avec l'à-propos d'un boulet de canon qui tombe, ne m'a-t-on pas dit que Clermont, l'enseigne de mes gendarmes, était d'hier à la Bastille ?

Le roi fit un mouvement de surprise. M. de Bourbon tressaillit, M. de Conti admira.

— On vous a dit vrai, répliqua Jupiter s'enveloppant de nuages et d'éclairs qui vinrent expirer comme des vapeurs de théâtre devant l'imperturbable assurance du plus trembleur de ses sujets.

— Et peut-on, sans manquer au respect, demander à Votre Majesté en quoi cet officier a mérité sa disgrâce ? Serait-ce pour le service de ma compagnie de gendarmes ?

Le roi, presque décontenancé par cet aplomb inconcevable, donna dans le piége, il répondit. Sans le travail d'esprit auquel il se livra pour découvrir la cause de tant d'audace de la part de Monseigneur ; il se fût contenté de mimer quelques exclamations majestueuses, mais, nous l'avons dit, il s'oublia et répondit.

Sa réponse était destinée à tous les princes présents. Il l'avait combinée de manière à reprocher à l'un sa protection pour un drôle, à gourmander l'autre pour sa complicité avec ce drôle, à faire sentir au troisième la faveur qu'il lui accordait en le délivrant de ce drôle, si puissamment recommandé, après tout.

— Monsieur le Dauphin, dit-il, j'ai dû envoyer à la Bastille votre enseigne Clermont, —qui mérite bien peu vos bonnes grâces,—non pour affaire de service, mais pour cause de mauvaises mœurs, de désordres, qu'il communique comme une contagion à ceux qui ont le tort de le prendre pour familier. Le retrancher de la société, c'est rendre service aux victimes de ses fautes et de son insolence.

La réplique était rude, mais imprudente. Répondre, c'est donner du fer à l'ennemi : gare la riposte.

Monseigneur resta un moment étourdi, mais M. de Conti, brûlé par le regard haineux du duc de Bourbon, dit respectueusement au roi que sa surprise était profonde ; que ces mots : désordre, immoralité, appliqués à Clermont, lui paraissaient une énigme, un malentendu ; que, depuis son enfance, c'est-à-dire depuis vingt ans et plus, connaissait Clermont l'homme le plus pur, le plus châtié, l'homme irrépréhensible.

Le duc roulait des yeux et crispait ses ergots.

Monseigneur appuya le prince d'un : J'allais dire, qui fit monter le sang rapidement aux por mettes du roi. Autre imprudence, la colère; autre faute.

— C'est donc par suite de cette pureté, de cette correction, de cette infaillibilité, s'écria-t-il en regardant de travers M. de Conti, qui ne s'émut point, que *cet homme* a été vu hier, dans la nuit, courant trois aventures à la fois !

Le duc frémit de joie et de ressentiment. Un tel auxiliaire, quelle chance ! Monseigneur enfonça ses ongles dans ses charmantes mains. L'effet produit, il regarda M. de Conti, qui le regardait aussi avec toute la naïveté dont l'un et l'autre étaient capables. Ce jeu muet dura longtemps; tous deux le prolongèrent à satiété.

— Eh bien ! qu'avez-vous à vous regarder de la sorte? demanda le roi, tout à fait dupe, tout à fait en déroute, le pauvre roi!

— Mon Dieu, Sire, répliqua Monseigneur, c'est que je crains d'avoir entendu mal les paroles de Votre Majesté.

— Et moi aussi, dit le prince. Votre Majesté n'a-t-elle pas dit que Clermont avait été vu courant les aventures hier?

Le duc rougit.

— Oui, dit le roi, hier dans la nuit.

— Dans la nuit, j'avais bien entendu, reprit Monseigneur.

— Moi aussi, fit le prince. Et Votre Majesté a ajouté que c'était pour cette cause, en punition de ce scandale, qu'elle avait envoyé Clermont à la Bastille.

— Assurément, dit le maître de l'Olympe, aussi enferré que possible par ces deux spadassins coalisés.

— Eh bien ! Sire, dit Monseigneur, je tremble que V. M. n'ait été égarée.

— Sa religion surprise, ajouta M. de Conti.

— Parce que? s'écria le roi.

— Parce que, Sire, articula nettement Monseigneur, hier, dans la nuit, M. de Clermont n'a pas quitté Meudon, où il était arrivé vers onze heures, parce qu'il y a passé jusqu'à deux heures et demie à jouer à l'hombre.

— Avec moi, interrompit le prince, et qu'après cette partie d'hombre, nous avons couché à Meudon, Clermont et moi, dans la même chambre.

Le roi se raidit comme s'il eût vu Méduse. Quant au duc, haletant, le cou tendu, livide d'attention et de saisissement, il se ramassait comme pour s'élancer sur ces deux adversaires.

L'œil bleu de Louis XIV attaqua l'œil ordinairement si indécis de son fils. Mais l'acier soutint l'acier. Le duc en voulut faire autant : Monseigneur, se retournant comme l'aigle taquiné par la chouette, le toisa d'un tel air, que le mari malheureux perdit pour longtemps l'envie de se frotter à ce fils du soleil.

Ce fut un curieux spectacle que cette fermeté de Monseigneur et cette inaltérable patience de M. de Conti. Le roi sentit qu'il avait en tête une ligue; il comprit que l'on engageait contre lui une lutte, celle de l'avenir contre le passé. Se recueillant pendant un espace de temps assez considérable qu'il employa à observer les physionomies :

— Mon fils, dit-il au Dauphin, vous étiez donc venu pour me parler de Clermont?

— Non, Sire, mais je m'estime heureux de le savoir innocent, répliqua Monseigneur.

Ce mot faillit faire éclater la rage du duc, mais le roi avec calme :

— Et il est innocent de tout ce qu'on lui impute, ajouta-t-il d'un ton marqué, les choses s'étant passées comme Monseigneur le déclare?

Un murmure, une protestation ébauchée expira sur les lèvres arides de M. de Bourbon, car, le roi respectant cette parole, qui donc sur la terre en eût osé douter?

— Eh bien ! reprit Louis XIV après une nouvelle pause dans laquelle il étouffa un soupir, il paraît que les rapports m'ont trompé. Ce gentilhomme est absous. Le retenir prisonnier serait une injustice.

Il appela l'un de ses secrétaires.

— Ordre d'élargir M. de Clermont, dit-il. Au gouverneur de la Bastille !

Monseigneur s'inclina imperceptiblement. M. de Conti ne put retenir un mouvement de joie. Quant au duc de Bourbon, ébloui et presque insensé de rage, il salua le roi, oublia Monseigneur et sortit.

Le Dauphin le suivant du regard rougit de colère, mais sans rien témoigner, prit congé à son tour après quelques phrases banales. Le roi resta seul, soupçonneux, pensif, se voyant joué sans savoir par qui, sans deviner pourquoi.

XX.

Tandis que le roi songeait, un grattement se fit entendre sur le panneau de la porte. Cette porte s'entrebâilla doucement et une tête s'encadra dans l'ouverture, tête longue, émaciée, béate, dont les yeux câlins de respect et d'une sorte de tendresse admirative semblaient supplier et remercier à la fois. Après la tête, le rabat, puis un commencement d'habit ecclésiastique conforme à la règle la plus stricte et la plus modeste. Ce saint personnage était pourtant le convive mélomane de l'hôtellerie *des Quatre-Maillets* de Louvres.

Dubois, mandé le matin même chez le roi, ainsi qu'il l'avait prévu la veille, attendait son tour avec une impatience déguisée sous la mansuétude cléricale. A l'arrivée du duc qui retardait son audience, puis, à l'entrée de Monseigneur et de M. de Conti, son œil fauve s'était allumé. Il pressentait. A leur sortie, furieuse de la part du duc, joyeuse de la part des deux autres, cet œil observateur s'assombrit tout à coup. Dubois devinait. Son plan allait ainsi se trouver détruit. Le roi n'avait plus besoin de renseignements. L'ecclésiastique conciliateur, l'aumônier de la prévoté, devenait inutile. Comment se sauver d'un pareil danger? Comment ressaisir la fortune, introuvable peut-être, passé cette unique occasion?

De l'audace ! ce fut le mot de tous les temps, depuis Virgile et même avant lui. Dubois osa.

Il fit ce qu'un duc et pair, ce qu'un prince du sang, ce que Monseigneur le Dauphin n'eût pas osé faire. Il gratta, pendant une absence de l'huissier, à la porte du roi, et comme si on lui eût répondu, il entra.

Est-il vrai, en effet, que le succès ici-bas aime ceux qui osent? Il arriva en cette circonstance à Dubois ce qui n'était jamais arrivé. Le roi, écrasé par le coup de la scène précédente, ne songea même pas à s'étonner; il vit entrer un ecclésiastique, et, avant d'avoir réfléchi à la brusquerie de l'introduction, il s'entendit adresser ces mots :

— Le roi m'appelle?

Il faut dire que jamais harmonie n'a caressé plus délicatement une oreille royale, que jamais regard n'a plus éloquemment plaidé une mauvaise cause, que jamais bonhomie provinciale n'a fait son entrée inopportune avec une plus spirituelle gaucherie. Le roi aimait l'habit ecclésiastique, il le respectait. Cette abominable figure de Dubois était d'ailleurs transfigurée et s'était assimilé toutes les grâces séraphiques.

— Que voulez-vous? qui êtes-vous? demanda Louis XIV avec douceur; puis il reconnut Dubois et fronça le sourcil, mais déjà la réponse lui arrivait :

— Je suis, Sire, l'aumônier de la prévôté que Votre Majesté avait envoyé à M. de Clermont, et qui vient rendre compte de sa mission.

Dans l'espace de temps que Dubois mit à prononcer ces paroles, et qu'il prit le plus long possible pour donner au roi le loisir de remarquer son exquise humilité, sa tenue parfaite et la rigoureuse exactitude du costume que Fénelon eût louée, la mauvaise impression produite par son nom s'effaça dans l'examen, et l'abbé eut le temps aussi de constater ce premier avantage. Le résultat était pour Dubois d'autant plus précieux, qu'il savait les fâcheuses dispositions du maître à son égard, et que, l'ayant aidé à marier sa fille au duc de Chartres, il avait le tort d'avoir obligé un roi dans une difficulté de famille : méchante recommandation après tout.

— Ah! M. l'abbé Dubois est *aussi* aumônier de la prévôté? dit le roi froidement.

— C'est mon seul bénéfice, répliqua humblement Dubois. J'ai donc, hier, rempli près de M. de Clérmont les fonctions conciliatrices qui m'avaient été confiées par M. le grand prévôt, et j'ai dû partir pour Louvres, où le jeune seigneur s'était transporté. La négociation n'a point réussi.

Là, Dubois, qui avait parlé avec onction, baissa modestement les yeux pour ponctuer la phrase.

Le roi le regardait et ne dit mot.

L'écueil était manifesté. Un silence du roi équivalant à un congé, tout autre que Dubois eût compris, salué et fait retraite. Mais il n'était pas entré de la sorte pour sortir à si bon marché.

— Il est vrai, ajouta-t-il, qu'elle ne pouvait réussir.

Ce bruit de voix éveilla Louis XIV, qui croyait peut-être Dubois déjà parti. Il releva la tête, le vit immobile, et saisissant aussitôt les dernières syllabes qui vibraient encore :

— Quelle chose ne pouvait réussir? demanda-t-il.

— La conciliation, Sire. On exigeait de ce jeune homme une chose impossible : il était innocent, et je savais en lui parlant qu'il n'accepterait point mes offres.

Ces mots, on le conçoit, piquèrent la curiosité du roi, qui se retourna pour mieux voir et mieux entendre.

— Je m'étonne, monsieur, dit-il de son grand air, que vous ayez fait en mon nom, car le médiateur, en pareil cas, parle au nom du roi, une démarche dont vous connaissiez l'inutilité : c'est compromettre singulièrement l'autorité qui vous envoie!

— Le devoir d'un sujet, Sire, est d'obéir d'abord, répartit Dubois avec une ferveur pieuse; nos esprits sont trop imparfaits pour mesurer ou juger les desseins du prince qui nous emploie. Contentons-nous d'être ses instruments. Cet honneur suffit, et nous compromettons moins notre maître en obéissant à la lettre qu'en essayant d'interpréter ce que nous ne saurions comprendre.

La réponse plut beaucoup au roi. Elle traduisait fidèlement ses principes.

— Soit, dit-il. Cependant, si vous saviez échouer, ne pouviez-vous vous dispenser de la démarche en prévenant qui de droit?

— Je n'eusse pu prévenir que le roi. Et les atomes de ma sorte se meuvent si loin des rayons du soleil!

On voit d'ici la révérence qui accompagna cette flatterie.

Le roi allant au fait :

— Vous saviez, reprit-il, que M. de Clermont n'épouserait pas Mlle de Choin?

— Oui, Sire.

— Et qu'il était innocent?

— Oui, Sire.

— Vous connaissiez donc cette affaire?

— Non, Sire, mais en l'apprenant j'ai vu que les rapports de Votre Majesté n'avaient pas été exacts.

Pour le coup, le roi prit intérêt à l'entretien. Il connaissait l'art de faire parler les hommes, et sentit qu'il y avait quelque chose à tirer de celui-là.

— On me trompe donc? demanda-t-il avec une affabilité bien propre à encourager un délateur.

— Oh! l'on se trompe, sans doute, répliqua Dubois d'un air qui condamnait si bien les auteurs du rapport, que Louis pressa plus vivement l'abbé:

— Quel intérêt a-t-on à me tromper? dit-il en appuyant la question d'un regard scrutateur. Quel intérêt peut-on avoir à charger M. de Clermont?

Dubois baissa une seconde fois les yeux sans répondre.

— Eh bien! parlez, dit le roi.

— Mais, Sire, il y aurait pour moi à parler les mêmes inconvénients que pour ceux qui se sont tus; de bien plus graves encore, car ceux que vous honorez de votre confiance, ceux qui font les rapports destinés à Votre Majesté, sont des personnages assez considérables, investis de pouvoirs largement étendus, possesseurs de fortune brillantes, cuirassés contre l'avenir et capables de soutenir un choc. Et pourtant ils croient devoir user de ménagement, ils se mettent prudemment à côté de la vérité, c'est-à-dire à côté du péril. Moi, au contraire, je ne suis rien, je n'ai rien; un mot me jetterait pour toujours dans l'ornière, que dis-je? dans l'abîme. Moi, pauvre précepteur chassé par mes maîtres, moi déjà en disgrâce pour avoir servi Votre Majesté, dans la seule ciconstance qui se soit offerte à mon zèle infatigable pour elle, j'ai fait du dévouement une cruelle expérience, et j'ai bien résolu à l'avenir de servir Dieu tout seul, de l'adorer seul en rampant dans ma poussière, en fermant les yeux, les oreilles, et de laisser passer au-dessus de moi, misérable, le danger des tempêtes de cour.

Le roi, avec un profond sentiment de surprise:

—Quoi! dit-il, monsieur l'abbé, vous sauriez le moyen de m'être utile et vous vous y refuseriez? Est-ce bien adorer Dieu que d'abandonner le roi?

— Sire, Sire, répondit Dubois en jouant l'effroi, que votre sublime esprit daigne ne pas écraser un insecte aussi périssable! Ne me demandez rien, Sire, ne me demandez rien, je serais perdu!

Et après avoir simulé la peur, il joua l'épouvante:

— De quoi donc pouvez-vous trembler quand je vous protége? interrompit le roi. Et ceux auxquels vous faisiez allusion tout à l'heure, mes serviteurs, mes agents, mes officiers, qui donc en mon royaume peuvent-ils redouter lorsqu'ils me servent?

Dubois s'agita un moment comme en proie aux plus vives émotions. On lisait sur ce visage, sur ce masque du plus habile comédien qui jamais ait existé, la crainte, le refus de se compromettre, aux prises avec l'ardeur d'être utile. Il rendit ces deux sentiments de manière à inquiéter le roi, difficile, on le sait, à émouvoir.

— Enfin, monsieur, s'écria-t-il, si je vous le commande! si je vous enjoins de parler!

— Vous ne le ferez pas, Sire, non, vous ne le ferez pas, dit Dubois, car ce que vous n'obtenez pas de vos serviteurs favoris, de ceux que votre main royale a comblés de faveurs, de dignités, de trésors, cet effort, ce sacrifice de tout un avenir, vous ne le demanderez point à moi. Ce ne serait pas d'un roi si généreux et si juste.

Ce à *moi* signifiait: à moi qui n'ai pas même un méchant petit bénéfice de douze cents livres de rente, vous demandez de livrer un secret qu'on me paierait fort cher ailleurs!

Le roi comprit à merveille et aussitôt:

— J'ai toujours récompensé les services, interrompit-il. Ces heureux, dont vous parlez, m'ont d'abord prodigué les leurs. C'est pour cela que je les ai faits grands et riches. Servez-moi, et comptez à la fois sur ma protection et sur ma reconnaissance. Voyons, qui me trompe?

— Je n'ai pas dit, Sire, que l'on eût trompé Votre Majesté, mais qu'on avait côtoyé la vérité.

— Vous la savez, alors: dites-la.

— Je ferai observer à Votre Majesté qu'elle me donne un ordre.

— Précis et positif.

— J'aurai l'honneur de lui représenter qu'en obéissant je me perds aussi sûrement que si j'ouvrais cette fenêtre et, le roi m'ordonnant de me précipiter, je me jetais en bas sur les dalles de marbre.

— Comment vous perdriez-vous? Quelles sont donc les paroles qui tuent celui qui les prononce quand celui qui les entend sait garder un secret?

— Il suffit, Sire, dit Dubois en s'inclinant profondément, que Votre Majesté daigne interroger, je vais répondre.

Le roi, se recueillant pour ne point hasarder une parole avec cet homme qu'il soupçonnait encore de quelque ruse ou de quelque trahison, commença l'interrogatoire.

— D'abord, monsieur l'abbé, M. de Clermont est innocent. Voilà qui est convenu, vous l'avez dit.

— Assurément, Sire, puisqu'on lui attribue trois délits simultanés. Certes, il n'a pas été dans trois endroits à la fois.

Le roi tressaillit de se voir ainsi compris. Il continua:

— Mais, si mes agents veulent me tromper, il me semble qu'ils n'ont pas besoin de forger des histoires, des invraisemblances, des contes merveilleux comme ceux de M. Galland. Pourquoi ne pas se taire tout simplement? Pourquoi inventer la présence de M. de Clermont rue du Pot-de-Fer, par exemple? Est-ce donc pour nuire soit au comte, soit à Mlle de Choin? Si c'est pour nuire à Mlle de Choin qu'ils savent soutenue par madame la princesse de Conti, voilà des agents bien maladroits de me tromper en se faisant une telle ennemie. S'ils en veulent à M. de Clermont, je les trouve bien téméraires de s'attaquer inutilement à un homme dont ici même Monseigneur et le prince de Conti me certifiaient tout à l'heure l'innocence et qui est leur favori. Je trouve donc de singulières contradictions, M. l'abbé, dans la conduite que vous prêtez à ces gens de mon service; et ils ménagent bien mal l'avenir, en dirigeant ainsi leurs inventions contre l'héritier du trône et l'un des plus puissants princes de mon sang.

Dubois prit la parole à son tour.

— Sire, il est possible, je le répète, que vos agents n'aient pas trompé Votre Majesté; ils n'ont rien inventé quant à la rue du Pot-de-Fer; ils ont vu quelqu'un entrer chez Mlle de Choin, ils l'ont dit.

— Ainsi, quelqu'un est entré dans la maison!

— Certainement, Sire.

— Un homme?

— Un homme vêtu du manteau de M. de Clermont. Ils ont dit vrai, seulement ils n'ont dit que cela. Est-ce parce qu'ils n'ont vu que cela? Est-ce parce qu'ils n'ont pas mieux regardé sous le manteau, ou qu'ils n'ont pas osé dire ce qu'ils y voyaient? Je veux croire qu'ils n'ont pas vu.

— Ah!... voilà qui est différent, murmura le roi frappé de ce ton ferme, de ce regard clair et assuré. Ainsi, la personne cachée sous ce manteau ou cette pelisse, c'est ce personnage que l'on tiendrait à ménager, c'est celui dont la disgrâce fait peur aux fonctionnaires que j'emploie, et à vous-même?

— Oui, Sire, dit simplement Dubois.

— En vérité, s'écria le roi, dont le visage s'éclaira d'un sourire ironique, je suis heureux de vous tenir là, M. l'abbé, pour m'apprendre qu'il y a en France une personne qu'on craint de désobliger pour me servir, un épouvantail contre lequel ma protection et ma parole semblent insuffisantes et inefficaces, un personnage enfin dont la présence chez Mlle Choin, une assez laide fille, a causé toutes ces cachotteries, toutes ces terreurs, et l'amas de paroles assez pompeuses et de précautions oratoires que vous avez jugé à propos de dépenser tout à l'heure à ce sujet! J'avoue que je ne dormirais plus tranquille sur mon trône, si vous ne m'aviez en quelque sorte promis la grâce de me dire son nom.

Dubois laissa passer cette bourrasque; au sourire malveillant du maître il n'opposa qu'un respect sans bornes comme sa patience. Cependant son maintien n'était plus celui du ver qui rampe. Déjà comme dans ces contes arabes auxquels Louis venait de faire allusion, l'insecte s'était grossi jusqu'aux proportions du serpent, et sa tête, si elle ne se dressait pas encore, n'était pas loin de dominer.

— Votre Majesté, dit-il avec calme, daigne railler son humble serviteur. Elle affecte de ne pas croire à l'importance de la révélation que j'ai non point promise, mais consentie à mon grand regret, et sur l'ordre exprès de mon maître. Eh bien! qu'il veuille en rester là, ce prince magnanime. Qu'il ne s'obstine point à m'arracher ce secret. Qu'il garde ce doute, cette incrédulité heureuse, qu'il garde à la fois l'innocente joie de s'amuser aux dépens de son plus fidèle sujet; et le réel bonheur d'ignorer ce que je préfère ne pas lui dire. Car, je le sens bien, dans mon infirmité, je n'aurai pas plus tôt parlé que le visage de mon roi changera d'expression.

Le roi, presque irrité de ces ménagements si habiles, se laissa conduire là où le serpent voulait l'amener.

— Bonheur ou malheur, dit-il, je sais tout recevoir de Dieu. Nouvelle mauvaise ou bonne, je puis tout entendre des hommes. Allons! M. l'abbé, votre inconnu, votre mystère, votre épouvantail, l'amant heureux d'une fille de compagnie, faites-le moi apparaître, nommez-le!

— Sire, répondit Dubois, c'est l'avenir, et vous n'êtes que le présent. C'est Monseigneur le Dauphin, votre fils l'héritier, de votre couronne.

Ce coup étonna le roi, mais il le supporta plus patiemment qu'on n'eût pu l'attendre d'un prince fort religieux et rigoriste. Après s'être un instant consulté, sans doute afin d'envisager la question sous toutes ses faces :

— Cela est bien sûr? dit-il.

— Je ne l'eusse pas avancé témérairement, Sire.

— Eh! monsieur l'abbé, vous voilà en effet mieux renseigné que ma police. C'est fort bien. Mais on peut admettre que mes gens aient été induits en erreur par le déguisement de Mgr le Dauphin.

— C'est ce que j'ai dit tout de suite, Sire.

— On peut admettre encore qu'ils n'aient pas attaché à ce fait de la présence de Monseigneur chez Mlle de Choin toute l'importance que vous lui donnez vous-même. Car vous donnez à cette faute du Dauphin une importance que l'on taxerait peut-être d'excessive. Les gens d'église, je le sais, jugent plus sévèrement que les gens du monde, et pour eux tout péché est péché. Rien de plus juste, et j'approuve. Seulement, j'avoue que vous m'avez causé une grande frayeur, monsieur l'abbé Dubois, vos détours, vos longues préparations, me semblaient devoir aboutir à quelque énormité, contre laquelle je raidissais le peu de courage qui m'a été départi par Dieu.

Heureusement le mal, s'il est grand, n'est pas mortel. Vous avez une conscience susceptible, je vous en fais mon compliment.

Dubois attendit, sachant bien qu'il aurait son tour. Il n'était pas fâché de savoir ce que le dépit ferait dire de lui au roi.

— Je m'étais laissé conter, poursuivit le roi, qu'à la cour de mon frère, et chez son fils votre élève, les mœurs n'étaient pas à ce point sévères qu'on s'alarmât pour des peccadilles amoureuses. M. le duc de Chartres, prétendait-on, avait eu quelques écarts sur lesquels vous n'auriez pas appelé l'attention de son père comme vous venez de le faire chez moi pour mon fils. Ce sont des on-dit, notez bien, monsieur Dubois, et je ne prétends pas que ces bruits aient le moindre fondement.

— Ils pourraient en avoir, répliqua tranquillement Dubois, sans que ma conscience se reprochât rien, sans que Votre Majesté pût me reprocher quelque chose; M. le duc de Chartres, mon élève, est un simple particulier, tellement éloigné du trône, que ses vertus comme sa vie ne peuvent avoir aucun intérêt pour l'État; mais monseigneur le Dauphin! mais un fils de Votre Majesté, c'est autre chose, je pense!

Le roi, caressé adroitement par cette diminution de son neveu, qu'il haïssait, ne laissa pas de répondre :

— Eh! monsieur l'abbé, ne soyons pas trop sévères pour un malheureux prince appelé à gouverner. C'est une condition si misérable, c'est un si douloureux avenir, que la victime destinée à s'immoler ainsi peut être excusée pour avoir cherché, en attendant, à égayer sa vie. Et puis M. le Dauphin est veuf; il est libre. Ses maîtresses m'ont alarmé quand il était marié, à cause de la Dauphine, qui en souffrait, à cause du public, qui n'aime point le scandale dans les premiers rangs; mais, je vous le répète, ne poussons point la rigueur à l'extrême. Je serais presque tenté de pardonner à mes agents, s'ils ont voulu me cacher la faute de Monseigneur; à lui-même ne devrais-je pas la pardonner mieux encore, puisqu'il prend tant de précautions pour la cacher à tout le monde! Ah! quel progrès, monsieur l'abbé Dubois! Ah! que Monseigneur était plus audacieux autrefois! du temps de Mme du Roure et des Louison, et de la Raisin!... Voilà du bruit! voilà des péchés et du scandale! C'est alors que vous eussiez eu bien raison de m'avertir! Aujourd'hui, entre nous, nous ferions trop de sévérité pour trop peu de crime.

— C'est votre avis, Sire, dit Dubois. ce n'est pas le mien. Les femmes dont vous parlez n'étaient que des caprices éphémères, des maîtresses; et nul, dans votre royaume, hormis ceux à qui vous en avez donné la charge, n'avait le droit de surveiller la conduite de Monseigneur. En vérité, Sire, je n'eusse pas pris tant de détours ni de précautions oratoires pour révéler une bagatelle à Votre Majesté. Mais Mlle de Choin n'est pas pour M. le Dauphin un caprice comme les autres.

— Eh! qu'est-elle donc, cette pauvre laide? demanda le roi avec enjouement.

— Elle est sa femme légitime, Sire, dit Dubois.

avec un sérieux qui fit courir le frisson dans les veines royales.

Le roi se leva, oubliant l'étiquette, oubliant tout.

— Un mariage !... balbutia-t-il.

— Fait à Meudon le cinquième jour de ce mois.

Le roi, égaré, marcha sur Dubois comme pour lire de plus près dans ses yeux la confirmation de cette sentence terrible. L'y retrouvant écrite en caractères ineffaçables, il s'arrêta, se souvint de son mariage avec la veuve de Scarron, et, levant les yeux au ciel, lui offrit sa douleur en expiation de cette double mésalliance.

Plusieurs minutes, longues, pesantes comme autant d'années de décrépitude, se traînèrent en silence sur la tête de ce vieillard couronné. Un autre que Dubois, c'est-à-dire que le démon, eût détourné les yeux pour ne pas voir l'affreux spectacle de cet abattement d'une tête éprouvée par tant de deuils, de désastres, et qui jusque-là ne s'était jamais courbée.

Aussitôt qu'il eut repris le sentiment de sa dignité, Louis interrogea Dubois qui raconta chaque détail, et donna chaque preuve de l'événement.

Le roi ne proféra plus une parole. Longtemps il se promena dans son cabinet, les mains inquiètes, derrière le dos, effleurant parfois un dossier de chaise pour s'appuyer, un dessus de marbre pour se rafraîchir.

Quelle humiliation ! quelle dégénérescence ! quel travestissement des grandeurs royales !

Enfin, revenant à Dubois qui se faisait petit pour ne pas éclater dans son triomphe :

— Monsieur, murmura-t-il, ce que vous m'avez dit là, combien de gens le savent-ils ?

— Quatre personnes, Sire : les époux, les témoins et l'officiant, qui ne compte pas.

— Et vous ?

— Et moi qui compte moins encore, bégaya Dubois un moment inquiet.

— Oh ! vous, monsieur l'abbé, répliqua le roi avec noblesse, vous m'accorderez bien le secret que je vous promettais tout à l'heure.

— Sire, ma vie et mon sang ne sont-ils pas à Votre Majesté ? n'en ai-je point fait le sacrifice en venant ici ?

— Désormais vous êtes sous ma protection, monsieur, et je prendrai soin de votre fortune. Rassurez-vous : le secret sera bien gardé, car si Monseigneur a intérêt à ne le révéler point, j'ai, moi, la ferme intention de lui persuader que je l'ignore.

Nouvelle protestation muette de Dubois radieux, nouvelle pause douloureuse du monarque.

— Oui, reprit-il, tout le monde me trompe, vous aviez raison. Et ce Clermont... et ces...

Il allait dire ces Conti ; il se retint à temps.

— Ce Clermont est le confident, ajouta-t-il avec une sourde colère ; il est impossible qu'il ne sache rien, puisqu'il sert de paravent et prête son manteau.

— Le comte ne sait rien, j'en répondrais, dit Dubois.

— Hum ! fit le roi avec un doute mêlé de haine, mais le doute lui permettait de respirer après cette crise.

— J'en répondrais, du moins pour la rue du Pot-de-Fer, dit mielleusement Dubois, qui, par cette satanique réserve, ramenait le roi à l'autre piste sur laquelle l'attendaient de nouvelles et plus poignantes douleurs. Effectivement, il se rappela que Clermont figurait encore dans une autre intrigue, il se rappela le hideux époux de sa fille, et ses plaintes, et ses fureurs.

— C'est vrai, dit-il à Dubois, le même manteau a paru chez la duchesse.

Dubois se tut. Le roi le regarda.

— Eh bien ! monsieur l'abbé, ce manteau cachait aussi quelqu'un, j'imagine... quelqu'un que vous connaissez encore, car, je le vois, vous n'ignorez rien !

Même silence, même joie dévorante du démon.

— Je ne serais plus surpris, continua lentement l'infortuné monarque, que les plaintes de M. le duc n'eussent été légitimes, et que l'affirmation donnée ici par M. de Conti pour innocenter Clermont fût moins sincère qu'on ne devrait l'attendre. Monseigneur aime beaucoup ce Clermont. M. de Conti l'adore ! On peut bien mentir pour un pareil favori ! Oh ! mais il serait donc vrai que tout le monde se joue de moi !

Et, dans l'exaspération de la souffrance, le vieux roi se heurtait à mille souvenirs blessants. L'occasion de jouer l'honnête homme tout en consommant son crime était trop belle pour que Dubois la laissât échapper.

— Un chrétien, dit-il, ne doit pas accuser les coupables, mais ne doit pas non plus laisser soupçonner les innocents. Je manquerais à mon devoir, si, malgré la loi que je me suis faite de me taire en cette affaire, je ne déclarais pas au roi que M. de Clermont est aussi peu entré dans la maison de Mme de Bourbon que chez Mlle de Choin.

— Alors, s'écria le roi, qui donc a été reçu par la duchesse ?

— Veuillez m'écouter, Sire, dit le fourbe, et daignez me comprendre. J'ai révélé le nom de Monseigneur : il s'agissait d'un secret d'État. Tout fidèle sujet de Sa Majesté pouvait prendre fait et cause pour l'intérêt de la couronne, pour la dignité royale. Je servais le roi, mon maître, dans une question politique ; mais dans une affaire de famille, désespérer un père, accuser son enfant, troubler la confiance si douce qui fait le charme des liens de la parenté, non, voilà ce que je ne ferai pas, non, Sire, dussiez-vous me contraindre, c'est une douleur que je n'infligerai pas au cœur magnanime de Votre Majesté. Je suis un honnête serviteur, une âme chrétienne, je ne suis pas un bourreau.

Une sourde angoisse, pressentiment des catastrophes qui déchirent les cœurs humains, pointa, puis grandit dans la poitrine du malheureux père.

— Il paraît que ce que vous refusez de me dire est affreux, dit-il d'une voix à peine intelligible.

— Si affreux que vous ne me le demanderez pas, s'écria Dubois en joignant les mains pour implorer.

— Quelque trame, quelque complot... quelque trahison de famille, n'est-ce pas ?... Allons, allons, monsieur, du courage, ayez-en autant que moi.

— Sire ! qui donc a osé dire à Auguste les fautes de sa fille ?

— Un ami, monsieur, et Auguste en avait.

— Pas de plus dévoué que moi, je le jure.

— Si, car au milieu des embûches de sa maison, dans le terrible réseau des intrigues domestiques, un ami de ce prince a dû l'avertir, et le sauver, puisqu'il est mort, dans son lit, tranquille et respecté, et toujours empereur !

— Oh ! murmura Dubois en se courbant, funeste ascendant du génie, où menez-vous les malheureux comme moi ! Irrésistible vérité, comme vous triomphez de la faiblesse de nos cœurs vulgaires ! Il est vrai, Sire, les intrigues intérieures menacent Votre Majesté; le réseau fatal se serre, peut-être devrait-on le signaler à vos regards si perfidement abusés par le coupable.

— Il le faut, dit le roi avec force; pas de faiblesse, servez votre maître d'abord, parlez...

— Eh bien ! Sire, puisque vous commandez au nom d'un intérêt sacré, je révélerai ce qu'imprudemment je voulais taire. Car vos paroles si lumineuses m'ont éclairé. Oui, il doit y avoir ligue, complot, entre les diverses branches de votre royale famille. Oui, l'autorité du trône pourrait en être compromise; le bandeau tombe de mes yeux, me taire serait trahir. Oui, ce ne peut être pour une intrigue ordinaire que Mme la duchesse reçoit en secret M. le prince de Conti.

La foudre accompagna ce nom exécré. Elle tomba sur le front chancelant du prince. Son ennemi mortel, le seul concurrent redoutable pour ses bâtards, ce loup incessamment rejeté du bercail, il était donc dans l'intime secret de la famille, il était donc appelé par la propre fille à ruiner le père ! Mais, quoi ! n'y avait-il que ce malheur ! Honte ! opprobre ! cette tête criminelle cumulait peut-être la conspiration et l'inceste.

Cette fois, le désespoir du roi éclata aussi majestueusement que la colère des dieux olympiens.

— Oh! s'écria-t-il, c'en est trop, et le roi vengera le père !

Dubois se jeta à deux genoux.

— Et moi, murmura-t-il palpitant, moi qui ai déchaîné cette tempête, pitié, Sire ! imitez Dieu, qui juge les intentions et sonde les cœurs !

— Vous, monsieur, dit le roi d'une voix altérée, vous avez fait plus que jamais personne n'a fait pour moi. Vous préservez ma vieillesse des affronts réservés par les enfants ingrats à la caducité paternelle. Vous me donnez l'occasion tant désirée de la vengeance... et je puis être impitoyable sans cesser d'être juste. Rassurez-vous, monsieur, je saurai payer le service. Et quand vous aurez vu comment je puis punir, je vous prouverai qu'il me reste encore la force de récompenser.

Le roi en ce moment était pâle, il était terrible, il n'avait plus d'âge. Une vigueur indomptable galvanisait tout son être, et le feu de la jeunesse resplendissait dans ses yeux. Dubois eut peur de cette effervescence; il pressentit un éclat plus violent qu'il ne l'avait souhaité pour la réussite de ses projets.

— Un excès, pensa-t-il, amènera le remords, et le remords me fera sacrifier. Doucement, abbé Dubois, doucement dans le succès, dit Machiavel. Il resta aux genoux du roi, il lui baisa les pieds avec ferveur.

— Je ne me relèverai pas, dit-il, que mon roi ne m'ait écouté un instant encore, car c'est pour son honneur que je veux parler, et toute manifestation de son ressentiment porterait atteinte à la majesté royale. Auguste, dont nous citions l'exemple, Auguste, à qui Louis le Grand est supérieur sous tous les rapports, a su mener à bien ses difficultés domestiques et ensevelir dans un secret profond les fautes et le châtiment. Aujourd'hui même encore l'histoire n'a pas levé ce voile. Voilà la véritable politique. J'en appelle à la sagesse toute-puissante de Votre Majesté.

— Ne pas punir de véritables crimes! s'écria le roi.

Il est des punitions dangereuses, Sire : elles doublent l'intérêt que le coupable a su inspirer à certains partisans. D'un criminel elles font un martyr.

Le roi fut frappé de la justesse du raisonnement. Ce qu'il redoutait le plus, ce qui jusqu'alors avait suspendu ses ressentiments à l'égard de Conti, c'était l'accroissement de popularité qui résultait pour le prince de chaque disgrâce essuyée à Versailles. Cependant l'idée de perpétuer le mal par l'impunité exaspérait le monarque; on voyait à son agitation qu'il serait capable, dans cet accès de haine, d'oublier la plus élémentaire prudence pour satisfaire le besoin de se venger.

— Auguste, le sage empereur, celui-là même dont vous vantez la circonspection et la politique, n'a pas craint d'exiler les auteurs du scandale. Un exil, c'est une manifestation, je pense... J'exilerai! je purgerai ma cour de cette corruption qui envahit tout, et finira par dévorer mon honneur et ma puissance.

— Sire, toutes les paroles de Votre Majesté sont empreintes de cette raison sublime qui semble un reflet de la Providence. Je vois que mon humble pensée a été comprise, je vois que mon maître s'est rappelé les exemples donnés par ses sages prédécesseurs en des circonstances analogues.

Le roi chercha ; il écouta.

— Quand le roi Charles IX, poursuivit Dubois, sentit à côté de lui la rivalité, suscitée par sa mère elle-même, d'un prince populaire, jeune, vaillant, de son propre frère le duc d'Anjou, que fit-il ? Il le punit. Mais ce châtiment eut toutes les apparences d'une faveur. Le roi prudent se débarrassait d'un ennemi sans que personne pût lui reprocher une action inique. Il satisfit sa juste colère sans se dépopulariser au profit du rival. Il exila son frère à l'autre bout de l'Europe, mais en le faisant roi.

On eût pu voir Louis attentif et comme captivé par l'habileté de ce politique, auquel l'élévation du sujet et la gravité des circonstances communiquaient une noblesse et une éloquence irrésistibles.

— Chose étrange, providentielle ! s'écria Dubois. La même veine se représente pour cette partie décisive que veut jouer Votre Majesté et dont l'enjeu est sa sûreté, sa gloire. Charles IX envoyait le futur Henri III occuper le trône de Pologne, alors vacant, et voilà qu'aujourd'hui ce même trône est vacant encore. Voilà qu'un prince du sang français pourrait y monter.

— Vous savez que le trône de Pologne est vacant? dit le roi avec saisissement.

— Par la mort du roi Jean Sobieski, oui, Sire.

— Mais je n'ai appris cette nouvelle qu'hier et je l'ai tenue secrète.

— Moi, répliqua humblement Dubois, je l'ai sue ce matin... ayant quelques amis influents en Pologne... de sages amis.

— Ah! fit le roi en regardant avec une sorte d'admiration ce pygmée si vite grandi à ses yeux.

— Eh bien! Sire, acheva Dubois emporté par son imagination puissante et la soif du succès prochain, puisque ce trône va être vacant, puisqu'il va être l'objet d'une élection, puisque, en 1672, ce même Jean Sobieski, qui ne savait pas encore devenir roi, a écrit à Votre Majesté au nom des magnats pour demander un roi à la France, soit Turenne, soit Condé, soit quelqu'un de leur sang; puisqu'à ce moment, si je ne me trompe, il fut question d'élire un Conti, encore enfant et qui est mort depuis, — sous la tutelle du grand Turenne, ne semble-t-il pas à Votre Majesté que la fortune lui offre l'occasion qu'elle cherche d'éloigner le dangereux adversaire, le compétiteur encouragé, le conspirateur perpétuel? Votre Majesté n'a-t-elle pas déjà entrevu avec son regard infaillible la possibilité d'entourer ce fléau royal de tous les mécontents ses amis ou ses complices destinés à lui faire escorte dans ses États?

N'est-ce pas là un magnifique exil, et me suis-je trompé en croyant deviner que ce projet gigantesque occupe déjà l'esprit de mon souverain maître?

— Un trône à ce rebelle!...Quelle arme! murmura le roi séduit par la grandeur et l'utilité du plan.

— Un trône à jamais vassal de la France, une vice-royauté relevant de votre couronne, une urne bien fragile, bien éphémère, puisque ce trône n'est point transmissible par héritage, et qu'après avoir éloigné le chef Votre Majesté n'aura plus jamais rien à craindre de sa postérité occupée à d'autres ambitions.

— La punition, après tout, serait douce, dit le roi réfléchissant et admirant.

— Sire, elle sera si terrible, elle brisera une ligue si bien ourdie, elle bouleversera tant de projets de bonheur, tant de rêves d'amour, elle rompra tant de fibres, soit au cœur, soit au cerveau du prince dont il s'agit, elle frappera si cruellement le coupable, que je ne suis pas certain de le voir accepter cette couronne.

Un vague sourire apparut sur les lèvres du roi. Ce sourire signifiait que la difficulté n'était pas là, et qu'il saurait bien forcer l'acceptation.

En même temps, il calculait, non sans un frémissement de joie, la portée de ce coup mortel aux Condé, qu'il rejetait à jamais hors de France; mortel à l'esprit d'antagonisme, qui armait ses enfants légitimes contre ses bâtards.

— L'important est de faire cette élection, dit-il en se répondant à lui-même.

Dubois reçut avidement la balle; il la renvoya au but.

— Votre Majesté, dit-il, a en Pologne un ambassadeur dévoué, habile et capable d'efforts plus pénibles que celui-là: l'abbé de Polignac, dont j'ai l'honneur d'être connu, ne serait pas éloigné, j'ose le croire, d'approuver la politique dont j'ai osé me faire l'interprète. Les difficultés peuvent être surmontées, si l'on use d'un secret absolu et qu'on fasse quelque sacrifice.

— Se taire n'est rien, M. Dubois; des ressources, on les a.

— Eh bien! Sire, les obstacles, où sont-ils? Les trois héritiers de Sobieski n'ont que peu de chances. Les électeurs polonais sont trop jaloux de leurs droits pour fonder par le choix d'un fils du défunt un précédent du principe d'hérédité. Le prince Auguste, Électeur de Saxe, se mettra sur les rangs, mais les Polonais craindront en lui l'influence de l'Allemagne et son alliance avec les Moscovites. Un prince français, connu par sa valeur et appuyé de Votre Majesté, rencontrera de nombreux partisans; j'en connais déjà que je pourrais citer. L'orgueil national n'a jamais pardonné à Sobieski, à ce héros, la perte de Kaminieck; que M. de Conti s'engage à reprendre cette ville aux Turcs, et son élection est assurée. L'entreprise est grave, elle sera meurtrière. Ce siège donnera au prince l'occasion de se signaler. Peut-être y succombera-t-il, ajouta Dubois avec un de ces regards que traduirait imparfaitement un volume de commentaires. Mais enfin, s'il succombe, ce sera glorieusement pour lui et pour la France. Personne, pas même parmi les siens, n'aura le droit de regretter ou de récriminer.

Tandis qu'il parlait, le roi ne dissimulait plus sa surprise et son approbation. Il se disait que depuis sa jeunesse, entourée de tant d'hommes forts, illuminée de tant d'idées grandes, il n'avait pas trouvé un esprit aussi adroit, une intelligence aussi hardie, aussi lumineuse.

— Monsieur l'abbé, reprit-il après une longue méditation, en dépit de tous les chagrins qu'il amène, ce jour sera heureux pour moi qui ai trouvé un habile homme; il sera heureux aussi pour vous qui trouverez un bon maître. Je ne regrette pas que mon frère et mon neveu vous aient méconnu. Je recueillerai les miettes tombées de leur table. Votre plan est bon, conforme à mes vœux et à mes besoins. Avez-vous quelque empêchement à partir aujourd'hui même pour porter mes instructions à l'abbé de Polignac?

Dubois faillit suffoquer de bonheur. Il eût bien eu la force de simuler l'indifférence, mais il réfléchit que rien ne flattait autant le roi qu'une manifestation bruyante de reconnaissance. Il se rappela Chamillart et la Feuillade, et tous ces changements de fortune épanouis sous un souffle royal et perpétué dans la faveur à cause de leurs extravagances de gratitude. Sa joie fut donc expansive jusqu'à l'imbécillité: il réussit à flatter le roi selon son goût.

Muni de recommandations, gorgé d'or, tremblant de voir s'évanouir le rêve, un moment enivré de lui, puis refroidi subitement par la peur et la prudence, Dubois se mettait en route quelques heures après. Il avait tout oublié, ses ennemis, ses amis et sa femme. Sa chaise de poste traversa Louvres au galop de quatre chevaux; il ne vit même pas l'hôtellerie d'où partaient les plus respectueux saluts pour ce même coquin tant vilipendé la veille.

Dubois repassait en son esprit chaque détail de sa prouesse, et supputait ce qu'il faut de fils à l'araignée pour tisser des lacs capables de garrotter un vieux lion.

XXI.

Lorsque Clermont reçut au parloir de la Bastille l'exeat sollicité par ses puissants amis, l'innocente victime de ce complot avait eu le temps de réfléchir et d'affermir sa résolution, dans l'effrayant silence d'une nuit de captivité.

Plus que jamais il voulait quitter la cour, vivre pour lui seul, rejoindre Didier à Fleurines, et effacer de son esprit malade la trace honteuse d'une folie si rudement châtiée.

En apprenant qu'il était libre, il ne témoigna rien de ces joies délirantes bien connues des pauvres prisonniers ; ses adieux au gouverneur furent ceux d'un visiteur qui prend congé avec indifférence, et, comme l'usage était qu'un prisonnier élargi fût toujours conduit en carrosse fermé à la destination qu'il indiquait, Clermont avait demandé d'être conduit chez MM. de Montvalat.

D'après la démarche de la princesse et les promesses de l'écuyer de Vaucelles, nul doute que Mme de Conti n'eût pris part à sa délivrance. Soit! elle l'avait outragé, elle le secourait. Ils étaient quittes. Clermont, pour échapper à la tentation de faiblir, décida qu'il ne la verrait point. Quand on vint lui dire que des amis l'envoyaient chercher, il demanda quels étaient ces amis.

Il lui fut répondu que c'étaient le lieutenant des gendarmes et les deux brigadiers envoyés par Monseigneur pour le mener à Meudon.

A cela, point de réplique. Monseigneur n'était pas Mme de Conti ; Monseigneur était bon, égal et capitaine. Nul prétexte pour désobéir.

Dans le carrosse, il n'est pas nécessaire de dire combien le prisonnier fut embrassé, fêté, choyé. Clermont s'avoua, malgré toute sa misanthropie, qu'il y a de bien bons cœurs en ce monde. L'enseigne interrogé ne manqua pas de dire qu'après avoir remercié Monseigneur il avait l'intention de quitter le service et d'aller s'abrutir dans ses terres. Les motifs ne lui manquaient pas. Et comme, si les murs ont des oreilles, les voitures, Dieu merci! ne passent point pour en avoir, surtout quand elles roulent sur le pavé, on s'en donna cordialement à piler dans le même mortier les cagots, les prudes et les bâtards.

Au moment où l'on arrivait à Meudon, Clermont pria ses amis de ne pas s'éloigner, promettant qu'après l'audience de Monseigneur il viendrait les rejoindre, pour cette fois se diriger sans encombre vers Fleurines.

On introduisit l'enseigne dans le petit pavillon d'été où déjà nous avons vu Monseigneur. La chaleur étant la même, il y régnait même fraîcheur avec même obscurité.

L'air était embaumé de roses et d'œillets. Sous les rideaux épais qui fermaient le pavillon du côté du jardin passait une brise enivrante, avec un mince filet de lumière qui ne franchissait pas le seuil. Vingt fois, cent fois peut-être, Clermont avait pénétré dans cette chambre, toujours heureux d'y trouver le prince qu'il aimait, toujours caressé par ces parfums qui lui étaient familiers. Ce jour-là pourtant les fleurs expiraient de plus suaves arômes, un air vertigineux se dégageait de tout. Clermont se sentit pris au cœur : est-ce donc l'effet que peut produire la liberté après une nuit de prison ? Il tremblait en approchant du lit de repos de Monseigneur, et il s'arrêta une main étendue, aussi bien pour ne rien heurter dans les ténèbres que pour flatter en passant le chien Pyrame, habitué à venir au-devant de cette caresse.

Mais sa main rencontra une autre main, tiède et fine, une main frémissante, dont il fuit le contact avec un religieux respect.

— Pardon! monseigneur, dit-il, pardon! Et sa voix altérée ne put réussir à exprimer l'enjouement. C'est Clermont qui vous revient, et vous en avez pu juger.

Ce n'est pas une ombre, bien qu'au sortir de l'enfer.

Rien ne lui répondit. Cependant il entendait marcher vers la fenêtre. Tout à coup les rideaux crièrent, le volet s'entrouvrit, et à la lueur qui pénétra dans la chambre, Clermont faillit tomber à la renverse. La main qu'il avait rencontrée était une main de femme. Ce n'était pas Monseigneur qu'il avait en face de lui, c'était la princesse.

Elle était indécise, pâle; ses yeux ne regardaient point en passant devant Clermont; pour s'aller rasseoir, elle frôla son pied du pan de sa longue robe flottante, il recula comme au toucher d'une nappe de flammes. Elle passa, dis-je, la tête baissée, ses beaux cheveux noirs frisés en petites boucles luisantes sur un cou de satin, sa main, celle-là même qui avait touché Clermont, paresseusement infléchie au niveau de ses lèvres. Et enfin elle s'assit, à demi détournée, comme si elle eût été seule dans ce pavillon.

Et certes elle était bien seule ; Clermont n'était que sa pensée. Il se tut. Dix ans de sa vie, il les eût donnés pour payer le bonheur de l'avoir vue si triste et si belle; sa vie entière, il la donnerait pour être délivré de cette vision.

— Monsieur de Clermont, dit-elle, vous eussiez mieux aimé trouver Monseigneur que moi?

Il ébaucha une dénégation polie.

— Je le sais, interrompit Marianne, de Vaucelles me l'a dit, tout le monde me l'a dit. Vous n'avez pas craint hier, en revenant de Louvres, d'exprimer la joie que vous causait l'emprisonnement. Pour préférer la Bastille à quelqu'un, il faut énergiquement haïr. Mais laissons cela. Si vous me trouvez ici au lieu d'y trouver Monseigneur, c'est que j'ai demandé à mon frère de vous parler la première. Vous avez hier, je crois, envoyé votre démission à tous les deux.

Elle attendait une réponse, elle ne croyait pas qu'il osât la faire rigoureuse sous le feu de pareils yeux, sous le charme d'une pareille voix.

— En effet, madame, murmura Clermont avec respect.

— Mais ni mon frère ni moi nous ne l'avons acceptée, elle est donc non avenue.

Il fit un grand effort.

—J'ai l'honneur, dit-il d'une voix étranglée, de supplier Votre Altesse de me l'accorder définitive.

La princesse fit un mouvement brusque; elle rougit de dépit.

— Comme il vous plaira, murmura-t-elle. J'ai dû vous offrir les moyens de revenir sur un coup de tête — assez inconvenant d'ailleurs. — Pour un ancien serviteur, on a des indulgences. Mais puisque vous persistez, vous êtes libre. Je ne vous retiens plus.

Elle mit à prononcer ces paroles une dignité, une sensibilité, qui prouvèrent à Clermont combien une femme qui se contient est supérieure à un homme dans des circonstances délicates. Saluer et se retirer eût été une brutalité indigne.

— Je ne partirai point, dit-il, madame la princesse, sans emporter le souvenir de toutes les bontés dont votre famille m'a comblé depuis mon enfance.

— Il faut croire qu'elles n'ont pas suffi pour vous enchaîner à notre service, répliqua Marianne. Quelqu'un est coupable en tout ceci : est-ce nous, d'un défaut de générosité? est-ce vous, d'un manque de reconnaissance?

— Moi, madame, je n'ai rien à me reprocher, dit Clermont bien bas. Toute ma vie a été consacrée à la défense de vos intérêts, au maintien de votre grandeur; enfant, les princes de votre race ont pu me mettre à l'épreuve; homme, j'ai tout dédaigné, tout sacrifié pour la gloire et le bonheur de votre maison.

— C'est vrai, balbutia la princesse. Vous êtes un loyal gentilhomme, un ami sûr. Heureux ceux pour qui vous nous quittez!

— Je ne vous quitte pour personne, madame, interrompit Clermont plus vivement qu'il ne le voulait. Non, personne ici-bas n'aura mes services. Je ne veux plus penser qu'à Dieu, souverain sans faiblesse ni caprice, maître indulgent et juste. Puis, s'il me reste un peu de loisir après le service de Dieu, je l'emploierai à songer à moi.

La princesse n'entendit point ces paroles, ce doux reproche, sans une douloureuse agitation. Ce maître exempt de caprice, ce souverain plein de bonté, Clermont ne l'avait donc pas trouvé en elle, puisqu'il la quittait. Un mot de regret vint jusqu'au bord de ses lèvres; mais une princesse, une femme à s'excuser, c'est une extrémité: on lutte avant de s'y soumettre, et toute lutte offre une chance de salut.

— Vous vous réfugiez près de Dieu, dit-elle, à votre âge !... En vérité, monsieur, vous feriez croire que vous cachez quelque désespoir.

— Nullement, dit-il en s'efforçant de sourire. Mon esprit n'a jamais joui d'une plus parfaite tranquillité, mais le repos et la liberté sont des biens qu'on trouve seulement dans la retraite.

— Il n'est pas possible, dit-elle vivement, que vous quittiez avec tranquillité ceux qui vous ont été des amis plutôt que des maîtres. Monseigneur n'a jamais distingué personne autant que vous. M. de Conti, mon frère, vous aime et vous le prouve. Je ne parle pas de moi, puisqu'il paraît que je suis une ennemie.

— Madame !...

— Vous l'avez dit.

— Je ne nie jamais une parole prononcée, madame. J'ai pu proférer quelque plainte contre Votre Altesse, il ne m'est pas arrivé de dire qu'elle fût mon ennemie. Ce terme impliquerait certaine égalité qui n'existe point, d'un rang comme le vôtre, à un respect aussi profond que le mien.

Marianne avait réussi à soulever la discussion sans risquer d'avances, elle poursuivit :

— Quelle plainte pouvez-vous avoir à faire ?

— Je supplie Votre Altesse, dit Clermont, de ne point prolonger ma souffrance. Je n'ai pas fait de plainte... je n'ai pas à en faire, tout est juste, tout est bien.

— Vous venez de dire à l'instant même le contraire.

— Je me rétracte; j'en demande humblement pardon.

— Enfin, de quoi s'agit-il? s'écria la princesse irritée par cette modération et emportée au delà des bornes qu'elle s'était assignées. Vous quittez notre service, vous prenez parti contre nous. Sachons au moins pourquoi, ne fût-ce que pour ne pas l'apprendre par d'autres.

Clermont voulut essayer de faire honorablement retraite, mais son adversaire était non moins dangereux dans l'emportement que dans la prudence.

— Le direz-vous ? continua-t-elle; voyons, la cause.

— Madame, il n'y a pas de cause.

— Alors, un prétexte, un subterfuge, quelque chose enfin ! que je puisse répondre à ceux qui m'interrogeront, et répondre à peu près selon le sens commun. Voyons, monsieur, ne restez pas ainsi muet, immobile, atone... Convenons d'une raison... tout ce que vous voudrez... que je suis acariâtre, impossible, folle... que je vous ai offensé, maltraité même.

— Disons cela, si Votre Altesse le juge bon, répliqua Clermont de plus en plus glacial. Mieux vaut d'ailleurs toujours déclarer la vérité.

— Je vous ai offensé, moi !

— Cruellement, madame.

— Quoi !... pour cette liaison qu'on vous attribuait avec Mlle de Choin... Mais ne comprenez-vous pas...

— Je comprends tout ordinairement, madame la princesse; je comprends même l'injustice... mais l'outrage, je ne le comprends jamais; il est inutile avec des gens de ma condition et de mon caractère. Deux sortes de personnes n'ont pas le droit d'insulter un gentilhomme, madame : ce sont les princes et les femmes, à qui nous ne pouvons demander raison.

— Mais, monsieur de Clermont, vous étiez accusé d'un fait qui déshonorait ma maison.

— Je n'en étais pas convaincu, madame.

— En vous le reprochant avec force, je vous témoignais de l'intérêt.

— Votre Altesse m'en eût témoigné bien plus en attendant que je me justifiasse.

— Je suis vive, monsieur.

— Et moi sensible, madame.

Elle le regarda, il était rouge d'un reste de colère que le souvenir de l'offense faisait encore monter jusqu'à son front. Quant a elle, tremblante de remords et de crainte, elle subissait par degrés l'influence de ce cœur ardent et vigoureux pour aimer comme pour haïr. Elle se demandait avec angoisse si en effet le ressentiment n'avait pas étouffé tout à fait l'amitié.

— Si vous prescrivez aux femmes de respecter la susceptibilité des hommes au plus fort de leurs petites colères, dit-elle avec une amertume mélancolique, prescrivez donc aux hommes d'être moins orgueilleux envers les femmes qui ont à se faire pardonner.

— Oh! madame, s'écria Clermont, à Dieu ne plaise que je prenne au sérieux vos paroles! Votre Altesse ne sera jamais offensée par mon orgueil, et si j'ai osé lui répondre avec trop de franchise, c'est elle qui me pardonnera. Elle m'interrogeait avec trop d'insistance.

Marianne souffrait horriblement. Dans l'attitude, dans le ton de Clermont, elle ne sentait ni apaisement ni rémission de la volonté. Pourtant elle croyait avoir descendu jusqu'aux avances.

— Oui, dit-elle irritée, vous êtes un homme d'orgueil, voilà tout. Et quand il serait vrai que mes paroles d'hier vous eussent offensé — comptez bien! — j'évalue la satisfaction supérieure à l'offense.

— Votre Altesse m'a chassé hier, s'écria Clermont navré.

Elle ouvrit ses beaux yeux, elle ouvrit ses lèvres comme pour dire qu'elle le rappelait aujourd'hui; mais cet effort, sa fierté n'y put consentir. Découragée, honteuse, ulcérée, elle quitta la partie; elle se hâta de cacher son visage altéré par trop de combats; elle détourna ses paupières où peut-être il eût vu trembler une larme.

Lui, prenant ce silence pour un congé définitif, s'inclina lentement, longuement, et balbutia si bas qu'elle ne l'entendit qu'avec le cœur:

— Adieu, madame!

Et il s'éloigna, traînant son pas aussi lourd que si chacun de ses pieds eût été enraciné dans le parquet.

— Oh! dit-elle avec désespoir en ensevelissant son front dans ses mains brûlantes, comptez donc, comptez donc sur quelque chose en ce monde!

Il s'arrêta défaillant, car, au moment de franchir ce seuil sacré, le son de sa propre voix, l'écho de ce dernier adieu, lui avait fait peur, et pour la première fois il venait de sentir à quel point son misérable cœur souffrait du déchirement de la séparation.

— Oui, répéta-t-il d'une voix amère, brisée, oui, c'est bien vrai, comptez sur l'amitié, comptez sur la reconnaissance; donnez vos jours, vos années, votre vie, donnez votre âme pour un semblant de réciprocité, une minute viendra pendant laquelle vous vous entendrez dire: « Sortez! et n'ayez pas l'impudence de lever les yeux sur moi ou de vous trouver sur mon passage, sinon vous recevrez le châtiment proportionné à votre insolence! » Oh! c'est ici, à cette même place... c'était hier!... Adieu, madame, adieu!

Il s'enfuyait en délire, épuisé de souffrance.

Marianne bondit jusqu'à lui, le saisit par la main et l'arrêta:

— Oui! dit-elle pâle et frissonnante, oui, j'ai dit cela; c'était cruel... mais, je ne sais pas, moi, si j'étais homme, homme d'honneur, bon, brave et irréprochable, il me semble qu'en m'entendant traiter avec cette rigueur, ce n'est pas de la colère que j'éprouverais; non, ce serait d'abord de la surprise. Je me dirais qu'un simple mécontentement ne s'exprime pas avec cette violence, je réfléchirais que la voix qui parle si rudement à dix ans été douce, affectueuse; qu'elle était tout cela la veille encore, enfin, je soupçonnerais quelque chose sous cette tempête sans raison, je voudrais à tout prix comprendre et, au lieu de m'emporter, de m'enfuir... eh bien! j'attendrais, je chercherais, je trouverais!...

La véhémence de ce discours, l'éblouissante ardeur qui faisait Marianne si pathétique et si belle, subjuguèrent en un moment le jeune homme, et il tressaillit au sens mystérieux du cri de douleur bien imprudent qu'elle n'avait pu retenir.

— Serait-il vrai, dit-il avec émotion, que Votre Altesse eût la bonté de me rappeler auprès d'elle?

Et en parlant ainsi, Clermont se rapprochait, et une joie ineffable rassérénait son visage, et un rayon d'espoir brillait dans ses yeux, à la fois suppliants et avides. La princesse était trop heureuse de ce retour pour faire évanouir si tôt l'illusion, trop effrayée du feu de ces regards pour ne pas s'arrêter sur la pente où le désespoir l'allait précipiter. Confuse et palpitante, mais bien sûre du cœur dans lequel venaient de tomber ces demi-aveux:

— Oui, dit-elle d'une voix suave comme une caresse, je vous rappelle, puisque vous vous êtes cru offensé. Je vous dois bien d'oublier un moment la fierté naturelle à une femme et à une princesse. Il y a longtemps que nous nous connaissons, monsieur, et j'ai toujours devant les yeux ce jeune page blessé, expirant, qui vint tomber à mes pieds chez M. de Sillery après m'avoir sauvée moi et mon mari de la disgrâce royale. Ce jour-là, Clermont, je fis le serment, si vous surviviez, de vous être une amie sincère et dévouée. Plus tard, M. de Conti, en me laissant veuve à dix-neuf ans, me légua vos services et vous promîtes alors une fidélité éternelle. Peut-être avez-vous oublié cette promesse, murmura Marianne en rougissant, mais moi je m'en étais souvenue : voilà mon tort.

— Oh! madame, s'écria Clermont en joignant les mains, puissé-je être foudroyé à vos pieds, si, depuis le jour dont vous parlez, j'ai passé une heure, une minute sans me rappeler mon serment et sans le renouveler de toutes les forces de mon âme!

La princesse se détourna; les yeux de Clermont la brûlaient, et elle craignait d'en regarder la flamme.

— Voilà, dit-elle d'une voix étouffée, tant son cœur battait vite, voilà ce qu'il eût fallu me dire, M. de Clermont, au lieu de vous irriter, au lieu de manquer de confiance. Les apparences étaient contre vous; je ne puis lire dans votre cœur, que vous tenez fermé, c'est votre droit. On vous accusait d'une passion effrénée, folle, incompatible avec vos devoirs, car une pareille liaison sous mes yeux eût été un scandale irrespectueux de votre part.

Je sais bien que vous êtes libre, ajouta-t-elle en affectant une gaîté contredite par son trouble et le tremblement de ses mains nerveuses; je sais bien que votre serment de fidélité réserve certaines régions du cœur et s'arrête à certaines limites connues de vous seul; mais enfin, soit orgueil, soit jalousie même, car je suis jalouse, je l'avoue, j'ai été blessée de voir mon homme-lige reconnaître une autre suzeraineté que la mienne. Promettre la fidélité à une princesse, c'est beaucoup s'exposer. Nous sommes toujours prêtes à envahir. Déesses, nous exigeons trop des mortels, et leur fidélité sans réserve aucune nous paraît un des attributs les plus ordinaires de notre grandeur. De là nos colères, nos injustices; de là quelquefois nos chagrins, surtout quand il arrive que par abus d'autorité nous avons failli perdre un serviteur dont l'amitié nous est chère. Tenez, M. de Clermont, acheva Marianne avec un effort courageux pour vaincre son trouble et regarder fixement le jeune homme et pour lui sourire, oublions tous ces enfantillages, ne songeons plus, moi qu'à vous témoigner un intérêt dont vous êtes digne à tous égards, vous qu'à faire votre chemin et votre bonheur comme vous l'entendrez, sans réserve, sans préoccupation de me déplaire. Vous êtes jeune, recherché, en âge de vous produire : pensez à vous, et comptez sur mon inaltérable dévouement pour vous servir en toute circonstance. Vous m'entendez, monsieur de Clermont, en toute circonstance? c'est l'amie qui vous parle et non la suzeraine.

Tandis qu'elle achevait ces paroles, lui baissait les yeux à son tour. La princesse suivait avec anxiété sur cette mâle physionomie les progrès de la tristesse et de l'abattement qui venaient d'y succéder à la plus enivrante espérance. Clermont redevint pensif, mélancolique, et Marianne savoura délicieusement ces soupirs et cette mélancolie. Voyant qu'il ne répondait rien à ses offres brillantes d'appui et de protection :

— A quoi rêvez-vous encore? dit-elle d'une voix douce et provoquante.

— Je songeais, madame, répliqua-t-il, que votre bonté est si grande, mais que je ne saurais la mettre à profit. Ce départ que j'annonçais, et auquel vous voulez bien vous opposer, n'est qu'ajourné à bien peu de temps peut-être.

— Comment, ajourné! fit Marianne avec inquiétude.

— Oui, madame, si Votre Altesse est un peu jalouse du zèle de ses serviteurs, je suis un serviteur très jaloux du cœur de mes maîtres... Or, tout ce qui vient de se passer m'a fait beaucoup réfléchir. Vous, madame, si parfaite pour moi et si égale depuis plusieurs années, vous ne m'avez pas ainsi rudoyé hier sans une cause que j'ai recherchée, que j'ai trouvée, peut-être, pardonnez-le moi, puisque vous le conseilliez tout à l'heure. J'ai pensé...

— Mon Dieu, qu'avez-vous pensé, monsieur? s'écria la princesse alarmée.

— J'ai cru comprendre, madame, qu'une influence nouvelle avait pu indisposer Son Altesse contre moi, et, si ce qu'on rapporte est vrai, si M. de Lorraine aspire à votre main...

— M. de Lorraine! dit Marianne impétueusement, lui que j'ai refusé de recevoir hier, vous le savez!

— Hélas! madame, vous avez refusé hier, mais vous accepterez peut-être demain. Si ce n'est pas demain, ce sera dans un mois, dans un an! Oh! pardonnez encore! Vous dans la fleur de la jeunesse, de la beauté; vous que tous les princes du monde recherchent avec passion, vous qu'une raison d'État, qu'un penchant du cœur, détermineront tôt ou tard à une nouvelle alliance, vous me donnerez donc tôt ou tard un maître? Eh bien! madame la princesse, ce maître, je ne l'aimerais pas, je ne saurais le servir. A celui-là je n'ai rien promis, mes serments ne le concernent pas, et vous ne pousseriez point la rigueur jusqu'à me contraindre à le reconnaître. D'ailleurs, malgré moi, malgré vous, je n'y réussirais pas. Ainsi, à cette époque, le congé que j'ai voulu prendre, il me faudrait vous le redemander, et d'ici là que de blessures, que de souffrances, que de douleurs... Madame, je vous en supplie, si dans mes paroles vous daignez trouver quelque raison, s'il est en moi quelque humble mérite qui me concilie votre estime, prenez pitié de votre serviteur, épargnez-lui un avenir qui lui fait horreur, et, comme au début de cet entretien, permettez-lui de reprendre sa parole. — Oh! jamais bienfait, jamais largesse n'aura imprimé dans un cœur une plus profonde reconnaissance.

Elle écoutait, elle dévorait ces phrases entrecoupées de soupirs mal contenus, de silences haletants. Ce désordre d'une âme généreuse aux prises avec le respect et la passion se communiquait malgré elle à son âme. Rien de plus dangereux que cette faiblesse du vaincu après tant d'énergie et de révolte.

— En vérité, dit-elle, vous m'embarrassez de plus en plus, monsieur de Clermont, car je vois que, pour vous retenir près de moi, les conditions seraient graves.

— Madame, s'écria-t-il en se courbant avec terreur, pardonnez à mon désespoir, à ma folie! Madame, depuis hier, je suis hors de moi-même. Pardonnez-moi pour la dernière fois!

— Eh bien! oui, je vous pardonne, répondit Marianne en s'avançant vers lui avec un front riant, avec un regard d'enchanteresse. Quand vous feriez vos conditions, Clermont, quoi de plus naturel? Vous m'apportez votre loyauté, vos services, un cœur de diamant. Vous m'avez juré fidélité à toute épreuve. Certes, tout cela vaut son prix, c'est à moi d'examiner. Or, que demandez-vous en échange de tant de choses? Vous voulez que je ne vous fasse pas subir un nouveau maître? Vous voulez que je ne me remarie point?

— Madame! dit-il éperdu.

— N'est-ce pas ce que vous venez de dire?

— Votre Altesse me raille!

— Dieu m'en garde! Jamais je n'ai parlé si sérieusement dans toute ma vie! Clermont, soyez toujours ce que vous êtes, ami fidèle, chevalier

sans tache, et moi, je vous le jure, je ne me re-
marierai jamais!

Il pâlit de joie et poussa un cri avec lequel faillit s'exhaler son âme. Elle le regardait comme
regardent les anges et lui tendait sa belle main
qu'il couvrit, qu'il dévora d'un long baiser.

— Voici mon frère, s'écria-t-elle tout à coup,
chassant avec effroi l'énivrante torpeur de félicité
qui engourdissait tout son être.

Elle courut au-devant de Monseigneur, qui, en
effet, revenait du jardin, paresseux et impassible
comme à son ordinaire.

— Eh bien! mon frère, dit-elle avec volubilité,
Clermont avoue ses torts. Il reste avec nous et
vous supplie de le reprendre. Il dit qu'il n'aura
plus peur des ennemis de cour, puisqu'il est si
bien défendu.

— Très-bien! dit Monseigneur sans autre com-
mentaire. Dînez-vous avec moi, Marianne?

— Oh! non, monseigneur: j'ai un besoin dévorant de courir les chemins; j'ai soif d'embrasser
quelqu'un; je vais aux Carmélites voir ma bonne
mère.

— Quoi! aujourd'hui!

— Aujourd'hui surtout.

— Vous pouvez m'embrasser, si vous voulez,
Marianne, dit le prince avec son flegme imperturbable.

Elle l'embrassa en riant de tout son cœur, puis
tout à coup ses yeux se mouillèrent de larmes;
elle regarda Clermont, lui sourit et partit comme
l'oiseau s'envole.

— Eh bien! allons dîner, dit tranquillement
Monseigneur. Viens, Pyrame; viens, Clermont.

XXII.

Le calme le plus doux succéda aux heures d'o-
rage. Clermont et la princesse trouvaient ce repos
bienmeilleur après l'avoir cherché si longtemps.
Leur amour chaste et mystérieux échappait à
tous les regards, l'amant redoublant de respects
et de prudence, l'amante épuisant toutes les ressources de son génie pour ne point livrer son secret à ses plus sûrs amis. Monseigneur, soulagé
après la grande secousse de son aveu à Marianne,
ne songeait plus qu'à jouir d'une liberté à jamais
conquise, et Mlle de Choin, type accompli de
désintéressement et de bonté, payait en bonheur
l'honneur qu'elle avait reçu d'un si illustre époux.

Quant au prince de Conti avec sa folle passion
pour la duchesse de Bourbon, il n'était pas heureux, il était ivre. Cette fièvre dévorante, des
amours illicites remplaçait pour lui la gloire, la
puissance, toutes les hautes ambitions naturelles
à un Condé. Qu'on la risque au grand jeu des batailles, qu'on la joue dans les embuscades d'un
roman périlleux, la vie est occupée, le cœur bat.
Le génie fermente; le délire suffit à certains
tempéraments.

La duchesse, audacieuse, infatigable, coquette
à la rage, infaillible par orgueil plus que par
vertu ou même par calcul, attisait furieusement
l'incendie, malgré la surveillance du gnôme son
terrible époux, malgré les efforts délicats de Ma-

rianne pour la retenir au bord de l'abîme; Conti,
le seul qui eût pu obtenir d'elle un peu de prudence, était trop fier de se voir aimé pour tempérer l'essor des témérités qu'il attribuait à l'a-
mour. De là mille fautes dont une seule eût suffi
pour assurer le triomphe de leurs ennemis. On
se réunissait soit chez Monseigneur à Meudon,
soit chez la princesse à Versailles et à Paris, soit
chez M. le prince de Condé à Chantilly. Ce sixain
amoureux dont chaque couple avait avec lui sa
cour multipliait par trois toute occasion de se
voir. Une fête donnée par Monseigneur était rendue scrupuleusement par Marianne, puis par la
duchesse. On ne se quittait plus, on vivait, on
s'adorait en famille. Quoi de plus édifiant! M. le
duc toujours avec sa femme gênait toujours,
mais donnait aux amants la joie de le tromper
toujours. Vainement la duchesse, vainement
Conti, eussent-ils allégué l'innocence de ces su-
percheries. La passion finit fatalement par faire
de toute supercherie une trahison, de toute trahison un crime.

Quelque chose eût dû révéler à cette jeunesse
le nuage suspendu sur son Eden. L'impassible attitude de la vieille cour n'était pas naturelle. Le
roi, si jaloux d'ordinaire des moindres absences
du moindre de ses courtisans, laissait les six in-
séparables à eux-mêmes et souffrait sans se plaindre que ses Marlys fussent déserts, quand on courait de partout aux brillants Meudons et aux magiques Chantillys. Quoi de plus significatif que
le silence! Les oiseaux ne comprennent-ils pas
celui du ciel avant la tempête? Mais le bandeau
traditionnel des amants leur ferme l'oreille aussi
bien que les yeux, et Jupiter ôte l'esprit à ceux
qu'il veut perdre.

XXIII.

Les trois cours du Dauphin, de la princesse et
de madame de Bourbon avaient formé leur jonction à Chantilly, chez M. le Prince, pour la saison
des chasses. Le séjour promettait une longue sé-
rie d'enchantements. M. de Conti et Clermont,
âmes de ces fêtes, y déployaient la double richesse
d'un amour et d'une imagination intarissables.
On parlait de prodiges destinés à éblouir les profanes. Eblouir est un moyen sûr d'éteindre les
vues perçantes ou de les égarer. Ce Chantilly s'annonçait donc comme une merveille, et
nos amants avaient compté acheter, au prix de
quelques jours de représentation et d'esclavage,
une longue période de solitude et de liberté.

M. le duc, contraint de présider, avec M. le
prince son père, à ces fêtes qui se donnaient dans
le palais de ses pères, dissimulait mal sa colère
et ses terreurs. Toujours exaspéré contre Clermont, sur le compte duquel il n'était pas encore
détrompé, il voyait sa femme pour toute une
mortelle saison en relations permanentes avec
ce jeune homme, son épouvantail. Clermont or-
ganisait la comédie, les bals, les courses et les
concerts sur l'eau. Madame la duchesse, comé-
dienne zélée, nageuse intrépide, musicienne
folle, ne quitterait pas ce Clermont de tout le jour,

de toutes les nuits. M. le duc en desséchait de rage. Mais comment parer cette disgrâce? Monseigneur, venu en grand équipage, avait amené un peloton de ses gendarmes, et Clermont, l'inévitable enseigne, commandait naturellement ce ploton.

Les fêtes ne furent cependant attristées par aucun événement fâcheux. Elles eurent grand succès. Chantilly, si vaste et si riche en ombrages, en mystères, fournit à tous les visiteurs ce que chacun était venu lui demander : aux uns des chasses incomparables, aux autres la magnificence des festins; aux amoureux les rencontres; aux orgueilleux l'occasion d'étaler leur splendeur ou leur coquetterie. M. le duc seul, toujours sur le qui vive, s'épuisa en espionnages et n'eut pas le bonheur qu'il se promettait de surprendre Clermont et la duchesse.

Peu à peu s'éclipsèrent les étrangers. On vit diminuer les carrosses sous les remises. Les écuries de marbre se dépeuplèrent, les ombres se promenèrent plus rares au bord du canal et sous les charmilles embaumées. C'était le moment attendu si impatiemment par Monseigneur et les deux princesses. Leur fête allait enfin commencer.

Pour M. de Conti, pour la duchesse, quel enivrement! Jamais la duchesse n'avait été plus tendre et plus belle. Aimer et donner l'hospitalité à ce qu'on aime! une hospitalité de reine au fils des héros, héros lui-même par l'âme et la beauté; le noble palais avait logé tant de gloire qu'il pouvait bien loger un peu d'amour!

De Marianne, de Clermont, que dire, sinon qu'ils n'avaient jusque-là ni pensé, ni vécu, ni respiré? Monseigneur était toujours le même bienheureux, avec un degré de plus, la sécurité au lieu du calme.

C'est dans ce paradis qu'éclata le premier coup de tonnerre.

Une grande partie était liée depuis plusieurs jours entre les conjurés. Il s'agissait d'un dîner au fond des bois, après une petite chasse pour les dames. On attendait pour l'exécution de ce plan le départ des derniers hôtes et surtout le départ des deux Condé le père et le fils qui, chaque semaine invariablement payaient, au roi, en son Versailles, une visite de cour fort attendue et par conséquent indispensable.

M. le duc, plus inquiet que jamais de ce qui eût dû le rassurer, c'est-à-dire la parfaite innocence des relations de Clermont et de la duchesse, méditait depuis longtemps de tendre un piège à ces prétendus amants. Il choisit le jour de sa visite à Versailles, et l'espoir qu'il conçut de réussir enfin à les surprendre, à se venger, le rendit presque poli et presque point hideux à son départ.

Ce départ eut lieu vers huit heures du matin. Le cœur de tous les amoureux battait de plaisir. Ils allaient donc se trouver seuls, libres, tout un grand jour, toute une belle soirée, car les deux princes ne pouvaient guère revenir à Chantilly avant minuit.

Comme ils regardaient, palpitants de joie, disparaître le carrosse de M. le prince sur la route de Luzarches, comme ils n'entendaient plus qu'à peine les derniers chevaux de l'escorte trottant sous la voûte opaque des bois, un courrier, venu par l'autre route, plus courte pour les cavaliers, entra dans la cour de Chantilly, porteur d'une lettre qui mandait à Versailles, sans le moindre délai, M. le prince de Condé et M. le prince de Conti pour une communication importante. Déception qui eût été un désespoir sans l'intrépide résolution du jeune prince. Il donna ses ordres, s'assura des relais; il choisit des chemins de traverse, promit à ses amis de faire le chemin à franc étrier, de gagner moitié sur le temps du voyage, et de revenir pour l'heure de la partie. La duchesse frappa mutinement du pied, mais Mlle de Choin secoua la tête, mais Monseigneur, au seul nom du roi, s'alla promener dans les quinconces, sans rien vouloir écouter ni dire.

Clermont, en soupirant, offrit au prince de l'accompagner. Marianne, en soupirant aussi, le remercia du regard. M. de Conti, qu'il comprît ou non ces deux soupirs, refusa le sacrifice. Il dit que Clermont restait la seule consolation des dames, le seul gardé du corps de Monseigneur : il essaya de rire, de railler. Il partit la mort dans le cœur.

Lui dehors, les amis désœuvrés, désorientés, commentèrent l'ordre du roi. Ils n'y virent qu'un appel au conseil, une consultation, une taquinerie comme toutes celles à l'aide desquelles le vieux roi tenait ses jeunes neveux en haleine. Mme de Conti, seule, assura qu'elle ne pouvait rien préciser, ni définir, mais qu'elle sentait son cœur serré, ses tempes bourdonnantes, et qu'un malheur était dans l'air.

En vain Clermont, en vain la duchesse et Monseigneur lui-même, essayèrent-ils de la rassurer; elle persista. Ce fut chez elle, pendant quelques heures, une tristesse qui ne disparut pas, mais qui devint seulement supportable par le raisonnement et avec l'habitude.

La journée s'avançait. Trois heures sonnèrent à Chantilly. Monseigneur, dans un angle du grand salon, sommeillait sous prétexte de mieux entendre une lecture quelconque. La duchesse, comptant tout bas les minutes, commençait à trouver le supplice intolérable. Elle riait cependant avec son cercle de courtisans et d'amis. Mme de Conti se leva tout à coup et courut aux fenêtres. Clermont la comprit et se précipita vers l'escalier pour avoir plus tôt des nouvelles.

Alors on vit entrer le prince de Conti défait et pâle. Il avait vieilli d'une année par chaque heure d'absence. Il s'avançait essuyant son front mouillé de sueur, et, derrière lui, ses éperons rouges laissaient du sang sur le parquet.

— Mon prince! mon ami! mon frère! Armand, qu'avez-vous! s'écrièrent toutes les voix tremblantes à l'aspect de cette ombre sinistre.

— Un malheur! n'est-ce pas? dit Marianne en lui saisissant la main.

Le prince promena çà et là un regard de désespoir; il cherchait la duchesse, son idole, il ne la voyait pas dans cette salle. Elle était en face de lui, haletante comme lui.

— Un malheur? murmura-t-il en essayant un

sourire funèbre. Qui donc parle ici de malheur ? C'est vous, je crois, Marianne ? Rassurez-vous, c'est au contraire un grand bonheur qui m'arrive ; c'est une grande joie. Le roi me l'a dit, toute la cour le dit comme lui.

— Ah ! mon Dieu ! dit Marianne une main sur son cœur.

— Armand, de grâce, interrompit la duchesse, vous nous faites mourir. Que vous est-il arrivé ?

—Il est arrivé, madame, répondit le prince, sublime de beauté dans sa pâleur de cire, que vous avez quitté ce matin un prince, et que vous revoyez ce soir un roi. Il paraît que je suis roi, madame, roi nommé par un peuple idolâtre, roi de Pologne, un royaume magnifique, à quatre cents lieues de Versailles !

Monseigneur se leva, saisi de stupeur, il accourut.

Un silence effrayant accueillit autour d'eux la nouvelle. Le prince, sans effacer ce sourire navrant imprimé sur ses lèvres comme par le cachet de la mort :

— Je n'ai donc pas d'amis ici, dit-il, qu'on ne me saute pas au col, qu'on ne me baise pas la main et qu'on ne crie pas avec ivresse : — Vive le roi !

La duchesse le regarda, morne et muette. Elle chancelait et faillit perdre connaissance. Marianne, la saisissant comme pour l'embrasser, la releva et, la rappelant à elle par une pression de main énergique qui lui fit comprendre que, même dans ce cercle intime, trop de regards étaient à craindre :

— Il a raison, ma sœur, dit-elle. Filles de roi, félicitons notre frère devenu roi : Vive le roi de Pologne !

— Vive le roi de Pologne ! répétèrent quelques voix rares et désolées comme des échos de sépulcre.

XIV.

Tous ceux qui comprirent la situation, les amis délicats comme les moins intimes, quittèrent bientôt l'appartement, laissant le prince avec sa seule famille. Ils sortirent, mornes et attendris, portant déjà sur leurs visages le deuil de ce maître chéri qu'on avait réussi à leur enlever.

Clermont, discret comme les simples étrangers, salua aussi, et allait sortir avec les autres quand le prince, l'arrêtant par la main sur le seuil, lui commanda de demeurer.

— Encore un peu, dit-il avec mélancolie. Tu as bien le temps de rester en France sans moi.

A ces mots exhalés d'un cœur tendre et empreints de cette grâce irrésistible dont Conti possédait seul le secret, les princesses fondirent en larmes. Monseigneur, ému, fronça le sourcil ; Clermont sentit comme un remords d'être épargné par la tempête qui foudroyait son maître et de vivre heureux dans la patrie que perdait ce cher exilé. Mme de Conti, vaillante comme toujours, rebondit la première sous ce coup terrible. Elle vint consoler son beau-frère par des paroles aussi judicieuses qu'énergiques.

— Armand, dit-elle, vous avez là le temps aussi de vous attrister. L'éloignement qui vous effraie me rassure, oui, l'on compte quatre cents lieues de Versailles à Varsovie !

— Marianne a raison. Il vous faudra bien du temps pour aller en Pologne, ajouta la duchesse.

— Il me faudra l'éternité, répondit le prince, si toutefois l'on me consulte.

— Et l'on vous consultera, mon prince, puisque vous êtes roi, s'écria Clermont.

Monseigneur rompit le silence dans lequel il s'était si prudemment enfermé, pour demander comment le roi avait fait annoncer cette nomination traîtresse.

Le prince donna les détails de son voyage : ayant brûlé la route en quatre heures, il avait pris un chemin de traverse et était arrivé à Versailles avant M. le Prince et M. le duc, lesquels dînaient ordinairement à Paris.

Le roi, surpris de le voir seul, quand il l'attendait avec son oncle, écouta le récit de son voyage avant de lui rien dire. Conti, pour bien disposer le vieux monarque, lui offrit le gâteau de Cerbère, une flatterie compacte. Il prétendit n'être venu si vite et seul que pour arriver le premier et prouver au roi son empressement à obéir.

Mais toutes les concessions les plus emmiellées n'eussent pu réussir à détourner le coup de dents. Le roi, en grande cérémonie, annonça au prince que son empressement lui vaudrait d'apprendre une bonne et illustre nouvelle. Il ajouta que depuis longtemps son ambassadeur, l'abbé de Polignac, travaillait par ses ordres à l'élection d'un prince français au trône de Jean Sobieski ; que l'élection venait d'avoir lieu ; qu'elle était favorable, et que Louis-Armand de Conti était nommé roi de Pologne.

— Je tombai anéanti, continua le malheureux prince : heureusement, je tombai à genoux. Le roi m'embrassa, très-touché de me voir si reconnaissant. Il me permit d'annoncer cette faveur à mes amis, se réservant de la déclarer à mon oncle et à sa cour. Je me relevai sitôt que les forces me furent revenues ; je sortis à moitié fou, à moitié mort de Versailles, où le bruit doit courir, si l'on m'a regardé en face, que je suis disgracié, chassé ou condamné à mort.

En ce moment, sans doute, M. le Prince et M. le duc, instruits de mon bonheur, détrompent les courtisans et reçoivent les félicitations générales. Moi, j'ai fui par une porte basse, retrouvé mes chevaux, repris le galop, et me voici chez moi ! Qu'on m'en arrache ! qu'on m'enlève à ma famille, à mes amis ! depuis que j'ai touché Versailles, je ressemble à Antée, je suis invincible !

Un regard de la duchesse le paya de son supplice et de sa générosité. Mais le Dauphin cessa de battre avec sa canne la mesure de sa chanson éternelle. Il fixa sur le prince des yeux scrutateurs presque sévères :

— Imprudence ! faute grave ! dit-il. Vous êtes roi : c'est une haute fortune qu'il convient d'apprécier mieux que vous ne le faites.

— Je ne l'ai point cherchée, répliqua le prince tristement.

— Soit! mais puisqu'elle vient vous trouver, faites-lui bon accueil.

— Je la maudis!

— Vous maudissez donc votre destinée, prince? continua Monseigneur. Votre destinée vous a fait naître parmi ceux qui doivent occuper les trônes. Régner est un devoir pour nous, comme travailler et obéir sont des devoirs pour les autres hommes. Régnants quand Dieu l'ordonne; nous ne saurions pas plus nous soustraire à cette nécessité qu'à celle de la mort!

Et après ces paroles peu consolantes, mais qui empruntaient dans la bouche du Dauphin une si étrange autorité, Monseigneur se promena quelque temps, les bras croisés, dans la vaste salle; puis, effrayé d'avoir dit tant de choses, il recommença une fanfare et sortit, laissant l'assemblée à ses perplexités.

— Monseigneur a raison, dit enfin la princesse: vous avez commis une grosse faute, Armand, et je souhaite qu'elle n'ait pas pour vous des conséquences funestes. Le roi saura que vous avez quitté Versailles sans voir personne pour revenir plus tôt ici; chacun fera ses commentaires sur cette disparition, et les commentaires de cour, nul n'est assez puissant pour en braver la malignité. Comment expliquerez-vous ce départ brusque?

— Je ne l'expliquerai pas, ma sœur, répliqua Conti.

— Quoi! dit Marianne avec une insistance significative, pas même à M. le Prince votre oncle, pas même à M. le duc votre cousin?

— Oh! pour monsieur le duc, mon cher mari, s'écria impétueusement la petite duchesse, voilà le plus inutile. Qu'il me demande des explications; à moi! Qu'il s'y risque!

— Si ce n'est point à votre mari que vous devez compte, ma sœur, prenez garde que ce ne soit au roi que M. le duc ira, une fois de plus, chercher pour mettre la paix dans votre ménage.

Ces mots, prononcés sans affectation, comme par une indifférente, firent cependant leur effet sur la duchesse et surtout sur le prince de Conti, qui se leva et s'écria qu'il n'était pas né heureux!

— Mon prince, dit Clermont, rappelez votre courage. Je vous ai vu dans des circonstances bien plus difficiles; l'élection est faite, mais avec ces enragés Polonais, un roi n'est pas aussitôt accepté qu'il est élu. Il faut du temps d'opérer la ratification, la notification; le temps de vous faire une armée, une cour, un trésor royal surtout. Oh! le trésor nous donnera quelque répit! j'y compte beaucoup. Ce n'est pas Votre Altesse qui a voulu être roi de Pologne. Le roi Louis XIV a eu seul cette glorieuse idée. Qu'il paie. Or, en ce moment, nous savons que les fonds manquent. On n'envoie pas un prince français prendre possession d'une couronne avec une bourse de cent pistoles. Avant que les millions indispensables à votre avènement soient exprimés de ce pauvre desséché pressoir de France, avant que vos régiments soient levés, habillés, instruits et surtout payés, il se passera plus de mois, que dis-je? plus d'années, qu'il n'en faut pour que votre douleur s'apaise.

— Pauvre Clermont! est-il mauvais courtisan, dit le prince.

Et, d'un regard furtif à l'adresse de madame de Bourbon, il sembla démentir et excuser cette naïveté de l'ignorant ami.

— Il y a du bon dans ce que dit Clermont! s'écria la duchesse.

— Tout est en bon, interrompit Marianne, car il vous prouve, par des arguments sans réplique, que votre départ ne peut avoir lieu.

— C'est la peur qu'il a de partir avec moi, dit le prince.

Clermont pâlit, et Marianne frissonna: l'un et l'autre en dépit de leur confiance fanfaronne.

— Rassure-toi, je ne t'emmènerai pas, se hâta de dire M. de Conti; cependant tu en as blêmi d'épouvante, ce qui prouve combien tu as peu de foi dans tes horoscopes, car, si tu étais sûr que je ne puis partir, tu n'aurais pas tremblé ainsi de m'accompagner. Allons, du courage! avec mes amis je ne partage que le bonheur.

On pouvait voir cependant, au ton presque enjoué de ce dialogue, que ces arguments si discutés avaient versé leur baume dans le cœur du prince.

Il était trop courageux pour se rendre ainsi sans combat; trop amoureux pour ne point conserver d'espérance: l'amour est une volonté puissante qui soumet tout et ne craint rien, excepté l'indifférence et la mort.

On en était donc, dans le petit conciliabule de Chantilly, à chercher les expédients dilatoires, et ils naissaient en foule dans des imaginations échauffées par la passion; déjà l'avenir paraissait dégagé, le ciel, libre et pur; déjà, ressuscitait l'idée du plaisir, fleur vivace de jeunesse, toujours prompte à relever son front courbé par la tempête, quand arrivèrent, six heures plus tôt qu'on ne les attendait, M. le prince, tout radieux de l'honneur fait à sa famille, et avant lui M. le duc de Bourbon qui, pour la réussite de ses projets, avait, sur la route, doublé chaque attelage et chaque relai, volé comme un tourbillon, et qui se précipitait sur sa proie, activant d'un surcroît d'envie, de haine et de colère les poisons bouillants de sa jalousie.

Il entra. Son premier coup d'œil fut pour les deux prétendus coupables. Il les vit ensemble, car, instinctivement, sous la seule impulsion de la conscience, trahisseuse inexorable, la duchesse, au bruit des carrosses, s'était éloignée de M. de Conti, Clermont de la princesse, et les groupes ainsi modifiés offraient au duc furieux le semblant du délit qu'il cherchait.

Tandis que M. de Bourbon couvait d'un regard mortel son innocent rival incapable de le comprendre, M. le prince embrassait son neveu de Conti et le saluait roi. Ce fut ensuite le tour de M. le duc qui ne dissimula, dans son affreux et hypocrite sourire, ni la rage qu'il ressentait de voir son cousin élevé au trône, ni la joie qu'il éprouvait de voir disparaître à jamais un semblable point de comparaison.

Le prince de Conti, entouré, fêté, complimenté, recevait comme autant de coups de poignard les honneurs rendus à sa dignité nouvelle. Il croyait avoir épuisé toutes ses douleurs, il n'avait épuisé que ses forces.

L'antique demeure des héros de la famille se para comme aux jours les plus glorieux de ses splendeurs. On vit accourir en foule, par toutes les routes encombrées, tous les hôtes qui, partis peu de jours avant, s'attendaient si peu à revenir si vite et pour une pareille cause.

Un roi n'est pas une tête qu'on néglige, fût-ce un roi de Pologne. Princes, ducs, ambassadeurs, officiers, magistrats, toute la cour, toute la noblesse, multitude empressée, souriante, inondait déjà Chantilly de vœux plus ou moins sincères, puis refluait vivement sur Versailles, tremblante entre ces deux rois dont elle ne pouvait satisfaire l'un sans blesser l'autre.

M. de Chamillart, le ministre, arriva en même temps. Dès qu'on l'annonça, le prince de Conti crut sentir la fin de ses tortures. Il allait pouvoir prétexter l'importance de cette visite pour éviter les autres et respirer et réfléchir ! Visite importante en effet, beaucoup plus que ne l'eût soupçonné le malheureux prince.

M. de Chamillart entra dans le grand salon, traversa lentement l'assemblée, et s'approchant du prince qu'il salua comme on salue les têtes couronnées :

— Sire, dit-il, j'apporte à Votre Majesté avec mes humbles respects et mes vœux ardents un message du roi de France, mon auguste maître.

À ces mots qui éloignèrent aussitôt la foule, à ces mots prononcés avec une gravité redoutable, Mme Conti trembla de la tête aux pieds, la duchesse se cacha sous son éventail. Clermont, retiré derrière Monseigneur, échangea un regard troublé avec la princesse. M. de Conti seul, gracieux comme le gladiateur qui va mourir, sentait venir un coup et attendait avec sérénité. Chamillart laissa le vide se faire dans le salon du prince, mais voyant s'écarter de lui jusqu'à ses proches, jusqu'à Monseigneur et MM. de Condé, jusqu'aux princesses, il les retint d'un air à la fois affable et affligé, pour leur dire que l'intention du roi de France n'était pas de priver M. de Conti de sa famille et de ses amis, à une heure aussi rapide et aussi solennelle.

— De quelle heure et avec quel air parlez-vous ? cher monsieur Chamillart, dit le prince frissonnant malgré son sourire. On dirait, en vérité, que vous venez m'annoncer l'instant fatal.

— L'instant des séparations est toujours cruel aux cœurs comme le vôtre, Sire, répliqua le ministre d'une voix altérée.

— Des séparations ?... murmurèrent tous les assistants.

— Sire, continua Chamillart, vos sujets vous appellent ; les intérêts de votre couronne pourraient souffrir d'une absence trop longue.

Le prince de Conti l'interrompit.

— Mes sujets m'appellent déjà ! dit-il avec ironie ; ma couronne est déjà chancelante ! roi depuis une heure, j'ai déjà manqué à mes devoirs ! Est-ce bien sérieux, ce que vous me dites là, cher monsieur Chamillart ?

— Tellement sérieux, Sire, que le roi compte sur votre départ.

Le prince pâlit.

— Je rêve, dit-il : partir... et des troupes ?

— Elles sont en marche.

— Des vaisseaux pour passer la mer ?

— Ils sont prêts à appareiller.

— Mais les flottes ennemies me fermeront le passage ?

— Le roi vous donne Jean Bart, qui répond de vous conduire au but.

— Mais l'argent nécessaire manque à moi et au roi lui-même.

— Deux millions sont à la disposition de Votre Majesté. Samuel Bernard se charge des suppléments. J'apporte dans mon carrosse deux cent mille livres pour votre voyage.

— Oh ! murmura le prince éperdu ; mais les chevaux, les armes, les équipages...

— Seront ici dans deux heures.

— Ici !... Ici !... pourquoi ici ?... pourquoi dans deux heures ?... Quand donc le roi veut-il que je parte ?

— Cette nuit même, Sire, dit en s'inclinant Chamillart, homme honnête, âme douce, navré de cette féroce exécution.

M. de Conti, un moment écrasé, un moment absent de lui-même, tout à coup se reprit à la vie, se cramponna au salut.

— Allons donc ! s'écria-t-il, c'est folie, c'est folie, vous dis-je ! est-ce qu'un roi part comme un aventurier, comme un batteur d'estrade ; est-ce qu'un Condé s'en va la nuit sans amis et sans suite ! Nommez d'abord ma maison, mes officiers ; fixez leurs postes, leurs qualifications, leurs soldes ; préparez leurs bagages, et nous verrons.

— Tout cela est fait, dit Chamillart. J'apporte à Votre Majesté la liste des personnes qu'elle emmène et le rang qu'elles occuperont à sa cour. Toutes ces personnes, d'ailleurs, n'ont pas besoin de partir immédiatement. Elles arriveront en Pologne à mesure que leur présence y sera nécessaire au service de votre couronne.

Quant à la suite qui doit partir avec vous, Sire, elle se compose seulement de six gentilshommes. Le roi a pourvu avec sa générosité habituelle aux moindres détails de leur équipement et de leurs dépenses pour que le voyage s'effectue plus facile et plus rapide. On parle de divers concurrents suscités à Votre Majesté par la jalousie des cours du Nord. À tout prix, vous devez arriver le premier à Varsovie : le succès dépend donc de la discrétion, de la rapidité. Rassurez-vous, Sire, sur votre escorte, le roi mon maître l'a choisie dans vos plus chères affections : vos meilleurs, vos plus fidèles serviteurs sont désignés. Je vois ici même celui qui occupe le premier rang sur cette liste d'honneur, M. le comte de Clermont, nommé votre capitaine des gardes.

La princesse tremblante, Clermont foudroyé, Mme de Bourbon à moitié folle et hors de toute mesure, M. de Conti sans voix, sans souffle, sans regard, Monseigneur lui-même attentif à force d'être ému, tel fut l'agréable spectacle dont le duc, délirant de joie, reput ses yeux et son âme pendant l'instant de silence qui succéda aux communications de Chamillart.

Le roi l'avait donc vengé ! Le roi le délivrait

onc enfin de son offenseur, de son mortel en-
emi ! Elle était donc brisée à jamais, cette ligue
vincible dont Monseigneur s'était déclaré le
otecteur, et à laquelle Mme de Bourbon avait
empunter assez de force pour secouer le joug
'un mari et d'un père tel que Louis XIV !

L'exultation du nain farouche éclata en mou-
ements si vifs en approbations si hostiles, que,
ns la consternation qui ôtait leurs facultés aux
ctimes du guet-apens, l'insulte contenue dans
ette manifestation indécente eût été relevée par
un ou par l'autre, et peut-être châtiée dans un
remier transport.

Un seul des acteurs de cette scène avait repris as-
z de calme pour bien voir. Monseigneur vit donc
joie du prince haineux, il mesura les profondeurs
e cette âme sombre, et, emporté par l'indigna-
on hors de sa réserve ordinaire, il allait étein-
re cet éclair impur; mais pareil aux vaisseaux
éants qui, croisant sur les mers un assassin
irate, démasquent soudain leurs batteries for-
idables pour absorber le brigand d'un seul coup,
t puis, le jugeant indigne de tant de flamme, le
éservent tout simplement pour la potence, le
rand dauphin détourna ses yeux du visage em-
ourpré de M. le duc : il réserva sa colère et pa-
ut n'avoir rien vu.

Cependant M. le prince, oncle du nouveau roi,
e confondait en protestations de reconnaissance
our l'honneur dont le roi comblait sa famille.
embrassait Chamillart, il embrassait M. de
onti, peut-être afin de l'étourdir et de dérober
l'ambassadeur du roi ce visage bouleversé où
ous les sentiments pouvaient se lire, hormis la
ratitude.

M. le prince remerciait à satiété pour son ne-
eu muet; il remerciait de l'argent, des soldats,
es vaisseaux; il trouvait le roi trop généreux d'a-
oir accordé tant d'heures de grâce à l'exilé. Il
ût déjà voulu le voir partir. Il poussait ce mal-
eureux vers son trône, sans comprendre que ce
rône n'était qu'un illustre échafaud !

Ce qui dévorait l'âme du futur roi pendant cette
cène émouvante, un long poëme ne suffirait pas
le détailler; son premier mouvement fut la ré-
istance. Mordu par une sauvage douleur, il sen-
t vingt fois ce cri au bord de ses lèvres : — Non!
on! Je ne partirai pas ! Je ne veux pas être roi
e Pologne! Vingt fois la raison et l'honneur re-
oulèrent ce cri jusqu'au fond de ses entrailles.

Quel prétexte eût-il allégué? prince obscur, on
e faisait roi ; soldat mis à la retraite, il voyait
'ouvrir devant lui la carrière des victoires. Au-
ait-il dit non au grand Condé, si le héros ressus-
ité lui avait apporté l'épée et la couronne? Eût-
osé dire : — Je souffre !... je meurs... et la cause
ui me fait déserter au moment du péril, c'est un
mour insensé... criminel... Oh! Conti tremblait
e se l'avouer à lui-même; il tremblait d'avoir
ésité si longtemps à répondre, d'avoir été re-
arqué, deviné. Déjà il n'osait plus lever les yeux
ur Mme de Bourbon, et se figurait entendre Cha-
illart ou M. le duc se demander avec surprise :
— Qu'a donc le prince? qu'a donc Mme la du-
esse ?

Aiguillonné par cette terreur, et comprenant

que son secret, c'est-à-dire l'honneur et la vie
d'une femme adorée, tenaient à une seconde,
Conti, par un élan de courage familier aux grands
cœurs, redressa la tête, et, s'approchant de Chamillart, le remercia en termes à la fois nobles et
affectueux.

Il s'excusa d'avoir été surpris par une si haute
fortune et d'avoir donné un regret à sa patrie. Il
ajouta que la plus brillante royauté pour un
bon Français ne compense point l'exil. D'ailleurs,
s'éloigner joyeux eût été une ingratitude envers
le roi, son bienfaiteur; envers Mgr le Dauphin,
envers sa famille et ses amis, qui l'avaient rendu
heureux depuis sa naissance. Enfin, les quelques
mots de sa harangue suffirent à rétablir la situation trop compromise, et il termina en déclarant
que, ne connaissant rien au monde au-dessus de
son devoir, il exécuterait ponctuellement les ordres du roi, et partirait à l'heure fixée par Sa Majesté.

Ce fut alors que le ministre lui remit la liste
des gentilshommes désignés pour son escorte.
M. de Conti la parcourut avec M. le prince. Ce
fût alors aussi qu'appelant Clermont avec un
bienveillant sourire, Chamillart tira de son porte-
feuille le brevet de capitaine des gardes, et Clermont ne le reçut pas si héroïquement que M. de
Conti avait accepté sa couronne.

Il ouvrit la dépêche et la lut. Elle lui enjoignait
de ne plus quitter le nouveau roi; elle lui défendait presque brutalement de revenir en Fran e
sans u ordre exprès du ministre de la guerre.
Rien de plus précis. Rien de plus complet que
cette vengeance : c'était l'exil à perpétuité.

La princesse qui, pendant cette lecture, suivait
avidement chaque impression sur le visage du
jeune homme, le vit soudain lever les yeux au ciel
avec un sarcasme désespéré. Ce défi jeté à Dieu
d'ajouter quelque chose au malheur d'un homme, Marianne le comprit, et elle eût donné sa
vie pour courir à Clermont, pour le plaindre ou le
rassurer, mais la fille d'un roi et d'une carmélite n'a pas le droit d'avoir un cœur, et surtout
de le laisser voir.

Clermont, furieux de douleur et sur le point
de révéler sa colère par un éclat qui eût rejailli
sur la princesse, recueillit tout juste assez de force
pour donner ce brevet à Monseigneur, afin de lui
faire apprécier les bienfaits du roi. Mais à peine
Monseigneur eût-il la dépêche entre les mains,
que l'enseigne, vaincu par son intolérable souffrance, adressa un regard désolé à Marianne, un
regard effrayant comme un adieu, et craignant,
s'il demeurait là plus longtemps, de se trahir en expirant sur la place, il gagna la porte et disparut.

Mais le cœur généreux et tendre qui veillait sur
lui et ne perdait aucun de ses mouvements, l'a-
mante intrépide qui voulait sauver l'honneur,
mais ne point perdre l'amour, Marianne, s'approcha de Monseigneur aussitôt que Clermont fut
parti, et avec la familiarité d'une sœur elle lut
dans ses mains la sentence d'exil.

A ce moment nul ne songeait à eux; Chamillart
occupait tout le monde des prouesses réservées
au nouveau roi de Pologne, et le duc de Bourbon

suivait de son œil férocement triomphant le pauvre enseigne dont il avait deviné le désespoir.

— Æh bien! dit Marianne bas à son frère, voilà Clermont banni pour jamais. C'est une lâche revanche de la rue du Pot-de-Fer. Qu'en pense M. le Dauphin de France?

— M. le Dauphin ne pense jamais, répliqua froidement Monseigneur.

— Pas même à ses amis qu'on sacrifie? demanda la courageuse femme... Un dauphin n'a donc pas de cœur?

— On ne sait cela que lorsqu'il devient roi.

Et Monseigneur quitta la princesse pour rejoindre le groupe. Marianne resta un moment rêveuse.

— En attendant ce jour, murmura-t-elle, que deviendra Clermont, et moi que deviendrai-je? Son salut et le mien, qui me les donnera?

On eût pu la voir, seule et le front penché, demander une inspiration à son génie, à son audace, à Dieu. Mais Dieu, lorsqu'il veut nous sauver, ne déclare pas sa providence avant d'avoir éprouvé la victime. L'inspiration si ardemment appelée n'était pas encore descendue sur la tête de Marianne lorsque Chamillart annonça qu'ayant à communiquer à M. de Conti les ordres secrets du roi, il désirait l'entretenir un moment sans témoins.

Le roi de Pologne conduisit le ministre dans son cabinet. Les autres princes se séparèrent: M. le prince, pour activer les premiers et les derniers préparatifs du départ de son neveu; Monseigneur, pour ne plus communiquer avec personne jusqu'après le départ; M. le duc, afin de ramener la duchesse sa femme dans ses appartements. Il n'était pas fâché d'essayer sur elle quelques piqûres en forme d'actions de grâces ironiques; une piqûre, c'est peu sans doute, mais cela rapporte toujours une goutte de sang. Par malheur, à peine sur le palier, il fut repoussé avec une énergie qui présageait à ce vainqueur certaines représailles de l'intervention du royal beau-père dans les affaires du ménage. Cette fureur de sa femme le combla de joie. Elle prouvait irrécusablement son intelligence avec Clermont. M. le duc se frotta les mains et se promit d'attendre les deux amants aux adieux.

XXV.

Pendant que toute la cour de Chantilly frémissait d'orgueil et de douleur, tandis qu'on voyait courir çà et là secrétaires, gentilshommes, pages, s'abordant pour se féliciter ou se plaindre, Clermont, tombé dans cette fourmilière à sa sortie du salon royal, avait failli arracher le cœur à vingt ardelions qui, sachant *son bonheur*, l'étouffaient de caresses, de questions et de requêtes.

Ivre de tant de torture, incapable d'assembler deux idées, incapable d'articuler autre chose que des rugissements, il avait couru à sa chambre afin de s'y enfermer, puis, la sentant déjà pleine d'amis complimenteurs qui l'attendaient, il s'était rejeté sur le quartier occupé par ses gendarmes, mais le hourrah de joie qui l'accueillit à son apparition le fit fuir comme un malheureux cerf relancé; il fit aux deux brigadiers un

signe suppliant pour obtenir qu'on le laissât libre, se jeta dans l'escalier tournant du corps de garde et d'instinct, sans autre guide qu'une soif ardente de solitude, il pénétra dans le petit jardin particulier situé derrière l'appartement des princesses et réservé à Mme de Conti seule, lorsqu'elle venait à Chantilly.

L'habitude est le grand ressort de l'homme aux moments de prostration morale. Clermont avait l'habitude d'entrer chaque jour dans ce jardin où l'attendait la princesse entourée d'un petit nombre d'élus. Là descendaient avec l'ombre repos, fraîcheur, silence et liberté. Le sentiment de ce bien-être tant de fois savouré par le pauvre Clermont le conduisit tout droit dans ce parterre où Dieu voulait qu'il vînt, et où il ne fut pas plus tôt qu'il éclata, se voyant seul, en mille transports d'un de ces désespoirs qui soulagent une âme où la brisent.

Trois grands murs garnis de treillages sur lesquels s'épanouissaient des jasmins formaient ce quadrilatère dont le quatrième côté était le rez-de-chaussée de l'appartement de Marianne. Quelques corbeilles de fleurs bordées de buis taillés en chiffres, comme ceux de l'Escurial, çà et là une statue de marbre, pâle fantôme souriant sous sa niche d'ifs et de tuyas, un filet d'eau glacée perlant dans une conque de porphyre, des sièges rustiques, une table à ouvrage, tel était ce réduit solitaire que Condé avait dessiné pour sa nièce, aussi facilement qu'il eût fait un plan de bataille.

Clermont, sans se souvenir qu'il fût là dans un sanctuaire, et sans rien remarquer, sinon qu'il était seul et libre de dégonfler son cœur, s'assit sur les marches du large perron, appuyé contre un grand vase de marbre d'où tombaient sur son front les liserons aux campanules vermeilles.

Il cacha son visage dans ses mains, secoua ses cheveux avec violence comme pour chasser le mal moral par une souffrance physique, et, vaincu dans ce combat trop long pour les forces d'un homme fou d'amour, il poussa un cri sourd, se débattit encore quelques secondes contre sa faiblesse et enfin pleura.

Elles coulaient entre ses doigts crispés, ces larmes brûlantes, rosée amère, et son cœur se fondait, et d'un pied convulsif il battait le marbre. Ce vaillant, ce fort, ce petit-fils de Bussy d'Amboise, qui, comme son aïeul, n'avait jamais connu le découragement ni la peur, il se tordait terrassé par la fièvre d'amour. Il pleurait!

Une porte s'ouvrit, quelqu'un entra précipitamment. Clermont, reconnaissant où il était, se leva pour fuir. Il eût voulu s'abîmer dans la terre, il eût voulu s'arracher des joues, avec la chair vive, les sillons brillants qui le trahissaient. Marianne l'arrêta, car c'était elle; elle, éperdue comme lui, elle qui le cherchait depuis une heure et dont le cœur avait senti qu'il devait s'être réfugié là.

Elle lui saisit, avec une force qu'on n'eût pas soupçonnée, les mains dont il déchirait son visage; elle le regarda avidement, elle s'enivra de le voir tant souffrir: lui, luttait comme un enfant orgueilleux qui ne veut pas qu'on le voie sensible.

— Louis, dit-elle, cher Louis, vous m'aimez! je vous remercie!

—Si je vous aime! s'écria-t-il; oh! madame, mon sang a coulé bien des fois, —jamais mes larmes! Elle lui serra passionnément la main.

—Voyons! dit-elle, les instants sont précieux. On nous oublie dans tout ce tumulte d'hommes, de chevaux, d'ambitions et de vengeances. Ne nous oublions pas, nous deux! Que comptez-vous faire?

— Moi, madame, c'est bien simple : avant une heure je serai mort de chagrin ou de rage.

— Allons donc! interrompit-elle avec exaltation, est-ce bien Clermont qui parle!

— Quoi! princesse, j'ai souffert dix ans, attendu dix ans, dévoré dix ans leurs persécutions et leurs outrages. Fortune, avancement, renommée, ils m'ont tout refusé depuis ces dix ans. Enfin vous me payez d'un mot mes souffrances. Votre amitié si douce efface le passé, je renais et voilà qu'ils m'arrachent à jamais votre amitié. Car c'est pour jamais qu'ils m'exilent, le savez-vous? car leur vengeance cette fois frappe juste, elle frappe au cœur. Est-il possible que je ne meure pas!

— Clermont! Clermont!

— Je devine tout ce que Votre Altesse va me dire, s'écria l'infortuné : des consolations... des avis... des espérances.

— J'en appelle à votre seul honneur.

— Oui, mon devoir... le service du prince, n'est-ce pas? Oui, la reconnaissance qui doit m'enchaîner à votre frère, à la famille dont je m'enorgueillis d'être le serviteur... Oh! rassurez-vous, madame, en me faisant libre, je ne déshonorerai ni vous ni moi!

— Voilà des paroles impies, insensées!

— Si j'avais la raison, je n'aurais pas l'amour!

— Vous êtes soldat, vous êtes gentilhomme!

— Je suis amant, rien qu'amant! s'écria-t-il avec délire. Moi parti, vous m'oublierez! Votre promesse, vos serments, mais une princesse n'a pas le droit d'en faire, encore moins de les tenir! Quel souvenir assez lumineux laissera-t-il, ce misérable atome, pour lutter contre les enchantements de la cour, contre les trahisons de votre jeunesse, contre la volonté du roi, votre père et mon immortel ennemi? D'ailleurs, fussiez-vous, non pas une femme, mais une créature céleste, inaccessible aux faiblesses de ce monde, êtes-vous moins perdue pour moi, puisque vous restez en France, où jamais je ne dois revenir? Non! c'est être assez lâche! j'ai passé à pleurer le temps que j'aurais dû prendre pour délivrer mon corps et mon âme. Voyons! madame, voyons, Marianne adorée, si vous m'aimez un peu pour tant d'amour et de respect, comprenez que ma perte est certaine; ne m'encouragez pas à une lutte qui éterniserait mon agonie. Dans ce naufrage qui va m'engloutir, pouvez-vous me sauver, honneur et existence? tendez-moi la main, je la saisirai avec transport. Mais puisque vous ne pouvez rien, puisque mes forces s'épuisent, puisque j'appelle à mon secours la mort qui peut finir mes souffrances, oh! Marianne, pas de faiblesse cruelle, laissez-moi rouler dans l'abîme. Par pitié, détournez les yeux!

Elle l'écoutait, elle le regardait, patiente et douce comme un de ces anges qui assistent les mourants dans la crise suprême. Le rayon de l'inspiration divine resplendissait enfin sur son front.

— Vous dites vrai, répondit-elle; dans l'absence on doute, et le doute c'est la mort. Je veux que vous ne doutiez plus, homme de peu de foi. Je veux que vous viviez.

— Je crois que c'est impossible, madame.

— Et moi, je crois que j'ai trouvé un moyen de tout concilier; le moyen est hardi, n'importe, cette faible main vous arrachera du naufrage. Écoutez-moi, mes idées sont un peu confuses; vous m'avez fort émue tout à l'heure. Écoutez-moi.

— A genoux, madame, et avec ferveur, sinon avec espoir.

— Le départ de M. de Conti est fixé à minuit, continua-t-elle pensive. Vous partirez devant. Ne m'interrompez pas. Vous partirez, dis-je, sans affecter ni trouble ni joie. A une lieue d'ici, à la croix de Saint-Pierre, vous tournerez à droite par la route que vous connaissez.

— La route de Fleurines?

— Oui, comte, la route de Fleurines. A propos, avez-vous des amis bien sûrs?

— Je n'en ai pas beaucoup, madame.

— Deux suffiraient... Les avez-vous sous la main?

— Justement et bien dévoués.

— Qui sont?

— Les brigadiers du détachement amené ici par Monseigneur, MM. Robert et Henri de Montvalat. La princesse le regarda avec surprise.

— Quoi! dit-elle, des parents de ce jeune prêtre, de ce saint apôtre, votre compagnon d'enfance, Didier de Montvalat... curé de ma paroisse de Fleurines?

— Ses propres frères, madame la princesse. Un sourire caressa les lèvres de Marianne.

— Quoi! tous les trois, se dit-elle mystérieusement... eh bien! soit... j'accepte vos deux amis...

— Clermont, vous leur donnerez rendez-vous à minuit devant la maison de Sillery-aux-Bois, vous savez?

— Oui, princesse.

— Ils sont brigadiers des gendarmes-dauphin; dites-leur sans affectation de se faire accompagner par quelques-uns de leurs cavaliers.

— Fort bien, madame, mais, sous la terrasse, ces cavaliers, que feront-ils?

— Ils vous attendront.

— Et moi, quand je serai arrivé, que ferai-je?

— Vous m'attendrez...

Clermont la regarda saisi de surprise.

— Eh bien! dit-elle, qu'y a-t-il de si étonnant? Vous partez, et je veux vous dire adieu. Refusez-vous?

— Oh! madame... Mais ces cavaliers... mais les deux gentilshommes mes amis...

— Il ne serait pas prudent que j'allasse seule par la forêt. Au surplus, M. de Clermont, ne me questionnez plus, je ne répondrais pas. A quoi me suis-je engagée? A vous guérir de vos doutes, à vous prouver que je suis loyale, sûre : les moyens sont à mon choix, je pense.

— Madame, en sauvant la vie, sauvez-vous aussi l'honneur!

— Je ne sais pas séparer l'un de l'autre, M. de Clermont.

— Et notre amour, s'il allait en souffrir?

Elle, avec un nouveau sourire plus doux et plus étrange encore :

— J'espère que non, dit-elle. Du reste, si mon moyen ne vous satisfait pas, vous serez toujours libre de refuser. Vous aurez là vos gendarmes pour vous rassurer contre mes entreprises.

En parlant ainsi, elle regardait Clermont avec des yeux tellement voilés de tendresse et de mélancolie qu'il s'inclinait déjà comme pour s'agenouiller et adorer cette divinité consolatrice.

— Six heures! s'écria-t-elle. Allez prévenir vos amis, moi, je ferai le reste. Séparons-nous!

Il voulut prendre et baiser sa main. Cette main capricieuse glissa entre les siennes. La porte se ferma entre eux. Il n'entendit que ces mots jetés rapidement au travers :

— Sous la terrasse, à minuit!

XXVI.

Fleurines est un village aujourd'hui sans physionomie et sans couleur dont les environs étaient charmants, il y a un siècle, lorsque la forêt de Hallate servait de jardin à ses maisonnettes éparses sur la route de Senlis à Pont-Sainte-Maxence.

De nos jours les bois s'en vont. Les forêts les plus jalouses abandonnent çà et là aux riverains les échancrures de leurs lisières. Aussitôt cognées d'agir. Des éclaircies nues et laides rongent les massifs de chênes comme la lèpre déshonore une tête chevelue. L'homme saisit les alluvions de la forêt comme celles de la mer. Seulement, la mer reprend parfois les siennes, avec les intérêts de l'usurpation; mais, les arbres, une fois chassés, n'osent plus revenir. C'est ainsi que le village s'est fait un territoire et que, plus riche, il est devenu plus beau.

Donc le village de Fleurines était charmant, pressé dans la verte ceinture des bois au travers desquels ses fumées bleues montaient joyeusement vers le ciel.

La petite église gothique au clocher en aiguille assis sur de massifs contre-forts, au double porche trapu, aux cinq hautes fenêtres à vitraux de couleur, ne bordait pas comme aujourd'hui la route qui lui envie et finira par lui prendre son maigre cimetière. Entourée de grands arbres qui versaient sur elle le silence et l'ombre, trempant ses larges piliers dans l'herbe d'un vaste enclos, elle semblait sourire à ce village couché à ses pieds, tandis que sa tête respirait avec délices les brises de la montagne boisée qui la domine, et sur laquelle, toujours intelligents du site, les moines du moyen âge avaient bâti le prieuré de Saint-Christophe.

Rien de plus suavement pittoresque et heureux que cet humble Fleurines d'autrefois. Son nom lui venait sans doute des parfums perpétuels de sa forêt, semée au printemps de muguets, d'aubépines et de violettes, rouge de fraises en été, tapissée en automne de framboisiers en fleurs, de cornouilles ou de mûres sauvages.

L'hiver même, après les belles journées, une âcre senteur de résine, échauffée aux pâles rayons du soleil, passait sur le village : c'était le salut vespéral des grands pins balancés sur la colline.

Auprès de l'église, dont il n'était séparé que par une petite porte de jardin, s'élevait le presbytère, vieux bâtiment de pierre tendre, couvert en tuiles. Cette pierre, commune dans tout le pays, noircit vite et donne, après quelques neiges, un air respectable aux bâtiments les plus modestes. Le presbytère, entouré de jardins spacieux, était la plus grande maison du village : il en affectait la suzeraineté par sa forme longue et haute comme par ses grandes fenêtres à trente-deux vitres, luxe inconnu dans tout Fleurines, dont chaque maisonnette se contentait d'une porte ou d'une fenêtre, au choix de l'habitant.

Le jardin se divisait en deux parties : l'une, promenoir d'un style sévère, planté de sapins, de mélèzes, de sorbiers et de sycomores, s'étendait au devant de la maison, et son unique allée, rigidement droite, pouvait mesurer soixante pas.

La vue s'échappait de là entre les arbres sur le pli du vallon où s'abritait Fleurines. Du ciel en haut, au fond, des bois, des toits de chaume au premier plan, tel était le tableau. L'œil, ramené aux pieds du promeneur, distinguait çà et là, dans l'herbe épaisse traversée par l'allée, quelques pierres voilées par les fleurs ou les lierres, des bancs, eût-on dit : c'étaient les tombes des premiers pasteurs de ce village. Eux aussi avaient arpenté l'allée sombre pendant leur longue vie; comme eux, leur successeur dormirait sous l'herbe après sa mort.

Cette première partie du jardin dominait la seconde, encaissée entre quatre murs comme une vaste couche dans laquelle s'épanouissait un riche potager; on y descendait par plusieurs degrés de pierre. Ce jardin, utile, égayé par des fleurs de toute espèce, le curé n'y entrait jamais, sa vie se passait, disaient les gens du village, à tranquille dans sa chambre ou, lorsqu'il était trop fatigué, à lire ou à rêver, en suivant l'allée de son promenoir.

Que si on fût entré dans le presbytère pour y surprendre ce témoignage muet et pourtant irréfutable de l'intérieur qui toujours décèle l'homme, on eût été frappé de l'élégance froide et sobre de l'ameublement.

Ce n'était pas cette mesquine pauvreté du curé de campagne, pauvreté quelquefois avare, quelquefois hypocrite, toujours douloureuse, étalant une misère ou trahissant un vice.

Les murs, blancs comme ceux d'un chartreux, étaient ornés de tableaux, d'oiseaux rares, meublés de livres soigneusement rangés dans leurs casiers de chêne luisant. Un large dressoir, garni de faïences hollandaises, de fins émaux, de quelque orfèvrerie d'un bon style, était le premier objet qui attirait les regards dès qu'on entrait dans la salle du rez-de-chaussée. L'ordre et la minutieuse propreté de chaque détail annonçaient l'homme de raison et de caractère. Le goût et l'aisance sans recherche des meubles et des tentures trahissaient l'homme élevé dans le monde. Enfin, des armes de choix, oubliées parmi les livres de piété, révélaient le gentilhomme, destiné autrefois à servir un autre maître que Dieu.

Pauvre Didier! Oui, ce fut un noble et brave gentilhomme. Et quand il passait dans le village, voûtant sa taille élégante même sous ses humbles habits, fixant devant lui sans intérêt, mais sans dédain, son grand œil profond et noir, quand ses longs cheveux bruns ondoyaient sur son col d'une blancheur d'albâtre, les hommes baissaient la tête par respect ou par honte, devant cette créature sans tache. Les filles rougissaient et détournaient la vue avec de vagues soupirs, ceux-là remerciant Dieu de leur avoir envoyé un de ses anges, celles-ci tremblant d'adorer cet ange dans leurs prières.

Il avait alors vingt-sept ans. Sa beauté parfaite, saisissante, que seul il ne soupçonnait pas, s'augmentait chaque jour, avec sa vertu et ses souffrances. Fidèle au serment qu'il avait fait à Dieu, si Dieu lui conservait son frère, il avait, après la guérison de Robert, pris le chemin de l'Italie, et deux ans s'était enfermé chez les Camaldules, croyant offrir au Seigneur un sacrifice plus agréable en disparaissant dans l'exil et les macérations.

Mais alors la bonté divine l'avait pris en pitié, l'avait éclairé d'un rayon de vérité éternelle : il avait compris que rien n'est agréable à Dieu comme une existence utile; que Dieu est le souverain bien, et que pour devenir un de ses dignes serviteurs on doit d'abord faire le bien. Malgré son admiration pour les pieux martyrs du cénobitisme, malgré l'âpre volupté du calice et de la solitude, Didier pensa que celui qui souffre ainsi, uniquement pour éteindre sa pensée, ressemble trop à un suicide, et que la pensée mauvaise doit être tuée seulement par la bonne. Il détourna donc son regard de ces couvents d'Italie pleins de sublimes bourreaux bien propres à seconder le remords pour abréger des existences misérables, mais inhabiles à guérir les blessures de l'âme selon les préceptes et le vœu du Seigneur; il vit les peuples souffrants, décimés par le fanatisme ou rongés par la faim; il vit des prêtres ambitieux, se faisant un marche-pied des victimes terrassées par leur intolérance.

En France, à ce moment, les prisons étaient pleines, les échafauds insuffisants, les protestants traqués, égorgés comme des loups; les campagnes désertes; les paysans mangeaient de l'herbe, dans les pays où Dieu permet qu'elle pousse. Cependant, près de ces paysans des moines jetaient du pain blanc à leurs chiens. Didier réfléchit que donner son bien, le bien de sa mère si pieuse et si charitable, à ces riches aveugles, au lieu de le distribuer lui-même aux affamés, serait un crime pardonnable tout au plus à un être privé de raison; il comprit qu'en se mêlant au peuple des pauvres, qu'en le secourant, qu'en le servant, il ferait à Dieu un service capable de racheter toutes ses fautes passées. —En effet, se disait-il, comment servons-nous le roi quand il entre en campagne, nous autres gentilshommes? Est-ce par des vœux stériles ou par des privations sévè-

res, ou par des prières ardentes, pour conjurer l'effort de ses ennemis? Non.

Non, c'est par le sacrifice de notre fortune, de notre sang, de notre vie. Nous l'aidons, en un mot, à triompher et à sauver la patrie. Aidons Dieu à combattre le mal sur la terre : le mal, c'est la misère et l'injustice. Armons-nous pour cette cause sacrée : le moine prie; le prêtre combat.

Il se fit prêtre. Robert et Henri le supplièrent à genoux de ne le point quitter. Il leur répliqua d'un air souriant qu'il comptait bien ne les quitter jamais; qu'à la première occasion il espérait obtenir de ses supérieurs un poste dans leur voisinage. Il les pria de l'aider de leur crédit; il les chargea d'obtenir cette faveur de Clermont, l'ami commun. Aussitôt Clermont demanda et obtint pour Didier la survivance du prieuré de Saint-Christophe.

Mais le jeune prêtre refusa. Ce bénéfice était tellement riche, les revenus en faisaient une si importante fortune, qu'il eût cru suivre le sentier battu par ces religieux, pour qui l'Église est une carrière ouverte aux plus mondaines ambitions. Il refusa. Mais l'amour du pays natal lui rendit ce refus bien amer. Ce fut un véritable sacrifice fait à sa conscience et à ses principes. Saint-Christophe! séjour aimé, coteaux connus de son enfance, à quelques lieues à peine de Montvalat, de Clermont, au milieu des bois, tant de fois parcouru, alors que jeune, ardent, maître d'un avenir sans bornes, il lançait chevaux et chiens sous les riches futaies de ce domaine. Saint-Cristophe, d'où le prieur à sa fenêtre pouvait par delà un océan de verdure apercevoir les tourelles et les toits bleus de Chantilly!

Hélas! oui. D'une des tours carrées du prieuré, on le voyait distinctement, ce palais doux et terrible où trop souvent revenait la femme si éperdûment aimée. Dans les splendides matinées du printemps, alors que l'air est léger et laisse glisser plus librement la vue par ses réseaux diaphanes, ne pourrait-on apercevoir une forme blanche à quelqu'une des fenêtres, ou se figurer qu'on l'apercevait? Fantôme jadis adoré, vision enchanteresse d'une adolescence tranchée si cruellement, source mortelle de remords et d'extases, le prêtre avait-il désormais le droit de la retrouver dans sa vie promise à un maître austère et jaloux?

Non! l'âme, pareille aux vierges sages, doit fuir le péril et repousser les tentations. Celui-là même qui combat avec avantage a le tort de s'y être exposé. Toute lutte est aléatoire, et Didier, pour bien combattre, n'était pas même sûr de son cœur.

Il n'accepta donc point le prieuré de Saint-Christophe, d'autant plus que, deux fois l'an, les châtelains de Chantilly venaient y faire un pèlerinage et des offrandes; d'autant plus que le prieur était de toutes les fêtes données au palais de Condé, et qu'il eût fallu par conséquent revoir la princesse, et que Didier eût préféré la mort au danger d'affronter cette rencontre.

Mais quelque temps après mourut le vieux curé de Fleurines, pauvre ecclésiastique enfoui dans ce nid de feuillages et inconnu à toutes les puissances qui visitaient son illustre voisin le prieur.

De cet abri modeste, pas une seule vue ouverte sur le passé ni sur le monde. Silence, oubli, repos jamais troublé. Fleurines était plus près encore de Montvalat que Saint-Christophe. Fleurines rapportait cinq cents livres par an, beaucoup de fatigue pour le pasteur, beaucoup de misères physiques à soulager, d'aide spirituelle à fournir. Didier accepta joyeusement la cure de ce village que refusaient les plus faméliques séminaristes. Il y entra quatre ans après son adieu au monde.

Mais nul parfum ne se dégage plus victorieusement que celui des vertus sincères, de la charité, de la piété. A peine deux années s'étaient-elles écoulées que le curé de Fleurines, pour prix du bonheur qu'il semait autour de lui, recueillait l'amour et la vénération de toute la contrée. Comme il dépensait à ces bonnes œuvres la part de son patrimoine que son frère aîné l'avait forcé de prendre, ce qui le faisait riche; comme il offrait au voyageur une large hospitalité, comme il étudiait toujours, ne repoussant ni l'art ni la science, par la raison qu'un esprit cultivé comprend toujours mieux la grandeur et les bienfaits de Dieu, ce jeune prêtre fut bientôt l'idole et l'admiration de ceux qui le connaissaient, il se vit recherché avec enthousiasme par les plus puissants du voisinage.

Mais un soir que sa petite église, restaurée par ses soins, riante et parée de feuillages verts, attendait le pasteur pour la messe matinale, c'était le lendemain de Pâques fleuries, au moment où Didier traversait lentement son promenoir à l'extrémité duquel une petite porte basse donnait accès dans la sacristie de l'église, il fut vaguement frappé comme d'un bourdonnement de voix plus nombreuses qu'à l'ordinaire. Ce bruit pourtant ne l'émut pas. La curiosité est un sentiment inconnu aux âmes blessées. Didier, sans détourner la tête, pénétra dans la sacristie, revêtit ses ornements sacerdotaux, fit sonner la clochette de l'enfant de chœur et, descendant les deux marches de bois qui mènent à l'église, il entra les yeux baissés, pâle, et recueilli comme un chrétien qui porte son Dieu non dans les mains ou sur la poitrine, mais dans le fond de son cœur.

Tandis qu'il célébrait le saint sacrifice plus pieusement encore dans cette solitude, — car il croyait être à peu près seul dans l'église, — il fut distrait par le bruit des chaînes d'argent de l'encensoir que l'enfant, agenouillé derrière lui, agitait en se jouant dans sa simplicité.

Pourquoi l'encensoir en un jour qui n'était pas une fête? pourquoi cette étourderie?

Didier, troublé, se retourna; mais l'enfant, au lieu de comprendre le reproche de ses yeux sévères, s'approcha et lui tendit en souriant la poignée de l'encensoir.

— Il faut bien l'encenser, monsieur, dit-il tout bas, puisqu'elle est princesse du sang!

Didier fit un mouvement de surprise, il regarda: l'église, qu'il avait crue vide, était pleine de monde. Au premier rang, à la balustrade de l'autel, une femme vêtue de deuil priait agenouillée sur une chaise grossière; à ses côtés un page

tenait un coussin de velours qu'elle avait refusé de prendre. Un autre page, à gauche, portait le missel.

Cette femme, ensevelie dans ses voiles funèbres, le visage perdu dans ses mains, priait avec onction et s'oubliait dans cette fervente extase. Elle releva enfin son front, et Didier reconnut la princesse de Conti, plus belle encore depuis son veuvage qu'il ne l'avait vue au temps de ses tristes amours. Elle le regardait, sereine et modeste; il sentit son cœur défaillir. C'était l'instant où le prêtre doit partager la myrrhe entre Dieu et les grands de la terre. Il envoya vers elle d'une main tremblante la cassolette chargée du plus pur encens, et la blanche fumée, s'exhalant en nuages embaumés, s'étendit comme un voile entre ses yeux éperdus et cette image à jamais fatale.

Une si douloureuse épreuve pensa lui coûter la vie. Il regagna précipitamment son presbytère, après la messe; il ne reçut pas même le page chargé par la princesse de lui remettre l'offrande qu'elle destinait à ses pauvres. Toute sa crainte était que l'un de ses frères, ou que Clermont lui-même n'eût accompagné Mme de Conti à l'église, et qu'on n'eût remarqué son trouble. Heureusement elle était venue seule, par un caprice, sans consulter personne, mue par le seul désir de voir une fois ce beau jeune prêtre dont on disait tant de bien.

Ainsi se passa cette rencontre si redoutée. Didier sut se garder à l'avenir d'un semblable péril. Il s'informa toujours, avant d'officier, du nom des gens de qualité qui, à l'imitation de leur princesse, voulaient entendre une messe du curé de Fleurines. Mme de Conti fit annoncer une fois encore sa visite. Didier fit répondre qu'il était souffrant et hors d'état de descendre à l'église. Depuis, rien ne le troubla plus; seulement, chaque mois, il recevait de Chantilly une large aumône et une immense corbeille des plus riches fleurs: l'argent, dans une bourse brodée de la main de Marianne; les fleurs cueillies par la même main.

Le démon ne se lassait pas de poursuivre un infortuné jusqu'aux pieds de Dieu, qui ne le défendait pas!

XXVII.

Le motif qui avait conduit la princesse à Fleurines, était-ce seulement un désir de voir le meilleur ami de Clermont qu'elle aimait déjà en secret, et qui lui parlait si souvent de Didier comme du plus accompli des hommes? Toute femme, princesse ou non, qui prend de l'amour, le décèle d'abord par les avances gracieuses qu'elle fait aux amis de son préféré.

Y avait-il, au contraire, dans ses visites et dans la singulière protection qu'elle accordait à la petite église de Fleurines, un peu plus d'intérêt que les relations de Clermont avec Didier n'eussen pu lui inspirer.

Malgré le silence profond gardé par MM. de Montvalat sur la passion folle de leur frère, et es conséquences qui en étaient résultées, malgré l'ignorance absolue dans laquelle Clermont lui-même avait toujours vécu de cette folie, une femme ne pouvait-elle pas avoir soupçonné, non la vérité tout entière, mais une partie de la vérité? Elle avait autrefois rencontré Didier perdu dans le parc de Sillery et se débattant contre les gardes; souvent peut-être l'avait-elle remarqué de sa terrasse lorsqu'il passait et repassait sur la route en ses accès de délire. Enfin, elle n'avait pu manquer de surprendre quelque épisode de l'arrivée de Clermont et de Robert blessés pour elle. Lui en fallait-il beaucoup plus, en faut-il tant à une femme de son esprit, de son caractère, pour deviner que ce jeune prêtre cachait une blessure dans l'ombre de son cœur.

Beaucoup d'hommages illustres, plus d'un incurable désespoir lui avaient appris le pouvoir de sa beauté; rien peut-être ni sur les trônes, ni parmi les héros, ne l'aurait si profondément touchée que cette expiation silencieuse d'une faute que tant d'autres eussent arborée comme une gloire.

Cette hypothèse romanesque ne messied pas à ce point dans le récit d'une aventure d'amour, que nous nous privions de l'admettre et d'en déduire les attentions mystérieuses, la délicate protection dont la princesse ne se lassait pas d'envelopper l'inconnu oublié de tout le monde à Fleurines.

Et puis, une femme voit ce qui est invisible, elle sent ce qui n'existe pas encore. L'amour qui va naître s'annonce à elle, comme à l'oiseau l'approche de l'aurore, par des rayonnements et des parfums que les autres créatures ne perçoivent pas. Toute passion pure et courageuse qu'elle inspire, elle la paie en reconnaissance, quand elle ne peut la payer mieux. Et ce sentiment chez une femme généreuse, heureux qui peut le faire naître! c'est le seul dont puisse être jaloux l'amour.

Cependant, oserions-nous expliquer par cette chaste et secrète intelligence tout ce qui échut à Didier de grâces et de faveurs, que ses amis les plus dévoués n'eussent pas même osé solliciter pour lui? Ce fut d'abord l'offre qui lui fut faite par M. de Sillery de la cure de Chantilly, refusée sans raideur et sans regret; l'offre d'un évêché suivit cette première tentative. L'honneur était immense, bien que mérité. Didier le reçut de M. le prince de Conti lui-même, lequel savait comment on donne, et pourtant il fut encore refusé. M. de Conti racontait volontiers avec quelle grâce, quelle piété douce, quelle modestie loyale, ce jeune homme avait su lui tenir tête, et on l'entendait protester devant toute sa cour de son estime affectueuse pour le curé de Fleurines qu'il comparait à Fénelon, moins Cambrai.

Après ces assauts, Didier rentra peu à peu dans le repos et la satisfaction de lui-même, comme ces braves garnisons qui ont repoussé l'ennemi. Le silence et l'inaction de la princesse, à partir du dernier refus de Didier, furent peut-être le plus beau triomphe du jeune prêtre. Elle avait désespéré d'égaler cette âme en noblesse; elle cessait de regarder Didier comme appartenant à la terre. Elle renonçait à lui rien attribuer des faiblesses humaines. Elle le sentait trop près de Dieu.

Lui, renfermant sa vie et fatiguant son esprit, pour qu'il ne s'échappât ni vers le passé ni vers l'avenir, il cherchait la solution de l'éternel problème autour duquel gravitent les sages : l'indifférence. Mais pour Didier, tout était possible, hormis d'arrêter son cœur. Il s'en aperçut si bien après des années d'épreuves et de châtiments rigoureux, il retrouva si opiniâtrément en face de lui le même fantôme toujours jeune et toujours souriant, qu'il finit par supplier Dieu, ou d'arracher de lui cette pensée, ou de lui arracher la vie, puisque lui-même n'avait ni le pouvoir ni le droit de se délivrer de l'une ou de l'autre.

Un aliment à cette funeste passion, c'était la vie retirée, le veuvage obstiné de la princesse. Didier n'eût jamais nourri une pensée mondaine ou coupable, cependant il supportait plus également son exil, sa solitude, son renoncement à toute affection sur la terre, en songeant qu'*elle* aussi était seule et passait sa vie sans amour. Et la jalousie trop réelle qui couvait sous ce contentement profane, l'infortuné espérait vaguement n'en jamais sentir la morsure.

Nous avons dit que ses jours coulaient monotones et calmes dans le presbytère. Quelquefois ses frères le venaient voir, et c'étaient de grandes fêtes. Il les aimait tendrement; eux l'idolâtraient et le respectaient comme le véritable aîné de la famille. Ils n'avaient pas tort. Le plus grand parmi les frères n'est-il pas celui qui a le plus vécu? N'a-t-on pas le plus vécu quand on a le plus souffert?

Lorsque Clermont accourait à Fleurines, ce n'était plus un plaisir, mais un bonheur sans égal. Ils causaient, marchaient les bras entrelacés; Clermont savait se plaire dans l'étroite maison, comme s'il eût senti qu'elle était un asile. Il y avait sa chambre, dans laquelle, avant qu'il se couchât, ou le matin avant qu'il fût levé, Didier, cerveau sans sommeil, venait s'asseoir sur le lit et entendre les longs récits, les prouesses, les intrigues et les projets, toutes choses qui parfois le faisaient sourire et jamais ne le faisaient soupirer; souvent il engageait Clermont à se marier, à ne plus vivre ainsi errant et seul. Il lui promettait d'élever ses enfants.

Clermont rougissait, raillait, soupirait, lui, à la dérobée, et détournait la conversation. Quel étrange secret ils se gardaient, ces deux amis dont chacun eût juré qu'il lisait couramment dans le cœur de l'autre! Hélas! leur amitié tenait peut-être à ce secret!

Depuis fort longtemps, Clermont n'étant pas revenu à Fleurines—depuis sa réconciliation avec Marianne, — Didier mettait cette absence sur le compte du service. Robert et Henri n'avaient pas manqué de faire bénir au presbytère leurs aiguillettes de brigadier. Leur promotion inespérée fit penser au curé de Fleurines que la protectrice invisible reportait sur les aînés le bon vouloir qu'elle était lassée de témoigner au jeune frère. Il s'en réjouit. Il ne voulait rien d'elle, excepté le plus profond oubli. Il eût bien souffert pour Clermont, s'il eût soupçonné ce qui se passait alors à Chantilly, si près de lui, mais dans sa retraite, rien, pas même un pressentiment, ne vint l'informer des épreuves terribles que subissait son ami au moment du départ pour la Pologne.

Ce jour-là Didier se sentit en quelque sorte plus libre d'esprit et plus dispos de corps qu'à l'ordinaire. La promenade qu'il faisait chaque après-midi en automne dans la forêt pour visiter ses travailleurs, il la prolongea jusqu'à l'heure du souper. Les bois étaient odorants, rafraîchis par une pluie d'orage ; une senteur de miel exhalée des chênes et des bruyères semblait retenir Didier sous les massifs qui l'avaient abrité de l'averse. Il en sortit seulement lorsque les branches alourdies laissèrent filtrer les gouttes ; la lisière verdoyante ruisselait de perles irisées par l'arc-en-ciel ; les faisans désaltérés partaient avec fracas du milieu des houx. On voyait les lapins se pelotonner au bord des terriers et secouer leurs longues oreilles. Il y avait fête partout, et pendant quelques heures Didier, s'imprégnant de sensations, n'avait pas senti peser les idées.

Il revint à pas lents, effrayant de son bâton les lapereaux qui passaient insolemment dans ses jambes. Il approchait déjà du village, quand son valet — il en avait un — vieux serviteur de Montvalat, Adrien, l'ancien piqueur — quand son valet, dis-je, apparut au-dessus des petits murs qui fermaient l'enclos du presbytère. Ce brave homme venait au-devant de son maître, et laissait voir une lettre dans sa main.

Tout en montant les degrés pour rentrer à la maison, Didier demanda qui avait apporté cette lettre. Il paraît que c'était un homme à cheval, très-discret et laconique, auquel Adrien avait adressé force questions sans obtenir le moindre réponse. Ce silencieux messager s'en était allé comme il était venu, galopant. Dans quelle direction, Adrien n'eût pas su le dire.

Didier ouvrit la lettre. Une personne de sa paroisse, ayant besoin du son saint ministère, se présenterait après minuit à la porte du presbytère afin d'obtenir une messe. La lettre ajoutait que cette personne connaissait trop le zèle et la charité du digne curé de Fleurines pour douter d'être exaucée. Elle terminait en assurant Didier que ses pauvres gagneraient à son insomnie.

Nulle signature, nul indice qui pût faciliter les recherches de Didier, s'il eût fait des recherches. Mais cet esprit était si bien à Dieu, ce corps obéissait si docilement à l'esprit, que la veille demandée ne souleva ni un murmure ni même une surprise.

Il était neuf heures du soir. Didier soupa tranquillement, fit sa promenade dans la grande allée, tandis que l'on allumait au premier étage sa lampe de travail, autour de laquelle tourbillonnaient moucherons, chauves-souris et phalènes. Il fit coucher ses gens, ayant seulement prévenu le desservant de venir au presbytère afin de l'avoir sous la main à l'heure indiquée.

Vers dix heures, tout dormait dans Fleurines comme au ciel, comme par toute la forêt. Le jeune curé monta chez lui et s'attabla devant ses livres.

XXVIII.

A onze heures Clermont partit de Chantilly comme il en était convenu avec la princesse.

Monseigneur le combla de bontés. Il voulu l'embrasser devant tout le monde, et lui dit à l'oreille ces mots significatifs :

— A plus tard !

Le digne prince ne croyait donc pas cette Pologne un exil éternel.

Clermont avait demandé à prendre les devants pour embrasser un ami sur la route. Cette précaution ne manquait pas d'adresse au cas où on l'eût épié. M. de Conti accorda toutes les permissions possibles. Ce roi malgré lui songeait trop à ses chagrins pour ne pas soulager ceux des autres.

Quand M. le duc vit sa femme, au milieu du tumulte qui emplissait Chantilly, se retirer chez elle et s'y barricader, il se garda bien de forcer la porte ou de provoquer le moindre esclandre conjugal qui eût fait manquer ses surprises. Il pensa que tout allait bien ; que, si la duchesse restait ou feignait de rester enfermée, ce n'était pas pour rien ; que, si Clermont partait devant ou feignait de partir, ce devait être pour quelque chose. Il se réjouit donc, plein de confiance dans sa bonne étoile.

Clermont, à la croix de Saint-Pierre, tourna sur la droite. A minuit moins dix minutes, il arrivait devant la maison déserte des Sillery. Robert et Henri, arrivés les premiers, vinrent à sa rencontre. La nuit était nuageuse, humide. Les feuillages dégouttaient avec mille bruits argentins dans les ornières pleines. Les deux brigadiers montrèrent à Clermont dix gendarmes qu'ils avaient amenés et qui campaient silencieusement à vingt pas de là, comme les vedettes près de l'ennemi.

Au moment où MM. de Montvalat à leur enseigne quelques explications qu'il eût été fort embarrassé de leur donner, un bruit de chevaux se fit entendre dans le chemin qu'il venait de parcourir. Il quitta ses amis, se dirigea au-devant des nouveau-venus, et aperçut dans l'ombre la princesse à cheval qui congédiait son vieil écuyer dont elle s'était fait suivre jusque-là : celui-ci, avant d'avoir pu rien soupçonner ni rien voir, tourna bride et repartit grand train vers Chantilly.

Alors Clermont, s'approchant de Marianne, dont il rencontra la main tremblante :

— Me voici, dit-il, madame.

— Et vos amis ?

— Arrivés, avec dix de nos cavaliers. Ah ! madame, dix témoins me semblent bien nombreux pour une pareille entrevue. Et si j'avais aussi peu de confiance en votre bonté que vous en avez en ma délicatesse, si d'ailleurs la circonstance était moins douloureuse, ne pourrais-je croire que Votre Altesse veut s'égayer à mes dépens ?

La princesse ne s'arrêta pas même à lui répondre.

— On ne peut pénétrer dans Fleurines que par trois chemins seulement, dit-elle. Ordonnez à vos deux amis de nous précéder et de diviser leurs cavaliers en trois pelotons destinés à empêcher qui que ce soit d'entrer dans le village. Qui que ce soit, excepté nous, bien entendu. Qu'on se hâte !

Clermont surpris, mais n'osant rien répliquer à un ordre si précis, se rendit près des brigadiers pour leur communiquer cette consigne. Une minute après, la petite troupe s'éloignait et les deux amants restaient seuls.

— Et nous, madame? dit Clermont.

— Nous, partons, répliqua-t-elle, suivez-moi! Elle baissa la main, et son cheval noir comme la nuit s'élança sur les traces des gendarmes. Toutefois, la princesse ménageait sa course de façon à laisser toujours ceux-ci devant elle. Après un quart-d'heure pendant lequel Marianne enveloppée de son grand manteau gris continua de fuir comme une vision fantastique devant Clermont à bout de patience, le cheval noir s'arrêta tout à coup.

— Nous voici, dit la princesse à son compagnon, près du premier poste de vos gendarmes. Passez d'abord pour vous faire reconnaître et faites-les ranger : car il ne faut pas, moi, qu'on me reconnaisse.

Clermont s'aperçut qu'elle était masquée, que son chapeau de chasseresse était, selon l'usage, un chapeau de chasseur, enfin, que le vaste manteau qui l'enfermait de toutes parts couvrait exactement les deux flancs du cheval comme s'il eût été monté par un homme.

Il obéit encore, franchit avec elle la ligne des sentinelles, qui se referma derrière eux. Ils entrèrent dans le village.

— Maintenant, monsieur, nous sommes arrivés tout à fait. Voici l'église, n'est-ce pas? Oui, et cette porte n'est-elle pas celle du presbytère ?

— Oui, madame.

— Je vois de la lumière chez votre ami, je crois, et c'est lui qui approche de la fenêtre ouverte.

— Oui, madame.

— Allez l'avertir que vous l'attendez.

— Que je.....

— Sans doute. Vous lui avez écrit ce soir pour réclamer son ministère, ou plutôt, on lui a écrit pour vous. C'est moi qui, voulant faire dire une messe pour l'heureux succès de votre voyage, ai eu cette idée de m'adresser à votre meilleur ami, au plus saint personnage que je connaisse. Allez donc.

Clermont, saisi de stupeur, regarda fixement la princesse comme pour se convaincre de l'intégrité parfaite de sa raison. Il ne vit que deux rayons de feu jaillissant des trous noirs du masque, et ces flammes pénétrèrent jusqu'à son cœur, qu'elles emplirent d'une terreur superstitieuse.

— Eh bien ! dit-elle, n'avez-vous pas compris? Voyez : vous avez laissé M. le curé descendre. Allons ! secouez cette léthargie. A propos, relevez de leur faction MM. de Montvalat, qu'ils viennent avec nous ici, leurs gendarmes suffiront à veiller au dehors ; je ne veux pas priver ces messieurs, vos amis, d'une messe dite pour vous par leur frère.

Justement Robert et Henri arrivaient après avoir installé leurs postes; ils venaient demander de nouveaux ordres à leur enseigne. Déjà le desservant, à moitié endormi, ouvrait l'église. Quelle ne fut pas la surprise de Didier quand il aperçut dans le vestibule éclairé par sa propre lampe ses deux frères et Clermont qui, pétrifié de tout ce qui arrivait, ne songeait même pas à l'embrasser, ne lui adressait pas même une parole!

Marianne se tenait à l'écart, au plus épais de l'ombre projetée par la porte ouverte.

— Clermont, Robert, Henri! murmura le curé. Quoi! Louis, c'est toi qui m'aurais écrit.... toi qui aurais besoin de moi à pareille heure... Entrez donc, entrez donc, comme vous voilà tout étranges!

Soudain, tout en les poussant vers la grande salle où pas un d'eux ne voulait entrer le premier, Didier, cherchant la cause de leur embarras, se retourna et aperçut cette femme, ce spectre planté en face de lui dans les ténèbres. Il tressaillit. Son regard demandait à ses trois hôtes s'ils étaient bien venus en cette compagnie.

Mais Marianne avait déjà pénétré dans la salle où chacun la suivit.

— Nous sommes seuls, n'est-ce pas, monsieur le curé? dit-elle d'une voix qui remua Didier jusqu'au fond de l'âme.

En même temps elle se démasqua. Robert et Henri poussèrent un cri de surprise. Didier pâlit et chancela. Son silence effaré répondit seul pour lui.

— Eh bien ! continua la princesse, je suis venue vous dire, messieurs, que j'aime M. le comte de Clermont et suis aimée de lui ; qu'en partant pour un lointain et long voyage, il veut être sûr, avant notre séparation, de ma foi et de ma tendresse, comme je veux être assurée de son amour et de sa fidélité. Tous trois vous êtes ses amis éprouvés. Vous l'assisterez en cette circonstance ; vous me rendrez le même service à moi, qui ne peux confier mon secret à personne. Consentez-vous donc, MM. Robert et Henri de Montvalat, à recevoir, comme témoins, les serments que nous allons échanger? Vous, monsieur le curé de Fleurines, consentez-vous à nous bénir et à nous unir en légitime mariage?

Clermont, éperdu de bonheur, s'était jeté aux pieds de la princesse. Il y eût expiré si Marianne, touchée de cette joie, sa plus douce récompense, ne l'eût relevé avec un ineffable regard de protection et d'amour.

Robert et Henri ne regardaient que leur frère terrassé par ce coup au-dessus des forces humaines. Eux seuls, muets confidents du passé, ils connaissaient la profondeur de la blessure, le temps qu'il avait fallu pour la cicatriser; souvent même ils avaient douté qu'elle fût bien guérie. Que devinrent-ils en épiant l'effet de cette révélation sur le malheureux jeune homme ?

Didier se cramponnait à l'angle du dressoir, la sueur de l'agonie au front, l'ombre de la mort sur les paupières. Un moment de plus, il glissait sur le carreau sans mouvement et sans vie.

Mais l'œil inquiet de ses frères, qui semblait suivre en lui les traces de son secret terrible, mais l'épouvante, mais la honte d'être soupçonné d'une pensée coupable, tant de souffrance et tant de pudeur réveillèrent du tombeau l'infortuné Didier. Il se releva, se demandant avec une immense horreur de lui-même, si, en effet, il avait hésité, ou si seulement il avait défailli.

Déjà Clermont, le voyant pâle et silencieux, croyait sa conscience engagée, tremblait de l'entendre faire des objections et s'avançait vers lui d'un air suppliant; déjà, le pressant dans ses bras, il semblait lui demander compte d'une seconde de retard qui compromettait son bonheur et sa vie.

Mais ce mouvement et ce contact d'un ami si cher, achevèrent de ranimer, ou plutôt d'embraser le cœur du jeune prêtre.

— Ne croyez pas que je refuse, s'écria-t-il avec véhémence; les dangers sont grands, mais ils ne menacent que moi : n'y songeons plus! Mme la princesse est libre; Clermont libre comme elle, rien ne peut les empêcher de s'unir devant Dieu. Celui qui réprouve les amours coupables sait protéger l'union des cœurs loyaux et purs. Oui, vous avez eu raison de compter sur moi ; j'ai la conscience que je fais en ce moment une action agréable au Seigneur!

Son visage illuminé par une intelligence céleste, ce chaleureux élan, cette auréole magique de la vertu et de la beauté, saisirent les assistants d'une admiration profonde.

Robert et Henri témoignèrent trop visiblement leur joie pour que Didier ne devinât pas dans leur pression de main attendrie combien ils avaient souffert pour lui de l'épreuve et combien ils triomphaient de l'en voir sortir vainqueur.

Il frémit du danger passé et commença dès lors à prier Dieu du fond de l'âme. Comme ces martyrs de la foi lorsqu'ils avaient consenti le sacrifice, c'est-à-dire lorsqu'ils marchaient intrépidement à la mort, Didier, le front haut, fit signe aux deux amants de le suivre, il tira les verrous de la porte qui séparait le presbytère de l'église ; celle-ci, ouverte et éclairée par le desservant, laissait une traînée lumineuse s'échapper sous le petit porche, et cette lueur douce comme une aube, glissant jusqu'aux pieds des fiancés, les invitait et leur montrait le chemin.

Déjà Didier avait congédié, par une issue particulière à la sacristie, son desservant, vieux soldat sourd et borgne, échappé au glorieux carnage de Senef. Il ferma lui-même la porte de l'église et, ayant prié ses frères de répondre la messe, comme il arrivait souvent dans ce temps de piété où les pratiques du culte étaient aussi familières à tout homme bien né que ses prières de chaque jour, le curé de Fleurines s'alla revêtir de ses ornements de fête.

Alors, tandis que Clermont recueilli la considérait avec respect, la princesse laissa tomber l'ample manteau qui la cachait des épaules aux pieds, et elle apparut radieuse dans une parure qu'on eût pu croire solennelle, si le goût exquis et la grâce modeste de cette femme adorable n'eussent surpassé encore l'éclat de sa majestueuse beauté.

Didier entra. Le noble visage! L'auguste reflet de la divinité! Cette unique petite lampe suspendue aux voûtes de brique, et dont le rayon pâle effleurait à peine cinq têtes courbées, éclaira pourtant un spectacle bien rare sous l'universel soleil : l'amour pur, l'amitié vraie, la foi sincère et l'honneur sans tache agenouillés devant la religion qui les bénissait.

La princesse avait apporté les deux anneaux d'alliance. Didier les prit, les consacra, les fit échanger aux deux époux. La cérémonie fut courte, silencieuse. L'officiant prononça les quelques mots d'usage auxquels il n'ajouta rien. Tout ce qu'il eût pu dire, il le sentait vibrer avec bien plus d'éloquence au fond de ces cœurs palpitants.

Lorsque tous deux eurent répondu oui, lui en tremblant de n'être pas assez digne d'une épouse pareille, elle avec une fière assurance dans l'homme qu'elle avait choisi, lorsqu'ils furent unis et que la fièvre d'une si poignante émotion eut fait place à la sécurité du bonheur, Didier avait terminé sa tâche, et pourtant il resta prosterné, le front collé à l'autel, les mains jointes ou plutôt crispées au-dessus de sa tête, priant, pleurant, appelant de toutes les forces de son âme la protection de Dieu sur ses amis et sur lui-même. Oh! si jamais prière méritait d'être exaucée par celui qui lit dans les cœurs, c'était ta prière, saint martyr ! Elle le fut.

Dieu lui envoya enfin ce qu'il avait tant de fois demandé, la guérison de son âme. Didier sentit se fondre tout à coup le poids brûlant qu'il portait en lui depuis tant d'années et qui l'usait, et dont la fatigue se trahissait en pâleur livide sur son visage. Il reconnut la miséricorde infinie de ce maître, de ce père, dont la main ne laisse jamais échapper une douleur inutile ou inféconde.

Ce dernier coup décisif sous lequel un moment l'homme avait plié, c'était l'effort suprême du mal qui déchire l'enveloppe et s'envole. Ainsi venait de le faire la passion, mal mortel, en s'envolant à jamais du cœur de Didier. Pendant cette crise douloureuse, il lui sembla entendre une voix venue du ciel et glissant au fond de son âme qui disait : —N'es-tu pas libre, maintenant? Le démon qui t'obsédait n'est-il pas terrassé ? Ton amour profane, où est-il ? La créature terrestre que tu regrettais, toi qui as juré de n'aimer d'amour aucune créature, voilà que Dieu t'accorde non plus de rêver à elle, ce qui était un crime stérile ; non plus d'ensevelir dans la solitude tes honteuses pensées, mais de produire au grand jour et de nourrir librement dans ton cœur une amitié vive, ardente, une tendresse fraternelle pour cette femme dont le nom te faisait trembler, dont la vue te faisait horreur. Aime-la, c'est la femme de ton ami. C'est ta sœur. Aime-la, elle t'aimera aussi : l'aimer est ton devoir. T'aimer est le sien. Elle te doit son bonheur. T'aimer est le sien. Elle te doit son bonheur. Elle te le paiera en affection reconnaissante. Elle te le paiera en comblant de félicité chacun des jours de l'homme que tu préfères à tous les autres. Désormais, pour toi plus d'embarras, plus de rougeurs furtives, plus de remords. Regarde son visage qui est beau, admire-la : c'est un ouvrage de Dieu, comme ton amour sacrilége était l'ouvrage du démon. Sans l'union de Clermont et de Marianne, tu restais épris, tu restais jaloux, tu restais coupable. En t'accordant la grâce de donner cette femme à ton ami, non à un autre, Dieu sauve ton âme, il sauve ta vie, il sauve ton honneur de prêtre dont tôt ou tard tu n'eusses pas été gardien fidèle. Bénis le Seigneur tout-puissant qui rouvre ton cœur aux sentiments purs. Et puisque ta faute est lavée, puisque tu n'as plus d'ombre sur le front, relève la tête, entre joyeusement dans ta vie nouvelle, et souris avec franchise à tous ceux qui t'aimeront avec chasteté. On ne plaît pas à Dieu avec un cœur de pierre.

Didier éleva, tremblant de joie, ses ferventes actions de grâces vers le souverain consolateur. Se retournant vers ses amis, il leur montra un visage qu'il ne connaissaient pas, c'est-à-dire rajeuni et rafraîchi par le divin souffle.

— Allons maintenant signer sur les registres, dit-il, et nous réjouir du grand événement qui vient de s'accomplir dans cette humble maison du Seigneur.

La princesse prit la main de Robert pour retourner à la maison curiale. Clermont, se jetant au cou de Didier, l'étouffa de caresses. Il eût baisé ses mains comme il baisait ses joues et ses beaux cheveux.

Arrivé chez lui, le jeune curé fit asseoir les époux, leurs témoins, et se dirigea vers le placard dans lequel sa main cherchait déjà le registre de la paroisse, mais Marianne s'était placée entre lui et cette armoire ouverte. Souriante, enchanteresse, belle de son inexprimable bonheur, elle remercia Didier.

— Vous m'avez refusé, dit-elle, quand j'ai voulu vous avoir à ma paroisse de Chantilly. Vous m'avez refusé quand je voulus placer la mitre épiscopale sur ce front digne de tous les honneurs, puisqu'il est le siège de toutes les vertus. J'offrirais de nouveau que vous refuseriez peut-être encore, mais cependant il faut que vous acceptiez de moi quelque chose, puisque vous venez de me donner un mari. Voulez-vous de mon amitié?

A ces mots, qui continuaient ou plutôt qui réalisaient le sens de la voix mystérieuse, Didier s'arrêta comme ébloui. Elle lui tendait la main.

Cette main, vermeille au dedans, nacrée à la surface, cette main frémissante qui le sollicitait, il y plaça la sienne avec l'élan du confesseur qui plongeait son bras dans la chaudière ardente pour l'épreuve du jugement de Dieu.

Mais la chair est lâche, mais elle n'obéit point à l'âme, elle trahit, elle perd. Didier soutint mal cette dernière attaque du tentateur : son sang brûlait, un torrent enflammé refluait de ses veines à son cœur. Déjà il détournait les yeux comme un perfide ; déjà il rejetait cette main, et, pour cacher son trouble indigne, il saisissait au hasard, sur les rayons, le premier registre que rencontraient ses doigts, il l'ouvrait à une page blanche et allait écrire... Tout à coup, humilié de cette lâcheté, révolté de son ingratitude envers Dieu qui venait de se montrer si bon :

— Madame, dit-il vivement, excusez un pauvre prêtre de campagne, timide et sans usage, à qui la main d'une grande princesse a fait peur. J'oubliais que c'est la main d'une amie, d'une sœur;

rendez-la-moi, je vous prie, non pas pour la serrer, mais pour y appuyer mes lèvres.

Marianne donna ses deux mains que Didier réunit intrépidement dans les siennes. Il la regarda fixement d'un air si doux et si loyal qu'elle sentit les larmes lui venir aux yeux, et quand il eut dompté par une longue pression le sang qui cette fois resta de glace, il s'inclina et baisa l'une et l'autre main sans le moindre frisson de ses lèvres, sans la plus légère accélération des battements du cœur.

— Ecrivons maintenant, dit-il, car il s'agit de cimenter pour les hommes l'édifice que nous venons d'élever devant Dieu.

Et il écrivit d'une main ferme sur la page blanche qui resplendissait devant lui.

— Oui, faites cet acte valide, inattaquable, lui dit la princesse. On pourra bien l'attaquer et il est destiné à protéger l'honneur et la vie de tous ceux que vous aimez.

L'acte terminé, les quatre signatures reçues, le registre replacé :

— Un moment, s'écria Didier, n'oublions pas le repas de noces !

Il tira de son dressoir un riche gobelet de vermeil, chef-d'œuvre d'un maître florentin, une fiole de vin d'Espagne chatoyant comme un bloc d'or ou de topaze. Puis se penchant par la fenêtre ouverte, il détacha du mur deux grappes de raisin muscat dont la fleur bleuâtre était rehaussée des perles semées sur chaque grain par la dernière pluie.

Les deux époux cueillirent chacun un de ces grains, rompirent un biscuit, et burent quelques gouttes de vin au même verre. Didier les regardait de loin calme, heureux. Dieu l'avait bien dit : il entrait dans une vie nouvelle.

Cependant Clermont et Marianne causaient près de la fenêtre, les doigts entrelacés.

— Eh bien! disait-elle, vous me défiiez tantôt de vous tendre la main pour vous sauver ; l'ai-je bien tendue? la tenez-vous enfin, cette main si chétive?

— Croyez-vous que maintenant je m'en dessaisirai? répliqua Clermont avec ivresse.

— Il le faudra bien.

— Comme cela... tout de suite?... Oh! Marianne, vous me chasseriez en Pologne avec cette précipitation... après le repas de noces ?

Elle baissa la tête.

— Enfin, vous avez entendu Didier tout à l'heure. Vous me devez obéissance... vous devez au besoin me craindre!... et si j'ordonnais...

— Si vous ordonniez, murmura-t-elle avec une malicieuse hypocrisie, j'essaierais de vous fléchir... j'offrirais des présents à mon maître... Tenez, Louis, il en est un que vous avez bien désiré... je ne pouvais vous le faire autrefois... mais à mon mari, rien de plus naturel. C'est ce beau cheval de bataille que m'a envoyé l'empereur de Maroc, le plus vite coursier, le plus dur à la fatigue... Je suis sûr qu'avec ce cheval, quelqu'un qui se serait attardé deux heures — à Chantilly, par exemple — rattraperait ces deux heures et arriverait encore le premier au rendez-vous marqué par mon frère de Conti... Voulez-vous que je vous donne ce cheval ?

— Oh ! ma vie !... s'écria Clermont enivré !

Il parlait encore, lorsqu'une rumeur bizarre, qui n'avait rien de commun avec les bruits des bois ou de l'orage, s'éleva tout à coup du sein de la nuit et interrompit dans leur félicité tous les acteurs de cette scène.

— Des voix qui se querellent ! dit le premier Didier, habitué aux bruits de sa solitude.

— On dirait mes gendarmes ! s'écria Robert.

— A qui des voix étrangères répondent, dit Henri.

— C'est à l'entrée du village, sur le chemin creux, reprit Didier.

— Où j'ai installé mon premier poste ! Je cours aux nouvelles, dit Robert, qui, en deux bonds, fut hors du presbytère.

Henri voulait suivre son frère. Didier l'arrêta.

— Allez, dit-il, préparer les chevaux de nos deux amis : qu'ils partent, c'est l'essentiel. Craindriez-vous quelque surprise, madame ?

— Tout est possible, répondit Marie-Anne : cependant je ne prévois rien de fâcheux...

Au même instant, un coup de feu éclata dans les ténèbres, et son écho sinistre glaça la parole sur les lèvres de la princesse.

— On attaque nos postes, s'écria Clermont, que Marianne retenait énergiquement par la main.

— Les chevaux ! répéta Didier à son frère.

Et le piétinement des chevaux dans la cour fit voir avec quelle promptitude Henri avait exécuté l'ordre.

Mais Robert ne revenait pas. Clermont se rongeait d'impatience. Didier poussait la princesse à l'emmener sans retard. Soudain Robert arriva, sans chapeau, en désordre, l'épée à la main.

— Qu'y a-t-il ? demandèrent quatre voix haletantes.

— Il y a, dit-il, que plusieurs hommes se sont présentés au chemin pour entrer dans le village. Nos gendarmes les ont éloignés. Ils ont voulu parlementer, de là les discussions que nous avons entendues. Repoussés, ils ont feint de partir, et, revenant tout à coup en force, ils ont enfoncé notre petit poste ; déjà l'un d'eux franchissait la ligne, mais un gendarme, furieux d'avoir été culbuté, a couché bas cet audacieux d'un coup de pistolet. Les assaillants ont reculé, mais je soupçonne qu'ils vont chercher main-forte. — Vos ordres, mon officier ?

— Partez, partez par la route de Pont ! s'écria Didier en saisissant les mains de Clermont et de la princesse.

Mais Clermont se dégageant :

— Quoi ! s'écria-t-il, je commencerais par une lâcheté ! On attaque mes gendarmes, et je fuirais ! Allons donc !

— Mais vous nous perdrez ! dit la princesse.

— Non, madame. Henri va vous conduire hors de toute atteinte.

— Mais, balbutia-t-elle, il ne s'agit pas de moi seule !

— Obéissez à votre enseigne, dit impérieusement Clermont à son brigadier. Emmenez Madame, ne la quittez pas qu'elle ne soit en sûreté dans son palais de Chantilly.

— Son avis est sage, s'écria Didier, rendez-vous y, madame.

— Mais on le croit parti, répliqua la princesse, mais en se montrant il commet une imprudence qui peut nous être funeste.

— Aussi ne me montrerai-je point, chère Marianne. Cependant je saurai quel est l'ennemi qui ose ainsi vous poursuivre. Connaître cet ennemi, c'est déjà une victoire. Fiez-vous à moi. L'honneur, j'espère, n'est pour rien dans cette affaire, et je ne m'en mêlerai que si l'honneur était compromis. C'est la seule considération qui puisse l'emporter sur notre repos, sur notre intérêt à garder le silence. Oui, fiez-vous à moi, je tiens trop à la vie, trop à mon bonheur, pour n'être pas le plus prudent des hommes.

En même temps, Clermont mettait la princesse à cheval, lui serrait tendrement la main, lui glissait à l'oreille qu'il l'aurait rejointe avant un quart-d'heure, et elle, comprenant malgré ses angoisses combien il était important pour eux de connaître la cause d'une tentative si hostile et d'assurer leur secret, n'objectait plus rien et se laissait entraîner. Henri partit avec elle.

Clermont était déjà loin avec Robert.

Didier ferma ses portes et resta seul à sa fenêtre sans lumière, l'oreille au guet, le cœur gonflé de noirs pressentiments.

XXIX.

Lorsque Clermont arriva sur le théâtre du combat, les affaires changeaient de face. Il vit une troupe fraîche, composée d'environ six à sept hommes, qui passait la ligne malgré les gendarmes trop peu nombreux dont ils avaient évité les épées, car Robert leur avait défendu l'usage des armes à feu.

Mais l'arrivée du reste des gendarmes, ramenés par Robert au secours du premier poste, rétablit l'avantage. Ces jeunes gentilshommes, avec la fougue de leur âge et l'orgueil de leur force, maltraitèrent si rudement les assaillants que ceux-ci plièrent pour la seconde fois. Alors Robert, d'après les ordres de Clermont qui surveillait la scène sans se montrer, se mit à interroger l'un des prisonniers sur leurs desseins.

— Qui êtes-vous, et pourquoi attaquez-vous les gendarmes de Monseigneur ? dit-il.

Celui-ci, fort battu et tout sanglant, ne répondit rien, sinon que leur maître saurait bien les venger.

Les gendarmes se mirent à rire.

— Je vous soupçonne, continua Robert, d'être tout simplement voleurs de grand chemin, et d'avoir pour maître Barabbas ou tout autre seigneur de cette force. Mais, en attendant, vous serez pendus, mes drôles !

Les prisonniers se mirent à rire à leur tour avec un dédain passablement impertinent.

— Et ce sera tout de suite ! s'écria Robert, ce sera sur le carrefour même, si vous ne déclarez pas le nom de celui qui vous a mis en avant.

— Celui-là, c'est moi ! dit tout à coup une voix aigre et méchante, et l'on vit paraître un nain difforme, effrayant de fureur, qui surgissait de l'ombre comme un démon, et s'avança écumant jusque sur Robert qu'il fit reculer, tant son œil lançait de flammes sinistres.

— Monsieur le duc! murmurèrent les gendarmes.

— De quel droit barrez-vous le passage à mes gens? dit le prince; de quel droit les frappez-vous? Quels sont vos ordres? où sont-ils? C'est vous les voleurs! c'est vous qui serez pendus!

Un murmure haineux s'éleva du groupe des gendarmes menacés et insultés par ce monstre, objet de leur exécration.

— Qui donc ose murmurer quand je parle? poursuivit le duc avec audace.

— Monseigneur, dit Robert, personne n'a pu deviner que ces hommes fussent vos gens; d'ailleurs vous n'êtes pas notre chef. Nous ne vous devons aucun compte.

— Qui est votre chef? Qu'il se montre; mais non, il se cache! C'est à lui seul que j'ai affaire; mais qu'il se montre au moins, le lâche!

Nouveau murmure des gendarmes, mais hostile cette fois, et à tel point que le duc, enveloppé, fut ramené en arrière par ses gens mieux instruits de la pesanteur du bras des adversaires.

— Je répète que votre Clermont se cache comme un lâche! s'écria le duc étouffant.

Clermont bondit hors du taillis. Il tomba au premier rang des gendarmes, face à face avec le prince qui rugit de satisfaction.

— Enfin, le voilà donc!

— Pourquoi Votre Altesse me cherche-t-elle, dit Clermont se contenant de toute sa puissance, qui me vaut cet honneur?

— Où est la femme qui t'accompagne, misérable! demanda d'une voix étranglée le duc, livide et hors de raison.

Clermont frémit.

— Je ne sais ce que veut dire Votre Altesse, répliqua-t-il avec sangfroid. J'entends ses injures, je ne les comprends pas.

— Je te demande où est ta complice, comprends-tu mieux? répéta le duc; et si tu ne réponds point, tu mourras ici de ma main.

En parlant ainsi, il allongeait son bras robuste et sa main crochue qui effleura la poitrine de l'enseigne.

Les gendarmes d'un seul mouvement s'élancèrent comme si ce nain eût été Satan prêt à s'emparer de leur chef.

Clermont les écarta du geste, puis s'adressant au prince :

— Monseigneur, dit-il, j'ai l'honneur de vous faire observer que voilà trois fois que vous m'insultez.

— Oui, je t'insulte, hurla le furieux, jusqu'à ce que tu m'aies avoué où tu caches la femme que tu sais bien.

— Messieurs, vous avez tous entendu, dit froidement Clermont. S. A. déclare qu'elle m'insulte de propos délibéré.

— La femme! la femme! répéta le nain dans un paroxysme de rage.

— Je ne vois ici aucune femme, dit Clermont, et s'il y en avait une, je ne sais pas de quel droit vous exigeriez que je vous la livre.

— Eh bien! Je la saurai trouver, s'écria le duc

en traversant d'un élan le groupe des gendarmes. Mais Clermont le saisissant d'un bras de fer :

— Ces gentilhommes et moi nous appartenons au roi et à M. le Dauphin, murmura-t-il d'une voix moins calme. C'est au nom du roi et de Monseigneur que je vous somme de vous retirer, vous violez la consigne, prenez garde!

— Passage! vociféra le duc, entouré de ses gens.

— Sus! sus! crièrent les gendarmes que Robert était impuissant à contenir.

— L'épée à la main, Clermont, dit le duc dégaînant avec furie.

— On ne tire pas l'épée contre un prince de votre rang, vous le savez bien répliqua Clermont pâle et tremblant d'une sourde colère et il n'y a de lâche ici que vous, provocateur qui savez qu'on risque sa tête à répondre à votre appel.

— La femme qui t'a suivi, veux-tu que je la nomme? veux-tu cet opprobre sur toi et sur elle? Le veux-tu?

— Je veux que vous conserviez le respect de vous-même, car vous vous oubliez, monsieur le duc! dit Clermont, épouvanté à la seule idée de cette révélation.

— Et moi je veux ton sang et je l'aurai bouillant dans tes veines, hurla le nain en délire.

Aussitôt il porta au jeune homme un si rude coup d'épée qu'il l'eût percé de part en part, si Robert attentif n'eût détourné le fer avec sa main.

— Ah! décidément c'est vous qui êtes le lâche, mon prince, dit Clermont, car vous assassinez!

Il saisit l'épée, l'arracha des doigts de son ennemi, la brisa, et lui en jeta les deux morceaux à la face.

— Tue! tue! tue! crièrent les gendarmes exaspérés en se précipitant comme des lions sur le prince et son escorte qui, malgré tous les efforts de Clermont, furent en quelques secondes foulés, gourmés, broyés, et dispersés dans le taillis.

Le duc eut sa part des coups; deux de ses gens l'arrachèrent du milieu de cette tempête, toujours hurlant, toujours menaçant, toujours provoquant Clermont à un combat, et lui jurant l'impunité, s'il venait croiser le fer avec lui.

Mais Robert s'aperçut que son ami faiblissait et finirait par céder à sa fureur et à l'ivresse de ces appels et de ces injures. Robert, déjà le voyait courir l'épée nue sur le terrible prince, il saisit tout à coup Clermont par le milieu du corps, le désarma, l'emporta jusqu'à son cheval malgré une résistance énergique.

— Avez-vous perdu la raison? lui dit-il tout bas. Ne voyez-vous pas que dans une heure ce scélérat vous aura dénoncé, que vous serez arrêté à Chantilly même, que vous n'avez pas le droit d'être ici, que si vous vous obstinez au lieu de fuir la princesse est compromise, le secret violé, vous et nous tous perdus!

Clermont luttait encore. Robert appela ses gendarmes à l'aide. Tous comprenaient que le duc ne faisait retraite que pour aller chercher mainforte; tous connaissaient la férocité du monstre, et prévoyaient les conséquences d'une pareille équipée; ils aidèrent leur brigadier, mirent Clermont à cheval.

—Mais vous! vous! mes pauvres amis! disait-il.

— Nous, nous ne risquons rien ; nous ne sommes pas responsables. Vous parti, nous saurons bien nous tirer d'affaire.

— Mais elle! murmura Clermont à l'oreille de Robert, elle ! qui m'attend, je ne la reverrais donc plus!

— Sauvez-la en vous sauvant ! répliqua M. de Montvalat.

Alors, voyant son ami dévoré par une perplexité voisine de la folie, il lui mit les rênes dans la main, donna l'ordre à deux gendarmes de l'escorter, de ne pas le laisser revenir, dussent-ils employer la violence. Il leur prescrivit de ne le quitter qu'entre les mains de M. de Conti.

Toute la troupe eût voulu servir d'escorte, mais Robert calma ce transport. Clermont, entraîné par ses deux gardiens, disparut dans l'ombre. Jamais cœur humain n'avait, en si peu d'heures, échangé tant de joie contre tant de désespoir !

FIN DE LA DEUXIÈME PARTIE.

TROISIÈME PARTIE.

XXX.

Cependant, l'auteur ignoré de tout ce désordre, Dubois revenait de son ambassade avec la sérénité d'un homme de bien qui vient chercher sa récompense.

Le ministre l'avait reçu en triomphateur, complimenté au nom du roi, gratifié de deux cents louis en bonnes espèces sonnantes, et lui avait remis en outre une liste de trois bénéfices importants entre lesquels on lui laissait le choix.

Aussi Dubois gonflé de joie, s'épanouissait-il dans sa chaise en regagnant le petit appartement qu'il avait conservé dans une rue écartée de Versailles. Ses yeux brillaient, moins de l'ambition satisfaite que de l'ambition éveillée. Sans doute il eût voulu voir le roi et entendre un compliment de sa bouche, mais le roi, un peu fatigué, disait-on, gardait le lit et ne pouvait le recevoir. Cet appoint du succès lui viendrait plus tard avec les intérêts. Et en attendant, Dubois se rengorgeait, se prélassait, s'éventait : presque rose de contentement, presque gras de bonheur.

Quand le carrosse s'arrêta devant la petite porte, quand son unique laquais accourut pour abaisser le marche-pied, Dubois n'était plus homme, plus abbé, il était oiseau et ne touchait pas la terre. On eût pu le voir s'élancer aérien dans la montée assez raide et assez obscure qui du fond de l'allée, moyennant vingt-cinq degrés raboteux, conduisait au modeste logement de ce fortuné mortel.

Dubois voltigeait, chantonnant un air qui n'était pas dans la liturgie. Les deux rouleaux de cent louis dansaient gaîment au fond de sa poche comme pour accompagner le chant du maître. C'était fête complète, azur sans nuées dans le cerveau de ce galant homme, lorsqu'il aperçut quelque chose d'informe et de sordide, une sorte de paquet volumineux trônant sur la marche palière de l'escalier et barrant le passage.

— Mon Dieu ! monsieur, dit le laquais vers qui se retournait Dubois comme pour demander : Qu'est cela ? vous voyez une maudite femme qui depuis huit jours vient obstinément s'asseoir sur cette marche, attendu que je refuse de la laisser entrer.

— Que veut-elle ? la charité ? Fais-lui une large aumône : il faut bien que tout le monde vive, dit Dubois en continuant d'avancer, avec la persuasion que ces paroles allaient déblayer le chemin. Mais le paquet de haillons se leva majestueusement, un petit œil charbon flamboya dans les ténèbres, et certaine voix limousine, plus terrible que la trompette de Jéricho, salua Dubois d'un : — Bonjour, monsieur l'abbé ! qui faillit le culbuter jusqu'au bas des marches. Heureusement le laquais étendit les bras.

C'était Marotte, parvenue à retrouver son illustre infidèle. Marotte, qui, en femme de goût, n'avait amené ni sa musique ni son singe.

Dubois, accoutumé à payer d'audace, se remit promptement, et comme plus d'une fois l'effronterie et la grosse voix lui avaient réussi, il en essaya encore dans cette circonstance critique.

— Que faites-vous là ! ôtez-vous de là ! dit-il avec sa grimace la plus effrayante.

Mais Marotte n'eut peur ni du glapissement ni de la moue. Elle s'approcha câline et sardonique.

— Quoi ! monsieur l'abbé, vous ne me reconnaissez pas ! répliqua-t-elle en français.

— Non, et je n'en ai pas l'envie, riposta Dubois, rassuré par cette douceur perfide.

— Eh bien ! coquin, je vais me faire mieux connaître ! dit en patois la vigoureuse Limousine; attends, attends !

Dubois frissonna. Une sueur de faiblesse perla sur ses tempes luisantes. La résistance eût été trop dangereuse en présence d'un témoin. L'abbé se hâta donc de congédier son valet, sous prétexte d'aller chercher de quoi dîner. Mais, comme celui-ci restait à la porte, quelque peu intrigué, bien qu'il ne comprît point le patois, Dubois lui conta que cette femme venait du pays solliciter sa protection, que l'accent du village natal l'avait ému et qu'il allait lui donner audience.

Le laquais partit.

Quand Dubois se vit au bas de l'escalier, il se rua sur Marotte et la précipita dans la chambre, le plus loin possible pour amortir les bruits.

— Que voulez-vous de moi, dit-il brutalement, et que signifient vos menaces ?

— Ah ! traître ! tu les as donc comprises ! répondit Marotte ; tu as donc enfin reconnu la pauvre femme abandonnée !

— Quelle femme ?

— La tienne. Oh ! je t'avais bien deviné, moi, au village de Louvres, malgré ton habit noir et ton petit collet. Ah ! monsieur l'abbé, tu roules en carrosses, tu croques des poulets, tu bois du vin jaune et des liqueurs sucrées, tandis que ta pauvre Marotte montre un singe et s'extermine à chanter pour un sou ! Ah ! mais cela ne se passera pas comme tu l'espères. Tu as eu beau te sauver de moi, j'avais juré de te retrouver, je te retrouve; de me faire reconnaître, et tu me reconnais.

— Oui, misérable! répliqua Dubois en fermant la porte à double tour. Oui, je vous reconnais. Comment osez-vous reparaître après la vie abominable que vous avez menée?

— En quoi ma vie est-elle plus abominable que la vôtre? repartit fièrement Marotte.

— Qu'avez-vous fait, d'où venez-vous, dans quel ignoble état vous trouve-t-on?

— Si je suis pauvre, c'est votre faute. D'ailleurs, la pauvreté n'est pas un crime; c'est seulement une maladie... Vous qui êtes riche, vous m'en guérirez.

— Moi! s'écria Dubois, je m'en vais vous faire arrêter par le commissaire et conduire à l'hôpital... d'où l'on vous mènera pendre!

— Voire! dit Marotte, essayez-y!

— Et que ferez-vous? répondit Dubois désarçonné depuis trop longtemps pour avoir conservé une seule ligne d'équilibre.

— Je dirai au commissaire, fit la Limousine : — Tenez arrêtez aussi un peu Monsieur, ce bel abbé. Ce scélérat qui m'a abandonnée pour prendre le petit collet, c'est un homme marié. C'est mon mari.

— Oh! oh! s'écria Dubois frémissant et riant de ce rire qu'on appelle jaune. Voilà ce qu'il faudra prouver!

— C'est mon mari, répéta Marotte aux robustes poumons. Je l'ai épousé devant le prieur de Saint-Christophe, à la date du 15 mars 1678. Le mariage est écrit sur le registre du prieuré. Je vois encore la page! Pauvre prieur, c'est le dernier acte qu'il ait fait. Cela lui a porté malheur de marier un coquin comme ce fils d'apothicaire, il en est mort quinze jours après. Mais ce qui est écrit est écrit, nous irons à Saint-Christophe, nous retrouverons le registre, on verra si un homme marié a le droit de se faire abbé, d'abandonner sa pauvre femme; on verra si ce n'est pas là un sacrilège, puni de la corde ou du feu. Et tu seras brûlé, scélérat, ou bien pendu! Allons! appelle ton commissaire, voyons! nous serons pendus ensemble!

Cette effrayante logique, ces citations éloquentes du texte de la loi, et par-dessus tout cet argument irrésistible du registre conservé au prieuré de Saint-Christophe, terrassèrent Dubois qui, à partir de ce moment, s'avoua vaincu et ne songea plus qu'à obtenir une composition honorable.

— Enfin, dit-il, baissant la voix, comment se fait-il que tu m'aies laissé tranquille si longtemps?

— J'étais passée au Brésil avec un ami : j'y vivais très-heureuse, très-heureuse!

— Eh! mon Dieu! pourquoi en es-tu revenue?

— Parce que mon protecteur est mort de la fièvre noire.

— Mort funeste!... Mais Marotte, ce long silence est cause que je vous ai crue morte aussi. C'est parce que je me suis cru libre que j'ai embrassé la carrière...

— Enfin, n'importe, dit la Limousine, vous n'avez pas le droit d'être abbé, je suis votre femme, vous avez fait fortune, je vous retrouve... le mariage est bien en règle au prieuré de Saint-Chris... Chris...

— Bon, bon, interrompit Dubois; mais puisque vous revenez, vous avez fait vos réflexions.

— Oh! oui!

— Vous avez une idée?

— Oh! oui!

— Laquelle? parlons franchement.

— Dame, faites-moi des propositions, dit la Limousine avec son astuce villageoise doublée de l'expérience d'une femme qui a beaucoup voyagé.

— Je le veux bien, répliqua Dubois. Ou vous voulez uniquement faire du bruit, c'est-à-dire me perdre et vous perdre avec moi,... ce qui serait une simple bêtise, car je saurais toujours me défendre,... tandis que vous...

Il s'arrêta pour bien regarder Marotte.

— Je ne tiens pas du tout à vous faire de la peine, si vous ne m'en faites pas, dit-elle.

— A la bonne heure! Eh bien! que voulez-vous?

— Je veux ne plus courir les routes, les foires, ne plus brûler mon teint, ne plus user mes pieds. Je veux comme vous mener joyeuse vie.

— C'est trop naturel, s'écria Dubois, et plus je vous trouverai raisonnable, plus vous me trouverez généreux.

— Pour la raison, je ne crains personne, dit Marotte. Mais qu'appelez-vous la raison?

— Quitter Paris.

— Ah!

— Aller à la campagne, très-loin, comme qui dirait en Flandre.

— Oh!

— Ne jamais parler, ne jamais écrire, oublier que je suis au monde.

— Et qu'il y a un registre au prieuré de Saint...

— Oui, oui, précisément!

— Mais, mon mari, pour aller en Flandre, pour m'installer si loin, ce sera très-cher!

Dubois prit vivement un rouleau dans sa poche, le rompit en deux et versa cette moitié dans la grosse main de la Limousine, dont la face radieuse atteignit les proportions d'une lune en son plein.

Elle toucha, brouilla et fit sonner les louis brillants avec une joie que rien n'eût pu égaler, si ce n'est la joie de son époux.

— Voilà donc une affaire arrangée, dit-il.

— Pour combien de temps? demanda-t-elle, en regardant avec une attention de mauvais augure l'autre moitié du rouleau restée enfermée dans la main de Dubois.

Il resta suffoqué devant cette question comme devant ce regard significatif. Le pauvre diplomate!... quelle sottise il venait de faire, et combien il se sentit peu de chose auprès de la Limousine Marotte!

— Mais... murmura-t-il, je croyais que c'était pour toujours. La somme est forte!...

Marotte regardait toujours ce poing fermé.

— Pour toujours! murmura-t-elle avec une convoitise tenace, il faudrait au moins donner le rouleau tout entier.

Dubois sentit sa faute et essaya de la réparer.

— Non, dit-il, faisons mieux. Votre bonne volonté doit vous rapporter davantage. Gardez les cinquante louis que vous avez, pour la dépense de l'année qui court. Dans six mois vous recevrez cent louis sur la banque d'Utrecht où vous allez fixer votre résidence... Vous les recevrez si j'ai été satisfait de votre discrétion... Je ne vous demande pas autre chose ; liberté absolue en dehors de cette condition-là. Vous vous appellerez Coutelet, de votre nom de famille ; cent louis sont une belle rente ; vous l'aurez tous les ans ; je ne m'amuse pas à vous promettre l'exactitude, vous sauriez l'obtenir de moi. Voilà une fortune. Marotte, êtes-vous contente ?

— Il le faut bien, dit la Limousine avec un soupir.

— Eh bien ! résumons-nous, acheva Dubois qui comprenait trop tard que cette femme eût été ravie de recevoir vingt écus, si elle n'eût pas aperçu les cent louis ensemble. Résumons-nous pour n'y plus revenir. Pendus tous les deux ou heureux tous les deux. Est-ce convenu ?

. — Mais, si vous redevenez pauvre et que vous ne puissiez plus me payer ma rente ? objecta la prudente Marotte.

— Oh bien ! alors, revenez, s'écria Dubois, revenez ; nous nous remettrons en ménage, je vous rouerai de coups, vous me ferez mourir de chagrin, cela nous fera passer le temps.

Marotte devint sérieuse. Elle fit une dernière fois sonner l'or dans sa main par secousses mesurées.

— Dépêchez-vous de partir, voici mon laquais qui rentre, dit Dubois, et quittez Paris aujourd'hui même !

— Eh bien ! adieu ! soupira Marotte, devenez bien riche, monsieur l'abbé.

— Que le Ciel vous conduise... à Utrecht, répondit Dubois.

La Limousine descendit lentement les degrés ; elle se retourna plus d'une fois dans la rue pour regarder les fenêtres. Dubois, derrière un rideau, suivait chacun de ses pas avec anxiété.

— Si j'eusse été plus avancé dans ma route, murmura-t-il, cette femme-là eût exigé de modes choses impossibles. Quel bonheur que je ne sois encore qu'abbé !

Marotte, arrêtée à l'angle de la rue, continuait à rêver. On eût dit qu'elle ne pouvait s'accoutumer à l'idée de laisser derrière elle l'autre moitié du rouleau. Enfin, après quelques oscillations, elle tourna l'angle et disparut.

Cependant le laquais dressait la table. Mais Dubois n'avait plus ce bel appétit de Louvres.

— J'ai trop donné, et donné trop vite, se dit-il. Elle reviendra. Cent louis ne suffiront pas à celle qui se fût évanouie de joie, si on lui eût donné cent sous. Elle reviendra pour avoir deux cents louis, puis, pour en avoir quatre cents. Son appétit croîtra avec ma fortune. Appétit de polype qui me dévorera !

Ma fortune !... la voilà qui monte !... N'aurai-je donc réussi que pour enrichir Marotte !...

Il jeta les yeux sur la liste de bénéfices parmi lesquels le roi lui donnait à choisir. Il parcourut ces noms avec une sorte d'amertume. L'appétit de Marotte lui gâtait la prébende comme le prélèvement des harpies gâtait le dîner du pieux Éneas.

Mais tout à coup son visage refrogné s'illumina d'une surprise joyeuse. Au nombre des bénéfices à choisir, il venait de lire le nom de Saint-Christophe.

— Saint-Christophe ! s'écria-t-il, je serais prieur de Saint-Christophe ! Quoi ! j'aurais à moi, bien à moi, dans les deux mains que voici, non-seulement la riche abbaye, le plantureux domaine et douze mille livres de revenu, mais encore les registres sur lesquels est inscrit le mariage de dame Marotte Dubois ! je tiendrais entre le pouce et l'index cette belle page qu'elle croit voir encore et qui lui garantit le paiement de sa rente !... O Fortune ! divinité païenne, quel dommage qu'un abbé du dix-septième siècle n'ait pas le droit de te bâtir un temple !

À ces mots, il éclata d'un rire strident, nerveux, qui fit peur à son valet, dont le soubresaut l'avertit de se tenir plus circonspect.

— Ah ! Marotte, continua Dubois, si je choisis le prieuré de Saint-Christophe, voilà une page et une rente bien aventurée ! La rente durera peut-être un an ou deux, — mais la page !...

Dans le cours de la même journée, Dubois à qui, on l'a vu, les renseignements ne manquaient jamais, apprenait d'une source aussi sûre que secrète la rechute subite du roi dans cette cruelle maladie qui avait nécessité plusieurs années auparavant une si grave opération. Voilà pourquoi Dubois n'avait pas été reçu chez le monarque. Voilà pourquoi Louis XIV se tenait enfermé. Tout le monde, jusqu'à la famille royale, ignorait ce nouveau danger du roi. Tremblant pour son bénéfice, si la signature souffrait quelque ajournement, sachant bien qu'on punirait rudement sous un nouveau règne, les services trop intelligents qu'il venait de rendre à celui-ci, Dubois se hâta d'aller faire signer sa nomination au ministère. Puis, habitué à battre le fer tandis qu'il était rouge, il partit pour Saint-Christophe, afin de s'affranchir à jamais des mauvais procédés de dame Marotte Coutelet, femme Dubois.

XXXI.

Nous avons laissé Didier près de sa fenêtre, pendant cette nuit féconde en événements sombres, nous l'avons vu interroger les ténèbres, épiant chaque bruit et attendant l'explication du tumulte étrange qui avait succédé à la cérémonie célébrée à Fleurines.

Le temps s'écoula. Nul ne vint donner à Didier la moindre nouvelle. Les bruits s'effacèrent comme pâlirent les voiles noirs de la nuit. Toujours accoudé sur le balcon de pierre, le jeune prêtre sentit peu à peu glisser jusque dans ses os la fraîcheur matinale. Sa tête, lourde de fatigue, lourde d'inquiétudes surtout, retomba sur sa poitrine, et tout un chaos d'idées effrayantes comme des rêves tourbillonna longtemps dans ce cerveau si cruellement éprouvé.

Une torpeur glacée — était-ce le sommeil? — succéda aux agitations de tant de sentiments divers. Didier, vaincu par l'engourdissement, perdit connaissance et oublia la vie.

Quand il se réveilla, ses mains étaient raidies et marbrées par les rugosités de la pierre. La rosée avait mouillé ses cheveux. Ses jambes, repliées sous lui, semblaient rompues et désarticulées. Mais son œil vit briller le jour au sommet des collines, mais son oreille entendit pépiter les oiseaux sur les feuillages blanchissants. Il se leva, il adora Dieu : c'était sa première pensée; la seconde fut un souvenir : tous les événements de la nuit accoururent défiler rapidement derrière ses paupières lassées.

Quoi! toute une vie en quelques heures! Quoi! tous ces mystères révélés, toutes ces épreuves subies, ces dangers évités; évités! l'étaient-ils? Ce bruit, ces coups de feu, ces alertes; Robert l'épée à la main; Henri entraînant la princesse; Clermont pâle et menaçant pour les ennemis qui le poursuivaient jusqu'en son bonheur, tout cela, n'était-ce point un rêve?

Et ce mariage, ces pleurs de joie, cette grâce envoyée soudainement par le Seigneur après des siècles de souffrances : Impossible! impossible! Une nuit n'enferme pas dans son cycle tous les poëmes de la vie humaine; le rêve seul supprime l'espace, usurpe la durée, et, dans un vol de quelques secondes, secoue sur le front qu'il berce l'illusion de dix existences.

Mais Didier ne put croire longtemps à un rêve. Autour de lui, partout, il retrouvait les témoins de la scène nocturne : le verre, au fond duquel dormait un reste de la liqueur d'or où Marianne et Clermont avaient trempé leurs lèvres, les siéges trahissant dans leur pittoresque désordre le dernier mouvement auquel ils avaient cédé; le plancher était sillonné d'empreintes. Une surtout, près de la fenêtre, était l'étroite et fine semelle d'un petit pied de femme dessinée en poudre crayeuse sur le chêne reluisant.

Le soleil commença à monter derrière les sapins, sa lumière se tamisait dans les rameaux noirs comme par un treillis aux mailles enflammées. Une de ces étincelles vint tomber dans la chambre, et, rencontrant la dorure d'un livre dans le casier, s'y attacha aussitôt avec le scintillement d'une étoile qui rayonne.

Didier regarda de ce côté. Le livre était un des registres de la paroisse, celui-là même sur lequel Didier devait avoir écrit l'acte de mariage de son ami. Lui qui cherchait tout à l'heure encore à se prouver les événements de la nuit, quelle preuve plus certaine que celle des signatures apposées au bas de l'acte?

Didier sourit et prit le livre avec un doux saisissement. Ne semble-t-il pas en effet que la lumière de Dieu donne une nouvelle consécration comme elle donne un nouvel aspect à toute œuvre de la main humaine éclose sous un reflet de la lumière faite par l'homme? Cet acte écrit à la lueur timide de son flambeau, Didier palpitait de le revoir au grand soleil. Il ouvrit le volume et chercha la dernière page écrite. L'acte ne s'y trouva pas.

Un frisson courut sur ses épaules. Il chercha mieux. Il feuilleta les pages blanches : rien. Cependant ce registre était bien le livre usuel, quotidien, réservé aux humbles mariages de Fleurines; cependant Didier se souvenait bien d'avoir écrit cet acte sur l'envers d'une page, qu'il avait remplie jusqu'au bas, tandis que l'endroit du feuillet contenait pêle-mêle les derniers mariages célébrés dans la paroisse.

Où donc a-t-il placé l'acte? car il est sûr, comme il est sûr de penser et de vivre, qu'il a écrit vingt lignes d'une écriture grande et nette sur l'envers d'un feuillet de registre au travers duquel apparaissaient d'anciens caractères tracés sur l'endroit. — Rien! mais c'est donc un prodige! une hallucination! le registre est intact, les derniers mariages inscrits sont là, à leur place, sur l'endroit de la feuille, et l'envers est blanc!

Alors, comme il arrive quand l'impatience et la peur étourdissent, Didier prend et reprend le livre à moitié blanc, passe à d'autres qu'il feuillette aussi, tout registres de baptême ou de mort qu'ils soient. Rien, toujours rien. Il ne reste plus dans le casier qu'un vieux volume, celui des actes du prieuré de Saint-Christophe, transmis au prédécesseur de Didier par les riches fainéants ses voisins: Pourquoi toucher à cette relique inutile oubliée là depuis plus de vingt années? C'est de la folie. Mais Didier ne se possède plus : ses prunelles battent et se troublent. Le sens des lignes qu'il a écrites, qu'il se récite à lui-même et qu'il épelle mot à mot, ce sens voltige devant lui incorporé dans une page qu'il croit voir flamboyer sur le mur, sur la table, sur le plancher. Il saisit le vieux registre, l'ouvre convulsivement et pousse un cri de joie : l'acte est là, resplendissant au-dessus de ses cinq larges signatures.

Hélas, ce n'était pas une vision. Au retour de l'église, après la cérémonie, lorsque la princesse vint tendre la main à Didier, le jeune prêtre, dans un désordre indigne d'une âme vouée au Seigneur, avait pris en aveugle sur les rayons le premier volume rencontré par ses doigts tremblants, et, trompé par l'interruption des écritures, il avait inscrit l'illustre mariage de son ami, sur l'envers du dernier feuillet noirci par le prieur de Saint-Christophe en 1678.

Cette impression de joie s'effaça vite. Didier s'arrêta morne et consterné.

« Quiconque s'est écarté du droit chemin, a dit le Seigneur, n'y rentre jamais tout à fait sans ma miséricorde. » Dieu avait pourtant pardonné. Pourquoi cette rechute dans le malheur?

— Ainsi, pensa Didier, je croyais en être quitte avec ma faute, et voilà que je la traîne à mon talon comme un serpent mal écrasé. Ainsi, les suites de mon ivresse seront éternelles. Le poison ne s'arrêtera pas dans ses ravages. C'est donc bien vrai que les passions laissent après elles une trace indélébile; c'est donc bien vrai que Dieu lui-même n'empêche point le mal de porter ses fruits!

Le désordre de l'âme entraîne tous les désordres. L'erreur d'un malheureux homme peut perdre autour de lui ceux mêmes qui lui sont le plus chers. J'ai écrit sur une page inutile, inauthentique, nulle, l'acte le plus important de la vie de mon ami. S'il avait besoin d'y recourir, s'il lui fallait ouvrir le registre pour sauver son honneur, son état ou sa vie, s'il était besoin d'invoquer la date et de la prouver, on ne le pourrait pas, ou du moins cette date serait contestée. Elle est contestable! par ma faute, par ma très-grande faute!

Didier se frappa douloureusement la poitrine et cacha son front brûlant dans ses mains.

— Que leur dirai-je? reprit-il; — leur avouerai-je la vérité? transcrirai-je l'acte sur le registre véritable? Mais les signatures? où retrouver Clermont?... C'est donc ma destinée de tuer mes frères et de ruiner le bonheur des amis!

Didier fit quelques pas avec angoisse, fuyant, puis, recherchant la vue de cette page, écrite avec tant de chaleur de cœur, avec tant de soin et de zèle.

— Allons! dit-il enfin, n'exagerons rien et ne désespérons pas. Dieu ne veut pas qu'on désespère. Il ne veut pas surtout qu'on doute de lui. Chaque fois que sa main frappe, il exige qu'on le remercie; pourquoi? parce que sa main n'envoie jamais le châtiment sans le bienfait. Après tout, si l'acte n'est pas écrit à la place qu'il devait occuper, il n'est pas moins écrit et signé, signé de gens qui sauront soutenir leur signature. La feuille, fût-elle isolée et volante, n'est pas moins un témoignage, sans compter que les quatre signataires sont aussi intéressés les uns que les autres à ne pas divulguer leur secret.

Il reste donc, au fond de ce malheur, examen fait, une leçon donnée durement, mais sagement, par l'infaillible Providence. Ma faute vivra, perpétuée à jamais par cette preuve; aux moments d'orgueil ou de confiance excessive en ma force, un regard jeté sur ce registre m'avertira qu'il serait mieux de m'humilier. Je deviendrai plus indulgent pour les faiblesses d'autrui, plus sévère pour les miennes. Clermont n'y perdra rien, j'en ai la certitude, et moi, pécheur, j'y gagnerai.

Peu à peu la pâleur s'effaçait du front de Didier, la vie se ranimait dans ses yeux si purs. Le travail de la cicatrisation se fit rapidement sur cette plaie nouvelle, et le jeune prêtre en vint à penser que sa méprise n'était pas arrivée sans quelque bienveillance d'en haut. En effet, sur le registre usuel, souvent consulté par les gens du village, le premier venu, l'intendant de la province en ses tournées, l'évêque, le prieur voisin même, eût pu lire les noms illustres qui contrastaient là avec tant de noms obscurs, tandis que désormais rien n'était plus à craindre pour le secret de la princesse et de son mari. Enterré dans les archives du prieuré, leur mariage ne reverrait jamais le jour sans leur sollicitation expresse.

Didier, bien rafraîchi par cette idée, referma le volume et le replaça près des autres, à son rang. Il terminait à peine cette opération, et le jour était entièrement venu, lorsque Adrien fit une irruption plutôt qu'une entrée chez son maître pour lui annoncer que des bûcherons sortis à l'aube avaient trouvé dans le chemin de larges taches de sang, un étrange piétinement de chevaux et d'hommes sur le terrain; qu'en outre, dans les habitations les plus rapprochées de ce point, on avait entendu, la nuit, des bruits de voix et comme des plaintes.

Didier ne répondit rien. Sa voix eût tremblé.

— Du sang répandu! Il écarta Adrien et courut à l'endroit indiqué.

Que de réflexions, que d'angoisses dans ce court trajet! Lorsqu'il arriva, la première curiosité des habitants était satisfaite, quelques femmes demeuraient seules à considérer ce champ de bataille muet. L'œil sagace de Didier l'interrogea à son tour. Chasseur expérimenté, il savait reconstruire d'après une trace tout un épisode de ces luttes mystérieuses dont les bois giboyeux sont chaque nuit le théâtre. Mais cette fois la multiplicité, l'enchevêtrement des empreintes, les tâtonnements des adversaires, leur départ dans des directions diverses, empêchèrent Didier de conclure. Ce sang l'avait ébloui. A qui ce sang!

Il ne put supporter plus longtemps une si cruelle perplexité; laissant les curieux faire leurs commentaires, ne rassurant personne, ne discutant rien dans la peur de se trouver plus tard en contradiction avec une enquête, ne cherchant qu'à rester impénétrable sur le fond de l'événement, il annonça que, pour s'éclaircir, comme aussi pour prévenir l'autorité, il allait pousser jusqu'à la ville. Il engagea les femmes à rentrer chez elles, à reprendre leurs travaux, promettant de revenir vite avec des nouvelles, et, en effet, il s'achemina vers Chantilly.

Mais à mesure qu'il marchait, les scrupules le gagnaient. Aller à Chantilly, n'était-ce point se jeter à la gueule du loup! s'informer? de quoi? appeler l'attention sur ce qu'il voulait taire? Pourtant, qu'étaient devenus Robert et Henri? qu'était devenue la princesse? Quels étaient les ennemis nocturnes apostés si intelligemment sur la trace même du secret? ce sang versé n'était-il point celui d'un ami ou d'un frère?

Didier, quand cette pensée revenait, courait quelques pas avec ardeur, puis la circonspection reprenait le dessus. Il s'arrêta à moitié chemin, s'assit et songea. Il fit son plan. Entrer à Chantilly, lui qui jamais n'y avait posé le pied, — imprudence! — s'informer de ses frères, après le conflit de Fleurines, sans savoir si ses frères avoueraient leur présence au presbytère, — imprudence! — enfin, et par-dessus tout, aller rechercher les regards de la princesse, comme pour lui rappeler le service rendu, inconvenance et imprudence! Il prit un terme moyen, il résolut d'aller le plus près possible de Chantilly, de trouver un messager quelconque, de l'expédier à Robert, au château, et d'obtenir ainsi de son frère tous les renseignements désirables sans s'être fait voir et sans communiquer avec des étrangers.

Mais, quelque diligence qu'il eût pu faire, il n'arriva en vue de Chantilly qu'assez tard, et il fut frappé d'un mouvement extraordinaire de la population. Les portes du château étaient toutes grandes ouvertes: des cavaliers, des officiers, des valets bourdonnaient empressés tout autour comme des abeilles aux abords de la ruche. Didier, tout en lisant son bréviaire, s'informa de la cause d'un pareil tumulte. On lui répondit que

Monseigneur et Mme la princesse quittaient Chantilly ce matin même, et que tous les habitants s'empressaient sur leur passage.

Quitter Chantilly! ce matin! avec une telle précipitation! Monseigneur prêt à sortir avant midi! à la campagne! Didier en fut troublé. Mais il se garda bien de témoigner la moindre surprise. Il se laissa dire que le départ des hôtes était naturel après le départ de M. de Conti pour la Pologne. Il écouta les lamentations des bourgeois et surtout des bourgeoises, sur cet exil du plus gracieux des princes. Il put remarquer avec quelle sagacité, en France, la pensée du souverain est toujours devinée par le plus humble de ses sujets, quand cette pensée est d'une politique malicieuse ou nuisible, et pendant que les groupes grossissaient, Didier se plaça commodément pour voir et entendre. Un quart-d'heure après le défilé commença.

Les piqueurs, les chevaux de main, les fourriers et maréchaux des logis sortirent. Puis vinrent les carrosses des dames, puis celui de la princesse, où Monseigneur était monté avec elle, tous deux parlant avec assez d'animation à M. le prince de Condé qui les reconduisait à pied jusqu'au delà des portes.

Didier chercha M. le duc et Mme la duchesse, il ne les aperçut ni l'un ni l'autre, ce qui lui sembla étrange, puisqu'étant les plus jeunes et chez eux, ils eussent dû faire les honneurs de Chantilly jusqu'au dernier moment. Le vieux prince, malgré tous ses efforts pour conserver une mine aussi gracieuse que ses compliments, ne semblait pas sans inquiétudes ni sans embarras, et le sujet de la conversation entre Monseigneur et lui manquait évidemment de gaîté. Ils se séparèrent; Didier ne les regardait déjà plus, occupé qu'il était à chercher dans les gendarmes contenant leurs chevaux autour du carrosse ses deux frères, qu'il aperçut enfin, et qu'il trouva bien pâles, ce qui troubla tout à coup ses yeux et fit battre péniblement son cœur.

Dès lors le jeune prêtre, oubliant les leçons de prudence qu'il s'était faites, et emporté par l'ardent désir de savoir la suite des événements de la nuit, se porta en avant du cortége, coupant par des taillis de l'année jusqu'au coude que fait la route au sortir de Chantilly. Il espérait que sur cet espace ni son costume noir attirerait l'attention des deux brigadiers. Il lui semblait d'ailleurs voir Robert chercher dans la foule avec une certaine inquiétude. Les cœurs de frères, bien qu'à distance, se sentent réciproquement palpiter. Robert vit cette statue sombre s'arrêter comme un poteau au bord du chemin. Il poussa le bras d'Henri pour le lui montrer, puis les deux officiers, par un petit signe de tête, indiquèrent à Didier qu'ils l'avaient reconnu, et, peu à peu, ils gagnèrent le côté de la file qui devait en passant effleurer leur frère.

Au moment où passa le carrosse de la princesse, Didier se dissimula derrière un arbre pour n'être point aperçu, peur ne point voir lui-même; mais quand ce fut au tour des gendarmes, il s'approcha, et Robert, sans remuer la tête, lui glissa ces mots : « Attendez-moi! » accompagnés d'un geste qui signifiait : « Si vous saviez! »

Didier ne comprit que trop bien. Il laissa passer l'escorte et se dirigea sans mot dire vers l'angle du bois qui longeait la route de Paris, afin d'y attendre son frère sans être remarqué, et une fois de plus il mit son imagination à la torture pour deviner ce qui avait pu se passer à Chantilly.

XXXII.

Ce n'était pas chose facile. L'homme intelligent et fort compte toujours sans les détails, lorsqu'il calcule les chances de toute grande opération.

La pensée humaine peut être devinée souvent; l'accident auquel elle donne lieu, jamais. Ni Didier ni personne n'eut pu prédire que M. le duc rentrerait à Chantilly avec une large ecchymose sur la pommette de l'œil droit. Il se coucha sans l'avoir remarqué lui-même; ce ne fut qu'en entrant le matin chez la duchesse pour l'interroger sur l'emploi de son temps, afin de provoquer de sa part quelque réponse imprudente, ce fut seulement, disons-nous, au lendemain de la mêlée de Fleurines, qu'il en fut averti par le formidable éclat de rire de la duchesse dès les premiers mots qu'il lui adressa.

Ces mots : « Qu'avez-vous fait de votre nuit? » furent coupés par l'irrespectueuse hilarité de sa femme qui, le désignant du doigt, s'écria, suffoquée par le rire :

— Et vous, qu'avez-vous fait de votre œil droit?

Il se regarda dans une glace. La surprise fut terrifiante : sous la paupière inférieure qui avait rougi s'étendait une plaque violette de sang extravasé. Cet ornement, pareil à un tatouage hideux, montait jusque sur l'aile correspondante du nez; toute la physionomie ordinairement terrible du duc en avait pris un caractère grotesque, que le plus grave magistrat du monde n'eût pu envisager sans perdre son sangfroid.

C'était le fruit de la guerre, soit un coup de coude de gendarme, soit un choc de l'homme et de la branche, soit la contusion du pommeau de l'épée que Clermont, dans sa fureur, avait lancée trop près du visage auguste de M. le duc.

Quand ce dernier se vit en un pareil état, c'est-à-dire effroyable et caricature comme un profil de l'Harlequin ancien, quand il entendit les hoquets nerveux du rire inextinguible de la duchesse :

— Femme sans honneur! s'écria-t-il exaspéré, cette insulte de vos amants vous fait rire! Eh bien! je jure par mon nom que vous ne serez pas longtemps sans pleurer.

En parlant ainsi, il se précipita hors de la chambre, craignant de se laisser aller à étrangler la duchesse qui, épuisée, hors d'haleine, pleurait déjà, il est vrai, mais en se roulant sur ses coussins à force de rire.

Le duc, dans son accès de rage, traversa le grand vestibule. S'il eût rencontré une arme, il s'en saisissait; s'il eût aperçu un gendarme, il le tuait sur la place; le bonheur voulut qu'il n'y eût sur son passage que des gens de sa maison et des officiers de Monseigneur. S'adressant à ceux-ci, il les pria de l'introduire chez leur maître.

Il fallait voir ces gentilshommes regarder effarés le visage affreux du prince, s'approcher d'abord avec intérêt, puis reculer précipitamment pour ne pas céder à la folle envie de rire qui secouait leurs nerfs.

— Réveillez Monseigneur, il faut que je lui parle, dit-il d'une voix sauvage comme un cri d'hyène blessée.

En même temps il avançait et il ne remarquait point que personne ne lui faisait obstacle à pareille heure dans cet appartement de l'homme le plus amoureux de son lit. Lorsqu'il parut à la porte du Dauphin, ce prince était déjà levé, on achevait de l'habiller. Par une porte opposée à celle où se présentait M. le duc, la princesse de Conti, tout habillée, faisait retraite d'un air joyeux.

Le duc, dans son ivresse, ne vit rien, n'entendit rien. Toutes ces portes ouvertes devant lui, peut-être se figura-t-il les avoir enfoncées d'un coup de tête.

Cependant, arrivé à quelques pas de Monseigneur, à qui l'on passait le cordon bleu, le malheureux disgracié fut bien forcé de s'arrêter et de faire la révérence.

— Monseigneur, dit-il, regardez-moi.

Monseigneur le regarda et répondit :

— Ah ! bonté divine ! qu'avez-vous là ?

— Je porte les marques de vos gendarmes, Monseigneur. Mais d'abord, permettez, ajouta-t-il en comprimant sa colère avec une vigueur qui n'était pas sans noblesse, permettez que je demande pardon à mon hôte de venir le troubler chez lui, — là où son repos devrait m'être sacré, — mais la douleur l'emporte, Monseigneur, la douleur, mêlée à une sorte d'indignation; — pardonnez, je vais me modérer; —pardonnez, de grâce !

L'infortuné suffoquait.

Monseigneur s'avança vers lui, lui prit la main avec compassion, et le considérant au jour :

— Mais vous êtes affreusement défiguré, dit-il, pour le consoler sans doute. Digne prince !

Le duc grinça des dents.

— Croyez, Monseigneur, murmura-t-il, que si ces hommes n'étaient pas à vous, justice serait déjà faite.

— Justice de quoi ? dit le Dauphin avec calme.

—Mais, ne trouvez-vous pas l'insulte suffisante? Permettez que je vous instruise.

Et il se mit à raconter que ses gens avaient été attaqués, blessés par les gendarmes, l'un d'eux tué ou à peu près sur la place; que lui, dont on était venu réclamer l'aide, avait reçu même traitement, non pas des gendarmes seuls, mais de leur chef, ce qui est beaucoup plus grave. Le duc nomma et accusa Clermont en des termes violents, il termina par un appel à la justice et à l'impartialité de son hôte.

Monseigneur, pendant ce récit, avait écouté attentivement, mais sans l'intérêt que la pantomime expressive et la véhémence du narrateur s'efforçaient d'exciter en lui.

— Je savais déjà l'affaire, répondit-il, on me l'avait contée, — pas comme vous ; — notez que je ne choisis pas entre les deux versions, je compare. Évidemment votre parole, monsieur le duc, doit l'emporter, mais souffrez que je vous dise le thème des adversaires.

Ce mot adversaires hérissa le duc, qui fronça le sourcil.

— Mes gendarmes, continua le Dauphin, prétendent qu'hier, ayant voulu reconduire leur enseigne Clermont, qu'ils aiment — c'est leur fantaisie — et ledit enseigne ayant désiré faire ses adieux à un ami qu'il a au village de Fleurines, dix gendarmes, plus les deux brigadiers, ont accompagné ledit Clermont jusqu'à Fleurines, et l'ont attendu à l'entrée du village tandis qu'il embrassait l'ami en question.

Le duc frémit de colère et haussa les épaules.

— Enfin, voilà ce qu'ils prétendent, interrompit Monseigneur : je ne dis pas qu'ils doivent être crus. Donc, tandis qu'il attendaient, vos hommes se seraient glissés jusqu'à eux dont le petit groupe tenait la route, et ils auraient voulu passer.

— C'était leur droit, je suppose, s'écria le duc.

— Croyez que je ne le leur conteste pas. Ils auraient, dis-je, voulu passer avec tant de précipitation qu'il ont culbuté deux ou trois gendarmes. Ces gendarmes sont pointilleux, je l'avoue. De là des reproches, puis des coups.

— Et M. de Clermont! et ses menaces! et ses violences ! et l'épée brisée qu'il m'a osé jeter au visage ! Voyez ! et toute cette scène scandaleuse, dont le dénouement a été un crime ! car c'est un crime, je pense, de toucher au visage un prince du sang !

Monseigneur laissa passer le torrent.

— Comment diable vous trouviez-vous là? dit-il avec politesse.

— Mes gens m'ont demandé secours.

— Quoi! ils ont eu le temps d'aller de Fleurines vous chercher à Chantilly, et vous avez eu le temps d'arriver sur le théâtre de la lutte ? voilà ce que je ne puis parvenir à m'expliquer... Vous étiez là, tout près : c'est plus vraisemblable.

Le duc, embarrassé, aima mieux se cabrer que de répondre.

— Et quand il serait vrai ? dit-il en pinçant ses lèvres; et quand je me serais trouvé là? De bonne foi, Monseigneur, songerait-on à me le reprocher ?

— Non, mais vous avouerez que votre présence a tout gâté : d'abord, vous vous êtes commis avec des inférieurs; vous, un grand prince. Ensuite vous avez été atteint, ce qui change une échauffourée insignifiante en un crime. Enfin votre présence au milieu de vos gens semble confirmer le dire de mes gendarmes.

— Qui disent...

— Qui disent que Clermont avait raison de se défier, que vous avez contre lui quelque haine inexplicable, laquelle haine cherchait l'occasion de se satisfaire, et s'est satisfaite. Voilà ce qu'ils prétendent, entendez-vous bien? Ce n'est pas moi qui avance cela.

Rien de plus terrible et de plus burlesque en même temps que la physionomie du malheureux duc dont chaque jeu produisait une indescriptible grimace.

—Eh bien ! s'écria-t-il, oui, je hais ce Clermont,

oui, je l'ai loyalement provoqué à vider la querelle, comme s'il eût été prince, comme si j'eusse été hobereau. Le lâche! il n'a pas voulu de cet honneur, il y a répondu par un abus de sa force brutale, il m'a brisé et lancé au front mon épée.. Il a excité ses hommes à se ruer sur moi et les miens ; Monseigneur, la réparation que je n'ai pu obtenir par moi-même, vous, son maître, vous me la donnerez, n'est-ce pas ?

— Clermont n'est plus en France, dit Monseigneur.

— Soit! je le retrouverai. Mais les gendarmes, ses complices, y sont. Que dis-je! ils sont ici, chez moi!... chez vous, Monseigneur.

— Voici ce que nous allons faire, interrompit le Dauphin... D'abord vous vous calmerez, puis, comme entre vous et moi il ne peut y avoir que réciprocité de bons offices, nous nous ferons mutuellement quelques petites concessions. Je commence. Tous mes gendarmes vont être envoyés aux arrêts.

Le duc avec animation :

— D'abord! et ensuite?...

— Ensuite, dit tranquillement Monseigneur, vous enverrez vos gens à la prison du bailliage.

Le duc bondissant :

— En prison! les victimes... jamais, Monseigneur, jamais.

Le Dauphin subitement refroidi :

— N'en parlons donc plus, monsieur, dit-il. Pas de prison pour les vôtres, pas d'arrêts pour les miens.

— Je me plaindrai au roi.

— C'est précisément ce que j'allais vous conseiller de faire, continua Monseigneur. Le roi est notre maître à tous. Il sait toujours et en toute chose découvrir la vérité. C'est lui qui jugera le différend. Au surplus, j'avais si bien prévu votre réponse que, pour ne rien compliquer entre nous par le contact de vos gens et des miens, j'ai dès le matin commandé mes équipages pour le départ, et, en ce moment, mon capitaine des gardes annonce ma détermination à M. le prince.

Le duc stupéfait fit un pas vers le Dauphin comme pour le prier de réfléchir.

— Oh! soyez parfaitement tranquille, mon hôte, dit gracieusement Monseigneur; votre hospitalité a été si cordiale que je saurai la payer par les meilleurs procédés. Ne disons rien de cela à personne, pas même à votre père. Voilà M. de Conti, votre cousin, parti pour la Pologne. Plus de fête possible à Chantilly. Le prétexte du départ est tout naturellement fourni par la circonstance. Contons notre petit démêlé au roi, qui donnera ses ordres, — et plus de nuages; ce qui arrivera arrivera. Mes chevaux !

Les deux princes se séparèrent; le duc, pour courir à Versailles et arriver le premier; Monseigneur, pour activer ses adieux à M. le prince. Et madame de Conti ne fut pas la moins vite prête au départ, qui s'effectua sur-le-champ, comme on l'a vu. Quant à la duchesse, deux heures après elle ne riait plus si fortement. Elle avait fait deux couplets qui arrivèrent avant son mari à Versailles.

Voilà ce qui s'était passé à Chantilly.

Lorsque Didier apprit de Robert, au retour de ce dernier, non pas tous les détails, mais l'ensemble de cette nouvelle aventure, au lieu de fonder, comme son frère, le plus sérieux espoir sur la protection de Monseigneur, au lieu de répéter que l'affaire était finie, et que, ne lê fût-elle pas, les conséquences n'en sauraient être fâcheuses que pour M. le duc, Didier, défiant et dûment averti, secoua la tête, garda le silence afin de ne pas alarmer Robert, mais il lui recommanda discrétion et prudence. Il convint avec M. de Montvalat de toutes les démarches qu'ils avoueraient durant cette nuit périlleuse ; il insista sur l'obligation de ne mettre en jeu ni la princesse ni Monseigneur ; il conseilla à son frère de tout rejeter sur Clermont, puisqu'il était absent et insaisissable ; enfin, après les mille pressantes recommandations d'un homme clairvoyant et d'un frère tendre, il laissa Robert rejoindre son détachement, et revint seul à Fleurines avec une inquiétude passée à l'état de fièvre.

Quand il s'agit d'affronter les coups de la fortune, l'homme est mieux placé au centre des villes. Partout il y trouve des points d'appui, des exemples de courage ou des excitations à se bien défendre. Car, disons-le, les coups qu'on est convenu d'attribuer à la fortune, c'est toujours d'un homme qu'on les reçoit, et d'un homme heureux de les transmettre. Le coup reçu, au contraire, la plaie faite, on est mieux aux champs pour guérir. La solitude est le baume universel, la panacée. Le lotus des anciens croît dans la solitude. Lorsque Didier se rapprocha de son nid solitaire, lorsqu'il revit les larges clairières, les luzernes en fleurs, la douce inflexion des collines amies, et qu'à l'aspect des grands sapins verts le calme fut rentré dans son cerveau par les yeux, il n'oublia pas, non, mais il ne souffrit plus. L'âme de la nature est si vaste qu'elle absorbe dans son immensité les murmures et les secousses de notre âme. Le grand tout guérit nos petits riens.

Le curé de Fleurines avait promis des nouvelles au hameau. Il déclara qu'il ne pouvait encore rien dire, que la chose était grave, que les coupables seraient punis. Ce peu suffit aux bons bûcherons de Fleurines. Ainsi, de nos jours, quand on a lu quelque part : la justice informe, chacun est satisfait.

La journée fut employée, outre les travaux ordinaires, à l'examen de toutes les combinaisons qui devaient assurer, en cas d'informations judiciaires, le secret des deux nouveaux époux et la justification des témoins. Ce fut alors que Didier s'applaudit d'avoir retrouvé l'acte de mariage sans toutefois qu'il fût à la portée du premier curieux envoyé par la cour ou par M. le duc à la découverte. Cet acte, que Didier pouvait seul représenter au besoin, garantissait désormais le salut de Clermont, le repos des deux frères, l'honneur de la princesse. Il compromettrait sans doute la liberté, la vie même du prêtre assez audacieux pour l'avoir rédigé clandestinement, sans consulter le roi. Mais quand un danger ne regardait que lui, Didier n'en tenait pas compte. Il ne lui fit pas seulement l'honneur de le parer.

XXXIII.

Vers le soir, Didier entendit les pas d'un cheval dans la rue du village. Presque au même instant Adrien accourut. Il courait toujours, ce brave Adrien, et, d'un air saisi, annonça la visite du révérend prieur de Saint-Christophe. Didier savait que le prieur, riche de quatre bénéfices, résidait dans le plus important en Touraine, et n'avait jamais paru à Saint-Christophe, dont les revenus l'allaient trouver sans qu'il se dérangeât.

— Par quel hasard? se dit-il à lui-même.

Mais Adrien répondit, prenant l'exclamation pour lui:

— Oh! monsieur le curé, ce n'est pas l'ancien prieur, c'est le nouveau, une drôle de figure.

— Il y a donc un nouveau prieur? Fais entrer, dit tranquillement Didier.

Et il se dirigea vers la porte du rez-de-chaussée pour ne pas faire attendre le visiteur.

Dubois entra. Didier, en l'apercevant, pensa qu'Adrien était passablement physionomiste, et lui aussi répéta tout bas en saluant:

— Quelle figure!

De son côté, le nouveau venu parut surpris de voir un curé jeune, sévère et beau. Cet habile analyste du cœur humain fut contrarié par toutes les choses qu'il lut sur ce noble visage.

— Monsieur le curé, dit-il avec le plus affable sourire, je suis le nouveau prieur de Saint-Christophe, votre voisin, et ma première visite est pour vous.

Didier s'inclina gracieusement en homme qui sait vivre. Il fit les honneurs du presbytère avec une courtoisie modeste et de bon goût qui acheva d'embarrasser le nouveau venu.

— Il y a donc un nouveau prieur nommé à l'abbaye? demanda Didier quand tous deux furent assis et que, selon l'usage de la campagne, les rafraîchissements eurent été servis, auxquels Dubois avait déjà jeté un coup d'œil, moins peut-être pour en profiter que pour en tirer des inductions du caractère de son interlocuteur.

— Vous l'ignoriez? dit-il avec enjouement; vous avez donc pas sollicité le bénéfice?

— Mon Dieu! non, répliqua candidement Didier.

— Moi non plus, dit Dubois, la bienveillance toute spontanée du roi m'y appelle.

— Me ferez-vous l'honneur, monsieur, de me dire à qui j'ai l'avantage de parler?

— Voilà ce que j'eusse voulu éviter, pensa Dubois. — Monsieur le curé, reprit-il avec aisance, mon nom ne vous apprendra point grand'chose. Certes, j'ai eu l'honneur d'élever un prince du sang, mais si rien n'est plus illustre que le nom de mon élève, rien n'est plus obscur que le mien. Je suis le précepteur de S. A. R. le duc de Chartres.

— Ah!... M. l'abbé Dubois alors, répliqua Didier d'un ton de glace, qui accueillait invariablement ce nom-là partout où il retentissait.

Dubois salua.

— Suis-je connu! pensa-t-il. Ai-je une réputation atroce! Et n'est-il pas admirable de voir qu'en vingt ans de vertus et de bonnes œuvres, un homme n'arrive pas à être connu du marguillier de sa paroisse, tandis que deux ou trois pauvres petits vices font en si peu de temps le tour du monde? Mais voilà un jeune zélé qui me paraît intolérant. Soyons modeste!

— Oui, monsieur, reprit-il, je suis prieur de Saint-Christophe, mon prédécesseur ayant été nommé évêque, sous condition de résidence. Pour moi, la résidence est une condition essentielle. Je vais m'établir irrévocablement ici. J'oublierai tout ce que j'ai été forcé de voir et de faire dans un foyer de péché et de scandale. Je m'y oublierai moi-même.

En parlant ainsi, Dubois, qui savait pâlir à son gré, avait pris les airs mornes et le masque ascétique d'un père du désert.

— Le bénéfice est bien opulent pour quelqu'un qui voudrait y faire retraite, interrompit Didier avec un sardonique sourire.

— Oh! monsieur le curé, repartit Dubois avec finesse, je ne compte pas mortifier ma chair et user ma vie dans les macérations. Je laisse ce supplice à ceux qui ont besoin d'étouffer leurs remords. Dieu merci! mon passé, s'il n'est pas exempt de fautes, l'est de mauvaises actions et de crimes. Je résiderai à Saint-Christophe, j'y dépenserai mes revenus, choisissant autour de moi la bonne société, rejetant la mauvaise. J'appelle mauvaise société les cafards, comme les débauchés. Dieu a créé mille choses bonnes dont il veut qu'on jouisse; et quand ces bonnes choses se rencontrent dans un bénéfice qu'il nous envoie, les négliger serait une sorte d'ingratitude ou de mépris pour le bienfait divin. J'ai l'humeur enjouée, monsieur le curé; cependant, avec moi, l'enjouement a des limites. Est-ce là une morale qui vous scandalise?

— Tout au contraire, monsieur, elle m'enchante.

— Ainsi, s'écria Dubois, voilà d'excellent vin que vous m'offrez. Me croiriez-vous un ivrogne, si j'en buvais? Si telle était votre idée, vous seriez donc un provocateur en remplissant mon verre? Vous m'inciteriez donc au péché? La mauvaise action viendrait de vous.

Aussitôt, avec un malicieux regard, Dubois tendit son verre pour le choquer contre celui de Didier qui y mouilla ses lèvres. Dubois l'imita béatement. Les deux verres redescendirent à peine effleurés sur la table.

— Décidément, j'ai affaire à un janséniste, pensa Dubois; on ne m'avait pas trompé. C'est un petit bonhomme de plâtre; tenons-nous bien!

— Je vois, M. le curé, dit-il, oui, je vois à votre air réservé que vous avez défiance des prieurs de Saint-Christophe, et que me voyant arriver ici avec ma réputation d'abbé de cour, vous craignez que je ne vous laisse tout à faire comme mes prédécesseurs. Non, rassurez-vous, je m'occuperai de mes ouailles. La richesse ne me troublera pas — elle m'éclaircira l'esprit. Être riche, c'est n'avoir plus la crainte d'être pauvre. E comme le dit Boèce:

Gaudia pelle,
Pelle timorem
Spemque fugato.

Connaissez-vous, M. le curé, cette charmante odelette de Boëce? Vous devez la connaître. Vous sentez votre lettré. En vérité, c'est une chanson plutôt qu'une ode.

> Nubila mens est
> Vinctaque frænis
> Hæc ubi regnant.

C'est-à-dire que tout ce qui préoccupe l'âme la trouble comme un nuage voile le ciel.

> Nubibus atris
> Condita, nullum
> Fundere possunt
> Sidera lumen!

La pauvreté, c'est l'impossibité de faire le bien : c'est par conséquent le dégoût du travail, c'est un limon qui se répand sur la sérénité de l'âme et empêche les regards d'y pénétrer comme ils doivent pénétrer dans le cœur et la maison de tout digne ecclésiastique.

> Vitrea dudum
> Parque serenis
> Unda diebus
> Mox, resoluto
> Sordida cœno,
> Visibus obstat.

— En vérité, monsieur, voilà de charmants vers, répliqua froidement Didier ; je ne les connaissais pas. J'ai si peu le temps de lire autre chose que mon bréviaire! Mais je crois que l'auteur leur donne un sens précisément contraire au vôtre. C'est, il me semble, un éloge qu'il fait de la pauvreté, du désintéressement et de la parfaite liberté de l'âme. Or, votre bénéfice, source de cette richesse, vous devez l'avoir désiré ; vous devez être tout au bonheur de le tenir, et vous craindrez vivement de le perdre. Joie, crainte et espoir sont trois gros nuages ; l'un d'eux suffirait à vous empêcher souvent de travailler pour vos ouailles. Le soin des moissons, la vente du bétail et les bonnes années de vigne, ont détruit toutes les bonnes intentions de vos prédécesseurs.

Dubois se leva, un peu désappointé de n'avoir pu encore entamer cette solide cuirasse. Il prit un air contrit, et, baissant la voix en même temps qu'il se rapprochait de Didier :

— A qui le dites-vous, murmura-t-il. Jamais pareil scandale n'avait frappé mes yeux. J'en arrive, du prieuré. J'ai voulu voir! j'ai vu! oh!

Peu s'en fallut qu'il ne se signât de souvenir.

— Et qu'avez-vous vu? demanda paisiblement Didier.

— Oh!... c'est une honte. La chapelle fermée, la halle ouverte, plus d'ornements sacerdotaux, mais tout un appareil de poids et mesures. Ce n'est plus le temple du Seigneur, monsieur le curé, c'est une ferme et une boutique à la fois. Les moines sont des commis ou des employés. Enfin, monsieur, croiriez-vous que j'ai trouvé partout les livres d'achats et ceux de ventes, les registres de caisse et de magasin en ordre et parfaitement tenus et contrôlés, tandis que l'on n'a pas pu me montrer les registres de la paroisse?

Didier fit un mouvement que Dubois dût prendre pour un mouvement de surprise indignée.

— Oui, monsieur le curé, poursuivit-il, pas de registres, est-ce assez scandaleux !

— M. le prieur, répliqua Didier, vos prédécesseurs avaient en quelque sorte résigné leur autorité spirituelle ôt laissé aller leurs priviléges ecclésiastiques qui ont été recueillis par mon prédécesseur à moi, un digne prêtre quelque peu ignorant, mais honnête et laborieux.

Dubois écoutait, ou plutôt il le dévorait des yeux, pendant qu'il parlait ainsi.

— Tout cela est bon, interrompit-il, mais cette négligence est criminelle. Voilà une chaîne rompue, comment en renouer les bouts ! Moi qui arrive avec l'intention de tout sacrifier au côté spirituel de mes fonctions, moi qui veux rouvrir l'église et fermer le magasin, j'aurai donc les livres du magasin et non ceux de l'église ; je serai à la tête d'une paroisse de chrétiens dont pas un ne pourra prouver qu'il a été baptisé ou que son père est mort. Tous mes paroissiens seront donc bâtards, puisque pas un ne pourra prouver le mariage de ses père et mère. Ces registres sont quelque part, cependant.

Didier frémit.

— Ils sont ici, répliqua-t-il faiblement.

— Oui, on me l'avait dit, mais y sont-ils en effet? riposta Dubois, dont le regard cette fois fut évité par le jeune prêtre. Et aussitôt il s'en étonna, car un moment avant il se fût plutôt plaint d'être regardé trop en face.

— Assurément ils ont été transportés au presbytère, monsieur, dit le jeune homme.

— Ou égarés, s'écria Dubois en haussant les épaules. Allez, monsieur, ces brutes matérielles les auront égarés ou en auront fait des cornets pour leurs marchandises.

Une idée mauvaise, un feu follet traversa l'esprit de Didier : c'était la tentation de répondre qu'en effet ces registres étaient égarés ; mais il vainquit ce désir coupable, non sans une secrète résistance de l'instinct qui lui criait : Défie toi !

— Non, monsieur, dit-il, rassurez-vous. Le dépôt a été remis à mon prédécesseur. Je l'ai reçu de lui. Ces registres existent. Je les ai.

Si Didier n'eût pas eu devant les yeux un bandeau, celui d'une des passions que proscrivait Boëce, il eût remarqué l'éclair d'infernale joie qui s'alluma et disparut sur le visage blême du prieur de Saint-Christophe.

— Eh bien! alors, dit Dubois soudainement rasséréné, puisque vous les avez, mon cher ami, cela me suffit. Ils sont bien ici, tous mieux que là-bas. N'en parlons plus, vous m'avez un peu remis le cœur et l'âme ; ma conscience ne s'inquiétera plus autant des bâtards et des orphelins.

Il fit quelques pas dans la chambre, admirant, s'extasiant, mais dans la mesure nécessaire avec un auditeur si délicat.

— Quel ordre! quelle propreté de bon goût! Comme tout ici rassure l'âme et l'élève!

Didier remercia. Son cœur sans fiel se réconciliait déjà avec l'homme méprisé qu'il espérait voir s'améliorer dans la retraite et la prière.

Dubois se pencha sur la table.

— Voici vos occupations : études sur les pères de l'Église.— Ah ! monsieur le curé, vertueux et savant ! Vous commentez en actions le chapitre de Saint-Augustin : *De qualitate scientiæ quæ dæmones superbos facit...* Vous mettez en œuvre ce mot magnifique de l'apôtre : *Scientia inflat, charitas vero œdificat.* La science enfle et la charité édifie.

Ah ! mon jeune ami, si Dieu me prête vie, l'archevêque saura ce qu'on trouve ici lorsqu'on vient vous y surprendre. Suis-je assez heureux ! un pareil voisinage !... un travailleur, un théologien, un ami des lettres !...

Il s'approcha de la bibliothèque.

— Beaux livres ! bons livres ! Ah ! voilà le Lucrèce de Lambin, et un Homère magnifique.... L'édition de Demetrius Chalcondyle, Bernard Nerlius, 1488, la première édition qu'on ait faite d'Homère. Tiens ! vous avez un bel Ambroise Paré. L'édition de Buon, c'est celle que je préfère. Est-ce que vous vous occupez aussi de médecine ?

— Il le faut bien, pour tous ces malheureux qui sont si loin du médecin et si près de la maladie, répliqua Didier, non sans un certain attrait pour le singulier personnage si facilement érudit, si simplement poli et affectueux, dont l'œil exercé s'arrêtait juste sur chaque ouvrage digne de remarque.

Dubois parcourait tout en causant chaque rayon et chaque casier.

— J'ai une assez bonne bibliothèque, dit-il, heureusement, car ces ânes de Saint-Christophe n'ont qu'un *Savant jardinier* et un *Traité des bêtes à laine.* Je vais la faire venir, vous y puiserez, je l'espère. Ah !... voici de gros livres ! des manuscrits, peut-être !

Il était arrivé à son but. Devant le casier des registres de Saint-Christophe, Didier s'approcha vivement.

— Ce sont, dit-il, les actes de ma paroisse, et avec eux, les trois registres que vous croyez perdus tout à l'heure.

Dubois rougit de plaisir. Ses yeux s'attachèrent à ces reliures sombres, et il étendit soudain les doigts vers les volumes, mais se retenant :

— Ma foi ! dit-il, c'est bien assez de les voir, sans y toucher; j'aime mieux parcourir une autre littérature.

Parlant ainsi, il passa en riant devant le casier, alla feuilleter un livre d'Heures, *avec les figures de la vie de l'homme,* auxquelles il parut donner toute son attention.

Cependant, derrière lui, Didier, après ce péril passé, respirait et s'essuyait le front.

La nuit tomba. Adrien monta des lumières. Didier ne savait comment interrompre son hôte dans la revue bibliographique qu'il passait avec tant d'esprit et d'ardeur; mais Dubois se retournant tout à coup :

— Monsieur le curé, dit-il, mon estomac m'avertit que l'heure du souper approche, l'avez-vous oublié ? Vous devriez, par charité chrétienne, m'inviter à votre table. Je n'ai pas voulu souper à Saint-Christophe chez ces marchands de beurre et de laine qui m'ont dégoûté. J'ai fui mon prieuré pour vous faire visite, et je comptais ne vous dérober qu'un quart d'heure. Mais, je le vois, le plaisir de votre compagnie l'a emporté sur la politesse : me voilà maintenant enfermé dans ce dilemme : ou tomber de besoin avant d'arriver à Senlis, ou vous dire sérieusement : « Invitez-moi. »

— Je me tromperais fort, si votre couvert n'était pas mis, monsieur le prieur, répliqua Didier. Mieux vaut s'exposer à être refusé quand on offre, que de n'offrir pas. C'est un de mes principes fort respecté de mes gens. Vous plaît-il que nous nous mettions à table?

En même temps, il prit un flambeau et passa devant Dubois enchanté, qui, tout en le suivant, jeta un furtif et juste regard sur les casiers aux vieux registres.

On soupa. Le repas fut gai... aussi gai que peut l'être un repas fait par deux convives, dont l'un parle toujours, et mange de tout, tandis que l'autre se tait et ne touche à rien. Mais Didier savait l'art de rendre imperceptibles sa discrétion et sa sobriété. Tout autre que Dubois ne se fut aperçu ni de l'un ni de l'autre, mais Dubois remarqua vite ces deux fâcheuses vertus.

— Il observe toujours, et ne boit jamais, dit-il, diable, diable ! il me faudra coucher ici !

Il fit traîner si longtemps le souper par ses récits, son enjouement, ses citations intarissables, qu'onze heures sonnèrent au milieu du dessert.

Aussitôt qu'il entendit les onze coups, Dubois, comme un homme qui s'éveille en sursaut, se leva.

— Votre horloge va mal? demanda-t-il jouant l'effroi.

— A merveille, monsieur le prieur, dit le curé en riant.

— Vite ! vite ! s'écria Dubois. Ah ! cher confrère, excusez-moi, excusez mon maudit bavardage. — Mon cheval, je vous prie !

— Votre cheval doit dormir, répliqua Didier. Auriez-vous le courage de le déranger quand il se trouve si bien?

— Oh !... l'on m'attend à Senlis !

— Senlis est encore loin.

— N'importe ! je pars... il le faut.

Didier, rompu à toutes les fatigues, aguerri contre tous les malaises, ne trouva pas surprenant qu'un cavalier s'embarquât à pareille heure. Il l'eût fait, lui. Il n'insista donc pas, et commanda d'un signe à Adrien d'aller seller le cheval de M. le prieur.

— Eh bien ! il me laisse partir ! se dit Dubois épouvanté. Diantre ! voilà qui ne fait pas mon compte.

— C'est tout bon chemin, d'ici à Senlis, n'est-ce pas? reprit-il.

— Par les bois, oui, monsieur, répondit Didier.

— Comment! par les bois ?... toujours les bois !

— Toujours.

Dubois s'approcha de la fenêtre.

— On dirait qu'il pleut, fit-il.

— Mais, non.

— Il vente, alors, il tonne même. Quel abominable temps !

— Le ciel est un peu couvert, mais la nuit est superbe.

— Damné petit cagot ! grommela Dubois, il ne comprend donc pas?

— On assassine un peu par ici, n'est-ce pas? demanda-t-il.

— Jamais.

— Cependant, que me racontait donc le frère portier de Saint-Christophe, cette nuit... des coups de feu, du sang sur un chemin?

Didier tressaillit. Dubois le regardait uniquement pour voir s'il s'attendrirait. Le jeune prêtre trembla que son insistance n'eût quelque autre motif.

— Des braconniers, dit-il, qui auront tué un daim ou un chevreuil.

— Eh! n'importe, s'écria Dubois, une balle est aveugle: si ces braconniers allaient manquer leur daim et me tuer! Peste soit de la nuit... un vrai four!... Faut-il avoir peu de chance pour être forcé de courir les bois à pareille heure, au lieu de digérer dans un bon lit l'excellent souper que vous m'avez donné.

— Qui vous force, demanda Didier, de courir les bois avant demain?

— Allons! pensa Dubois, décide-toi donc, petite brute!

Il résulta de cet entretien que Didier offrit la chambre tant désirée. Dubois l'accepta en homme ivre de sommeil et de reconnaissance. C'était la chambre occupée tant de fois par le pauvre Clermont pendant ses visites à Fleurines. Dubois remarqua qu'elle donnait sur le palier vis-à-vis de la bibliothèque.

Installé avec des soins et des civilités qu'il reconnut par les compliments les plus flatteurs, par les plus séduisantes promesses, il s'endormit ou plutôt feignit de s'endormir avant même que Didier n'eût regagné sa chambre, dont il entendit avec joie se refermer la porte à l'étage supérieur.

Quand tout mouvement fut éteint dans la maison, quand il reconnut au-dessous de lui le ronflement sonore d'Adrien et ne distingua plus en haut la petite toux sèche de Didier, Dubois laissa passer encore une heure. Alors il se leva et commença par ouvrir sa porte, que par précaution il avait entrebâillée d'avance, alors qu'il y avait encore assez de bruit dans la maison pour couvrir celui-là.

Il fut plus difficile d'ouvrir sourdement la porte de la bibliothèque; Dubois y déploya une adresse digne des plus fameux essayeurs du mannequin à sonnettes de la cour des Miracles, et lorsqu'il eut pénétré dans cette chambre, il s'assura que rien n'avait bougé dans le presbytère.

Afin d'assurer le succès de son opération, il ne voulut point prendre une lanterne qui l'eût trahi. Il connaissait suffisamment la position des meubles, l'étendue de la pièce, l'endroit du mur où s'attachait le fameux casier, il avait, en un mot, pris ses dimensions avec assez de précision pour être sûr de ne point se heurter en marchant droit aux registres. En effet, il les rencontra de ses mains clairvoyantes, les palpa, les reconnut, et emporta sa proie dans sa chambre où il avait laissé brûler la bougie.

Faut-il décrire ses palpitations d'impatience, ses angoisses, la précipitation mille fois contenue avec laquelle il ouvre et parcourt ces registres? Une oreille au guet, l'œil allumé, les doigts fré-missants, il feuillette, non, il épluche chaque volume, enfin, comme il arrive toujours quand on cherche, il ne trouve sa page qu'au troisième registre, mais il la trouve, elle apparaît, la voilà!

Oh! c'eût été un tableau pour vous, Ostade, pour vous, Miéris, pour vous, Decamps, ce singe accroupi sur un lit défait et faisant claquer de joie ses dents de porcelaine!

Il relut son acte de mariage, dont il admira longtemps les pattes de mouche avec des moues, avec des hochements de tête indescriptibles, riant sans bruit, répétant des lèvres :

— Marotte! pauvre Marotte! La bonne rente qu'a Marotte! le bon acte de mariage qu'a Marotte!

Il prit vivement sur sa table un canif bien aiguisé à l'aide duquel il commença à séparer la feuille du livre, coupant le plus près possible de la jointure, pour que l'ablation ne parût pas.

Le feuillet resta dans sa main.

— Brûlons-le vite! dit-il, pour ôter à cette bonne Marotte tout espoir de me faire pendre.

Et il s'approcha de la bougie, mais le papier glissa entre ses doigts et vola au milieu de la chambre, où Dubois se précipita pour le ramasser.

Du même mouvement il le présenta au flambeau; mais une grosse écriture, des signatures hardies frappèrent sa vue, il ne reconnaissait plus la plume indécise du prieur de Saint-Christophe.

— Aurais-je coupé un feuillet pour un autre? se dit-il. Cette page-là n'est pas la mienne. Halte-là, madame Dubois!

Il regarda de plus près :

— *Signé Clermont...* Eh!... *Signé Marie-Anne, princesse douairière de Conti.* Hein!... *Par-devant nous, Jules Didier de Montvalat, curé de la paroisse de Fleurines...* Quoi! l'acte de mariage de Mme de Conti et du comte de Clermont!... avec les Montvalat pour témoins!... célébré hier!... hier, grand Dieu!... C'est un rêve que je fais! balbutia Dubois dont les cheveux plats et rares se hérissaient, dont les genoux s'entrechoquaient, tandis qu'il essayait de mieux lire ou de mieux comprendre par quelle raison le mariage d'hier se trouvait écrit sur le vieux registre du prieuré.

Eh, pardieu! pour mieux dérouter les soupçons! Il est rusé, le petit janséniste!

Oh! s'écria-t-il en baisant la feuille, combien le roi va-t-il me payer cette nouvelle et cette page! sa fille, mariée clandestinement!... C'est la ruine des bâtards! c'est toute une révolution à la cour!... oui... mariée... bien mariée... Oh! la Maintenon donnera un million de cette feuille! Et moi qui allais la brûler! Misérable!... Je veux un million et un archevêché.

Comme il achevait ce vœu modeste, il retourna la page à l'endroit et pâlit.

— Mon mariage à moi qui est derrière, murmura-t-il la sueur au front... Si je montre le revers on verra l'endroit... on me pendra!... Peste! la vie d'abord!... brûlons l'archevêché! brûlons le million... brûlons!

Il poussa furieusement la pauvre feuille vers la flamme, puis s'arrêtant soudain :

— Et qui me dit que le roi n'est pas mort en ce moment ou qu'il ne mourra pas demain des suites de l'opération? Et s'il meurt, le Dauphin règne, le Dauphin protecteur de ce Clermont... ami tendre de Mme de Conti... leur confident peut-être! et alors j'aurai fait une belle affaire, moi, en détruisant l'acte de leur mariage; le petit curé s'en apercevra, m'accusera; Clermont me passera son épée au travers du corps, Mme de Conti me fera rouer... Diantre!... un moment!... ne brûlons pas encore!

Il s'assit au bord du lit, ses maigres jambes pendantes, une main inquiète caressant son nez, l'autre agitant avec mille égards la feuille maudite...

— Envers! endroit!... murmura-t-il, double face de toute chose ici-bas, lumière et ombre de toute créature à la cour... L'endroit de Louis XIV, c'est le roi, le grand roi, le maître de l'Europe : son envers, c'est la femme du cul-de-jatte Scarron. Monseigneur, son fils, est, à l'endroit, dauphin de France, héritier présomptif; à l'envers, c'est le mari de la Choin. La grande Mademoiselle est, à l'endroit, petite fille de Henri IV, la plus grande princesse du monde; à l'envers, elle est madame Lauzun. Madame la princesse douairière de Conti, fille de la sainte La Vallière, vient d'épouser Clermont sur l'envers de cette même page, qui a pour endroit le mariage de Dubois avec la Marotte, et celle-ci a signé d'une croix, en forme de potence. O vanité des grandeurs! ô malice des augures!

Non, la fortune n'a pas fait ce jeu pour qu'on le détruise!

Une pareille découverte doit profiter à quelqu'un. Pourquoi pas à moi? Si le roi échappe à l'opération, s'il survit et que l'on m'accuse... Eh bien!... la preuve! Ce n'est pas le roi qui la demandera, cette feuille pleine de son déshonneur! D'ailleurs, je n'irais pas lui montrer l'endroit... mon sacrilège!... S'il survit, je la brûle. Mais, s'il meurt, oh! alors, à Clermont menaçant, à la princesse furieuse, que ce jeune curé aura ameutés contre moi : « Voyez, dirai-je, le roi m'avait ordonné d'arracher cette feuille et de la détruire. Je lui ai désobéi; je vous l'ai conservée. » Regarderont-ils à l'endroit? Liront-ils mon mariage?... Non... Et d'ailleurs, que m'importe? Ils admireront mon dévouement et ma candeur, puisqu'au risque de me ruiner en dévoilant une faute de jeunesse, j'aurai laissé subsister ce témoignage que tout autre à ma place eût brûlé cent fois! On me pardonnera, on m'enrichira, on me suppliera de me taire... L'envers sauvera l'endroit.

Il plia soigneusement la feuille et l'enveloppa dans sa poche comme une relique; aussitôt une nouvelle idée le fit bondir :

— Mais je ne suis plus en sûreté ici, pensa-t-il. Le petit curé, sachant qu'il garde un dépôt pareil, ne doit pas dormir. Et moi qui lui ai parlé justement des registres de Saint-Christophe..., s'il allait se défier, s'il allait descendre, et ne plus trouver les volumes à leur place!

Il s'approcha effaré de la porte, les volumes dans ses bras, nu pieds, grelottant; il écouta : on n'entendait que le tic-tac monotone de l'horloge, accompagné par les battements de son cœur.

Il retourna dans la bibliothèque et rejeta plutôt qu'il ne remit les registres dans le casier ; puis, un peu soulagé, il revint à son lit où il s'enterra sous les couvertures. Mais, à partir de ce moment, il ne put tenir en place. Chaque cri d'oiseau nocturne, chaque craquement des boiseries le glaçait d'épouvante ; il croyait, au moindre souffle du vent, entendre Didier réveillé. Il jugeait impossible que le jeune curé n'allât pas visiter sa page au premier rayon de l'aube. Il frissonnait, il comptait les minutes. Il devenait fou de peur, fou de l'envie irrésistible d'être dehors. Sans la crainte de faire du bruit en ouvrant la fenêtre, il se fût précipité en bas.

Enfin, s'habillant avec des combinaisons inouïes de statique et d'acoustique, il crut avoir dépensé à cet exercice une bonne moitié de l'inexorable nuit. Mais deux heures sonnèrent. Il en restait trois mortelles jusqu'au jour.

Dubois sentit courir non plus du sang, mais des étincelles dans ses veines. Rester, impossible ; impossible de partir; de ces trois heures, il lui fallut les user seconde par seconde à hésiter entre l'imprudence d'une fuite suspecte et les dangers d'un séjour téméraire.

Cependant un vague reflet d'albâtre vint s'attacher aux vitres. Dubois prit ses chaussures à sa main et se glissa hors de sa chambre : il parvint, guidé par les ronflements, jusqu'au galetas d'Adrien, l'éveilla, lui persuada qu'il était jour. En effet, Adrien y vit assez pour distinguer deux écus de six livres qui tombaient dans sa main ; il comprit mal pourquoi M. le prieur partait sans dire adieu à M. le curé, mais enfin il comprit qu'il fallait seller un cheval : Dubois enfourcha la bête, se fit bien indiquer la route de Senlis, à laquelle tournant immédiatement le dos, il s'enfuit à toute bride par la route de Pont-Sainte-Maxence.

XXXIV.

La princesse de Conti était rentrée à sa maison de Versailles au retour de Chantilly.

Son premier soin avait été de faire expliquer au roi, par un messager sûr, la querelle de M. le duc avec les gendarmes. Elle avait fait en sorte que son récit prévînt celui du duc de Bourbon. Mais le messager n'avait pas été reçu à Versailles, le roi ne recevant personne, sans exception même pour les grandes entrées. Cette circonstance avait complétement rassuré la princesse : en effet, puisque le roi ne se part n'était admis à Versailles, rien n'y pouvait être admis de la part de l'adversaire. Marie-Anne eut soin que l'affaire fût contée dans le bon sens à Chamillart, dont elle connaissait l'esprit conciliant et l'influence sur le roi.

Libre alors de tout souci quant à cette malheureuse échauffourée, elle ne songea plus qu'à bien dissimuler sa joie et son chagrin; sa joie d'être unie pour l'éternité à l'homme qu'elle aimait le plus et qui le méritait le mieux, son chagrin d'une séparation dont elle ne pouvait prévoir le terme.

Monseigneur, bon pour elle, parce qu'elle était excellente pour lui et fort délicate avec Mlle de Choin, devina bien vite quelle couvait quelque peine secrète. Les hommes ne sont pas fort clairvoyants quand il s'agit de lire au fond des secrets d'une femme, cependant le Dauphin ne manqua pas entièrement de perspicacité. Il supposa que Clermont, avant son départ, n'avait pas été indifférent à la princesse ; qu'elle commençait à s'intéresser à lui ; que, s'il fût resté, l'intérêt eût pu se changer en tendresse, mais que son exil rompait tout et causerait à Mme de Conti une tristesse de plusieurs jours. Ces jours d'ennui, le bon prince résolut de les abréger ou d'en rendre le poids moins lourd.

En conséquence, il fit avertir sa sœur qu'il quitterait Meudon pour aller passer deux jours avec elle, — l'occasion était bonne. C'était l'époque d'une revue annuelle qu'il faisait de ses gendarmes en sa qualité de capitaine. Les gendarmes Dauphin étaient une des plus magnifiques compagnies de la maison militaire royale. Chevaux choisis, armes riches, uniformes splendides, noblesse d'élite, jusque dans les simples cavaliers. Cette compagnie avait sa musique recrutée parmi les plus habiles musiciens de l'académie. Rien de plus beau que les timbaliers nègres, en casaques de drap d'or, montés sur leurs grands chevaux blancs. Ces revues étaient fort recherchées à Versailles, et M. le Dauphin se plaisait à les passer chez lui à Meudon pour qu'on lui demandât des invitations qu'il n'accordait qu'avec de grandes difficultés.

Comme cette compagnie était casernée à Versailles et que, dans le trajet de cette ville à Meudon, la pluie quelquefois, la poussière presque toujours, ternissaient en chemin les armes et les équipages, Monseigneur donna ordre que, cette fois, les gendarmes vinssent passer leur revue chez Mme de Conti, dans l'immense cour de sa maison, où le feu prince son époux faisait manœuvrer son régiment d'infanterie sa compagnie de carabiniers, qui était fort belle. Certes, l'intention du Dauphin était une gracieuseté à l'adresse de sa sœur ; mais on eût pu sans médisance faire de cette gracieuseté deux parts, dont l'une pour Mlle de Choin, devant laquelle le prince n'était pas fâché de paraître en tenue militaire et à cheval, où il était de la meilleure mine du monde.

Monseigneur arriva donc le matin à Versailles chez la princesse. Il y dîna vers midi ; la revue devait avoir lieu à deux heures.

Chez Mme de Conti grande et belle compagnie. La cour sablée, ratissée comme une arène, était bordée de curieux derrière les grilles, de têtes entassées à toutes les fenêtres du rez-de-chaussée et du premier. Celle du grand balcon d'honneur, ouverte et garnie de fleurs, attendait la princesse et ses hôtes.

Le dîner fut animé par une gaîté inaccoutumée. Monseigneur, son premier capitaine des gardes, la princesse, Mlle de Choin, Mmes de Lillebonne, en tout huit convives. C'était un cercle intime : le prince, heureux de l'idée qu'il allait monter à cheval pour commander à des soldats ;

Mme de Conti, heureuse de voir manœuvrer la compagnie de Clermont et de retrouver les deux brigadiers, ses témoins de Fleurines ; Mlle de Choin, heureuse de voir tout le monde heureux. Ces dispositions joyeuses éclataient sur tous les visages.

Monseigneur profita d'un moment de répit pour demander tout bas à sa sœur des nouvelles de la plainte dont le duc l'avait menacé à Chantilly. Elle répondit en riant que de tout cela il ne restait plus trace, sinon sous l'œil gauche de monsieur le duc. Et Monseigneur de rire, et chacun de l'imiter sans savoir trop pourquoi. Mais l'occasion était si rare de rire en même temps que Monseigneur !

Après le fruit, après les liqueurs, les valets partis, la confiance s'établit plus cordiale encore entre toutes les personnes unies les unes aux autres par plus d'un lien mystérieux. Dans la petite cour de la princesse et dans celle du Dauphin pas un secret qui ne fût commun, pas une crainte, pas un intérêt, pas un espoir... Cette sympathie à laquelle chacun des assistants obéissait sans y prendre garde entraîna la conversation vers une même idée, comme eût fait un courant magnétique : le roi hostile et vieux, Monseigneur sacrifié aux jalousies royales, éloigné depuis ses succès du commandement des armées, ce même prince, toujours sombre et taciturne, s'épanouissant tout à coup sous un harnais de guerre et retrouvant jeunesse et fraîcheur au premier cliquetis des armes, n'était-ce pas pour les spectateurs, pour les confidents, une révélation assez manifeste ? L'explosion commença aux premiers accords de la musique des gendarmes qui éclatèrent soudain dans la grande cour.

Monseigneur se leva électrisé. Mais, inquiet de ce mouvement, il se rassit aussitôt et demanda un second verre de fleur d'oranger. Les dames, qui s'étaient levées aussi rapides que lui pour courir à la fenêtre, revinrent sur-le-champ et se groupèrent autour de la table.

— Mon frère, dit Mme de Conti, buvons à la première victoire que remportera le Dauphin de France le jour où, au lieu de cette petite musique, cent canons français feront le dessus à cent canons espagnols, allemands ou anglais, le jour où, au lieu d'une compagnie de cent cinquante maîtres qui paradent dans une cour, le Dauphin fera manœuvrer cent mille hommes !

Monseigneur effrayé voulut protester.

— Jamais, jamais ! murmura-t-il. Taisez-vous !

— Un jour, dans une belle plaine d'Alsace ou de Flandres... ajouta Mlle de Choin avec un regard significatif.

— Ce jour-là toute la France sera derrière vous, Monseigneur ! s'écria le capitaine des gardes.

— Silence ! silence ! dit le Dauphin.

— Eh ! Monseigneur, vous n'imposerez pas silence à la destinée, à la nature ! dit Mme de Lillebonne. Il faudra bien que vous vous résigniez à être un grand conquérant malgré vous.

— Un grand homme qu'on n'étouffera pas, dit le capitaine.

— Un grand roi ! dit Mlle de Choin.

Monseigneur et Mme de Conti, ce fils et cette

fille, échangèrent un regard dont l'éloquence traduisait tous les malheurs de ce temps cruel, où les sujets accusaient la longueur du règne, où le père faisait redouter la longueur de sa vie, même aux meilleurs de ses enfants !

La musique des gendarmes défila sous le balcon, à la droite duquel elle vint s'arrêter.

— Oui, ce sera un beau jour, continua Mme de Lillebonne, et nous le verrons ! et nous irons à Reims ! Ma fille brode déjà le rabat du roi ; ma sœur la cravate de son étendard, et moi les fleurs de lis d'or du coussin de velours sur lequel s'agenouillera Sa Majesté !

— Voyez donc Monseigneur ! s'écria la princesse, est-il beau ! a-t-il dans les yeux un feu divin ! est-elle terrible, cette épée qu'il porte comme un Alexandre !

— C'est en grand manteau d'hermine et de velours, en habit de satin blanc qu'il faudra voir Monseigneur, ajouta le capitaine des gardes. Cette noble tête, je l'attends au moment où la couronne viendra l'encadrer de son bandeau de diamants et d'or; et ces yeux étincelants dont parle Mme la princesse, le vrai moment pour les voir briller, ne sera-ce pas quand le tambour battra, quand les canons salueront, quand toute la maison militaire, mousquetaires, chevau-légers, gardes françaises, écossaises et gendarmes tireront l'épée en criant un : vive le roi ! qui fera tomber de peur les oiseaux lâchés sous les voûtes de la cathédrale?

— Oui, oui, dirent les dames qui se rapprochèrent du prince en frappant dans leurs mains : vive le roi !

— Vive le roi jeune et sans orgueil ! dit l'une.

— Vive le roi sage et tolérant! dit Mme de Conti.

— Vive le roi libre dans ses conseils, libre à jamais de suivre les mouvements de son noble cœur, c'est-à-dire de faire le bien ! dit Mlle de Choin avec une énergie qui protestait de sa probité et semblait promettre au nouveau règne le génie d'une Maintenon sans l'ambition comme sans l'hypocrisie.

Le Dauphin s'oublia un moment au milieu de ces caresses, sous la flamme de ces regards, dans l'enivrement de ces vœux aussi ardents qu'ils étaient sincères.

— Allons, allons, voici bientôt deux heures, s'écria-t-il en s'arrachant à ce rêve auquel survécut le sourire. Je crois, mesdames, que nous aurons une revue superbe. Moitié de la compagnie a des chevaux neufs, et mes nouveaux brigadiers sont d'excellents officiers qui ont mis un ordre admirable en toute chose.

— Vos nouveaux brigadiers, qui donc? demanda la princesse pour avoir la joie d'entendre prononcer des noms qui lui étaient chers.

— Les Montvalat, pardieu ! répliqua naïvement Monseigneur.

Et Mme de Conti rougit de plaisir.

— Hélas! il nous manquera le plus brave, le plus beau et le plus dévoué, interrompit Mlle de Choin en se tournant vers Monseigneur.

— Qui donc? allait dire à son tour Monseigneur, oublieux comme un prince. Mais la délicate femme devina le faible de cette mémoire et se hâta d'ajouter :

— Clermont, le cher et digne enseigne de cette compagnie.

— C'est vrai, pauvre Clermont, répondit Monseigneur si tranquillement, que la princesse en perdit ses belles couleurs.

Mlle de Choin s'en aperçut et se préparait à distraire promptement les assistants, mais la diversion arriva d'elle-même. Le premier valet de chambre de Monseigneur entra et lui remit un billet.

— Bah ! vraiment? laissa échapper le Dauphin, après avoir lu la seule ligne que renfermait le message.

Puis se remettant aussitôt :

— Quelques minutes, mesdames, je vous prie, dit-il, j'avais oublié une affaire pressée. — Je reviens. Seulement je vous prendrai madame la princesse.

Marianne s'empressa de suivre son frère, tandis que le reste des conviés, renouant la conversation, revenait aux fêtes du futur sacre et aux prouesses du futur roi.

Quand le Dauphin et la princesse furent dehors :

— Ma sœur, dit le prince, indiquez-moi une sortie absolument secrète, pour que j'aille retrouver quelqu'un qui m'attend hors de votre parc, dans le chemin de ronde, et ne veut pas être vu.

— Venez ! dit Marianne, je vous conduirai moi-même.

— Impossible... répliqua le prince avec hésitation. Si la personne me savait accompagné, elle s'éloignerait peut-être... car elle me recommande de venir seul, absolument seul.

Marie-Anne le regarda sans une nuance de reproche, ou même d'étonnement.

— Fort bien, mon frère. Voici la clef d'un pavillon situé tout près d'ici, derrière le labyrinthe des charmilles. Ce pavillon ouvre sur le chemin de ronde ; de la fenêtre vous verrez et appellerez la personne qui vous attend.

Monseigneur prit la clef. Il allait partir.

— Un mot seulement, dit Marianne : cette personne est donc bien sûre et bien connue, que vous vous risquez ainsi à l'aller trouver sans armes... en un endroit aussi écarté ?

Monseigneur hésitant toujours :

— Oui, oui, répliqua-t-il...

Et il s'éloigna précipitamment par l'allée ombreuse. Tout à coup se ravisant, il revint à la princesse qui était demeurée sur la place, inquiète, attristée, mais sans la moindre arrière-pensée d'une indiscrétion qu'il lui eût été trop facile de commettre en ces jardins qu'elle connaissait si bien.

— Marianne, dit-il, vous êtes mon amie ; bien plus, vous êtes ma sœur,.. J'aurais tort de vous cacher ce qui vous intéresse autant que moi-même. Hier, inquiet de voir le roi se dérober à nous comme il le fait depuis quelques jours, j'ai mandé un habile homme qui m'est dévoué afin de connaître l'état d'une santé qu'on nous cache. Dieu m'est témoin que dans cette démarche le cœur du fils a parlé seul.

— Eh bien? dit Mme de Conti.

— Eh bien ! voici sa réponse. Reconnaissez-vous l'écriture ?

Il tendit le billet à la princesse.

— Celle de Maréchal, le chirurgien du roi !

— *Chemin de ronde, à l'instant, seul !* dit Monseigneur, soulignant chaque mot de ce billet mystérieux.

— Courez vite, mon frère ! s'écria la princesse.

Monseigneur lui serra la main et partit.

Mais Marianne ne se sentit plus le courage de l'immobilité. Il s'agissait d'un père ! Il s'agissait de tout l'avenir ! Elle ne réfléchit pas, elle ne calcula pas ; la demi-confidence de son frère l'autorisait presque à rechercher la confidence entière. Aussitôt, coupant à travers les bosquets, elle arriva près du pavillon de bois rustique et de nattes de Chine, où Monseigneur venait d'entrer.

Elle n'eut pas même à attendre, elle n'eut pas même à écouter. La porte extérieure du pavillon grinça sur ses gonds et la voix de Monseigneur se fit entendre la première.

— Entrez, Maréchal, dit-il faiblement. Nous sommes seuls, parlez !

— Monseigneur, répliqua Maréchal d'une voix tremblante, c'est ce soir que nous faisons l'opération au roi.

Les deux mains de Monseigneur s'entrechoquèrent avec saisissement.

— Oui, continua le chirurgien, à la suite d'une scène terrible que M. le duc est venu faire, je ne sais pourquoi, il allait forcer les portes de la chambre royale, sans M. Chamillart, qui l'a arrêté sur le seuil. Après mille reproches, mille menaces de scandale que le roi entendait de chez lui, le duc persistait quand j'arrivai pour ma visite. Mme de Maintenon était seule avec le roi. Celui-ci, rouge et hagard de colère et de crainte. Le pouls s'élevait, la suffocation était imminente.

—Si cette scène ne cesse pas, dis-je à la marquise, je ne réponds plus du roi. Aussitôt elle s'est décidée, elle a écrit quelques lignes à la hâte que le roi a signées sans discussion. Chamillart s'en est emparé pour les donner au duc furieux, à qui cette satisfaction paraît avoir suffi, car il a quitté la place. Mais la secousse avait été telle, que le mal s'en est accru dans des proportions effrayantes, et la terrible opération est devenue indispensable.

Un silence glacé succéda aux paroles rapides de Maréchal.

— Voilà, reprit-il, ce que les ordres du roi me prescrivaient de taire. Mais mon devoir m'ordonne de le révéler à un fils, à un héritier du trône. Demain, Monseigneur, votre père vous sera rendu ou vous serez roi ! Monseigneur le Dauphin, pas un mot, pas un geste qui vous trahisse ; priez Dieu et préparez-vous !

Aussitôt la porte du pavillon se referma, Marianne n'entendit plus rien ; elle était restée adossée demi-morte au tronc d'un érable, les mains jointes, la tête penchée sur la poitrine, songeant qu'un instant avant elle avait parlé du sacre de son frère !

Elle vit sortir lentement Monseigneur ; il était pâle, tremblant ; il chancelait comme écrasé par e poids menaçant de cette couronne. En aperce-

vant la princesse abattue comme lui, il comprit qu'elle savait tout. Il lui ouvrit les bras : elle s'y jeta ; tous deux fondirent en larmes. Ces enfants eussent bien aimé leur père, si le roi le leur eût permis.

Mais bientôt le sentiment de la situation si grave rendit à chacun d'eux l'énergie et la circonspection. Ils n'étaient pas d'un rang qui autorise les longues défaillances de l'âme. On entendait, d'ailleurs, de l'autre côté du château l'appel des fanfares impatientes qui réclamaient le capitaine.

Le frère et la sœur se serrèrent une dernière fois la main, et rentrèrent avec des visages sur lesquels personne n'eût su lire une émotion.

La princesse retrouva ses dames, ouvrit sa galerie, et, riante, prit place au balcon sous le dais de velours qui effaçait de ses reflets carminés les dernières traces de pâleur et de larmes.

Monseigneur monta son beau cheval blanc aux crins dorés, à la queue ondoyante ; toute sa suite l'attendait : il fit son entrée dans la grande cour, aux cris mille fois répétés du peuple cramponné aux grilles, de la noblesse étagée aux fenêtres, des gendarmes et des officiers nombreux réunis pour lui faire escorte. Son cheval l'emporta sur le front de la compagnie, qui resplendissait de joie et d'orgueil.

Et madame de Conti cherchait du regard ses deux témoins, ses deux amis, souvenirs vivants d'un bonheur connu seulement d'eux et d'elle, et malgré le serrement de cœur qui lui était resté de la nouvelle annoncée par Maréchal, ce bonheur envahissait tout son être ; elle le sentait grandir de l'excès même de ses craintes pour la vie du roi. Elle s'effrayait de comprendre si clairement que son bonheur dépendait de sa liberté.

Le succès de la revue dépassa toutes les espérances, on eût dit que chacun sentait l'approche du règne nouveau. Après les manœuvres qui furent brillantes, le prince adressa quelques mots de félicitations aux gendarmes, et au lieu de rentrer comme il en avait l'habitude, il resta quelque temps au milieu du groupe des officiers, offrant avec bienveillance aux regards populaires sa personne, d'autant plus adorée, que la vue en était plus rare.

Les jeunes gentilshommes, simples cavaliers ou chefs, rompant les rangs, s'approchaient des fenêtres, où les appelaient les sourires des dames. Et les beaux chevaux de piaffer, de hennir, et les cavaliers de demeurer fermes et élégants pendant les saccades et les courbettes, et la foule d'applaudir avec les mains, les yeux, les cœurs, car toujours en ce pays a eu l'orgueil et l'amour de ses soldats.

Robert et Henri, sans regarder, mais non sans voir leur belle princesse, passaient et repassaient sous le balcon, étalant avec un ineffable ravissement les nœuds d'épée, rubis, émeraude et or, couleur des Conti, qu'ils avaient trouvés le matin sur leur toilette, et dont ils n'étaient pas embarrassés de deviner l'origine.

Quant à Marianne, elle s'étonnait de ne voir ces beaux jeunes gens, si rayonnants et si fiers, qu'à travers un crêpe sombre. Le soleil brillait, pourtant; la poussière était abattue, rien dans l'air, rien sur terre qui s'interposât entre elle et eux. Par un hasard étrange, la princesse, quand elle regardait Robert et Henri, les trouvait pâles et ternes comme des fantômes. Quand elle regardait les autres gendarmes, tout brillait sur ces étrangers, la jeunesse, les dentelles, les armes. L'obsession de cet assombrissement finit par la frapper à tel point qu'elle tomba en une mélancolie profonde, et qu'au milieu de toutes les têtes de la foule elle crut voir obstinément surgir le masque hideux de monsieur le duc, dont les yeux projetaient deux rayons de flamme rouge sur les malheureux brigadiers.

Ce fut alors qu'elle se rappela mieux l'insistance du duc de Bourbon pour pénétrer chez le roi, ses menaces dont Maréchal avait parlé, et l'espèce de *satisfaction* que ces menaces avaient arrachée au monarque, par les mains de la marquise de Maintenon.

Ce fut alors aussi qu'elle sentit sa vision prendre un corps, ses craintes prendre un sens, ses hallucinations se changer en pressentiments.

Qu'avait pu écrire la marquise? Quel était cet ordre signé du roi, dont le duc s'était déclaré satisfait?

Comme si la destinée se fût empressée de répondre à cette question muette, un mouvement singulier se fit à la grande porte de la cour où la foule s'écarta devant un prévôt du palais suivi de deux archers du connétable. Les factionnaires laissèrent passer ces trois hommes, qui s'avancèrent lentement dans l'espace vide jusqu'au groupe principal dont Monseigneur formait le centre.

Personne encore ne semblait avoir remarqué l'entrée de ces sombres figures. Mme de Conti seule les suivit avec inquiétude ; chez tout autre qu'elle ils eussent à peine éveillé la curiosité.

Le prévôt ne pouvait de loin reconnaître le Dauphin masqué par les chevaux, les armes et les panaches, aussi en s'approchant du groupe demanda-t-il timidement à parler au commandant des gendarmes Dauphin.

Monseigneur averti se retourna : le prévôt le vit à face, et parut décontenancé; l'attitude du prince était naturellement haute, son œil fier; comme son royal père il savait regarder les gens de façon à leur faire baisser la paupière.

— Ordre du roi, murmura le prévôt en s'inclinant jusqu'à terre devant le cordon bleu.

Monseigneur prit la dépêche, l'ouvrit et la lut. Chacun s'était écarté par respect. On vit la physionomie du prince s'altérer, sa tête s'incliner sur le papier comme pour le mieux lire. Il parut consulter à plusieurs reprises la signature, et retourna la dépêche pour en contrôler les contreseings et les sceaux.

« Quelque faveur accordée par le roi après la revue, sur la demande de Monseigneur; c'est l'usage. » — Voilà ce qui courut dans les différents groupes à mesure qu'ils apprenaient la présence de ce messager étrange. Cependant de pareils ordres ne sont point d'ordinaire apportés par de pareils courriers.

Monseigneur, après un instant de recueille-

ment qu'il employa à recouvrer son sangfroid et sa sérénité impénétrable :

— Qui vous a remis cet ordre? demanda-t-il au prévôt.

— M. de Chamillart, répliqua celui-ci.

La Dauphin se consulta encore.

— Sonnez à cheval, dit-il enfin.

Aussitôt les trompettes éclatèrent, toute la compagnie fut en selle et se rangea en bataille. Monseigneur s'adressant à son capitaine :

— Monsieur, dit-il d'une voix qu'en vain il essayait de maintenir ferme, veuillez donner lecture aux gendarmes de cet ordre du jour envoyé par Sa Majesté.

Un son de trompette commanda l'attention et le silence. Il n'en était pas besoin. On eût entendu dans la vaste arène la respiration des hommes et le souffle des chevaux.

Le capitaine des gardes lut à haute voix l'ordre du jour :

« Nous, etc.,

» Informé des désordres commis dans la nuit du 4 août dernier par un certain nombre de gendarmes de la compagnie dite du Dauphin, comme aussi du manque de respect et insubordination de plusieurs d'entre eux envers un prince de notre sang que nous honorons d'une estime et affection toute particulière,

» Avons ordonné et ordonnons ce qui suit :

» 1° Lesdits gendarmes seront appréhendés et conduits à la prison militaire de la ville.

» 2° Il sera statué ultérieurement sur la punition à leur infliger par un nouvel ordre délivré par notre ministre.

» Signé : LOUIS. »

Une stupeur facile à concevoir accueillit cet ordre du jour si différent de la communication élogieuse et munifique à laquelle les gendarmes s'étaient attendus.

Tous se regardèrent. Personne ne bougea.

Monseigneur, courbé sur son cheval, ne paraissait plus appartenir à ce monde. Le nom du roi avait produit sur lui son effet ordinaire.

Le capitaine des gardes s'adressant avec un grand sang-froid au prévôt :

— Est-ce que vous allez arrêter les cent quatre-vingts gendarmes de la compagnie? lui demanda-t-il.

Tous ces jeunes gens partirent d'un éclat de rire.

— Non, monsieur, répliqua respectueusement le messager du roi. J'ai ordre seulement d'arrêter ceux qui faisaient partie de l'escorte de Monseigneur le Dauphin dans son dernier voyage à Chantilly.

— Vous entendez, messieurs les gendarmes ? dit le capitaine.

Aussitôt dix cavaliers sortirent des rangs et s'approchèrent d'un seul et même mouvement. Déjà le prévôt, qui les avait vus mettre pied à terre, inscrivait leurs noms sur ses tablettes, et faisait recueillir leurs épées par ses acolytes.

Les deux brigadiers s'approchèrent à leur tour. Ils s'étaient parlé bas, ils avaient pris leur détermination.

— Monsieur le prévôt, dit Robert, les dix gendarmes de l'escorte de Monseigneur étaient commandés par des brigadiers. Je pense que les brigadiers sont compris dans l'arrestation.

— Ce n'est pas expliqué dans l'ordre, répondit le prévôt, assez heureux de pouvoir faire de la courtoisie au milieu de ces cent quatre-vingts gentilshommes d'une physionomie peu rassurante. — Non, j'ai beau relire, rien n'établit qu'il soit fait distinction des grades. Le mot : gendarmes est le seul nettement articulé... par conséquent...

— Par conséquent, s'écria Henri, comme les brigadiers sont aussi gendarmes que les autres, ils suivront les autres. Voici nos épées, monsieur.

Les deux frères détachèrent de la poignée de l'arme les riches ornements qui les rendaient naguère encore si fiers : tous deux serrèrent le nœud d'épée sous leur pourpoint dans une aiguillette de la veste, comme aujourd'hui les mariés de village attachent le bouquet de noces.

Dans la compagnie, chacun applaudit du cœur à cette générosité. Robert et Henri se prirent par le bras ; les dix autres gendarmes se groupèrent, et, sans s'être donné le mot, la petite troupe à pied défila devant Monseigneur, le saluant du chapeau, et criant : Vive Monseigneur le Dauphin!

Le prince, se raidissant pour rester impassible, mordant ses lèvres pour comprimer le soupir d'indignation qui gonflait son cœur, répondit au salut, regarda longuement ces malheureuses victimes de la rage d'un ennemi plus fort que lui, et, interrogeant d'un coup d'œil toutes les physionomies qui respiraient l'impatience et la haine, il tourna bride et rentra au château, suivi de son état-major.

La princesse, pendant ce temps, souffrait sa part de la torture. Instruite par ce qu'elle avait vu et par ce qu'on lui avait rapporté, comprenant qu'un mouvement inconsidéré aggraverait la situation pour tout le monde et trahirait l'intérêt trop vif qu'elle prenait à cette aventure, elle se leva d'abord pour rentrer avec ses dames et ne rien paraître blâmer de ce qui arrivait par l'ordre du roi. Mais à l'aspect de Robert et de Henri prisonniers, résignés, muets, elle regarda comme une lâcheté indigne de se retirer sans un signe de sympathie pour ses nobles et vaillants amis de Fleurines.

Elle se rassit donc et se pencha sur le balcon, en sorte qu'au moment où, pour sortir, la petite troupe des prisonniers se dirigeait vers la grande porte et passait en face d'elle, elle se leva et salua d'un geste dans lequel les étrangers lurent sa compassion et les amis sa sollicitude, avec la promesse d'un secours tel qu'on pouvait l'attendre d'un cœur pareil au sien !

Alors la foule, désappointée, se rompit et s'écoula silencieusement.

XXXV.

La précaution prise par le ministre d'isoler les prisonniers du reste de leur compagnie n'avait pas été inutile. C'était aussi une habileté que cette surprise en pleine revue. Car, si les gendarmes eussent pu réfléchir, l'arrestation manquait

ou devenait générale. Les cent quatre-vingts cavaliers se fussent dénoncés. D'un autre côté, l'arrestation faite, si les prisonniers eussent été laissés à la caserne, jamais on n'eût pu les arracher à leurs compagnons.

Dans cette combinaison de prudence et de brutalité, la double main du duc et de Chamillart était asez reconnaissable.

Mais la participation du premier se dessina plus largement à partir de l'arrivée des prisonniers dans la maison d'arrêt.

Là se trouvait réunie une force imposante. Les postes étaient doublés, les armes chargées. Un maréchal de camp présidant un conseil de guerre fit appeler devant son tribunal les accusés et les interrogea sur les événements de la nuit source de tant de malheurs.

La réponse des gendarmes fut unanime. Ils avaient accompagné leur enseigne, dont le départ pour la Pologne était fixé à minuit. L'enseigne voulait embrasser un ami, curé de Fleurines. Tandis qu'ils l'attendaient, ne pouvant tous les dix entrer chez ce digne prêtre, ils avaient été assaillis par les gens du duc, puis par le duc lui-même, et, battus, avaient riposté. Le duc, s'il avait reçu quelque insulte dans la mêlée, s'y était exposé ; nulle loi du royaume n'ordonnait à des gentilshommes de se laisser battre, fût-ce par des princes du sang.

Telle fut la défense de ces jeunes cavaliers. Pas un ne s'en écarta. C'était d'ailleurs la vérité, prise au point de vue de la consigne. Les brigadiers la complétèrent, cette vérité, en déclarant que l'ordre de demeurer et d'attendre sur la route de Fleurines avait été donné par eux aux gendarmes.

La délibération du conseil de guerre ne fut pas longue. Elle était dictée, rédigée à l'avance.

La sentence rendue, après un quart-d'heure, condamna :

Louis, comte de Clermont, enseigne des gendarmes Dauphin, à comparaître sous trois jours pour être entendu en ses dires et explications, sous peine d'être condamné par contumace, laquelle comparution n'était pas plus possible qu'il n'est possible à une lettre d'aller en trois jours de Versailles à Varsovie, et à l'homme mandé par cette lettre d'arriver dans les mêmes trois jours de Varsovie à Versailles. Aussi la sentence relative à Clermont fut-elle accueillie par les jeunes gentilshommes avec un sourire de pitié.

Quant à eux, simples gendarmes et brigadiers, comme coupables d'offenses et voies de fait envers un prince du sang, ils étaient condamnés simplement à la peine de mort.

Mais avant qu'ils eussent pris le temps de témoigner leur surprise et leur indignation, le maréchal de camp président du conseil reçut une dépêche scellée du sceau royal apportée par un officier de la maison du roi.

— C'est notre grâce, se dirent les gendarmes. On a voulu faire un semblant d'exemple, et donner une satisfaction au petit monstre en nous condamnant. Mais comme l'exécution de la sentence serait aussi ridicule qu'abominable, comme, par conséquent, elle est impossible, Sa Majesté nous gracie avec admonestation par le présent parchemin scellé de tous les sceaux de France et de Navarre.

Et plus d'un, parmi eux, se réjouit d'avoir frotté à si bon marché les épaules bossues de Son Altesse Royale.

Le président du conseil décacheta lentement le parchemin :

— De par le roi, lut-il.

— Très-bien ! voilà notre affaire, pensèrent les gendarmes.

« Nous, etc., etc., lut le président. Prévoyant le cas où, en punition du crime commis, tout ou partie des gendarmes inculpés seraient condamnés à la peine capitale, et voulant atténuer par notre clémence les effets de la sentence légitimement rendue par le conseil de guerre... »

Les jeunes gens échangèrent un regard joyeux qui signifiait : nous avons deviné juste.

« Avons décidé, continua le lecteur, que le nombre des condamnations capitales suivies d'exécution ne dépasserait pas le chiffre de deux. Qu'à cet effet, et pour laisser à la justice divine le soin de désigner les plus coupables, il serait fait parmi tous les inculpés traduits devant notre conseil de guerre un tirage de billets, ainsi qu'il est d'usage dans les corps destinés à être décimés. Les billets d'absolutions seront blancs et amèneront libération immédiate. Les deux billets de mort seront noirs. Ceux des condamnés auxquels ils auront échu seront immédiatement passés par les armes. »

Un long frémissement parcourut l'assemblée, et les plus intrépides pâlirent, car ce mode d'amnistie indiquait l'inexorable volonté de faire périr les deux malheureux qui tireraient les billets noirs.

On avait vu quelquefois, en des circonstances semblables, le roi gracier, au dernier moment, l'un des deux condamnés, mais jamais il n'y avait eu d'exemple d'une grâce entière. Et ce tirage était lui-même un raffinement de cruauté. Car, là où la faute a été partagée par tous, la peine doit être partagée, et des soldats, des gentilshommes, à qui l'honneur ne reprochait rien, eussent mieux aimé mourir ensemble que de survivre à des compagnons innocents comme eux.

Le conseil se retira. Les malheureux gendarmes restèrent seuls. Leur premier moment de réflexion fut cruel.

Mais pour les brigadiers quelle souffrance! eux qui savaient à quel point leurs soldats étaient victimes! eux qui avaient donné la consigne! eux qui avaient conduit la troupe à Fleurines, c'est-à-dire à la mort!

Ne pouvoir rien dire aux juges! ne pouvoir même déclarer aux amis qu'on prenait sur soi la responsabilité! n'avoir pas la ressource de combattre de générosité avec ces braves gens, qui n'accepteraient pas à moins de comprendre, et qui ne pouvaient comprendre sans l'entière révélation du secret juré au pied de l'autel de Didier!

Mais un éclair de raison vint les consoler. Ce qu'ils savaient, eux, la princesse le savait aussi. Elle était bonne, elle était forte; elle voyait bien que ces jeunes gens n'étaient là que pour remplacer Clermont; elle devait comprendre qu'ils le

représenteraient dans le châtiment comme dans le pardon royal. Condamnés, ils entraînaient la condamnation de son mari ; exécutés, ils entraînaient Clermont dans leur tombe ; graciés, ils le délivraient à jamais.

Ils se dirent donc bien bas que rien n'était perdu tant que leur protectrice, leur complice, leur amie, aurait les yeux ouverts. Elle saurait la sentence du conseil, l'ordre royal; elle les savait déjà. Le reste la regardait, elle trouverait bien le moyen d'arracher à M. le duc ses deux victimes.

Dès lors, plus rien à craindre, rien non plus à témoigner. Sauvés par elle, ils devaient plus sévèrement que jamais s'observer pour sauver son secret.

C'étaient deux hommes de courage et de foi, deux enfants de bonne maison élevés à comprendre le monde et à ne jamais douter de Dieu et des cœurs amis. Ils passèrent sans trouble apparent, au milieu de leurs camarades, les quelques heures qui s'écoulèrent entre la secousse de la sentence rendue et le tirage des billets.

A les voir souriants, calmes et affectueux avec tous, plus rassurants, hélas ! qu'ils n'étaient rassurés, les gendarmes se sentaient eux-mêmes plus braves, et gardaient au fort de la crise ce sentiment de confiance dans les chefs qui suppléée à tout chez les soldats.

On servit dans la prison le dîner que ces infortunés gentilshommes espéraient prendre si gaîment à la table somptueuse où Monseigneur le leur offrait d'ordinaire après chaque revue.

La chère ne fut pas brillante, bien que le commandant de la prison, vieux soldat compatissant aux misères du métier, eût ajouté aux maigres portions quelques bouteilles de son meilleur vin, afin, disait-il, de changer un peu les idées de cette jeunesse. Hélas ! le vin ne change pas la destinée.

Certes, les convives ne se montrèrent ni faibles ni fanfarons. L'esprit français, il y en avait un à cette époque, soutint devant cette table sinistre sa vieille réputation. Les gendarmes trouvèrent çà et là l'occasion de rire, mais le rire fait un bruit lugubre dans le silence de la mort. Plusieurs s'en tinrent au sourire mélancolique et doux.

Parmi ces jeunes gens beaucoup avaient une famille; des amis, presque tous un amour, auquel était promis un dénouement meilleur. Celui-ci s'écriait qu'il n'avait jamais eu de chance et qu'il était sûr de prendre un billet noir. Celui-là, au contraire, se disait tellement heureux depuis quelque temps, qu'il ne pouvait manquer, comme correctif, de tirer le mauvais lot à cette infernale loterie. Un autre, prétendit que M. le duc avait fait là une chose merveilleuse, pour le débarrasser de ses créanciers. Un quatrième parla d'une fiancée qu'il avait dans sa province, et à laquelle il avait promis d'aller passer les fêtes de Noël au foyer natal. Ce souvenir jeté sans amertume et sans émotion apparentes remua jusqu'au cœur les plus indifférents et les plus sceptiques.

Le plus jeune de tous, un charmant gentilhomme du Beauvoisis, un enfant rose et blond, se mit à parler de sa mère qui, l'ayant eu de âgée, l'aimait à l'idolâtrie, et ne cessait de pleurer depuis qu'il l'avait forcée de le laisser entrer aux gendarmes. Il priait ses camarades, en cas de mauvaise chance, d'aller visiter la pauvre dame et de lui assurer qu'il n'avait pas été puni pour forfaiture. Je lui écrirais bien, disait-il, mais, si j'écrivais à ma mère, je sens que je pleurerais, et il ne faut pas que M, le duc ait la joie d'avoir fait pleurer un gendarme.

Pendant ces propos, que les uns accueillaient par des rires bruyants, les autres par des soupirs douloureusement étoffés, l'heure marchait, les préparatifs avançaient, le vin restait dans les verres et Robert et Henri se taisaient navrés.

Ils semblaient, échangeant des regards pleins d'angoisses, se dire que le secours, s'il y en avait un à attendre, n'arriverait pas mal à propos, et qu'il était temps.

Le commandant de la prison entra dans le réfectoire. Il était seul. Sa physionomie loyale reflétait une tristesse qu'il ne songeait pas même à déguiser.

— Monsieur, dit-il, vous êtes des soldats. Inutile de prendre avec vous de longs détours pour annoncer une mauvaise nouvelle. Les billets sont arrivés. Il va falloir tirer au sort.

Les gendarmes se levèrent de table. Personne ne se plaignit, mais personne ne proféra plus une parole.

Par groupes suivant la pente du cœur, se choisissant d'après l'affection, ils passèrent dans la salle voisine où par les doubles portes ouvertes ils pouvaient apercevoir sur une table le sac de serge qui renfermait leur destin.

Cette salle était garnie d'archers nombreux et gardée par un peloton de soldats de la prévôté.

Comme les simples gendarmes avaient passé les premiers, Robert et Henri qui fermaient la marche, sentirent, au moment d'entrer à leur tour dans la salle, une tête se glisser entre les leurs et une voix tremblante murmura vite et bas à leur oreille :

— Les billets blancs sont pliés en quatre, les deux noirs sont roulés.

Ils se retournèrent et ne virent qu'un soldat de la prévôté qui s'en allait vers la porte et leur cachait son visage.

— Quoi! pensèrent les deux jeunes gens, voilà tout ce qu'on a pu faire pour nous? On nous donne un moyen d'éviter la mort en la rejetant sur nos camarades !

Ils achevaient à peine de formuler cette affreuse pensée, lorsque l'officier chargé de présider au tirage appela leurs noms. Ils étaient les chefs, à eux le privilége de jouer leur vie les premiers.

Courbés sous cette nécessité moins poignante que le reproche de leur conscience, ils s'approchèrent. Robert remarqua la pâleur d'Henri, son affectation à détourner les yeux. On eût dit qu'à ce moment suprême chacun des frères s'isolait de l'autre, comme pour ne pas l'entraîner dans sa destinée. Ils étaient pensifs, ils se recueillaient. Tout le monde s'étonna du long temps que mit Robert, le plus brave des hommes, à prendre son billet dans le sac.

Un des gendarmes ne put s'empêcher de le lui dire en riant.

— Ah ! brigadier, vous cherchez les bons !

— C'est vrai, répliqua froidement Robert, qui s'écarta d'un pas, tenant son billet serré dans sa main et regardant ou plutôt dévorant des yeux son frère qui fouillait au sac à son tour.

Henri remua les billets d'une main ferme, choisit et se retira comme avait fait Robert, sans regarder ce que le sort avait décidé de lui.

Tous les gendarmes tirèrent ensemble. Ils ouvrirent précipitamment leurs billets. Dix billets blancs.

Robert et Henri tenaient chacun entre leurs doigts un billet roulé. Ils se le montrèrent sans même l'ouvrir, et, avec un élan de joie triomphante, se précipitèrent au col l'un de l'autre en murmurant dans leur baiser :

— Bien, mon frère, bien !

Sans se rien dire, sans même s'avertir du regard, de peur d'entraîner à mourir celui des deux qui aurait eu le désir de vivre, ces nobles âmes avaient consommé le sacrifice. La seule crainte de chacun était d'être imité par l'autre. Non! leur vraie crainte était de n'avoir pas tous deux même force et même honneur.

Le premier mouvement passé, les gendarmes, soit qu'ils comprissent l'héroïsme des Montvalat, soit qu'ils eussent seulement compassion de leur malheur, les entourèrent avec les plus tendres manifestations de douleur et d'amitié. De cette sympathie à la colère il n'y avait que le sentiment de l'injustice commise. Ce sentiment éclata soudain en des transports si furieux, que le commandant et les officiers présents furent contraints d'arracher les victimes des bras de leurs soldats, qui protestaient unanimement et voulaient mourir aussi. La rigueur fut nécessaire. Les archers, les gardes du prévôt, s'emparèrent des mutins, qui se jetaient sur les armes et menaçaient d'une insurrection sanglante. Robert et Henri s'épuisaient en vain à les calmer en leur rappelant la discipline et en les suppliant d'obéir à leurs ordres pour la dernière fois.

La résistance fut opiniâtre. Les archers se défendaient mollement. Leurs chefs furent contraints de mettre la main à l'œuvre. Enfin les rebelles furent emportés hors de la salle, envoyant aux deux frères leurs vœux et leurs adieux dans des cris de désespoir que les portes étouffèrent en se refermant.

Dès que Robert et Henri se trouvèrent seuls, encore bouleversés par les émotions de cette scène, un garde de la prevôté, l'unique gardien qui fût près d'eux, accourut et, leur saisissant les mains :

— Malheureux ! s'écria-t-il, qu'avez-vou fait?

Ils regardèrent cet homme. C'était Vaucelles, l'écuyer de la princesse.

— Nous avons fait ce que vous eussiez fait vous-même, répliqua Robert non sans une sorte d'amertume. Pouvait-on espérer que des gentilshommes agiraient autrement ?

— Non, monsieur de Vaucelles, une femme même n'a pu le croire !

— Vous n'avez donc pas compris? répondit vivement l'écuyer. Ce que la princesse a voulu, c'était d'abord de vous sauver, vous, les plus menacés, vous, les véritables objets de la haine de M. le duc, puisque vous êtes les amis de son ennemi ; vous, enfin, qui vous appelez Montvalat, nom exécré du roi, qui n'a oublié ni l'esprit de votre famille, ni les rébellions de vos ancêtres, ni vos liaisons avec les Conti, ni votre dévouement pour Clermont! Ah! malheureux, la princesse savait bien qu'elle pourrait obtenir la grâce de deux simples gendarmes, tandis que la vôtre, elle ne l'obtiendra pas.

Les deux frères baissèrent un moment la tête. Le coup, pour être porté par une main amie, n'était pas moins un rude coup. Mais Robert, se redressant avec une généreuse sérénité :

— Soyez aussi tranquilles que nous, dit-il : mon frère et moi nous avons compris l'avertissement de la princesse comme elle voulait que nous le comprissions. Nous indiquer à l'avance la forme des billets noirs, c'était nous inviter à les prendre, car madame de Conti nous connaît et nous sait incapables d'une lâcheté.

— Oh! insensés! insensés! répéta de Vaucelles en se tordant les mains. Elle ne fera plus rien pour vous!

— Vous vous trompez, reprit Henri avec un doux sourire, elle nous sauvera. Je vous réponds qu'elle ne nous laissera pas mourir.

— Je vous dis qu'elle ne peut plus rien.

— Eh bien! si elle a fait tout son possible, répliqua tranquillement Robert, si nous avons fait tout notre devoir, nous n'aurons rien mutuellement à nous reprocher. Maintenant, ce n'est plus notre affaire. Cela regarde votre maîtresse, à qui nous aurons au moins la reconnaissance d'avoir placé près de nous un ami.

— Ah! je ne resterai pas, s'écria de Vaucelles; aussitôt relevé, je cours lui dire ce qui s'est passé.

La porte se rouvrit. L'écuyer, reprenant son rôle, se rejeta dans un angle avec l'indifférence d'un gardien.

Le commandant, les larmes aux yeux, venait avertir les deux frères que, l'ordre du roi étant précis et le mot exécution immédiate étant formel, il ne lui restait qu'à demander à ses prisonniers combien il leur fallait de temps pour se préparer à la mort.

— Mon Dieu! monsieur, répartit Robert un peu troublé, si j'étais seul au monde, je ne vous demanderais que cinq minutes pour faire ma prière. Mais j'ai un frère tendrement aimé, outre celui qui va mourir avec moi, et je voudrais lui écrire un dernier adieu avec mes dernières volontés.

Le vieux soldat ne répondit que par un signe.

— Si nos ennemis n'étaient pas si pressés, continua Robert, j'aurais demandé à le voir et à l'embrasser, ce frère chéri. Oh! monsieur, ce serait notre droit, car il est prêtre, et ses exhortations qu'il prodigue chaque jour à des inconnus qui souffrent nous seraient bien dues, à nous ses frères; avouez-le, mais il habite trop loin, et M. le duc de Bourbon n'aurait pas la patience d'attendre si longtemps.

Le commandant ne répliqua rien. Il n'en avait plus la force.

— Eh bien! puisque c'est impossible, n'en parlons plus, dit vivement Henri. Combien nous accorde-t-on?

— Trois heures, dit le commandant qui se détourna frissonnant d'angoisses.

On entendit un gémissement sourd. C'était l'écuyer relevé de sa faction qui sortait précipitamment de la salle.

XXXVI.

La princesse attendait, anxieuse, agitée, courant de la porte à la fenêtre, écoutant, puis se rasseyant tout à coup avec des soupirs.

Depuis le moment où elle avait vu partir de Vaucelles sous la casaque d'un garde du prévôt, l'heure ne marchait plus; tout semblait s'être paralysé, éteint autour d'elle. Monseigneur l'avait comme abandonnée; elle ne comptait que sur Dieu et sur elle-même. Sa vie passait de la prière folle à des résolutions plus folles encore; elle ne doutait pas de réussir, mais elle se mourait de ne pas apprendre qu'elle avait réussi. En ce moment de fièvre elle croyait entendre passer lugubre et menaçante la voix de Clermont qui lui reprochait d'avoir mal défendu ses amis. Alors elle retrouvait une énergie dévorante qui la soutenait pendant quelques secondes; puis revenaient la raison et le silence, et brisée de nouveau elle murmurait avec la faiblesse d'un enfant qui se désole : Vaucelles, Vaucelles, reviens donc, je me meurs!

Pour n'être pas épiée, gênée dans ces angoisses, elle avait congédié ses femmes... Qu'il est bon de souffrir seule, de gémir seule et de parler haut à Dieu pour ceux dont on lui demande le salut!

En une heure, la pauvre femme avait cru cent fois entendre le bruit désiré. Cent fois aussi elle avait couru ouvrir sa porte et prêté l'oreille au palier de l'escalier. Enfin, le pas qu'elle attendait retentit dans les degrés.

— Laissez monter! cria-t-elle à ses gens.

Elle se précipite. Didier, poudreux et pâle, est devant elle, au seuil de son cabinet.

Quand elle aperçut ce visage défait, sillonné par les chagrins et la fatigue; quand elle vit le jeune prêtre s'avancer avec un air de désordre et de désespoir, elle ne supposa pas un instant qu'il s'agît d'un autre malheur que celui des deux frères : courant donc au devant de Didier, elle lui prit les mains qu'elle garda affectueusement dans les siennes.

— Rassurez-vous, rassurez-vous, lui dit-elle, je sais ce qui vous amène. Rassurez-vous, au nom du Ciel!

— Eh quoi! Votre Altesse sait déjà l'événement! murmura Didier surpris.

— Je le sais: pensez-vous donc que je sois sans âme? mais il n'arrivera rien, j'ai pris mes mesures!... ils seront sauvés!

— Ils seront sauvés?... dit le jeune homme sans comprendre.

— Oh! continua la généreuse femme, vous arrivez bien, vous allez en avoir la preuve... Vous allez entendre mon écuyer que j'ai envoyé les rassurer, les protéger dans leur prison. Soyez tranquille, les billets noirs ne seront pas pour eux.

— Mon Dieu! balbutia Didier pâlisssant encore. Vous me parlez de mes frères, il me semble!

— De qui donc pensiez-vous qu'il s'agissait ?

— Quoi! madame... mes frères ont été arrêtés?

— L'ignoriez-vous?

— Emprisonnés pour l'affaire de Fleurines, n'est-ce pas? Oh! je savais bien. qu'il arriverait malheur! Mais vous les sauverez, Altesse?

— Je vous en réponds!

— Ces billets noirs dont vous parlez, qu'est-ce donc?

—Les billets du tirage... Ne vous a-t-on pas dit la décision du conseil de guerre et l'ordre du roi?

. — On ne m'a rien dit, madame!... s'écria l'infortuné, tremblant de douleur et de crainte; par grâce! ne me cachez pas la vérité!

— Eh bien! les dix gendarmes étaient condamnés à mort par le conseil de guerre, mais le roi a réduit le nombre des victimes à deux, les deux qui tireront au sort les billets noirs.

— Et vous dites que mes frères n'auront pas ces billets: ils ne tirent donc pas avec les autres?

— Si, mais j'ai tout arrangé, vous verrez; l'essentiel pour moi était d'affranchir mes deux amis du danger de ce tirage. Car, autant il sera aisé à Monseigneur et à moi de sauver deux gendarmes, deux inconnus, autant il me serait dangereux et difficile d'avoir à solliciter la grâce de vos frères: le duc les hait; le roi ne les aime pas!

— C'est vrai, hélas! et alors?...

— Alors j'ai fait parler au greffier de la prison, ancien huissier de mon frère. Il a consenti à plier différemment les billets blancs et les noirs. Vos frères sont avertis de cette différence et ils sauront éviter... mais voilà de Vaucelles, le voilà.

Comme elle parlait, la porte s'ouvrit: de Vaucelles entra; son front assombri, ses yeux humides, sa voix halètante, glacèrent Didier, firent trembler la princesse.

— Qu'y a-t-il? demanda-t-elle.

— Il y a, madame, que les malheureux ont choisi les billets noirs!

— C'était certain, murmura Didier avec amertume.

— Ils disent, continue l'écuyer, que Votre Altesse l'a voulu ainsi, et qu'elle saura bien les sauver!

— Mon Dieu!... Oh! Dieu tout-puissant, balbutia Marianne éperdue.

— Que faut-il faire? Le temps presse, dit l'écuyer.

— Le temps presse? demanda Didier... Pourquoi donc le temps presse-t-il?

— Mais pour l'exécution, pardieu! répliqua de Vaucelles avec la brusquerie de l'homme d'épée que gêne la curiosité oiseuse de l'homme d'église.

— Oh! monsieur, mais je suis leur frère! s'écria Didier les yeux pleins de larmes en saisissant la main de l'écuyer, qui frissonna. L'exécution!... l'a-t-on déjà fixée?

— Dans trois heures, dit de Vaucelles d'une voix sourde.

Ces mots atterrèrent Didier. Il firent bondir la princesse.

— Cours! s'écria-t-elle, chez Monseigneur, cours, mon bon de Vaucelles... Dis-lui cette nouvelle horreur... dis-lui qu'il obtienne un délai... dis-lui que, s'il me refuse, tout est rompu entre lui et moi. Mais non, j'y vais moi-même... non... cours le trouver d'abord! moi, j'irai m'adresser ailleurs!

L'écuyer fidèle retrouva pour exécuter cet ordre toute l'ardeur de sa jeunesse.

— Allons! allons! dit Marianne en revenant à Didier immobile, qui cachait dans ses mains son visage abattu; du courage, mon ami! rien n'est désespéré. Si déjà je n'ai pas recouru aux moyens extrêmes, c'est que je croyais vaincre avec mes seules forces, c'est que j'espérais pouvoir me passer du roi. Le roi, dit-elle d'un ton de voix mystérieux, ne reçoit en ce moment personne, et il y a de graves nouvelles à la cour; je n'en puis révéler davantage. Voilà pourquoi j'eusse voulu attendre.

— Que mes frères aient été exécutés? interrompit Didier avec un accent farouche.

— Oh! horrible parole! Mais vous avez raison, monsieur de Montvalat, il n'y a plus de temps à perdre, plus de ménagements à garder. Je vais de ce pas trouver le roi, je forcerai l'entrée, s'il le faut, je me jetterai à ses pieds, j'avouerai tout, et nous verrons après si un père ose toucher à mon mari et aux témoins de mon mariage!

Didier se rapprocha plus sombre, plus terrible.

—Votre mariage, dit-il, n'en parlez pas, madame; personne ne vous croirait.... œuvre d'une nuit de malheur, une nuit de crime la détruit! Il n'existe plus! il n'en reste plus une seule trace!

— Est-ce bien une créature raisonnable qui se joue ainsi de mon honneur et de ma vie! Est-ce bien l'homme de Dieu qui renie ainsi l'œuvre de Dieu! répliqua la princesse saisie de stupeur à la vue de cette exaltation qu'elle prenait pour du délire.

— Madame, interrompit le jeune prêtre avec véhémence, je vous dis que cet acte de mariage écrit par moi, signé par vous, par Clermont et mes frères, je vous dis que cet acte, votre seule ressource pour sauver des innocents, n'existe plus depuis la nuit dernière. On est venu chez moi, au presbytère; on a déchiré le registre, on a volé la page! Nous sommes tous perdus!

Marianne chancela. Sa voix s'éteignit sur ses lèvres. Elle regarda, les mains jointes, comme pour le supplier de se démentir, celui qui venait lui apporter un si immense malheur.

Ce regard lourd de ses douleurs et d'un touchant reproche, elle le reporta longuement vers le ciel aveugle et sourd; enfin, son âme vaillante se reprit ardemment à la lutte. Marianne n'avait pas le droit d'abandonner les malheureux qui sombraient dans son naufrage.

— Je n'ai plus de preuves, dit-elle, soit! mais vous êtes là pour témoigner: le roi croira un prêtre! Vous m'accompagnerez chez le roi; nous lui porterons plainte de ce vol; on en retrouvera et en punira l'auteur!

Didier secoua tristement la tête.

— N'espérez rien de Sa Majesté, murmura-t-il.

— Pourquoi?... avez-vous des soupçons?

— Et vous, madame, n'en avez-vous pas? Qui donc eût osé entrer chez un prêtre déchirer un registre, voler l'acte de mariage d'une puissante princesse, et tout cela sans cacher son nom, tout cela à visage découvert, à la face du ciel? Je vous le demande, madame, vous connaissez-vous un ennemi à ce point furieux et fort; existe-t-il un seul homme capable de cette audace, s'il n'était l'instrument d'une volonté souveraine qui lui garantit l'impunité?

— Cet homme... vous le connaissez, dit Marianne.

— Il n'est entré que lui chez moi depuis que j'y gardais cet acte.

— C'est?...

— Le nouveau prieur de Saint-Christophe, l'abbé Dubois!...

La princesse frémit.

— Dubois!... l'émissaire envoyé par le roi à l'abbé de Polignac! celui qui a préparé l'exil de M. de Conti! celui que le roi avait envoyé à Clermont pour l'exhorter à épouser Mlle de Choin! Oh! M. de Montvalat, vous avez raison, une volonté toute-puissante a inspiré et soutiendrait cet homme!

— Vous voyez bien, madame, s'écria Didier au désespoir, que si vous alliez révéler votre mariage au roi, le roi vous en demanderait la preuve, sachant bien que vous ne pouvez plus la lui fournir. Vous voyez encore que, si vous l'imploriez pour mes frères au nom de ce mariage qu'il a fait anéantir, mes frères, qui sont vos témoins et qu'il nomme vos complices, seraient sacrifiés impitoyablement à ce nouveau ressentiment que leur mauvais destin soulève. Qui sait si ce n'est pas de ce nouveau crime qu'ils portent en ce moment la peine? Oh! madame! au nom de Clermont, au nom de celui qu'on poursuit et qu'on frappe en leur personne, jurez-moi que vous n'irez point au roi, que vous ne vous réclamerez point de ce mariage. Il tuerait mes frères, madame; soyez généreuse comme ils l'ont été, dévouez-vous à leur salut comme ils se sont dévoués à votre bonheur!

— Doutez-vous de moi? s'écria-t-elle avec un torrent de larmes. Douteriez-vous que mon cœur soit lié au battement de leurs cœurs? Oh! s'il ne fallait que verser mon sang jusqu'à la dernière goutte!.. Mais sur quoi m'appuyer? Où sont mes auxiliaires? Monseigneur effrayé s'abstient. Il a raison, peut-être... Si vous saviez quelle crise solennelle pour ce fils, pour ce prince!... Avec quelles armes combattrai-je M. le duc, aveuglé par la rage, enivré du succès qu'il a remporté près de lui... altéré du sang qu'il flaire et dont l'odeur l'enivre?..

— Combattez-le par lui-même, triomphez de lui par lui, désarmez sa haine, fléchissez-la!

— Que je m'humilie à demander une grâce à cet homme!

— La grâce de mes frères, oui, madame, oui, répondit courageusement Didier, oui, fléchissez le prince, oui, implorez-le, humiliez-vous devant lui. La grâce de mes frères, la vie de deux hommes si nobles et si purs! Mais, madame, la vie d'un assassin, d'un traître, d'un scélérat souillé de crimes, s'il me fallait pour l'obtenir la demander à genoux, en baisant les pieds de mon ennemi, en me traînant dans la poussière, je le ferais, madame; je le ferais, et, m'avilissant ainsi devant un homme, je serais sûr de paraître bien grand devant Dieu!

— J'irai, j'y vais!... venez!...

Elle fit quelques pas avec cette noble résolution.

— Mais non, dit-elle découragée. Vous raisonnez comme un saint, vous parlez comme un chrétien, vous croyez qu'on peut fléchir cette âme, attendrir cette bête féroce! Vous ne la connaissez pas, pauvre Didier! vos prières caresseront son orgueil; vos larmes, il les boira avec délice; votre sang, offrez-le-lui, il le prendra volontiers, mais comme rançon du sang de ses victimes, non. Songez donc qu'on lui a donné deux têtes et que vous ne lui en offririez qu'une! Ah! si c'était celle de Clermont, passe encore, le tigre s'en contenterait peut-être. Allons! pas de nobles faiblesses, pas de ces niaises générosités! Entre ennemis de cour, jamais de grâce! Tuez ou mourez! Malheur aux vaincus!

Didier regarda, épouvanté, cette femme si belle, si hardie. Elle l'effrayait, elle ne le convainquit pas.

— J'essaierai toujours, murmura-t-il. Dieu a rendu cléments les tigres et les ours!..

— Vous ne ferez point un pas, vous ne tenterez point une démarche sans me consulter, dit-elle, sous peine de nous faire écraser tous par les malheurs que vous redoutez. J'ai trouvé l'arme que je cherchais, l'arme victorieuse. Savez-vous qui nous sauvera du duc, savez-vous qui démolira tout l'édifice échafaudé par sa haine? — La duchesse! sa femme, oui, mon autre ennemie, ma sœur. Ce sont choses étonnantes, n'est-ce pas, choses incompréhensibles pour un saint homme habitué à triompher des démons par l'innocence et la prière? Mais nous autres, c'est par le vice que nous combattons le vice. C'est par les démons que nous terrassons les démons.

Elle prit une plume et traça quelques lignes adressées à la duchesse, et qu'un de ses officiers porta sur-le-champ chez Mme de Bourbon.

— Maintenant, dit-elle en pressant affectueusement les mains glacées de Didier, vous pouvez respirer, mon ami, la bataille est gagnée. Je viens d'enrôler sous mes drapeaux un auxiliaire que personne n'a jamais su vaincre. Ma sœur imaginera, commandera et agira pour nous : nous n'avons plus qu'à attendre et à obéir.

Puis, s'agenouillant aussi humble et aussi pieuse qu'elle venait d'apparaître ardente et fière :

— Mon Dieu! dit-elle, les vœux dont nous vous fatiguons sont vains et insensés comme nous-mêmes. Vous que j'ai tant accusé de m'avoir enlevé Clermont, je viens vous remercier aujourd'hui de son heureux exil! car, si vous eussiez exaucé ma folle prière, si Clermont était ici à la place de ses deux amis il serait si bien perdu, que ni moi ni personne, ni vous-même peut-être, ô mon Dieu! vous ne pourriez plus le sauver!

XXXVII.

Les trois heures de délai expiraient. Avec elles la foi et la patience de Didier. La nuit était venue. Il courut s'embusquer aux environs de la maison d'arrêt pour veiller de ses yeux au salut de ses frères.

La princesse, sans nouvelles, fut ébranlée dans sa confiance, et redoutant la trahison ou l'impuissance de sa sœur, elle commanda son carrosse et se rendit chez la duchesse : elle se décidait à arracher par la force le résultat qu'elle avait tenté d'obtenir par l'intimidation.

La duchesse rentrait chez elle. A la voir insouciante et parée comme aux jours de joie et de loisir, nul n'eût pu soupçonner la femme qui venait d'occuper deux heures aux démarches les plus audacieuses, les plus inouïes.

Son visage tranquille exaspéra la princesse, qui se mit à lui promettre, en cas d'insuccès ou d'indifférence, les plus terribles représailles. Ses paroles à peine mesurées, son énergie voisine de la colère, révélaient autant d'agitation qu'il y avait de calme dans les yeux et dans la nonchalante désinvolture de la duchesse.

Celle-ci laissa Marianne arriver jusqu'aux confins de la menace, et soutint flegmatiquement ces mots terribles :

— Si Clermont a encouru la haine de votre mari, vous savez pourquoi ; si MM. de Montvalat héritent de cette haine, c'est votre faute ! Je les sauverai, dussiez-vous y perdre l'honneur et la vie !

— Là ! là ! dit-elle alors en souriant, plus d'indulgence pour une sœur, et pour une sœur sans pareille.

— Qu'avez-vous fait pour être si contente de vous ? demanda durement la princesse. Quoi ! je vous attends à demi-morte d'inquiétude, et vous voilà paisible, indifférente... Oh ! prenez garde !

— Mais, ma sœur, puisque ce que vous m'avez commandé est fait.

— MM. de Montvalat...

— Ne vouliez-vous pas les tirer de prison ?

— Sans doute ! Eh bien ?

— Eh bien ! ils n'y sont plus.

— Ne riez pas, au moins ! j'en mourrais.

— Je ne rirais pas pour un empire ! avec une femme qui sait exprimer ses *désirs* comme vous faites, c'est n'est pas rire, c'est obéir qu'il faut ! et j'ai obéi.

— Louise ! s'écria la princesse en étreignant sa sœur, tu as donc remué le monde ! Oh ! conte-moi tout, les détails, les mots, les idées !

— D'idées, je n'en ai eu qu'une. Par exemple, elle était bonne.

— C'était ?...

— C'était de faire moi-même la besogne, comme le prescrit Machiavel. Votre injonction, madame, — elle appuya sur le mot injonction, — ne me laissait ni choix, ni alternative, ni délai. J'ai fait atteler le plus beau carrosse de mon mari, j'ai pris ses officiers et ses gardes, et me suis rendue chez le commandant de la prison. Vos protégés, assez démoralisés, attendaient un prêtre ; un piquet de carabiniers les attendait eux-mêmes dans la cour. Il n'était que temps ! Vous frissonnez ! C'est exactement ce qui m'est arrivé lorsque j'ai entendu charger les armes. Je me suis hâtée de mander le vieil officier, qui est accouru traînant sa vieille jambe. Ce bonhomme a servi sous mon oncle le grand Condé et m'a reçue en reine. Je lui ai exposé tout simplement que mon mari M. le duc était au désespoir de ce qui arrivait ; qu'il trouvait le châtiment excessif, injuste ; que si ces jeunes gens devaient mourir, il en ferait une maladie mortelle ; j'ajoutai que, voyant malheureux à ce point un mari que j'adore, je m'étais rendue chez le roi mon père, pour lui demander la grâce de ces deux officiers ; que le roi n'avait rien voulu promettre sans apprécier lui-même les explications des coupables.

La princesse écoutait saisie de stupeur, croyant entendre parler une folle.

— Le commandant, dit-elle, a dû se défier.

— Lui ? se défier de Mme de Bourbon ? de la fille du roi ? de la nièce du grand Condé ? Allons donc ! Il m'a demandé purement et simplement à quelle heure Sa Majesté devait recevoir MM. de Montvalat.

— Et vous avez dit ?...

— Moi ? j'ai dit : Tout de suite... on les attend.

— Mais comment les y conduire !... s'écria la princesse.

— C'est justement ce que le bonhomme m'a demandé, ma sœur. Je lui ai répondu : Dans mon carrosse !

La princesse se leva, la tête perdue.

— Eh bien ! quoi d'étonnant, princesse ? dit Mme de Bourbon ; ce digne commandant a trouvé que rien n'était plus naturel, d'autant mieux que je lui ai offert de me remplacer pour escorter ses prisonniers. Monter dans le carrosse de la nièce du grand Condé ! avec sa jambe de bois ! il a failli en étouffer de joie.

— Et... il est monté ?..

— Parbleu ! je crois bien. Oui, il est monté : il a installé ses deux prisonniers sur le devant, lui majestueusement au fond, les gardes de M. le duc aux portières, et fouette, cocher...

— Oh ! mon Dieu, Louise, vous me faites froid ! murmura la princesse.

— Pourquoi donc ? Arrivés à Versailles, le carrosse les a menés dans la petite cour et a traversé la voûte. Mon chevalier d'honneur avait l'ordre de point en point. Il a fait descendre les prisonniers comme pour les mener chez Sa Majesté. Il les menait hors du château, où ils ont trouvé des chevaux et un de mes gens pour les conduire. Ce digne commandant attendait et attend probablement encore. Quant aux jeunes gens, je ne suppose pas qu'ils attendent, eux, et ils doivent en être à leur troisième relai. Voilà ce qu'ils ont écrit pour vous au premier. C'est mon reçu.

Elle tira de son bracelet un billet pris entre le bras et les chaînons d'or massif. Elle le tendit à sa sœur, qui le saisit avidement et le dévora.

Pendant cette lecture la petite duchesse s'allongeait paresseusement dans son immense fauteuil, et tantôt admirait ses pieds mignons, dont elle agitait les mules, tantôt suivait du regard, sur les traits altérés de Marianne, l'effet des lignes suivantes tracées par l'aîné des deux frères :

« Libres et saufs, nous reconnaissons la main généreuse qui nous arrache à la mort, et nous supplions cet ange gardien de croire que pas une seconde nous n'avons douté de sa mémoire et de son courage. Nous allons retrouver M. de Conti en Pologne et payer au frère la dette que nous venons de contracter envers la sœur.

» De Sèvres, sept heures et demie du soir.

» ROBERT ET HENRI DE MONTVALAT. »

Marianne, touchée jusqu'aux larmes, embrassa la duchesse avec effusion.

— Pauvre Louise ! dit-elle, voilà une terrible équipée. Mais le roi, que dira-t-il ?

— Je vous trouve charmante, répliqua la duchesse avec aigreur, vous m'enjoignez de faire une chose impossible et vous me donnez une demi-heure pour la faire ; vous me menacez de me perdre si je ne réussis pas, et quand tout est fini vous vous apercevez que c'était difficile... Le roi ! le roi !... J'ai moins peur de lui que de vous !

— Mais M. le duc... reprit Marianne.

— Oh ! lui, qu'il se plaigne ! je le rends populaire ! on va croire qu'il a un cœur !

— Cet enlèvement fera un bruit... Vous serez compromise.

— Moi ! pas du tout. Je dirai que c'est le duc qui me l'a ordonné. Peut-être aurai-je la chance de le faire exiler. Voyons ! un peu de raison : ces jeunes gens sont libres, bien ! mais ils n'ont pas d'argent ; je n'ai pu leur donner que des chevaux. J'ai promis qu'en route on leur ferait tenir une bonne somme. Cela vous regarde, vous qui êtes une femme d'ordre.

— Je vais leur envoyer cela par leur frère. Maintenant, ma sœur, pardonnez-moi, si, pour éveiller votre sensibilité en faveur de mes amis, j'ai quelque peu abusé de votre génie.

— Je prendrai ma revanche à l'occasion, dit la duchesse. Nous savons trop bien l'une et l'autre le moyen de nous servir ou de nous nuire, pour qu'une parfaite harmonie ne succède pas à nos passagères discordes. Soyez tranquille, Marianne, je me rattraperai, je me paierai moi-même du service que je viens de vous rendre.

— Quand il vous plaira, Louise, dit la princesse troublée.

— Aujourd'hui même, si vous voulez.

— Ah ! dit la princesse, si tôt ?

— Oui... aujourd'hui... ce soir... j'ai besoin qu'on me croie avec vous... avec vous seule.

— Comment cela ? demanda Marianne.

— Vous comprenez, ma sœur, que M. le duc va savoir, s'il ne le sait déjà, l'évasion de vos deux gendarmes. Vous comprenez que c'est à lui que s'adressera tout d'abord le commandant. Je ne sais pas ce qu'il fera de ce bonhomme, je m'en soucie peu ; mais qu'il m'étrangle dans un premier moment de rage, voilà ce dont je me soucie beaucoup. Évitons ce moment-là. Je passerai ma soirée chez moi enfermée hors des griffes de la bête.

— Avec moi ?

— Ce me serait beaucoup de joie, mais je craindrais de vous gêner. Je suis toute maussade : laissez-moi dans ma solitude.

— Fort bien.

— Seulement, quand le monstre hurlera à ma porte verrouillée, je veux pouvoir dire que je suis avec une amie.

— Oui, vous avez fait pour moi un gros mensonge, et vous voulez que je le paie.

— Par un petit. Marché conclu, n'est-ce pas ?

On entendit au même instant gratter à la porte du cabinet de la duchesse, qui donnait sur les viviers, et sa vieille femme de chambre parut, faisant un signe mystérieux.

La princesse comprit qu'elle allait devenir gênante et se leva. Sa sœur ne la retint pas.

Elles se séparèrent, l'une riant, l'autre rêvant.

— Elle attend quelqu'un ce soir, murmura la princesse. Déjà ! Oh ! pauvre Conti, tu lui sacrifiais un royaume ! A quoi bon ! cette femme est encore moins sûre que ta couronne.

XXXVIII.

Quant aux exilés emportés par un souffle du caprice royal, quant aux deux proscrits qui laissaient derrière eux tous ces malheurs, toutes ces larmes, acceptaient-ils si docilement l'un son trône, l'autre sa brillante servitude ; étaient-ils partis pour ne plus revenir ?

A peine Clermont eut-il rejoint M. de Conti sur la route de Dunkerque où les attendait Jean Bart pour les conduire en Pologne malgré les flottes ennemies, à peine le nouveau capitaine des gardes de Sa Majesté polonaise eut-il pu échanger quelques paroles avec son maître, qu'il lut dans l'impatient laconisme de celui-ci, dans ses distractions si profondes, la pensée d'une résistance qui ne tarderait pas à se manifester.

Il était évident pour Clermont, habitué à lire dans cette âme, que le prince flottait entre plusieurs plans moins dignes d'un cerveau royal que d'un homme fou de désespoir.

Une partie des chevaux commandés manquèrent dès les premiers relais. Ceux qui se présentèrent étaient hors de service. Le prince n'en ressentit qu'une sorte de joie mal dissimulée. Il tomba deux fois si pesamment, qu'il eût dû se tuer dans sa chute. Relevé meurtri, mais vivant et valide, il semblait furieux de ce bonheur.

Aussitôt que les relais furent redevenus bons et que la route surveillée par les émissaires du roi n'offrit plus de difficultés, quelques vingt lieues se firent sans encombre. Tout à coup, au passage d'un bac, la corde coupée par une main invisible se rompit. Le courant emporta l'esquif à la dérive, et le mouvement d'effroi des chevaux faillit faire chavirer cavaliers, équipages et fourgons. Le prince contempla cette scène avec une maligne envie de voir s'engloutir ses trésors, son escorte et lui-même. Il ne tenta pas un effort pour se sauver.

Enfin, quand les gens du roi eurent tout remis en ordre et lancé de nouveau sur la route ce voyageur rétif... une troisième catastrophe éclata.

Un des surveillants de Sa Majesté très-chrétienne entendait depuis longtemps sur le pavé des tintements métalliques dont il ne pouvait deviner la cause.

Ce n'était ni le bruit d'un fer mal cloué, ni la chaîne d'un porte-manteau qui traîne, ni le cliquetis de clavettes d'essieu ou de ferrures de portières qui résulte d'une marche rapide : non, ces sons étranges avaient la sonorité d'un métal noble, de l'argent ou de l'or. Le surveillant, agacé par la continuité des sons, surveilla de toutes ses forces et, s'arrêtant pour écouter de loin, finit par trouver sous les pieds de son cheval des louis d'or et des écus de six livres que le convoi du prince semait derrière lui. Il courut au fourgon... il cria halte.... il fouilla. Les sacoches de cuir étaient ouvertes ou fendues et laissaient échapper leurs précieuses entrailles. Depuis une heure environ cinquante mille écus étaient ainsi partis.

Tandis que ces messieurs blasphémaient, s'arrachaient les cheveux et ramassaient le plus de louis possible, Clermont regardait le prince rire silencieusement dans son ombre. Ce roi malgré lui avait espéré qu'en arrivant à Dunkerque il ne lui resterait plus une pistole pour acheter sa couronne.

Son expédient éventé, M. de Conti, soit qu'il fût à bout d'imagination, soit qu'il eût enfin pris son parti, soit plutôt qu'il eût trouvé une meilleure idée, se laissa conduire sans opposer la moindre résistance. Bien plus, il stimula ses compagnons et déploya pour arriver à Dunkerque une prodigieuse activité.

Clermont ne s'y trompa point. Il pressentit un événement prochain.

On arriva cependant : tout était prêt. Jean Bart attendait avec son état-major. Le prince, qui l'aimait et en était fort aimé, l'embrassa en homme qui attend d'un autre un important service. On ne perdit point de temps à se faire admirer ou acclamer des habitants de la ville. Le temps était propice, le vent à souhait. Le prince se transporta immédiatement à bord du vaisseau qui lui était destiné.

Tous ces symptômes de bonne volonté ne laissaient pas d'étonner Clermont. Cependant rien de plus clair. Les équipages embarqués, les adieux faits, l'emménagement opéré, il ne restait qu'à donner le signal de l'appareillage. Ce signal fut donné. Le prince ne témoigna pas une émotion, lui dont le cœur devait être à la torture. Clermont, à chaque pas qui le rapprochait de la terre d'exil, se sentait prêt à défaillir.

Quand le navire s'ébranla et creusa son sillon dans une mer tranquille, au milieu des ténèbres d'une nuit d'automne, le prince, qui s'était longtemps entretenu avec Jean Bart dans la chambre de celui-ci, passa enfin dans la sienne, où l'attendait Clermont. Leurs officiers se retirèrent dans leurs cabines pour prendre un repos qu'ils étaient impatients de savourer après cette rude étape. Le prince et son capitaine des gardes demeurèrent seuls avec le valet de chambre du futur roi.

Clermont s'aperçut que ce dernier, au lieu de préparer la toilette de nuit, changeait l'habit de son maître contre un nouvel habit des plus simples. Ni broderies ni ordres, pourpoint et chausses de drap sombre, bottes fortes à éperons, ceinture pour renfermer l'or. Clermont regardait avec surprise, il attendait avec anxiété. L'idée lui vint que le moment était singulièrement choisi pour essayer d'aussi vilains habits, et que des éperons si longs étaient sur mer un luxe bien inutile.

Mais quand il vit le valet de chambre agrafer au prince la ceinture d'une courte épée, quand il lui présenta les gants et le chapeau qu'il mit en grande hâte, la patience lui échappa, et il demanda en riant à M. de Conti s'il fallait aussi lui faire seller un cheval.

Le prince, sans se dérider, fit un signe au valet de chambre, qui partit en refermant soigneusement la porte, derrière laquelle il s'installa sur un matelas qu'on lui avait préparé. Alors M. de Conti, touchant de son gant le bras de Clermont stupéfait :

— Écoute, dit-il, si tu ne t'appelais pas Clermont, si tu n'étais un second moi-même, ce que je fais, tu l'eusses ignoré comme l'ignoreront tous mes officiers. Il eût mieux valu, peut-être, ne pas t'avertir, mais demain, voyant ma porte fermée et apprenant que je suis malade, tu eusses mis le feu au vaisseau pour me voir. Ton zèle m'eût trahi. Apprends tout, Clermont, je pars !

Clermont ouvrit de grands yeux, essaya de dire Ah ! et n'y réussit pas.

— Oui, quelque chose me rappelle en cette patrie d'où l'on m'a arraché. J'y vais : c'est une folie, c'est peut-être un crime, mais j'y vais, dût l'entraînement que je subis causer ma perte, causer ma mort. — C'est possible. — Mais ce danger m'attire, cette catastrophe me paraît un bonheur. Avant une demi-heure j'aurai quitté notre vaisseau.

— Oh ! monseigneur, balbutia Clermont... vous n'échapperez pas aux regards de notre commandant. Jean Bart ne vous laissera point partir ainsi. Sa résistance va révéler votre secret.

— Jean Bart a reçu ma confidence. Il sait que je laisse derrière moi des intérêts que la précipitation du départ ruinerait sans ressource. Forcé de louvoyer quelques jours sur nos côtes pour attendre des brouillards qui lui permettent de traverser sans combat la ligne des croiseurs ennemis, ce brave homme comprend que je ne perde point un temps nécessaire au repos de toute ma vie. Il m'a donc autorisé à m'absenter trois fois vingt-quatre heures, et je lui ai donné ma parole de roi d'être revenu fidèlement à l'instant fixé. Je tiendrai cette parole ou je serai mort. Embrasse-moi, Clermont, et pendant le temps de mon absence, prouve-moi ton dévouement par ton esprit. Reste dans ma chambre comme pour soigner ton prince malade et aide Jean Bart à prévenir tous les soupçons.

— Oh ! murmura Clermont, vous allez en France !... Oh ! Monseigneur, que vous êtes heureux !

— Crois-tu ? répliqua tristement M. de Conti.

— Mais il est impossible que vous fassiez un tel voyage sans serviteurs, sans escorte...

— Seul, oh! tout seul, dit le prince avec une sorte d'effroi. Jean Bart m'a conseillé en vain de me faire accompagner; j'ai refusé, j'ai peur même de mon ombre que la lune dessinera sur mon chemin, j'ai peur du bruit que fera le galop de mon cheval!...

Clermont baissa la tête, abattu, navré.

— Ainsi, reprit-il en tremblant, vous vous défieriez même d'un ami qui vous offrirait son aide, qui vous donnerait sa vie, si vous lui permettiez de vous suivre?

— Oui, interrompit M. de Conti, car, s'il me plaît de jouer ma tête, j'en ai le droit, et je sais pourquoi je la joue; mais sacrifier celle d'un autre, jamais!

— Et si je vous disais, Monseigneur, s'écria Clermont, que vous me tuez en me laissant ici pendant que vous allez en France; si je vous prouvais que ce voyage, ces dangers, je les envie, je les appelle, je les implore; si je vous disais que pour retourner avec vous et profiter de ces trois jours je signerais à l'instant l'abandon du reste de ma vie! Oh! Monseigneur, ajouta-t-il en se jetant à ses pieds, si, je vous ai été un serviteur fidèle, un bon ami, si comme vous l'avez dit tant de fois, vous me devez la vie, accordez-moi cette grâce, nous serons quittes: emmenez-moi!

— Tu aimes donc quelqu'un là-bas? dit le roi attendri.

— Mon prince, je ne suis parti qu'en arrachant la moitié de mon cœur.

— Il suffit. Viens!

Clermont se releva. Quel transport! quelle reconnaissance!

— Mais tes préparatifs... Sais-tu que Jean Bart ne me laissera pas t'attendre?

— Oh! dit Clermont, je porte sur moi toute ma fortune! Vous ne m'attendrez pas, dussé-je vous suivre à la nage... Comment partons-nous?

— Comme deux commissaires royaux chargés de constater mon embarquement, et que Jean Bart renvoie sur un canot qui nous fera toucher terre au-dessous de la ville. Cette même embarcation nous reprendra au retour pour nous ramener à bord.

Comme il achevait ces mots, la porte s'ouvrit: c'était le signal convenu. Le prince sortit et dit quelques mots à l'oreille d'un homme qui se tenait dans l'ombre, et qu'à sa tête nue, couverte d'épais cheveux grisonnants, Clermont reconnut pour l'illustre marin.

Celui-ci parut approuver. Le prince appela Clermont du geste. Tous trois descendirent dans la batterie déserte et arrivèrent à un sabord d'où pendait une échelle de cordes que les fugitifs s'apprêtaient à descendre. Mais Jean Bart les retint en haussant gaîment les épaules, et sur un signe qu'il fit deux bras d'hercule s'allongèrent du dehors comme une tenaille formidable pour saisir Clermont qu'ils descendirent dans le canot. Ce fut ensuite le tour du prince, mais avant qu'il disparût Jean Bart, l'arrêtant et le regardant comme il savait regarder un homme:

— Dans trois jours! murmura-t-il à voix basse.

— Foi de roi!

— Inutile de jurer! murmura le marin. Si vous n'êtes pas revenu, je suis déshonoré, et, par conséquent, je me fais sauter la cervelle. Bon voyage!

Aussitôt, avant même que M. de Conti eût pu répondre, il étendit la main. Les deux bras reparurent. Le prince se sentit mollement glisser jusqu'à ce qu'il touchât les planches bondissantes du canot. Six paires d'avirons l'éloignèrent bientôt du bord.

La nuit était noire, mais paisible. Les deux voyageurs atteignirent la côte plus rapidement qu'ils ne l'eussent espéré, et, une fois à terre, ne trouvèrent plus devant eux que l'espace, risible obstacle pour une volonté ferme, une bourse ronde et quatre fers bien rivés aux pieds d'un cheval.

Ces intrépides voyageurs avaient fait quatre parts de leur temps, deux pour aller et revenir, la troisième pour le séjour, la dernière pour l'imprévu. Ni l'un ni l'autre n'eût voulu avouer à son compagnon le véritable but de sa course. Toutefois ils s'arrêtèrent tous deux aux portes de Versailles. La nuit tombait. Les chevaux de leur dernier relai faillirent imiter la nuit. Ils se donnèrent rendez-vous avant le jour à cette porte même, et M. de Conti recommanda l'exactitude à Clermont, parce que, dit-il, les derniers mots de Jean Bart ne donnaient pas le quart-d'heure de grâce. Clermont répliqua que son devoir autant que sa reconnaissance lui prescrivaient d'être le premier au rendez-vous et de tenir les chevaux prêts.

A mesure qu'il approchait, le prince qui, en bonne logique, eût dû se réjouir d'arriver au but, était tombé dans une morne tristesse. Clermont, troublé au départ, ne pouvait plus contenir sa joie dès qu'il aperçut Versailles dans l'horizon bleu. Qui les avait amenés, cependant? l'amour. Mais tous les amours n'ont pas la sérénité du paradis, il y en a plus d'un dans l'enfer du Dante.

M. de Conti sembla hésiter au moment de pénétrer dans la ville. Clermont frissonna de voir les remords de ce sinistre bonheur. Il baisa les deux mains de son prince en lui offrant une dernière fois ses services, l'embrassa, et, congédié d'un affectueux serrement de mains, il se dirigea rapidement vers la maison de sa femme. Il n'hésitait pas, lui.

Ce bonheur légitime, son incontestable bien, Clermont cependant l'allait dérober comme un voleur, mais, pourvu que la conscience ne réclame point, qu'est-ce qu'une difficulté? un raffinement du bonheur.

Avec la clef du jardin Clermont ouvrit la grille et s'introduisit furtivement après avoir épié et écouté du dehors. Dans les jardins, personne. Il s'approcha rapidement des bâtiments.

Mais au rez-de-chaussée pas de lumière. La princesse était-elle sortie? Quel contre-temps, elle qui ne sortait jamais le soir! Comme il ne pouvait deviner ce qu'elle avait promis à madame de Bourbon pour cette soirée, il trembla un moment, la voyant absente, qu'elle ne fût à Marly ou à Meudon, et alors son voyage serait perdu et il lui faudrait s'en retourner sans avoir aperçu sa femme ! Allons donc, c'eût été une méprise du sort. Aux grandes passions les grands malheurs, et non pas les taquineries mesquines.

Clermont se jeta dans le petit vestibule qui conduisait aux appartements. Qui sait ? Marianne était peut-être enfermée, souffrante. Quoi de plus naturel après le départ de son mari et les tourments de tout genre qui avaient pu en résulter.

En effet, quelqu'un monte le grand escalier. Ce pas rapide, malgré sa pesanteur sénile, Clermont le reconnaît, c'est le pas de Vaucelles. Vaucelles ! celui-là même que Clermont eût désiré rencontrer, le seul qu'il pût aborder sans péril, prier d'avertir la princesse, et il a douté un moment de sa fortune ! Il s'élance, il saisit Vaucelles sur le palier obscur, il l'embrasse à l'étouffer. Un homme heureux est si fort !

— Monsieur de Clermont! balbutia l'écuyer reculant devant ce fantôme : eh bien! il ne manquait plus que cela.

— Oui, je sais bien, mon bon de Vaucelles, oui, je n'ai pas le droit d'être à Versailles; mais ce n'est pas vous qui me trahirez, n'est-ce pas? La princesse, où est-elle?

— Mais que venez-vous faire ici ? s'écrie l'écuyer épouvanté. Etes-vous fou? êtes-vous las de vivre?

— Quoi donc, qu'y a-t-il?

— Oh! mais, cachez-vous donc! Quelqu'un vous a-t-il vu?

— Personne.

— Quoi ! à Versailles! chez la princesse! un condamné, un proscrit dont la tête tomberait, si elle était reconnue.

— Quoi! moi proscrit, condamné! Qu'ai-je donc fait ?

— Ce que vous avez fait à Fleurines ! Et qu'ont fait vos camarades, vos deux brigadiers, condamnés à mort, pour lesquels je viens de supplier en vain Monseigneur, et qu'on fusille peut-être en ce moment.

Clermont poussa un cri. Vaucelles se jeta sur lui, une main sur sa bouche.

— Taisez-vous! On monte, on vient! dit-il avec terreur... Mais cachez-vous donc, malheureux !

Il n'eut que le temps, avec une vigueur supérieure à son âge, de pousser le jeune homme derrière la première porte qu'il rencontra sur le palier. On montait, en effet : c'était Didier, haletant, éploré, que plusieurs des serviteurs de la maison suivaient de loin, avec des témoignages bruyants de compassion ou de colère.

Didier aperçut de Vaucelles appuyé sur cette porte qu'il gardait de tout son corps.

— Eh bien ! monsieur, s'écria-t-il dans un désordre qui eût attendri le duc lui-même... la princesse...

— La princesse n'est pas revenue.

— Et Monseigneur, que vous aviez été trouver?

— Il ne faut pas compter sur Monseigneur, murmura l'honnête écuyer, dont l'embarras et le désespoir ne pourraient se décrire.

— Alors mes frères sont perdus! alors l'iniquité va se consommer! gémit Didier en se tordant les mains de douleur. Savez-vous bien ce qui se passe! Savez-vous que l'on vient d'enlever mes malheureux frères de la prison, dans un carrosse aux armes du duc? On les lui livre, monsieur ! on les lui livre ! il les tuera ! O Clermont, que de sang tu m'auras coûté !

De Vaucelles sentit s'ébranler derrière lui cette porte en vain retenue par ses débiles mains; elle s'ouvrit furieusement et Clermont parut sur le seuil.

— Toi aussi! s'écria Didier livide, et il se jeta dans ses bras.

— Où dis-tu que sont tes frères? demanda l'enseigne.

— Chez le duc, à qui personne ne dispute plus sa proie !

— Je saurai bien la lui arracher, dit Clermont d'une voix terrible.

Et il s'élança vers l'escalier.

— Il se perd ! s'écria de Vaucelles cramponné au col de Clermont.

— Assez de victimes, Clermont, je t'en conjure, ajouta Didier en étreignant convulsivement son ami.

— Songez, dit de Vaucelles à son oreille, que le roi a des espions ici, parmi nos gens, et que je ne réponds déjà plus de rien, car on vous a vu!

— Reste, reste ! je t'en supplie... pour elle, murmura Didier recueillant ses forces pour le retenir.

— Quoi! ils meurent pour moi, répondit le jeune homme indigné, ils meurent pour ma faute, je puis les sauver, et je les laisserais mourir ! Vous me conseillez cette lâcheté, ce crime !... Allons donc! Didier, elle ne me le conseillerait pas !

D'un seul mouvement héroïque, sublime, il se dégagea et reprit sa course vers les degrés.

— Arrêtez-le, cria de Vaucelles aux serviteurs accourus, arrêtez-le, mes amis !

Tout le groupe se jeta vainement au-devant de Clermont; mais on n'arrête pas la foudre. Il écarta, renversa, écrasa tout sur son passage. En quelques bonds il fut loin de cette maison si douce où, peu de minutes avant, il se glissait souriant et heureux.

XXXIX.

Le brave commandant de la prison finit par épuiser sa provision de patience dans la petite cour de Versailles, et sans se douter encore de la vérité, il commença pourtant à concevoir quelques vagues inquiétudes sur le long séjour que ces deux gendarmes faisaient dans le cabinet du roi. Il en fit part à un officier des gardes qui se promenait sous le grand vestibule, et qui lui répondit gravement qu'il n'entrait jamais le moindre gendarme dans le cabinet de Sa Majesté.

Le commandant sauta en bas du carrosse, s'informa au cocher, qui déclara ne rien savoir, et les gardes pas davantage. Un petit groupe de mousquetaires, riant à l'écart, attira son attention; il les questionna, et ces jeunes gens lui répondirent que la plaisanterie était excellente et qu'ils souhaitaient qu'on la recommençât pour leur compte, si jamais ils étaient condamnés à mort.

On devine les transes du pauvre commandant qui, dans son enthousiasme pour la maison de Condé, avait donné au milieu de ce panneau. Son vieux sang s'alluma. Appelé à Versailles par Mme la duchesse, voituré dans un carrosse de M. de Bourbon, la caution lui parut suffisante, il courut chez le duc pour dégager au moins sa responsabilité.

C'était le moment où l'exécution eût dû avoir lieu. Le prince, calmé par la satisfaction prochaine de son injure, venait d'envoyer un officier à la maison d'arrêt pour porter son pardon religieux aux condamnés et assister à la sanglante cérémonie. De remords, il n'en ressentait aucun. Ces gendarmes l'avaient frappé, blessé : d'ailleurs ils représentaient à ses yeux l'homme qu'il haïssait le plus au monde, l'auteur de tous ses tourments, de toutes ses hontes, l'amant heureux de la duchesse. Leurs deux têtes, comme l'avait si bien dit la duchesse, faisaient à peine la monnaie de ce Clermont qu'il eût voulu déchirer de ses propres mains.

Qu'on se figure le commandant arrivant sur ces entrefaites pour demander compte avec sa naïveté des prisonniers qui venaient de lui être soustraits. Qu'on reconstruise cette scène, dans laquelle le duc apprenait l'insolent enlèvement, la disparition des gendarmes et la tranquille audace de la duchesse, le nom et les armes des Condé usurpés pour ce vol scandaleux, tout Versailles riant déjà de l'aventure, et le grondement sourd des colères du roi.

Le duc fut un moment à comprendre, tant l'invention était énorme... Ayant compris, il ne put tout de suite y croire, mais, quand son officier revint lui confirmer la catastrophe, alors ce qui s'alluma de fureur dans cette âme ulcérée, ce qui éclata de cris aigus, de sanglots déchirants, de hurlements féroces, il faudrait, non pour le dire, mais pour se l'imaginer, avoir vu et entendu ce tigre déchaîné dans sa loge de prince.

Il saisit une arme, il court à l'appartement de la duchesse : s'il la rencontre, il la tuera. Ainsi lui conseille le sang qui monte à ses yeux et l'aveugle ; ainsi le lui crie le fiel qui reflue et noie son cœur. Sur le passage du furieux, tout fuit, tout se cache. Le silence et la solitude se font dans les vastes galeries. Arrivé à la porte de sa femme, il ne trouve qu'une créature assez vaillante pour s'opposer à lui : c'est la vieille femme de chambre, qui étend les bras pâle, mais inébranlable, et semble provoquer la mort.

— Ouvre cette porte ! dit-il d'une voix étranglée.

— Mme la duchesse s'est enfermée avec Mme la princesse de Conti.

Le duc saisit la courageuse servante par une main et la fait pirouetter à quatre pas de lui. Il prend son élan pour briser et enfoncer la porte, mais la vieille crie à l'aide ! à l'assassin ! De tous côtés on accourt, on s'arrête au seuil de chaque salle et l'on contemple dans un muet effroi le scandale de cette démence du maître.

Ce silence tomba comme une eau salutaire sur le front brûlant du prince. Il s'arrêta. Il se voyait dans une glace livide, écumant, hideux. Cette même glace réfléchissait autour de lui les visages humiliés de ses serviteurs : était-ce bien un Condé qu'on surprenait à forcer la chambre d'une femme, était-ce le fils de ces preneurs de ville, de ces gagneurs de batailles ? Il laissa tomber l'arme et demeura pensif.

Peu après, le voyant plus calme et sachant que chez lui les vengeances s'aiguisaient par la réflexion, tous les spectateurs s'esquivèrent dans l'espoir de n'avoir pas été remarqués. La femme de chambre elle-même disparut. Le duc resta seul en face de cette porte.

Alors un de ses affidés s'approcha timidement et lui dit quelques mots à l'oreille. Aussitôt la physionomie du prince s'éclaira d'une joie effrayante.

— Es-tu sûr de ce que tu m'annonces ? dit-il.

— J'ai vu, Monseigneur.

— Et cet homme est entré chez la duchesse ?

— A l'instant, par la grille du vivier.

— Un homme du commun, dis-tu ?

— Une sorte de courrier...

— Quelque déguisement, peut-être... Bien ! plus de bruit, plus d'éclat. Le bruit ne sert qu'à prévenir les coupables. Rassemble mes gens, arme-les, prends tes gardes. Viens...

Le duc donna ses ordres, tendit un piège à chaque issue et se préparait à surveiller lui-même l'exécution de son plan, lorsqu'un murmure de voix et un piétinement sonore retentirent dans la salle voisine. Il s'avança pour connaître la cause du tumulte. Une ombre accourait, un homme essoufflé, ardent, que deux valets cherchaient en vain à suivre. Le duc faillit tomber à la renverse en reconnaissant cette taille, ce visage, et dans le délire de son bonheur il s'écria :

— A moi ! c'est Clermont !

— Oui, monseigneur, dit le jeune homme, n'ayez pas peur, je ne m'échapperai pas. Grâce pour mes amis !

— Ah ! vous êtes à Versailles, répliqua le duc : je comprends, maintenant. On vous y attendait, on vous ménageait cette fête !

— Monseigneur, la vie de mes deux amis ! ils ne sont pas coupables : c'est moi qui le suis, et je me livre !

— Oh ! mais il ne sait rien, dit le duc avec un triomphe sauvage ; il ne sait rien encore et il se jette dans mes mains : c'est trop de bonheur !

Clermont regardait, stupéfait, ce sourire atroce, ces yeux de feu, ces mains inquiètes comme d'une rage de sang.

— Ah ! vous arrivez... et vous ne savez pas la nouvelle ! continua le duc. Vos amis, on les a fait évader. La protectrice que vous connaissez bien, la toute-puissante protectrice les a sauvés, arrachés aux bourreaux, arrachés au roi, à moi-même. Ils sont libres.

— Libres ? murmura Clermont écrasé.

— Oui, mais vous, vous ne l'êtes plus, interrompit le nain frémissant de volupté. Je vous tiens et ne vous lâcherai pas !

— Si je suis prisonnier, c'est du roi, répondit le jeune homme.

— Oui, il les garde bien, ses prisonniers, le roi

mon beau-père! Détrompez-vous, M. de Clermont, vous êtes tombé dans ma prison à moi.
C'est aujourd'hui que vont se régler tous nos
comptes. Vous invoquerez votre générosité, n'est-
ce pas? vous ferez appel à la mienne : vous direz
que vous êtes accouru vous livrer à la place de
vos amis, mais, que m'importe? Et le passé? et
mes souffrances, et mes opprobres dévorés, n'est-
ce pas? vos joies à vous? Cela se paie, n'est-ce pas? et
vous êtes trop galant homme pour vous plaindre de payer cher!
— Monsieur le duc, si j'ai des comptes à rendre,
je le répète, c'est au roi, à moins que vous ne me
fassiez l'honneur d'une provocation.
Le duc éclata d'un rire funèbre.
— Je te l'ai fait, dit-il, cet honneur, et tu l'as
refusé. Tu m'as brisé dans les mains l'épée qui
appelait la tienne. L'épée de Condé, tu l'as souil-
lée et me l'as jetée au visage. Tu mourras! Déjà
je t'avais surpris chez moi, je pouvais me faire
justice moi-même et je t'ai épargné. Cette fois,
plus de pitié, plus de grandeur d'âme. Tu mourras, te dis-je, et ne crois pas que je m'en fie au
roi, que je m'en fie à personne pour ton supplice! Non! je te tiens, tu es dans ma maison.
Comment t'y trouves-tu, je ne veux pas le
savoir ; je vais faire ce que ferait avec impunité le dernier bourgeois de cette ville qui
trouverait chez lui l'amant de sa femme ; tu
mourras. Seulement je te tuerai en prince, en
roi! tu auras le sort auquel ont échappé tes complices : tu vas être fusillé par mes gens, par mes
gardes, ici même, sous mes yeux, dans mon jardin, et nous verrons si ta maîtresse, celle qui a
sauvé tes amis des mains du roi, nous verrons si
elle t'arrache des miennes.
Un cri perçant, un cri de femme éperdue,
coupa cette furieuse menace : Mme de Conti,
palpitante, se précipita entre le duc et Clermont,
qu'elle saisit par la main.
— Touchez-le donc, dit-elle, à présent qu'il a
au bras la fille du roi!
— Fût-il au bras du roi lui-même, je le tue-
rais, rugit le duc. Tenez, madame, ne défendez
pas cette mauvaise cause, retirez-vous!
— N'avez-vous pas de honte, dit la princesse,
un prince du sang, de maltraiter ainsi un gentilhomme qui se confie à votre clémence?
— Lui! lui qu'on attendait ici! lui qui déshonore ma maison et qui avait certainement donné
rendez-vous à la duchesse, car son messager infâme vient d'entrer chez elle. On l'a vu, on me l'a
signalé. Je le tiens aussi, celui-là, et il paiera
comme son maître. Les portes sont bien gardées,
et il ne sortira de chez moi que pour être pendu
aux barreaux de ma grille!
Un frisson passa dans les veines de la princesse
quand elle vit pâlir Clermont, atterré par cette révélation formidable.
— N'êtes-vous pas venu seul? murmura-t-elle
en l'interrogeant d'un avide regard?
Le jeune homme ne répondit rien.
— Vous voyez, il avoue, s'écria le duc avec
transport, il avoue; allons! prompte justice de
tous deux! Eloignez-vous, madame, si vous n'ê-
tes pas complice des crimes de votre sœur.

— Eh bien! sachez donc tout, répondit Marianne dans un élan irrésistible, M. de Clermont
est le plus généreux des hommes. En ce moment
il se laisse accabler pour ne point trahir un secret confié à sa loyauté. Mais je ne veux pas qu'il
en coûte l'honneur à votre femme et la vie à mon
mari.
— Votre mari! raillez-vous? balbutia le duc
surpris de cette énergique offensive.
— Oui, je suis sa femme. M. de Clermont m'a
épousée, la nuit de son départ pour la Pologne,
dans l'église de Fleurines. MM. de Montvalat étaient
nos témoins. C'est pour assurer le secret de cette
union, pour écarter toute surprise, que les gendarmes veillaient sur le chemin du village. C'est
en nous défendant qu'ils ont eu le malheur de
vous offenser. M. de Clermont me quittait lorsqu'il vous a rencontré, lorsqu'il a essuyé vos menaces et vos injures. Oui, monsieur, voilà trois
ans qu'il cache cet amour et qu'il porte noble-
ment le fardeau de tant de soupçons et de malheurs. Ah! monsieur le duc, faut-il encore que
je vous demande sa grâce?
Le duc croyait rêver. Il voyait la princesse suspendue au cou de Clermont, il lisait la vérité sur
leurs traits inspirés et dans leurs yeux rayonnants de tendresse, et il lui semblait sentir s'en-
voler de sa poitrine le vautour pesant qui depuis
tant de jours lui rongeait le cœur.
— Que ne parliez-vous? murmura-t-il. Pourquoi la duchesse.....
— Elle ignore tout, monsieur, s'écria Marianne; seul au monde vous connaissez notre secret.
— Si elle n'est pas votre confidente, pourquoi
ces intimités de M. de Clermont chez elle? pourquoi en ce moment encore cet homme qui se
cache pour entrer dans son appartement?...Tout
cela, madame, est bien mystérieux pour des gens
irréprochables.
Marianne trembla, Clermont lui serra convulsivement la main. Quel danger à côté de leur
salut! Déjà le duc trouvait longue cette hésitation
d'une demi-seconde. Le courage d'un mensonge
habile, jamais Clermont n'eût pu l'avoir. Elle se
dévoua.
— Comprenez donc, reprit-elle vivement, que
c'est moi qui n'ai pu attendre la mort des amis
de mon mari; que c'est moi qui ai arraché à ma
sœur la démarche désespérée qui les a sauvés. M.
de Clermont, inquiet pour eux, arrivait chez moi
au mépris de tous les périls. Vous savez s'il se
cache du roi! Vous comprenez s'il se cache plus
encore depuis ce mariage. Chez moi il ne trouve
personne. On lui annonce que ses amis vont mourir : où me rencontrera-t-il? chez la duchesse. Il
y envoie précipitamment l'homme que vous savez, et lui, lui-même accourt se livrer à vous...
espérant, ou votre générosité ou mon secours
et l'intercession de la duchesse.
Elle s'arrêta. Elle étouffait. Un mot de plus, et
elle eût perdu connaissance. Clermont, dévoré
d'angoisses et la tête perdue en face d'un si épouvantable malheur, ne réussissait à trouver d'autre moyen que de sauter sur cet homme et de le
tuer, s'il n'était pas convaincu.

Dieu les sauva tous. Le duc se rendit.

Courbant la tête et affermissant sa voix qui tremblait :

— Pardonnez-moi, dit-il avec une noblesse qui attendrit la princesse et toucha Clermont jusqu'au cœur, pardonnez à un homme malheureux, voué par la nature à toutes les souffrances de l'orgueil froissé. Autour de moi je ne trouve que beauté, noblesse d'âme et tendres sentiments payés de réciprocité. Quelqu'un de compatissant, quelqu'un de dévoué m'eût rendu meilleur en me plaignant un peu. Tout au contraire, on m'irrite, on me raille, on me méprise peut-être, et pourtant j'aurais eu un cœur aussi, et j'ai une âme ! Pardonnez-moi tous deux, vous, madame, hélas ! que n'avez-vous eu pour moi plus de confiance, je vous eusse épargné bien des chagrins; vous, monsieur, surtout, car vous ne pouviez rien dire, et je vous rends cette justice, que vous avez agi en galant homme. Soyez libre, soyez heureux. Mon Dieu ! que je suis à plaindre ! Voyez ! avec un mot, la duchesse eût tout calmé... mais non, elle me chassera encore, elle rira de moi. Ah ! que je souffre ! je n'ai vraiment pas d'amis !

Clermont s'approcha, pénétré de compassion pour toutes les tortures qu'il sentait sous cette enveloppe et qui menaçaient d'en faire éclater le bronze.

— Je cours chez ma sœur, dit Marianne, elle n'est que jeune et folle. Vous verrez.

— Non ! attendez, attendez ! interrompit le duc en la retenant. Elle aussi, je l'ai offensée. Est-ce que je ne blesse pas tout le monde ? J'ai mis des espions, des gardes à ses portes, j'ai donné les ordres les plus humiliants pour elle contre l'homme qu'elle a reçu... et j'allais sacrifier ce malheureux, si vous ne m'eussiez appris son innocence. Voyons !... réparation à elle et à tous !

Il appela son écuyer, qui attendait, morne et tremblant, les terribles ordres suspendus naguère aux lèvres pâles du maître.

— Faites revenir vos hommes, dit-il ; laissez libres tous les passages, et annoncez à Mme la duchesse que j'aurai l'honneur de me présenter chez elle aussitôt qu'elle voudra bien me recevoir.

L'écuyer partit bien soulagé, bien heureux.

La princesse et Clermont eussent dû bondir de joie : leur ami était sauvé. La duchesse y gagnait l'honneur et la vie. Cependant, honteux de la confiance du duc, ils baissaient malgré eux la tête; cette victoire, due au mensonge, leur répugnait comme une bassesse ; ils ne songeaient pas même à le remercier pour eux.

Le duc poussa plus loin la grandeur d'âme.

— Ne vous oubliez pas ici, dit-il à Clermont. Le roi ne vous pardonnerait point cette infraction à ses volontés. Avez-vous au moins la permission de M. de Conti pour cette absence ?

Clermont rougit et fit timidement un signe affirmatif.

— N'importe, continua le duc, cachez-vous, ou plutôt hâtez-vous de retourner, puisque maintenant vous n'avez plus à craindre pour vos amis ni pour vous. Je vous promets d'être pour MM. de Montvalat un aussi zélé protecteur que je leur étais ennemi cruel. Je vous promettrais bien aussi, non pas protection, vous n'en avez plus besoin, mais amitié sincère ; seulement, mon amitié est comme ma personne, elle fait peur.— et l'on fuit !

— Oh ! Monseigneur ! oh ! mon frère ! s'écrièrent Clermont et la princesse respirant librement pour la première fois depuis cette scène émouvante.

Et ils échangèrent avec M. de Bourbon la plus cordiale pression de mains. Si le duc se fût revu en ce moment au miroir, il eût juré d'être toujours aimant et bon.

L'écuyer revint annonçant que Mme la duchesse recevrait son mari quand il lui plairait d'aller chez elle.

— Et le courrier, ce pauvre diable, à qui j'ai dû faire passer un si mauvais quart-d'heure, est-il rassuré ? demanda le duc.

— Oh ! Monseigneur, il est parti tout courant et n'a pas demandé son reste, s'écria l'écuyer.

Clermont et la princesse échangèrent un froid regard.

— Vous le trouverez, monsieur de Clermont ; donnez-lui pour moi quelques pistoles, ajouta le duc. Voilà donc qui va bien. Partout sérénité, partout azur ! Que c'est bon et qu'il y a longtemps que je n'avais vu ainsi mon ciel ! Accompagnez-moi chez la duchesse, je vous prie, et faites ma paix avec cette ingrate !

— De grand cœur ! répondit la princesse.

Et tous trois s'acheminaient vers l'appartement de Mme de Bourbon, lorsque, en traversant la galerie, ils furent arrêtés par M. le duc d'Ayen, capitaines des gardes du roi, qui, touchant du doigt Clermont à la poitrine :

— Monsieur le comte, dit-il, votre présence à Versailles est une offense dont le roi vient d'être instruit, et qu'il appelle un crime de lèse-majesté. Je viens en son nom vous sommer de me suivre : vous êtes mon prisonnier.

La princesse allait s'écrier; le duc, appuyant une main sur son bras, lui commanda la prudence.

— M. le capitaine des gardes, dit-il à son tour, Sa Majesté m'inflige une sensible mystification en faisant arrêter chez moi un gentilhomme avec lequel je viens de me réconcilier. Souffrez que je porte au roi cette bonne nouvelle, qui modifiera peut-être ses résolutions. Tout ce que je puis, je l'emploierai pour M. de Clermont. Ainsi...

— Quant à vous, monsieur le duc, reprit le capitaine des gardes avec un profond salut, le roi, offensé de l'évasion des gendarmes condamnés par son conseil de guerre, et sachant que vous en êtes l'auteur, m'ordonne de vous en témoigner son ressentiment le plus vif.

— Je vais tout expliquer au roi, interrompit le duc avec un sourire. Une minute d'éclaircissement suffira...

— Vous n'irez point chez Sa Majesté, dit M. d'Ayen, elle refuse de vous voir, et j'ai l'ordre de vous arrêter, sans que vous puissiez communiquer avec qui que ce soit. Votre épée, s'il vous plaît, et suivez-moi à la Bastille !

Le prince foudroyé ne put articuler une parôle. La princesse pâlissait : sans l'appui qu'elle trouva sur le bras du duc, elle eût succombé à tant d'émotions successives. Il la releva. Un triste sourire de Clermont la rendit toute à elle-même. Qui veillerait sur lui, si elle faiblissait ?

Le duc d'Ayen et deux mousquetaires conduisirent le duc au carrosse toujours attelé qui avait délivré les deux gendarmes.

Deux autres mousquetaires emmenèrent Clermont sans qu'il osât baiser la main de cette femme qu'il voyait, qu'il touchait, qui était à lui, et que peut-être il ne devait plus rencontrer en ce monde !

XL.

Quel parti prendre ? Qui implorer ? Comment s'arracher de ce terrain perfide d'où elle ne retirait un pied que pour sentir s'y enfoncer l'autre ?

Didier d'abord. Il se consumait de douleur, d'inquiétudes. Elle le rassura, elle lui indiqua le chemin qu'avaient suivi ses frères, l'endroit où ils devaient attendre l'argent promis pour continuer leur route. L'argent, elle le prit chez son intendant, mais Didier le refusa. Ses frères n'étaient-ils pas riches ? Craignant ce grand cœur ne flottât entre ses frères et Clermont, c'est-à-dire qu'il ne les vît se perdre tous trois, elle lui laissa ignorer la gravité de l'arrestation du comte, elle joua le rôle de consolatrice, elle, sans doute ! Enfin elle annonça au curé de Fleurines qu'il ne devait pas hésiter à conduire ses frères hors de France ; que telle était la volonté de Clermont, la sienne propre. Ôtez-nous, lui dit-elle, cette inquiétude, cette complication. Je suis ici pour Clermont, soyez là-bas pour vos frères. Didier partit.

N'avait-elle réellement plus d'espoir ? si. Une sinistre lueur brillait à son horizon, astre funèbre, comète qui prédit la mort des grands rois. Marianne, fille infortunée, femme menacée de perdre à jamais son mari, se demandait si le mari ne serait point sauvé par la mort du père.

Ces deux arrestations envolées comme deux oiseaux nocturnes de l'alcôve d'un mourant, était-ce la dernière manifestation du vieux despotisme royal ? Précédant de quelques instants l'opération mortelle annoncée par le chirurgien Maréchal, auraient-elles le temps d'être exécutées jusqu'au bout ? Le jour en se levant, qu'éclairerait-il ? Un nouveau règne, jeune, joyeux, tout doré d'amour et de félicités sans fin, ou le retour assombri de l'ancienne servitude, et les luttes de famille, et le mauvais vouloir du vieux roi, contre ce mariage qu'on le soupçonnait d'avoir déjà invalidé par une perfidie ?

Cette aurore clémente ou lugubre, ce billet noir ou blanc destiné au père ou à l'époux de Marianne, qui pouvait les prévoir, en balancer l'influence ? une seule personne, le Dauphin. La princesse courut chez son frère.

Elle le trouva seul, défait, debout, tout habillé au milieu de la nuit : ce qui jamais peut-être ne lui était arrivé ! Il répondit d'un signe à ses tendresses ; il marchait à grands pas dans sa chambre et ne ralentit point sa fiévreuse promenade.

Elle lui conta ce qui s'était passé ; elle lui ouvrit son cœur dévoré de chagrins, de craintes ; elle lui dit que Clermont était son mari. A peine cet événement immense fit-il jaillir une étincelle de ses yeux mornes, de son cœur paralysé. Il s'arrêta un instant, la regarda, non sans compassion, mais sans chaleur, et, baissant plus profondément la tête, recommença les quinze pas qu'il faisait sur son tapis, et dont chacun semblait compté par un craquement de son soulier sur la laine épaisse.

Comme elle le pressait, sinon de s'occuper d'elle, au moins de l'informer de la situation, car l'opération devait être achevée.

— J'attends, répliqua-t-il.

Ce fut le seul mot qu'elle lui arracha.

Il attendait !

Oui, ce mot bien simple parut à Marianne infini comme l'espace, profond et sombre comme l'avenir.

Elle aussi, malgré tous les détours de la délicatesse, malgré toutes les subtilités de la pensée, elle attendait.

On eût pu les voir silencieux et frémissants, lui en sa marche monotone, elle en son impatience immobile, essayer de se dérober l'un à l'autre le furtif et trop fréquent regard qu'ils adressaient à l'horloge.

La nuit s'avançait. Rien ne troublait son calme opaque. Les grands jardins ne murmuraient pas. Une nuée lourde et basse masquait toute l'étendue du ciel. Pas un bruit autour de cette chambre ; soudain le pavé des cours résonna sous les pas d'un cheval.

Une dépêche arrivait à Monseigneur, de la main de Maréchal.

Il la reçut : il la plaça sans l'ouvrir sur la cheminée. Marianne, le voyant si incertain et si pâle, eût voulu bondir jusqu'à cette enveloppe qui l'attirait ; le sang comme un métal en fusion brûlait ses doigts ; ses yeux fixes dévoraient la dépêche.

Monseigneur attendit longtemps. Enfin il prit le papier, l'ouvrit et lut. Marianne lisait, elle, sur son visage de marbre.

Le Dauphin, après une longue minute, releva la tête et, regardant froidement sa sœur :

— Le Seigneur nous conserve notre père, dit-il. Béni soit le nom du Seigneur !

Puis, tendant la dépêche à la princesse, il détourna les yeux et alla s'asseoir devant le feu.

Marianne lut à son tour :

« Une violente colère causée par l'évasion des deux condamnés a provoqué une crise inattendue. Le seul effort de la nature rend l'opération inutile. Le malade est hors de tout danger. »

La princesse laissa tomber ses bras inertes le long de son fauteuil. La dépêche s'échappa des doigts glacés qui ne la sentaient plus.

Monseigneur, sans dire un mot, ramassa le papier, le brûla dans la cheminée, et s'arrêta devant sa sœur comme pour lui témoigner qu'ils n'avaient plus de motif pour demeurer ensemble.

— Notre père vivra, grâce à Dieu ! murmura Marianne en levant sur lui des yeux désespérés, mais mon mari...

— Que faire ? dit le Dauphin.

— N'essaierez-vous pas de le sauver, mon frère?
— Comment?
Elle se tut.
— En luttant contre le roi? en prenant un parti dans sa cour? en appelant votre mari mon beau-frère, moi qui n'ai pas même avoué ma femme!
— Alors, vous m'abandonnez? dit sourdement la princesse.
À son tour il ne répondit pas.
Elle se leva, lui prit la main, qu'elle baisa respectueusement, et, sans un reproche, sans un murmure, elle traversa la chambre et partit.
Monseigneur courut à elle lorsqu'elle touchait déjà le seuil; il la retint dans ses bras. Elle ne se retourna pas, et, comme il l'embrassait avec un sanglot étouffé, elle sentit glisser sur ses joues deux larmes brûlantes : son ressentiment fut éteint, elle entoura son frère de ses bras caressants, elle l'étreignit, elle le pressa. On eût dit qu'elle essayait de faire passer son âme dans cette statue.
Alors elle le regarda encore, et cette fois, pour résister à la prière renfermée dans un tel regard, il eût fallu n'avoir jamais rien aimé sur terre et ne croire à rien dans le ciel.
Monseigneur crispa douloureusement ses mains glacées. Il répondit à cette éloquence de l'espoir par l'éloquence de l'impuissance. Rien !
Marianne ferma les yeux, haussa imperceptiblement les épaules; elle n'avait plus qu'un pas à faire pour sortir de la chambre. Son adieu fut ce doux sourire qu'on voit parfois errer sur les lèvres des malheureux qui n'ont plus rien à perdre que la raison.
Comme elle demeurait muette et froide dans son carrosse sans avoir répondu à l'écuyer qui demandait ses ordres et attendait tête nue :
— Plus de père, murmura-t-elle... plus de frères, plus de mari... plus d'amis... et pas un ange près de Dieu pour le fléchir !
Tout à coup illuminée :
— Plus d'ange, ai-je dit? s'écria l'infortunée. Pardon, ma mère, est-ce que je ne t'ai pas? — Aux Carmélites de la rue Saint-Jacques ! dit-elle vivement à l'écuyer.
Le visage étonné du gentilhomme semblait répondre : — Il est bien tard ! la nuit s'avance, tout dort.
Mais Marianne répondit :
— Allez, monsieur, allez ! Il n'est pas de jours, il n'est pas de nuits, il n'est pas de sommeil pour les malheureux ni pour les anges. Conduisez-moi chez ma mère.

XLI.

La nouvelle du rétablissement du roi se répandit partout avant le bruit de sa maladie. Le secret du danger avait été bien gardé; il n'en fut pas de même de la délivrance : aussi, le lendemain, Versailles regorgeait de visiteurs essoufflés, qui témoignaient autant de joie qu'ils en auraient eu de voir finir ce règne interminable.
Le roi fit savoir tout d'abord qu'il irait entendre une messe au Val-de-Grâce en reconnais-sance du miracle que Dieu venait de faire pour le sauver. Puis, ce devoir accompli, il s'occupa des affaires avec une activité effrayante pour ceux que ces affaires concernaient.
On le vit un peu maigri, fatigué, chancelant, mais âpre à la besogne, appeler les ministres, leur reprocher sévèrement leur négligence et fulminer contre les fauteurs du scandale de la veille. Les ministres n'eurent qu'un mot à répondre : « Ce qui se passe entre prince du sang ne regarde que le roi... s'il l'approuve, qu'il récompense... s'il le blâme, qu'il punisse. »
Le roi dicta immédiatement aux secrétaires, et presque sans reprendre haleine :
L'ordre portant maintien de la condamnation capitale portée contre MM. de Montvalet. La confiscation de leurs biens au profit de la couronne, démolition des maisons ou châteaux, coupe des bois de haute futaie, dégradation de noblesse pour eux et leurs descendants à perpétuité.
Condamnation de Louis comte de Clermont à la peine capitale pour désertion devant l'ennemi et crimes de lèse majesté et de haute trahison. La sentence portait que l'exécution aurait lieu le même jour, au coucher du soleil, dans la cour du château de la Bastille.
Condamnation du commandant de la prison militaire à une année de détention dans une forteresse et mise en retraite de cet officier.
Enfin, l'ordre d'exil de M. le duc et de Mme la duchesse sur leur terre de Chantilly.
La plume des secrétaires frémissait dans leurs doigts tremblants. Ils se courbaient dans cette avalanche de vengeances. Jamais on ne se souvenait d'avoir vu le roi animé d'une pareille fureur.
On annonça Monseigneur et tous les princes. Le roi fut plus que froid envers son fils, dont il caressa les enfants. Il se montra gracieux envers son frère et sa belle-sœur, aimable avec le duc de Chartres qu'il haïssait. Il embrassa tendrement la duchesse de Chartres, sa troisième fille. Monseigneur comprit à quel point même dans sa neutralité il s'était compromis devant son père. Celui-ci ne lui pardonnait pas d'avoir failli régner.
Quant à Mme de Conti, le roi lui tourna le dos et ne la regarda pas. Elle s'y attendait et ne manifesta ni crainte ni déplaisir. Suivant le conseil de sa mère, elle s'effaçait, rien de plus, jusqu'à des moments meilleurs, que la Carmélite lui avait fait espérer dans leur entrevue nocturne.
Cependant, au milieu de cette résurrection du vieux roi, celle qu'il frappait le plus cruellement, celle qui eût le plus gagné à un nouveau règne, Mme de Conti était peut-être la seule qui eût pleuré sincèrement l'auteur de ses misères.
On parla devant elle des grands événements du jour, on analysa les nouveaux ordres du roi. Il fallut qu'elle entendît impassible les courtisans applaudir aux cruautés entassées sur les Montvalat; il lui fallut entendre sans mourir les détails de l'incarcération de Clermont, l'analyse des pièces dont se composerait son échafaud, probablement celui de M. de Biron conservé à la Bastille, et les discussions engagées sur l'heure et le mode de supplice.
Elle, aveugle et sourde, souriant sans relâche

avec démence, répétait tout bas : — Défends-moi, ma mère, défends-moi !

Quand le roi se fut bien satisfait en montrant à tous qu'il était imprudent de le croire si tôt mort, quand il eut déclaré, avec son grand air, que le mauvais exemple ayant été donné à sa cour, il se voyait forcé de sévir et traiterait en rebelle quiconque oserait le solliciter pour les coupables, alors, n'ayant plus personne à frapper, puisque tout s'écrasait devant lui, il partit avec la cour pour entendre la messe au Val-de-Grâce.

Louis XIV avait toujours montré beaucoup de vénération pour cette abbaye du Val-de-Grâce que la reine Anne d'Autriche sa mère avait consacrée à Dieu pour le remercier de la naissance d'un fils après une stérilité de vingt-deux ans.

C'était son monument à lui. Il y trouvait le cœur de sa mère, ce cœur dont elle lui avait transmis l'orgueil, la profondeur et la puissance, aussi peut-être la froide rigidité.

Il y trouvait tous les souvenirs de son enfance, vestiges de la piété maternelle, mignardises touchantes inspirées par la dévotion espagnole : ses premiers habits, sa première chaussure, et celles des princes et princesses de son sang, qu'Anne d'Autriche avait données à perpétuité avec leurs cœurs au trésor de cette abbaye, comme si chaque souvenir d'elle et de sa race devait être adoré à l'égal d'une relique, comme si chaque goutte de son sang créait un dieu.

Le roi trouvait encore dans cette église le génie de Mansard et celui de Mignard, l'un aux pieds, l'autre au front de l'édifice : car Mansard en a dessiné le plan souterrain et les caveaux, Mignard en a peint le dôme. Cet édifice porte d'ailleurs, en ses ornements pompeux et ses proportions ambitieuses, le caractère de majesté théâtrale particulièrement sympathique aux goûts de Louis XIV.

Le roi fit le voyage en véritable malade, malgré ses affectations d'homme immortel. A la difficulté de l'action le peuple jugea la grandeur du péril couru. La cour arriva au Val-de-Grâce lorsque midi sonna. Clermont n'avait plus que cinq heures à vivre !

Voilà ce que pensait la princesse de Conti, sa femme, pendant que son carrosse, où elle avait dû recevoir plusieurs dames fort indifférentes, suivait lentement le carrosse royal. Cinq heures à vivre pour ce malheureux sans reproche à qui la mort du roi, si probable hier, eût donné une longue et bienheureuse vie.

Chaque tour des roues broyait le cœur de Marianne. Elle se pencha hors des portières lorsqu'on arriva au sommet du faubourg Saint-Jacques; d'où l'on aperçoit tout Paris, et au-dessus de Paris la sinistre Bastille.

En même temps, dans le faubourg, à sa droite, elle voyait le clocheton aigu et la croix en dentelle de la chapelle des Carmélites, où sa mère veillait pour la protéger.

Le roi entra au Val-de-Grâce en conquérant. Ne venait-il pas de gagner sa bataille contre la mort? Toute la cour se plaça loin, derrière le monarque; lui, dans le chœur, sous un dais, gardé par quatre mousquetaires. L'office commença.

Supplice! agonie! L'encens fumait, la musique chantait sous les voûtes : tout ce que la divine religion emprunte à l'art, divin aussi, puisqu'il émane de Dieu comme elle, tout ce que les hommes, dans leur amour pour le bienfaiteur suprême, savent ajouter d'ornement à une prière, le roi le savoura avec délices : c'était la fête de son salut; la cour s'y complut comme à un doux concert, comme à un brillant spectacle : mais que souffrit-elle, cette femme infortunée qui sentait pendant la cérémonie s'écouler seconde à seconde, goutte à goutte, l'existence de son époux!

Enfin tout s'éteignit : voix harmonieuses, cires parfumées, encens d'Arabie; le clergé défila lentement devant le dais; les portes s'ouvrirent. Un grand bruit de foule repoussée et de chevaux hennissants pénétra dans l'église; le roi se leva sous le dais qui, soulevé aussi, allait se diriger vers les portes.

— Et rien ! rien encore, disait la princesse. Le roi n'a pas reçu de message. Le roi n'a pas donné d'ordre. Rien n'est changé. Que m'a donc promis ma mère! il est une heure, il en faut trois pour retourner à Versailles. Et Clermont doit mourir à cinq !

Marianne crut qu'elle allait devenir folle; elle eût déchiré tous ces impatients qui se préparaient à sortir, elle eût crié à tous : « Attendez donc ! » Elle se demandait si au passage du roi elle ne devait pas se jeter à ses pieds; prendre à témoin Dieu et, dans son temple, obtenir la vie de Clermont ou sacrifier la sienne par quelque coup de désespoir.

Un instant de plus, ce scandale s'accomplissait. Mais l'archevêque, qui venait d'officier et qui, pour quitter ses ornements sacerdotaux, était rentré dans la sacristie, en ressortit avec une sorte de hâte, vint au roi, qui faisait son dernier signe de croix, et l'arrêta comme il franchissait déjà la grille du chœur.

— Sire, dit-il, je viens solliciter de Votre Majesté un moment d'audience.

— Pour vous, monsieur l'archevêque? demanda le roi.

— Non, Sire, pour une femme.

— A quel propos?

— Sire, c'est une religieuse dont le couvent est de l'autre côté de cette rue... Elle attendait la fin de l'office dans la sacristie, et, malgré tous mes efforts pour la dissuader, je n'ai pu la retenir : elle vient.

— En vérité!... qui donc se permet une telle insistance? dit le roi. Quel ordre? quel nom?

— C'est une carmélite. Elle s'appelle sœur Louise de la Miséricorde.

Le roi tressaillit. Pendant sa première hésitation, l'archevêque se retira respectueusement. On vit sortir d'une porte latérale cette carmélite, qui traversa le parvis d'un pas ferme, la tête baissée, et s'avança jusqu'au dais sous lequel était demeuré le roi.

Celui-ci, dont le visage altéré trahissait les émotions les moins favorables, se retourna brusquement vers les mousquetaires en faction devant les piliers du dais; d'un geste il les congédia.

Ils quittèrent le chœur, dont leur officier ferma les grilles.

La carmélite et le roi restèrent seuls. Au delà, toute l'assemblée se levait, tendait le col et se haussait pour mieux suivre de loin, à travers les dessins de fer, chaque phase de cette scène incompréhensible.

Une seule personne se prosterna sur la dalle, le front enseveli dans le velours de sa chaise, ses mains jointes ou plutôt crispées au-dessus de sa tête, et souvent elle baisait le marbre avec ferveur, et ses yeux arides ne trouvaient plus de larmes, et elle murmurait à voix basse :

— Fléchis mon père, inspire ma mère, Dieu de bonté !

Cette religieuse et ce roi, qui se trouvaient pour la première fois en présence depuis près de trente années, avaient été jeunes, beaux, ardents. Ils avaient brûlé l'un pour l'autre de la passion la plus poétique et la plus folle. Bien souvent, autrefois, à la place même où ils se rencontraient en ce moment, Anne d'Autriche, inquiète de cet amour, avait prié Dieu de l'effacer du cœur de son fils, et le jeune roi y avait juré d'aimer La Vallière jusqu'au dernier soupir.

Que de fois, dans cette même église, Louis, agenouillé près de sa mère, près de sa femme, n'avait-il pas tourné furtivement la tête pour aller chercher derrière lui le regard humide et voilé de sa douce maîtresse! Alors elle rougissait, et ce rayon de flamme embrasait tout son être, et ses blonds cheveux bouclés frémissaient, et leur parfum, se dégageant entre mille, volait jusqu'à l'amant, qui frissonnait et s'embrasait d'amour.

Mais depuis trente ans, l'un était resté roi, brillant, bruyant, insatiable de plaisir et de gloire, emplissant sa cour de trophées, sa maison d'enfants illégitimes, s'enivrant de louanges, se haussant incessamment par-dessus ses peuples pour paraître un peu plus grand que les plus grands rois.

L'autre n'était plus ni duchesse, ni favorite, ni riche, ni aimée, elle n'était plus même de ce monde ; elle s'était courbée plus bas que les plus humbles, ravalée aux plus abjects travaux, brisée dans les plus féroces tortures. Jalouse de racheter une à une chaque minute de plaisir et de puissance, elle les expiait par des heures d'intolérables supplices, et, quand le corps tombait terrassé, l'âme infatigable le ressuscitait pour quelque nouveau martyre.

Cependant, lorsqu'ils levèrent les yeux l'un sur l'autre et se virent pour la première fois, depuis ces trente ans, l'un, celui qui avait toujours été heureux, et dont la parure magnifique masquait la caducité, parut à l'autre un vieillard usé, flétri par l'abus de la vie, ridé de sillons profonds dans lesquels dormaient la paresse et la débauche. Son œil, encore fier pour les hommes, ne reflétait que le vide. Le vide à distance paraît aussi profondeur. Pour quiconque savait les événements de sa longue carrière, la signification de sa physionomie était effrayante. Quant au corps, sépulcre blanchi, ruine diffamée, il cherchait à inspirer l'admiration et la crainte : il n'inspirait pas même la pitié!

La religieuse au contraire, ayant perdu toute beauté humaine, commençait à prendre cette céleste beauté, cette immatérielle splendeur des âmes que l'enveloppe ne souille ni ne gêne plus. Dans son œil austère, mais calme et toujours pur, on ne lisait ni le passé, c'est-à-dire le remords, ni le présent, c'est-à-dire l'immolation et la souffrance; cet azur reflétait Dieu, et devant une telle majesté nul regard terrestre n'eût osé engager ou soutenir la lutte.

Le roi se sentit troublé à mesure que s'avançait vers lui cette froide statue. Depuis un instant elle le regardait, et il s'effraya de la voir impassible et sereine, quand il chancelait débile et embarrassé.

Il s'inclina profondément; elle répondit par un salut simple et grave. Il attendait sa voix, il dévorait des yeux la parole qui allait sortir.

— Sire, dit-elle, une longue prière et le sentiment de la reconnaissance que vous devez à Dieu pour votre retour à la vie ont-elles changé le cœur de Votre Majesté? Avez-vous enfin reconnu que manquer de clémence aujourd'hui serait un grand crime?

— Que voulez-vous dire, madame, répliqua le roi surpris, et envers qui manqué-je de clémence?

— Envers celui que vous avez condamné à mort et qui, vous le savez bien, ne peut pas mourir.

— Monsieur de Clermont?

— Oui, Sire, lui-même.

— Et pourquoi, madame, commettrai-je un crime en faisant justice d'un rebelle et d'un traître?

— Est-il rebelle et traître, je l'ignore. Seulement, je sais, nous savons tous ce qu'il est à votre fille et la tendresse qu'elle a pour lui...

— En vérité, madame, dit vivement le roi, il est étrange de voir une femme aussi pieuse, une sainte femme, s'intéresser à des amours mondaines qui sont la honte et le scandale de ma famille, et que moi-même, par pudeur, je n'eusse osé citer parmi les crimes de ce gentilhomme atteint enfin par ma justice.

— Il n'y a rien d'étrange, Sire, à voir une mère s'intéresser aux douleurs de sa fille et chercher à lui conserver...

— Son amant?

— Non, Sire, son mari!

— Son mari! s'écria le roi...

— Ne le saviez-vous pas? dit-elle froidement.

— Son mari! M. de Clermont est le mari de ma fille! Il aurait osé... Il aurait eu cette audace!

Sœur Louise de la Miséricorde, pendant cette véhémente exclamation, considérait attentivement le visage du roi empourpré par l'indignation et la surprise : elle y voyait une ignorance de l'événement aussi sincère que sa fureur.

— Et quel est donc le prêtre, s'écria le roi, quel est donc le téméraire qui a sanctifié une pareille union!

— Je ne suis pas venue pour dénoncer, mais pour défendre, répliqua doucement la carmélite.

— Si ce mariage sauve la tête du mari, reprit le roi, il fera tomber celle des témoins et du prêtre.

— Tous sont innocents : libres, ils ont uni des personnes libres ; ce n'est point un crime capital. D'ailleurs, vous ne les connaissez pas.

— Je ferai rompre ce mariage. J'en ai le droit.

un concile me le donne, et, lorsqu'ils invoqueront leur acte, il faudra bien qu'ils me le représentent.

— On ne vous le représentera pas, Sire. Il est anéanti. La page du registre qui le contenait a disparu.

Le roi fit un mouvement que guettait l'œil vigilant de la religieuse.

— Disparu! un acte de cette valeur, murmura le roi avec défiance, l'avez-vous vu, vous, madame?

— Non, mais je n'ai pas besoin d'avoir vu pour croire.

— La preuve! madame, ces sortes de choses se prouvent, dit le roi bouillant de colère; vous êtes dupe, on vous abuse impudemment. Fourberie! comédie! ne le voyez-vous pas? Il ne restait plus de ressource à ces coupables amants. Ils sont allés à vous, et, comme vous ne vous fussiez pas intéressée à des amours profanes, on, vous a forgé l'histoire d'un mariage. Crime de plus! Ah! c'est l'habitude de ces hommes d'aventures. Crime de plus, vous dis-je, mais aussi, raison de plus pour que le châtiment soit sévère!

— J'affirme que le mariage a eu lieu, dit la carmélite.

— Et moi je promets la vie sauve au mari, s'il m'apporte l'acte de mariage. Mais, s'il ne l'apporte pas!...

— Prenez garde, interrompit gravement La Vallière: on vous soupçonne d'avoir ordonné le vol de cette page. En la réclamant avec tant d'instance, vous confirmeriez ce bruit.

— Ce vol est une fable; j'y crois aussi peu qu'à l'accusation.

— C'est votre fille qui vous accuse, et celui qui a volé la page, c'est l'abbé Dubois!

Le roi tressaillit. Ce nom donnait un corps à l'accusation infâme. Un pareil homme était capable de tant de choses, même invraisemblables!

— Ai-je besoin, dit-il d'une voix étouffée, de me justifier devant vous d'une bassesse?

— Non! je l'ai repoussée comme impossible. Je savais bien d'ailleurs que vous n'eussiez pas envoyé à l'échafaud le mari de votre fille.

— Assez! assez! s'écria furieusement le roi. Ma fille n'a pas de mari, ou bien ce n'est pas ma fille. Si elle s'est mise ainsi en dehors de son rang et de ma famille, elle s'est mise aussi hors de ma clémence et de ses droits à ma pitié. Que n'épousait-elle celui que je lui destinais, le duc de Lorraine? elle n'eût pas eu besoin de faire demander grâce pour un misérable. On n'eût pas volé l'acte d'un pareil mariage! D'ailleurs, je ne crois pas, vous dis-je, à ces malheurs imaginaires, rien n'en effleure mon cœur, mais je crois aux complots, aux rébellions et à la nécessité de faire une prompte justice, en regrettant, madame, de n'avoir pu pardonner selon votre désir.

Le roi avait essayé de mettre dans ces dernières paroles toute sa courtoisie et sa dignité ordinaires. Que de refus il avait ainsi adoucis! que d'amers calices il avait fait boire! Mais la langue dorée des cours, cette femme l'avait désapprise, elle ne la comprenait plus, depuis que sa patrie était le ciel.

— Et pourquoi, répliqua-t-elle, vouliez-vous faire épouser un prince à votre fille, si elle le refusait? parce qu'elle est princesse, n'est-ce pas, et reconnue par vous? Pourquoi l'avez-vous reconnue et l'avez-vous faite princesse? vous ai-je assez supplié autrefois de laisser ces enfants libres et obscurs? vous ai-je ici même, dans cette église, quand vous m'apprîtes que j'étais duchesse, demandé de m'épargner une élévation qui rendait la chute plus considérable et plus honteuse? C'est votre obstination qui nous a tous perdus. Si mon fils, que vous avez fait duc de Vermandois, n'eût pas été rapproché du trône par votre impitoyable orgueil; si, élevé dans l'ombre et le silence, il n'eût vécu que pour plaindre sa mère, on ne l'eût pas vu, lui, un bâtard, lui, rien, s'enivrer d'être appelé votre fils, et se croire votre fils, et traiter en égal celui qu'il croyait son frère et frapper le Dauphin au visage! Il vivrait encore!... et il est mort à seize ans... Sire!... comment est-il mort? Eh bien! le pauvre enfant, c'est à moi, c'est à ma lâcheté que le monde imputa sa faute et que Dieu reprochera sa fin: c'est là mon crime. Nuit et jour, depuis vingt ans, je travaille à m'en punir; mais je ne veux pas que mon autre enfant y succombe à son tour. Elle a touché le port, elle est libre, elle peut mener une vie paisible, innocente, selon Dieu. Voulez-vous la replonger dans les malheurs qui suivent l'orgueil? Peut-elle être à la fois votre fille illégitime qu'on méprise et votre fille qui se sacrifie! Son mariage est vrai; s'il n'est plus écrit sur un registre, il est scellé du sceau de Dieu, et vous n'avez pas le droit de le rompre. Et je proteste en son nom, et j'ai voulu que ce monde, dont je fuis les regards depuis trente ans, me vît aujourd'hui vous parler dans cette église au pied de cet autel, parce qu'il saura que je demandais la vie d'un homme innocent, du mari de ma fille, et que vous m'avez refusée au risque de tuer mon dernier enfant!

Le roi tremblait de fureur et de crainte.

— Ainsi, dit-il, c'est mon humiliation qu'il vous faut. Ce mariage existe, dites-vous, et peut-être exigerez-vous que je le déclare? Ainsi, plus de roi en France, plus de maître, plus de respect pour l'autorité, même paternelle! Ce que vous me demandez, c'est la confusion, la promiscuité, la risée publique. Demain, ma fille s'appellera madame de Clermont, n'est-ce pas? Après-demain, mon fils aura pour femme une servante; Mademoiselle, la petite fille de Henri IV, ma cousine, sera madame Lauzun... Voilà l'exemple, n'est-ce pas, que vous me conseillez en chrétienne, en religieuse, en amie!

— Ne parlez pas d'exemple, c'est vous qui l'avez donné, reprit austèrement la carmélite. C'est vous qui avez inspiré à vos fils légitimes de passer pour des dieux, à vos bâtards de passer pour vos fils. Tombés les uns après les autres de ces sommets où la respiration est impossible, ils cherchent l'air et la vie; ils cherchent ce que vous-même vous avez cherché! Puissent-ils le trouver; puissiez-vous être enfin heureux vous-même!

L'allusion était terrible. Le roi frémit, mais il ne répondit rien.

— La vie de M. de Clermont, sa grâce, si vous voulez, Sire, ajouta brièvement La Vallière.

Il baissa la tête.

— Ils n'importuneront plus vos regards, dit-elle, ils quitteront la cour, ils disparaîtront.

— Pour emplir le monde de ce bruit odieux! s'écria le roi avec un retour de colère; pour colporter en Europe cette mésalliance, mon opprobre et celui de ma famille! — Non! le monde ne rira pas de moi! non! je ne lui enseignerai pas à mépriser cette couronne que j'ai relevée de la misère, de l'impuissance et de la honte. J'avais sept ans quand ma mère m'amena ici pour la consécration de cette église, et je n'avais ni pain, ni linge, ni valets, faute d'argent pour les nourrir. Je jurai de rendre la royauté si puissante et si respectée qu'on tremblât au nom du roi comme au nom même de Dieu. J'ai réussi. Le trône est adoré comme l'autel. Tant pis pour les indignes qui souillent les rayons dont je les couvrais, tant pis pour ces lâches qui replongent ma race dans la fange quand je l'avais élevée jusqu'au ciel! Ceux-là, je les sacrifierai. Appelez ma justice orgueil, je l'appelle, moi, mon idée, ma politique, et je ne suis pas roi, Dieu ne m'a pas donné un sceptre pour que j'en fasse le roseau ou la baguette d'un bourgeois. Vous voyez le monde, madame, de votre solitude, et il ne vous est plus rien, et vous dédaignez ses besoins comme ses gloires. Mais moi, qui règne et qui l'administre, ce monde, moi qui suis responsable devant mes successeurs, je ne puis avoir vos dédains ou votre indifférence pour ces crimes qui bouleversent tout l'ordre et la hiérarchie de mon Etat.

— Vous êtes père, cependant, dit la carmélite.

— Oui, rappelez-le moi, madame, répliqua Louis avec un sourd murmure. Rappelez-le aussi à cet enfant dénaturée dont vous prenez la défense contre moi. Oui, je suis son père, et que ne me doit-elle pas! Cependant elle manque aux premiers devoirs imposés aux enfants par la loi divine. Respecte ton père et ta mère, a dit le Seigneur. M'a-t-on respecté en contractant furtivement, bassement, un mariage indigne? Approuvez-vous aussi cette conduite? Et vous-même, vous a-t-on consultée? Est-ce à dire que ma qualité de roi et de maître délie une fille du respect et de l'obéissance? Cette grâce que vous sollicitez, la mérite-t-elle quant à la piété filiale? Cette grâce, la mérite-t-il, l'homme sans cœur et sans honneur qui, dans quelque vue d'intérêt sordide, a osé voler une princesse au roi, une fille à son père, sans essayer au moins de l'obtenir par ces démarches de soumission que prescrivent au moindre de mes sujets la loi et les convenances? Si le roi, justement irrité, veut bien, pour vous, madame, uniquement pour vous épargner cette tête vile, s'il lui sauve l'échafaud, reste le père odieusement outragé, et le père se vengera, et vous n'oserez pas lui reprocher sa vengeance.

— Votre fille a commis une faute, c'est vrai, répondit la carmélite, et je n'ai pas attendu votre juste colère pour la lui reprocher. Mais un père qui châtie a la main légère.

— Cette main, quoi qu'elle fasse, est armée du sceptre, et le sceptre frappe des coups plus lourds.

Mais assez sur ce triste événement. L'homme vivra, puisque vous le voulez. Sera-ce pour lui un adoucissement ou une aggravation de peine? Peu m'importe, il vivra!

— La vie lui sera douce près d'une femme qu'il aime sans intérêt et sans ambition autre que d'obtenir votre pardon.

— La vie avec elle! s'écria le roi implacable; la vie de ménage à ces impies, à ces débauchés, car leur mariage n'existe pas pour moi; le calme dans le crime à ces coupables! non, jamais! l'homme vivra derrière les murs d'une de mes forteresses. Il vivra pour une pénitence infinie, il vivra pour expier. Voilà comment je formule ma grâce. Pas d'équivoque. C'est ma sentence sans appel!

— Et vous appelez cela une grâce! répliqua La Vallière. Dérision! Sire, allez! j'aime mieux votre échafaud. Cet homme infortuné y montera fier et heureux. Votre fille ne vous maudira pas plus de le tuer par la hache que de l'étouffer dans la moisissure d'un cachot. Qu'elle meure demain du contre-coup, qu'elle meure dans un mois de sentir souffrir son mari, c'est toujours la mort que vous lui aurez donnée. En la donnant plus prompte, vous aurez été meilleur père! Tuez vite, Sire, c'est maintenant l'unique faveur que je réclame de vous!

Le roi, honteux et fléchi par cette méprisante réplique, se hâta de répondre:

— Sachez toute ma pensée, dit-il, je vous en livre l'expression suprême. Je ne suis pas un roi sanguinaire, un bourreau, mais mon honneur ne composera jamais avec une mésalliance, de quelque côté qu'elle tombe dans ma maison. Cet homme ne sera jamais pour moi l'époux de ma fille. Le premier venu n'entrera pas dans la famille de saint Louis et d'Henri IV. Si j'eusse vu l'acte de mariage et s'il m'était impossible de le nier, forcé par l'évidence, ou j'eusse annulé le mariage, ainsi que j'en ai le droit, ou j'eusse obtenu par force ou par persuasion la renonciation des époux. Annuler est inutile aujourd'hui, puisque Dieu dans son équité s'est chargé de détruire la preuve de ce ridicule mariage; mais ma fille et son complice ne se réuniront jamais, je les regarde comme étrangers l'un à l'autre, d'abord parce que je ne l'ai pas autorisée, enfin parce que tel est mon bon plaisir!

— Sire, votre bon plaisir n'annule pas le consentement de Dieu. Ce qui est lié dans le ciel, personne ne peut le délier sur la terre.

— Je le ferai, moi! Ces deux créatures ne se verront plus, ne se connaîtront plus; l'homme quittera la France, il n'y remettra jamais le pied. Libre et vivant, soit! mais là s'arrête ma grâce.

— Sire! Sire!... ne dites pas: jamais! C'est un mot que Dieu lui-même n'a pas voulu prononcer pour les plus grands criminels. A tous il laisse le repentir, il permet l'espoir.

— Je ne dis point jamais, je dis ce qu'un homme doit dire, je leur laisse l'espoir. Ce jamais de Dieu serait l'éternité. Le jamais d'un homme, c'est la durée de sa vie. Le jamais d'un vieillard tel que moi, c'est un an, c'est un soir, une heure peut-être. Eux-mêmes l'abrègent assez, ce temps, par les tourments qu'ils me font subir ! Comprenez-moi bien, madame, je fixe la durée de leur peine à la durée de ma vie. C'est peu de chose. Que ma fille respecte au moins mes derniers jours ! Qu'elle n'en déshonore point la gloire, qu'elle m'imite, non dans mes exemples mauvais, mais dans les bons : j'ai, comme vous le reprochiez tout à l'heure, contracté certaine alliance, je me suis si scrupuleusement caché aux yeux de mes peuples que ni aujourd'hui ni plus tard ils n'en trouveront aucune trace. Accordez-moi, madame, cette consolation. Que jamais ma fille et celui qu'elle nomme son mari ne déclarent ce mariage, que jamais ils ne se voient et ne se joignent, moi vivant, tel est mon désir, tel est mon ordre, telle est la condition que je mets à la vie et à la liberté de cet homme. Si vous ne me garantissez point par serment que ma volonté sera respectée, je retire ma clémence, et M. de Clermont sera jeté dans un cachot inconnu, où il s'oubliera lui-même. Si vous aimez votre fille, si vous avez quelque respect pour l'autorité d'un père, quelque pitié pour les malheurs d'un roi, n'hésitez pas, madame. Voici l'autel, Dieu nous entend : jurez !

La carmélite à son tour baissa le front devant cette volonté d'airain.

— Ne me laissez pas le temps de la réflexion, ajouta le roi, je pourrais bien retourner en arrière !

Elle sentit qu'en effet il n'y avait plus à hésiter.

— Au moins, dit-elle, pardonnerez-vous à votre fille ?

— Si elle se soumet et si elle tient le serment que vous m'allez faire en son nom.

La carmélite étendit silencieusement vers l'autel sa main livide et maigre. Et le roi frissonna encore une fois malgré lui en se rappelant combien de soupirs d'amour ces doigts de squelette avaient étouffé sur ses lèvres.

— M. de Clermont est libre, murmura-t-il. Il partira ce soir.

Elle s'inclina.

— Adieu ! madame, ne m'oubliez pas dans vos prières, dit le roi courbé respectueusement devant cette majesté désormais impérissable.

— Je prie nuit et jour pour les malheureux, répondit La Vallière.

Et, ramenant sur ses mains les longs plis de son manteau de serge, elle se retourna et reprit à pas lents le chemin de la sacristie, où elle s'engloutit, ombre à qui Dieu avait permis un instant de reparaître sur la terre.

Quand le roi l'eût perdue de vue, il se signa de nouveau : la canne de l'officier des mousquetaires frappa la dalle, les grilles du chœur s'ouvrirent. Le dais se mit en marche à travers les flots dorés de la noblesse et des gardes, qui se montraient avec effroi combien le roi était pensif et pâle.

La princesse se cacha derrière un pilier, pour ne plus rien voir ni rien entendre avant d'avoir interrogé sa mère. Toute la foule s'écoula dans un profond silence et prit ses rangs derrière le carrosse du roi.

XLII.

Mais, de tous ces spectateurs si intrigués, si attentifs, aucun n'avait suivi les mouvements du roi plus avidement et avec plus d'intelligence qu'un abbé blotti dans l'ombre de la chaire et assis sur la dernière marche du petit escalier, d'où il planait invisible sur toute l'assistance, pareil à un corbeau sinistre.

On le reconnaît bien, cet abbé pour qui le spectacle de la résurrection du roi avait tant d'intérêt, ce prieur de Saint-Chistophe si empressé de surveiller les dernières conséquences de sa prouesse de Fleurines.

Tant que Dubois ne vit que l'heureuse évasion de Montvalat et la condamnation d'un absent, tant qu'il crut à la fin prochaine du roi, il resta immobile, mais, en apprenant à la fois et le retour de Clermont et la guérison miraculeuse de Louis XIV, il jugea que la princesse ferait jouer toutes ses mines pour prouver son mariage et sauver son mari.

Seulement, combien durerait cette santé du roi ? Quels succès auraient les mines ? Dubois, inexpugnable dans son silence, attendit et veilla. Mais la solennité du Val-de-Grâce, l'attitude neutre de Monseigneur, la désolation de Mme de Conti et l'exécution de Clermont, fixée à un délai de quelques heures, lui annoncèrent l'imminence d'un dénouement. Jusque-là il se sentait maître de la situation.

L'apparition de la carmélite lui donna le frisson. Cette réserve toute-puissante changeait la face de la bataille. Le roi serait vaincu ; qui sait ? le mariage serait déclaré, peut-être, et par conséquent le voleur de l'acte recherché et puni, même sans être convaincu.

Les moments que passa Dubois pendant cette entrevue furent on ne peut plus désagréables. Son œil de belette scrutait chaque pensée des interlocuteurs, et rien qu'au mouvement des lèvres il devina qu'on prononçait son nom. L'issue devenait plus que douteuse. La conscience du roi, stimulée par le zèle maternel de La Vallière, pouvait provoquer une explication. Cette explication pouvait perdre Dubois, surtout si l'on trouvait en sa possession la pièce fatale dont l'envers ne le compromettait pas moins sûrement que l'endroit.

Parqué dans son réduit où, entouré d'enfants de chœur et de prêtres, il ne pouvait faire un geste, un mouvement sans être vu, la malheureuse page cousue dans la doublure de sa soutane lui brûlait, non le cœur, c'eût été impossible, mais la chair. Ce fut pour ce misérable, pendant quelques minutes, un avant-goût de son éternité.

Il vit La Vallière partir assez morne, le roi revenir morne aussi. La victoire était donc demeurée indécise : oui, mais raison de plus pour prendre ses précautions contre l'un et l'autre de ces vainqueurs ou de ces vaincus.

La foule, disons-nous, s'écoula derrière le roi. Dubois arrachait un à un, sous son habit, les fils qui maintenaient son dangereux trésor. Il ne resta bientôt plus à la poche qu'un brin de soie, et dans l'église qu'un retardataire ; c'était Maréchal, homme lent, goutteux et peureux des cohues, qui s'abritait derrière un bénitier pour que personne ne lui marchât sur les pieds.

Dubois, qui le guettait depuis quelques minutes, l'alla joindre. Ils étaient familiers ensemble.

— Eh bien ! dit-il, voilà une belle cure, notre ami? Cela vous fait grand homme une fois de plus.

Maréchal remercia comme s'il eût mérité l'éloge.

— Oui, mais, poursuivit Dubois à voix basse et avec son rire de singe, les héritiers? gare !

— Oh ! répliqua Maréchal, que Dubois regardait entre les yeux, c'est un nouveau bail que le roi vient de faire, les héritiers en ont pour trente ans à attendre, et dans trente ans, je ne les craindrai plus.

En disant ces mots, il fit un mouvement pour partir à son tour ; le chemin était déblayé, l'église vide.

— Par Esculape ! s'écria Dubois, vous me charmez, et je veux brûler un cierge en l'honneur de cette résurrection et de ce bail. La fumée sera pour vous, mon maître !

Alors Dubois s'approcha de la vieille vendeuse de cierges, et choisit dans ses paquets de cire l'un des plus gros, qu'il lui commanda d'accrocher sur son triangle à pointes de fer.

La vieille obéit et, selon son habitude, se mit en devoir d'allumer le cierge.

— Non pas ! non pas ! Je tiens à l'allumer moi-même, dit l'abbé, qui fouilla dans sa soutane et en tira une feuille de papier que ses doigts alertes plièrent, tordirent et présentèrent en un instant à la petite lanterne de la vieille.

Lentement, silencieusement, il laissa grandir la flamme et alluma le cierge en murmurant ces mots bizarres que la vieille dut prendre pour quelque formule cabalistique :

— Brûle, envers! brûle, endroit !

Les derniers flocons noirs s'évanouirent en fumée sous la voûte immense, et Dubois sortit du Val-de-Grâce en chantonnant sur un air à lui les derniers vers de Boëce :

Nubila mens est
Vinctaque frænis
Hæc ubi regnant.

XLIII.

Marianne trouva sa mère assise dans la sacristie, où le respect de tous la laissait se reposer à l'écart des émotions de sa démarche solennelle.

A l'arrivée de Mme de Conti chacun s'éloigna. On laissa seules ensemble la mère et la fille.

— Eh bien ! balbutia la princesse tremblante, dont le regard éloquent traduisait les angoisses.

— Votre mari vivra, répondit la carmélite.

Marianne, dans le transport de sa joie, tomba à genoux devant sa mère, lui baisa religieusement les pieds, puis se soulevant jusqu'à son front, l'embrassa, l'inonda de larmes et de baisers. Tout entière à son bonheur, à sa reconnaissance, elle ne remarquait pas l'expression du visage maternel que ces douces démonstrations n'eussent pas dû laisser pensif et sombre.

— Etes-vous bonne ! dit-elle. Oh ! combien nous vous aimerons !

— Ne vous réjouissez pas, ma fille. Je n'ai pas obtenu cette grâce sans conditions, répondit la carmélite.

— Quelles qu'elles soient, merci ! s'écria Marianne : tout me sera facile à supporter, lui vivant.

— Il faut vous rappeler que votre mariage secret a été une offense cruelle pour votre père, continua sœur Louise. Cette offense, il l'a ressentie et veut vous en punir.

En parlant ainsi, d'un ton sérieux, triste, la carmélite préparait sa fille au coup terrible qu'elle avait à lui porter. Pour la première fois Marianne remarqua cette froide parole, ce maintien sévère, embarrassé.

— Je vous comprends, ma mère, dit-elle, on nous exile.

Sœur Louise ne répondit pas.

— On ne n'empêchera point de venir vous voir, continua Marianne ; quant au reste, l'exil me sera doux.

— Vous n'êtes point exilée, vous! dit La Vallière.

— Qui donc l'est ? murmura l'infortunée.

— Votre mari.

— Sans moi ?

— Oui.

Marianne tressaillit.

— C'est impossible ! dit-elle ; dans un premier mouvement de colère, le roi a pu dicter cette condition, mais il sait bien que je ne l'accepterai pas.

— Je l'ai acceptée, moi, en votre nom, ma fille. J'ai préféré cet exil de votre mari à la prison perpétuelle dont on le menaçait.

— Allons! reprit Marianne accablée, vous avez raison, ma mère : l'exil vaut mieux que la captivité, surtout pour un exilé qu'on n'abandonnera pas. Car, sachez-le, madame, je suivrai partout ce malheureux dont la disgrâce est mon ouvrage.

La carmélite rassembla dans les siennes les deux mains de son enfant, les pressa tendrement sur sa poitrine, et comprimant un soupir :

— Plus d'illusions, dit-elle, tout ce que j'avais d'heureux à vous apprendre est épuisé. Maintenant commencent les sacrifices, les malheurs : apprêtez votre courage. M. de Clermont conservera la vie, il conservera la liberté, c'est tout, il perdra tout le reste.

— On me défend de le suivre ?

— Oui.

— C'est donc un exil de quelques mois, de quelques jours ?

— C'est un exil éternel : vous ne le verrez plus.

— Ma mère! mais je m'échapperai, mais je m'enfuirai !

— Vous resterez en France, vous ne quitterez point la cour.

— Quelle force au monde pourra donc me contraindre à souffrir un si horrible supplice ?

— Le serment que j'ai fait pour vous, et sans lequel la tête de votre mari tomberait en ce moment sur l'échafaud.

Marianne se leva et regarda sa mère comme pour lui demander de répéter ces effrayantes paroles : sœur Louise répondit à ce regard par un geste de tendre compassion.

— Quoi ! murmura la princesse, je ne le verrai plus... Celui à qui Dieu m'a unie sur cette terre, vous m'en avez séparée, vous !... C'est vous qui avez consenti à ce sacrilége... Ah! ma mère, il eût mieux valu nous laisser mourir tous les deux !

A ces mots qu'elle n'avait pu prononcer sans épuiser son corps et son âme, elle chancela, ses membres se raidirent, une pâleur mortelle envahit son front, et elle tomba inanimée.

Les bras de la mère étaient prêts. Cette douce victime y fut reçue et bercée comme autrefois en son enfance, pour d'innocents chagrins ou d'éphémères douleurs.

— Elle dit vrai peut-être, murmura La Vallière. Oui, j'eusse mieux fait de les laisser mourir que de les séparer. La mort est de tous les maux le plus facile à supporter! Elle est du moins un mal qui délivre de tous les autres !

XLIV

Quand la princesse se réveilla, il faisait nuit. Elle ouvrit les yeux dans une cellule aux murailles grises et nues ; elle reposait sur un lit de paille. Et pourtant cet affreux séjour était la demeure d'un ange ; elle l'aperçut à son chevet.

Sœur Louise de la Miséricorde avait fait transporter sa fille dans sa cellule du couvent des carmélites, et après avoir prodigué au corps tous les soins dont elle était depuis trente ans si avare pour elle-même, elle se préparait à répandre un peu de baume sur les plaies de l'âme.

Le premier effort que tenta Marianne la précipita sur le sein maternel. Son cœur se brisa contre ce cœur si tendre, et, recommençant à vivre, elle recommença à souffrir.

Elle demanda pardon à la sainte carmélite d'avoir un moment accusé sa sollicitude et sa sagesse. Elle se sentait, dit-elle, la digne fille de cette mère de douleurs ; elle ne reculait pas devant l'héritage d'illustres infortunes dévolu à sa famille. Soumise, elle l'était ; courageuse, elle le serait, seulement elle manquait de force et supplia sa mère d'être indulgente pour les défaillances qu'elle ne saurait point surmonter. Elle ajouta que depuis longtemps les luttes de cet amour l'avaient usée, qu'il eût fallu pour la rétablir autant de calme et de bonheur qu'elle se voyait de combats et de désespoir en perspective ; qu'ainsi son destin était bien fixé, et que le serment fait en son nom l'engageant jusqu'à la mort, elle saurait abréger ses souffrances et rapprocher cette mort, c'est-à-dire cette délivrance.

La carmélite l'interrompit :

— Ne dites point de telles paroles, ma fille, à une martyre qui croyait comme vous ne pouvoir souffrir au delà de quelques semaines, et qui a vu tant d'années passer lentement sur cette cellule. Vivre, pour vous, c'est espérer. Demain vous pourriez être délivrée. Vous avez un but sur la terre. Moi je n'ai que le ciel, et le Dieu que j'appelle à mon aide me défend d'abréger la distance qui me sépare de lui.

— Mais j'aime, s'écria Marianne, et je suis aimée !

— Moi aussi j'aimais, dit La Vallière, et l'on ne m'aimait plus! Là, ma fille, là où vous tordez vos mains en songeant au mari qui vous adore et vous pleure, j'ai pendant vingt ans, plus encore peut-être, tordu mes bras et lancé vers le ciel mes vœux et mes bénédictions pour votre père qui m'a tant fait souffrir. Ce carreau de brique où vous posez vos pieds, je l'ai usé sous mon front et mes lèvres, et voilà vingt-cinq années, vous dis-je, et vous ne sauriez croire combien je me sens forte encore pour souffrir.

— Ayez pitié de moi, ma mère ! murmura la princesse en arrosant de larmes les mains froides de la carmélite ; je suis indigne de vous, indigne de Dieu, indigne de consolation même : cependant je dois vous ouvrir mon cœur et vous avouer ma faiblesse. Vous êtes une sainte, madame, mais vous êtes aussi une femme, et vous comprendrez toute l'étendue de mon malheur. Cet homme infortuné, cet homme sans tache, sans reproche, que je perds, que je tue, il n'a eu de moi que souffrances, déceptions, amertume. Nos amours — hélas! pardonnez-moi de profaner ce sanctuaire — ont été pour lui si tristes et si arides, que pas une fleur ne lui en restera quand, du fond de l'exil, il laissera errer jusqu'à moi son souvenir! Persécuté, soupçonné, puis maltraité par moi, puis brusquement payé de son amour loyal par une union mensongère, voilà qu'il n'est plus mon mari et sa main n'a touché la mienne que pour recevoir l'anneau nuptial, et il ne connaît de cette alliance avec la fille d'un roi que les prisons, la menace de l'échafaud et enfin l'exil ! Il perd la fortune, l'honneur, l'avenir, il me perd, et, dans quelque temps, objet d'horreur pour lui qui m'a tant aimée, j'en serai réduite à souhaiter qu'il m'oublie. Que dis-je ! il ne m'oubliera que trop aisément, il ne se rappellera plus même mon visage, ô ma mère ! il ne me connaîtra plus! Je sais l'implacable volonté du roi, je sais que peut-être en ce moment Clermont est entraîné vers l'exil et qu'il m'appelle et qu'il me maudit de lui avoir sauvé la vie à laquelle il ne tenait que par moi. Oh! tout ce qu'il y a pour lui dans mon cœur, si j'eusse pu le lui dire! et mon désespoir de le quitter, et mon espérance ardente de le retrouver ! Mais ne plus l'apercevoir, ne pas toucher sa main chérie, ne pas lui jurer que je l'aime et l'aimerai jusqu'au dernier souffle de ma vie ; sentir qu'il s'en va pour toujours et que nous pouvons mourir l'un ou l'autre doutant de nous, sans avoir même échangé nos larmes dans un suprême adieu, voilà ce qui me tue, ma mère, et rien au monde, pas même votre douce présence, ne saura m'empêcher d'en mourir !

La carmélite mesura d'un tendre regard les forces chétives de cette âme. Elle souleva doucement sa fille dans ses bras, la releva, rabattit sur ses épaules un pan du voile épais dont elle-même était enveloppée, car la princesse, saisie par la fièvre, tremblait, et il faisait grand froid dans la cellule.

Une main dans celles de sa mère, Marianne

céda peu à peu à la pression muette qui l'attirait dehors. La carmélite sortit, sa fille avec elle. Elles traversèrent lentement le grand corridor déjà désert et atteignirent l'escalier de bois et de briques qui conduisait au portique inférieur.

Là, par le large cintre sans portes qui découpait sur le ciel son arc sévère, on pouvait apercevoir un vaste champ de la voûte céleste. Les nuages sombres, lourds, mais phosphorescents, reflétaient une lueur sinistre sur les bâtiments et la cour du monastère. Au delà de cette cour plantée d'arbres déjà dépouillés s'étendait jusqu'à la rue d'Enfer le jardin plus que simple de la communauté. C'était un quadrilatère rigide, coupé de deux allées en croix. L'œil en découvrait d'un seul coup toute la surface; quelques bancs sous les tilleuls étaient l'unique ornement de cette promenade désolée.

À l'heure où Marianne y entra, menée par sa mère, un crépuscule blafard dessinait la silhouette noire des arbres, aux branches desquels tourbillonnaient çà et là de rares feuilles desséchées, suspendues, non plus par leurs liens naturels, mais par les fils de l'araignée d'automne.

Le vent du sud, humide et froid en cette saison sur cette hauteur, fouettait les yeux des deux femmes silencieuses, il mordait les paupières attendries de Marianne; elle souffrait. La carmélite s'en aperçut et pourtant continua de la conduire à l'extrémité du jardin, jusqu'aux grilles qui formaient l'enclos sur la rue d'Enfer.

Là était un banc sur lequel toutes deux s'assirent. Ce fut un solennel et touchant spectacle : la mère, invisible en cette obscurité sous ses sombres habits de bure, la fille, splendide dans ses habits de cour et dont chaque mouvement faisait chatoyer le satin en pâles frissons, le diamant en fauves étincelles.

Marianne s'attendait à quelques paroles de consolation ; elle savait la profondeur de cette âme épurée au feu des remords, au creuset de la pénitence. Nulle voix plus puissante n'eût soulagé ses douleurs. Elle sentait palpiter à ses côtés le cœur le plus tendre et le plus magnanime dont l'éloquence éclatait par ses battements mêmes. Cependant la carmélite ne proféra pas une parole et ne poussa point un soupir.

Était-elle retombée dans une de ces extases sublimes, où l'âme, transfuge du corps, s'élance à la recherche de Dieu? Plus prosaïque, plus mondaine, plus mère, méditait-elle uniquement sur le sort de ses tristes enfants, songeait-elle à leur aplanir la route épineuse, entrevoyait-elle dans l'avenir quelque moyen de fléchir le roi et d'amoindrir le malheur des deux époux?

Toujours est-il que son silence et son immobilité ne cessèrent qu'au moment où, dans le calme profond de la nuit, jamais troublé à pareille heure dans ce quartier désert, on entendit comme un grondement sourd pareil à un tonnerre lointain.

Alors la carmélite releva son visage pâle, ouvrit plus largement son œil intelligent et doux. Le bruit grandissait, il approchait. On distingua bientôt des hennissements de chevaux : un carrosse montait la rue d'Enfer avec un fracas sinistre.

L'attention étrange qu'accordait sa mère à un événement de cette insignifiance fut remarquée de la princesse. Sœur Louise de la Miséricorde ne faisait pas facilement à un bruit l'honneur de l'écouter, à une chose l'honneur de la chercher dans les ténèbres. Pourtant elle s'était levée, elle écoutait, elle regardait. La lanterne de ce carrosse apparut à travers les grilles et le carrosse lui-même coupant la rue à angle droit vint s'approcher de la clôture, en face de laquelle il s'arrêta.

— Qu'y a-t-il donc, ma mère, qui vous occupe ainsi? demanda Marianne, tremblant d'apprendre encore un nouveau malheur.

Avant que la carmélite eût répondu, la portière s'ouvrait et une forme noire qui descendit se dirigeait incertaine vers la grille.

— Ma fille, dit La Vallière, voilà une personne qui vous cherche : allez à sa rencontre : c'est votre mari qui vient recevoir vos adieux.

Un cri, un double cri, échappé simultanément de deux poitrines, retentit en deçà et au delà de la grille. Pendant un long espace de temps, quatre mains convulsives s'étreignirent, et les barreaux glacés n'empêchèrent point de s'unir des fronts brûlants, des lèvres altérées.

La carmélite recula jusqu'au plus profond de l'ombre; elle ne devait pas voir même le bonheur de ses enfants !

Après les sanglots, les murmures étouffés, les pressions fiévreuses :

— Voilà donc ce qu'ils appellent vivre! dit Clermont. Oh! Marie, chère Marie, ce n'est point l'exil qui me dévorera, c'est l'amour !

— Ne crains rien, répliqua vivement cette femme naguère encore si faible et si découragée. Mon amour est à toi, il ne t'abandonnera jamais. Chaque fois que ton souffle soulèvera ta poitrine, dis-toi bien que mon cœur bat pour ton retour et notre bonheur. Vois si nous pouvons être malheureux avec la protection de cette mère, de cet ange gardien!... Elle t'a bien sauvé la vie, comment ne te la conserverait-elle pas ? Elle sait que je ne vis qu'en toi, comment me laisserait-elle mourir ? Ne t'attendris pas, ne désespère pas; nous sommes tous deux au monde, et nous n'y sommes pas seuls.

— Mais de quel droit nous sépare-t-on, dit-il, quand Dieu nous avait unis ? On n'a donc pas avoué notre mariage au roi ? Jamais il n'eût osé commettre un sacrilége ; il vous eût permis de partir avec moi.

La princesse recula devant le coup mortel dont un aveu sincère eût frappé le malheureux Clermont. Lui dire que le mariage devenait nul depuis le vol de Fleurines, qu'il n'en restait plus trace, lui ôter le seul espoir qu'il emportât dans son exil, c'eût été un assassinat. Elle eut la générosité de se taire et de garder pour elle le malheur tout entier.

— Le roi, dit-elle, est aveuglé par la colère ; il reviendra peu à peu : laissons agir le temps et les douces influences. Vous, mon ami, vous serez moins à plaindre que moi, car vous allez rejoin-

dre un protecteur; que dis-je? des amis bien tendres. Moi, je reste parmi nos persécuteurs. Vous
retrouverez en Pologne mon beau-frère, un roi
qui vous paiera avec usure vos services et l'arriéré
de vos souffrances. Vous retrouverez vos autres
amis Robert et Henri de Montvalat, dont vous
avez à refaire la fortune et à soutenir la faiblesse.
Pendant ce temps, ami, l'horizon s'éclaircira. Un
roi défenseur pour le présent, un roi dévoué
pour l'avenir, car Monseigneur souffre de son
impuissance et vous dédommagera un jour.

— Un jour, hélas! murmura Clermont, quand
arrivera-t-il, ce jour réparateur?

— Mon ami, mon époux, vous ne voudriez pas
me faire répéter avec vous ce mot terrible... Celui dont la vie nous fait obstacle, c'est mon père.

— Affreuse destinée! s'écria Clermont. Ah!
chère Marie, que ne l'a-t-on laissé se terminer par
un coup de hache! Ce fut une pitié cruelle que
celle qui m'a sauvé pour me faire tant souffrir.

— Parlez-vous comme un homme de cœur, dit
Marianne, qui naguère disait les mêmes paroles,
s'agit-il de tant se pleurer et de chercher à éteindre mutuellement en nous tout courage. Allons!
je vous ai aimé brave et fort, rendez-moi l'homme
que j'aimais. Qu'y a-t-il de perdu? l'avenir n'est-il
point à nous; un radieux avenir, et notre jeunesse vigoureuse et notre amour plein de foi
s'effraient-ils de quelques retards? Récapitulons,
si vous le voulez, toutes nos forces, toutes nos espérances. M. de Conti, roi de Pologne, c'est-à-
dire un tendre ami au lieu d'un maître. Ma mère
vigilante, invincible quand il faudra nous défendre ou nous aider. Enfin, Monseigneur, au fond
de notre ciel, Monseigneur, futur roi de France,
qui en un seul jour effacera votre passé de souffrances par des caresses et des bienfaits auxquels
la plus brillante faveur ne vous eût point permis d'aspirer sous le règne présent.

— Mais vous, Marianne, vous, ne souffrirez-
vous point?

— Je souffrirai plus que vous. Ce sera votre
joie.

— Ne vous fatiguerez-vous point? N'aurai-je
pas le désespoir de vous voir changer?

— Une femme telle que moi ne change jamais,
lorsqu'elle a pour mari un homme tel que vous.
Je vous aime, vous dis-je, et, quand je prononce
un pareil mot, c'est pour la vie, ne l'eussé-je point
juré comme j'ai fait au pied des autels!

En parlant ainsi, elle se raidissait, pour conserver ce faux courage, ses mains cramponnées à la
grille s'ouvraient par instants défaillantes et brisées.

— Et si l'un de nous mourait? murmura Clermont. Oh! cela peut arriver, madame; ici, vous
avez le chagrin; moi, j'aurai là-bas, outre le désespoir, j'aurai la guerre!...

— Mon ami!... s'écria-t-elle ne pouvant retenir
un sanglot.

— Eh bien! si cela arrivait, poursuivit Clermont, si en effet vous ou moi nous venions à
quitter ce monde, non pas moi, je n'aurai pas un
tel bonheur, mais vous, vous ma vie et mon
âme, avouez que Dieu m'aura fait une cruelle
destinée, avouez que jamais un homme n'aura

été plus opiniâtrément poursuivi par le malheur... Moi qui vous ai si longtemps aimée,
moi à qui vous avez fait cet immense honneur
et cette joie immense de me choisir pour époux
et dont toute la chance, aujourd'hui encore après
avoir forcé une prison, renversé un échafaud et
remué le poids effrayant d'une monarchie, abou-
tit à sentir à peine à travers deux barreaux contre
lesquels je me brise le souffle et l'âme d'une
femme qui m'aime, qui est à moi, que Dieu m'a-
vait donnée et que jamais peut-être je ne rever-
rai plus! Avouez, Marianne, qu'un homme aurait
bien le droit de se plaindre, et que ce n'é-
tait point la peine de tout perdre, jusqu'à ma
patrie et mes meilleurs amis, pour arriver à ce
dénoûment misérable d'un boulet de canon sur
un champ de bataille, ou d'un coup de pistolet
au cœur le jour où j'apprendrai que vous êtes
morte et que je ne vous retrouverai plus ici-bas.

Marianne fit un dernier effort, mais ces présa-
ges lugubres l'avaient glacée. Elle retrouvait chez
Clermont ses idées, ses terreurs, la répétition
exacte de ses paroles. Une épouvante superst-
tieuse la saisit, et cet amant, cet époux adoré
qu'elle tenait, qu'elle sentait, ne lui parut plus
soudain qu'un spectre entrevu par-delà les grilles
d'un cimetière.

Elle se débattit contre la vision sinistre, mais
vainement son cerveau était frappé.

— Je meurs avec toi! murmura-t-elle défaillante.

Clermont la saisit, l'attira vers lui, la réchauffa
de son souffle; ses bras enfermaient, étreignaient
son trésor; il secouait les barreaux et les écartait
avec délire. Mais peu à peu les mains de Marianne se détachèrent des grilles, sa tête ploya,
pencha sur son épaule; le corps affaissé ne fut
plus retenu que par les doigts crispés du malheureux jeune homme.

— Adieu! adieu! lui dit-il, espérant la réveiller par ce mot fatal.

En effet, elle tenta de se soulever pour répondre; ses yeux restaient tout grands ouverts, mais
son âme la quittait et la carmélite accourue, la
recueillit insensible et froide.

Le dernier baiser de Clermont s'imprima sur
la main de La Vallière. Il lui devait le suprême
et douloureux bonheur de leur adieu. Il s'agenouilla devant elle comme devant la divinité protectrice de sa vie et de son amour; elle lui montra d'un geste mélancolique le carrosse qui l'attendait, et par une délicate inspiration de ce cœur
sans égal au monde elle resta derrière la grille
gardant sa fille dans ses bras pour que le banni
pût la voir jusqu'au dernier instant. Il comprit,
il obéit, et, reculant lentement jusqu'au carrosse,
envoyant à chaque pas un vœu et un baiser, il se
laissa emporter par ses gardes, l'œil toujours rivé
à la forme blanche qui palpitait dans les ténèbres, et qu'il vit longtemps et qu'il devina longtemps encore lorsqu'elle eut disparu pour jamais.

XLV.

La vengeance du roi fut cruelle, mais ne fut
pas mesquine. Clermont n'eut rien à souffrir du

voyage que le voyage lui-même. Son conducteur, homme civil et délicat, ayant ordre de le mener au point de la frontière qu'il choisirait, naturellement Clermont choisit Dunkerque, où M. de Conti avait dû retourner, où les Montvalat et Didier avaient dû le suivre.

Par toute la route le proscrit retrouva les traces fraîches encore de ses compagnons d'infortune. Ils n'étaient en avance sur lui que de vingt-quatre heures; mais cette différence s'accrut peu à peu, tant par les nécessités mêmes du voyage que par la lenteur de Clermont à se séparer du pays natal.

Absence, exil et mort, voilà les trois douleurs que l'homme a le plus chantées dans ses poëmes. Poëte ou non, tout homme se sent inspiré par un grand malheur. La poésie console-t-elle celui qui souffre, ne double-t-elle pas la souffrance? Nous nous arrêterions à discuter ce thème, si les malheureux dont nous contons l'histoire avaient trouvé enfin le terme de leurs maux, mais, comme nous le disions au début de ce livre, leur destinée fut si implacablement funeste, que pour l'atteindre, ce terme, nous serons pent-être forcé de conduire le lecteur jusqu'à leur mort.

Clermont, qui se renseignait à chaque ville, apprit que MM. de Montvalat, escortés de leur frère, avaient réussi à échapper de quelques moments seulement aux émissaires expédiés par la cour pour les reprendre. Cachés dans les dunes et guettant l'occasion, ils avaient aperçu une barque louvoyant sous côte, et supplié le patron de les mener à quelque vaisseau étranger; mais cette barque, leur répondit-on, avait sa destination, elle attendait un voyageur pour le conduire au large. Or, tandis qu'ils se dévoraient d'impatience, leurs persécuteurs arrivèrent à Dunkerque et firent perquisition partout. Les fugitifs allaient être découverts, perdus, mais le bonheur voulut que l'étranger attendu devançât l'heure. Didier veillait. Il aperçut le soir, courant sur la plage, un homme dont toutes les démarches semblaient empreintes d'un profond mystère, et qui s'embarquait précipitamment. Didier risqua tout, même une indiscrétion, et ses frères le virent de leur cachette aborder l'étranger, le supplier. Leur cœur battait bien vite. Cependant Didier revint à eux fort troublé, fort pâle, les embrassa d'un air singulier en les tirant par la main vers la barque qui semblait les attendre; il leur parla tout bas, sans doute pour leur annoncer que l'inconnu consentait à les emmener, car effectivement ils furent reçus dans cette embarcation, qui s'éloigna rapidement et fut hors d'atteinte en peu de minutes.

Il était temps, les gens du roi arrivaient à cheval sur la plage, et si ce brouillard ne leur permit plus de voir disparaître leur proie, il ne les empêcha pas d'entendre au loin l'explosion trois fois répétée d'un mousquet de bord, signal probablement convenu avec le navire que l'étranger allait rejoindre.

Tel fut le récit fait à Clermont par un vieux faux saunier, contrebandier à ses heures, brave homme du reste, dont un double louis bien offert sut délier la langue, et qui peut-être en savait beaucoup plus long qu'il n'en avait dit.

Clermont n'avait besoin que de ces fragments pour reconstruire tout l'épisode. Cet inconnu, il le connaissait trop, la destination de la barque mieux encore; Clermont ne douta pas que Didier eût parlé à M. de Conti, et que les deux Montvalat fussent en route pour la Pologne avec leur prince et protecteur.

C'était un commencement de bonne fortune, dont le complément eût été la rencontre de Didier. Mais pour certaines créatures la chance est avare, l'étoile intermittente, jamais une veine qui se poursuive franchement. Clermont ne retrouva plus le moindre vestige du curé de Fleurines, et il en conclut le retour de ce dernier dans sa solitude plus morte que jamais.

En repos sur le sort des malheureux amis qu'il avait failli entraîner dans son supplice, Clermont ne s'occupa plus que de les rejoindre. Ce n'était pas chose facile. Où passe Jean Bart tout le monde ne passe pas. La mer était bien gardée par les ennemis, le conducteur du proscrit paraissait impatient de terminer sa corvée. Clermont proposa de faire le voyage par terre, ce qui fut accepté. Justement arrivaient à Dunkerque les plus beaux, les plus riches équipages envoyés à Clermont non pas par une amante mystérieuse, mais par une épouse décidée qui, on le voyait, avait dû présider elle-même à leur composition, et l'avait fait en princesse. Clermont trouva dans l'une des fontes fermées à clef de son cheval de bataille une lettre où elle l'appelait cher et tendre époux. L'héroïsme de la noble femme niait et combattait la fatalité. L'autre arçon renfermait une lettre de Didier qui lui recommandait ses frères.

Après avoir congédié et récompensé généreusement son gardien, dont cette libéralité faillit lui faire un serviteur inséparable, Clermont, bien monté, bien accompagné, bien riche, se dirigea droit vers Dantzick, où tout le monde annonçait que se rendrait le nouveau roi de Pologne, s'il n'était intercepté au passage.

Mais Jean Bart passa. Si ses vaisseaux eussent pu voguer sur terre, il eût conduit M. de Conti jusqu'à Varsovie et l'eût assis sur son trône.

Le malheur voulut que les diplomates succédassent aux marins. Ils manœuvrèrent moins bien. L'abbé de Polignac avait tant promis à tout le monde au nom de son candidat, que M. de Conti avec ses deux millions n'eût pas suffi à satisfaire seulement les domestiques des magnats polonais. L'électeur Auguste, au contraire, qui avait été élu roi le même jour que M. de Conti, promit beaucoup aussi et donna si prodigieusement que la lutte de prodigalité n'était plus soutenable pour un homme qui avait semé ses pistoles sur la route. De plus, Auguste II avait derrière lui dix mille Saxons tout prêts à entrer en lice si les arguments dorés ne suffisaient pas. M. de Conti avait environ cinquante gentilshommes.

Telles furent les nouvelles que Clermont recueillait sur son passage, et cependant il avançait toujours. Il ne pouvait supposer que le roi, ardent à se débarrasser de M. de Conti, le laissât échouer honteusement, faute de secours. Il croyait à quelque coup secret, à quelque brelan diplomatique, et, voyant peu de monde autour de son prince., ne se hâtait que plus énergiquement d'augmenter le nombre de ses défenseurs.

Mais à chaque pas cette couronne branlante du nouveau roi perdait quelque fleuron, quelque joyau, et l'Allemagne, que traversait Clermont en ce moment, riait tout bas et prédisait l'instant de la chute complète du candidat français.

Étrange acharnement de la fortune! Là où d'autres eussent trouvé des ressources pour entretenir une lutte et fatiguer le destin, tout manquait à M. de Conti. Son courage personnel, sa renommée acquise sur les champs de bataille, l'appui de la France, ses droits consacrés par Sobieski le feu roi, rien ne profitait à sa cause. Est-il vrai que Dieu n'aide point les rois qui ne s'aident pas?

Cette trombe, grossie d'heure en heure, et dont la gravité se décuplait selon la loi physique par la rapidité même, en était arrivée à la crise. On annonçait une catastrophe lorsque Clermont parvint à gagner Dantzig, où la flotte de Jean Bart, mouillée en rade, gardait le prince, et seule citadelle sur laquelle il pût compter dans son royaume.

Arrivé si près du but, Clermont ne le toucha pas encore. La défiance des habitants, leur hostile neutralité, les formalités sans nombre dont on fatiguait quiconque voulait se joindre au nouveau roi, tout, sa position même, empêcha Clermont de passer sur la flotte française comme il en avait l'espoir. Le prince, lui dit-on, ne recevait de lettres que par la voie de mer. Et, en effet, toutes les lettres et courriers de l'ambassade française étaient interceptées par le parti du roi Auguste; on renvoyait à l'abbé de Polignac les enveloppes vides.

Cependant Clermont cherchait un moyen de faire avertir le prince; on lui avait promis de rendre un avis de son arrivée à MM. de Montvalat, mais, au lieu de la réponse qu'il attendait, il reçut la nouvelle du départ des Français pour l'abbaye d'Oliva, où l'évêque de Plosko et bon nombre de magnats fidèles à la cause française voulaient donner un grand festin à M. de Conti et entamer les négociations pour organiser les secours mutuels et une résistance aux Saxons.

Clermont, qui voyait tout du rivage, c'est-à-dire sûrement, crut pourtant avoir mal vu et encore une fois compta sur la diplomatie. Certes il connaissait les dispositions de la Pologne, l'avarice des grands et leur désappointement si mal déguisé. Mais enfin l'habileté des ambassadeurs pouvait avoir surmonté ces obstacles, et l'invitation de l'évêque semblait donner raison à ses espérances.

Clermont ne put se tenir de joie à l'idée d'une entrevue de M. de Conti avec les seigneurs polonais. Il savait le mérite du prince, l'irrésistible séduction de sa personne. Il comptait plus sur l'effet de la bonne mine royale que sur l'adresse des diplomates et les canons des vaisseaux de Jean Bart. M. de Conti était bien une de ces Césars qui n'ont qu'à venir et à être vus pour vaincre.

Aller à l'abbaye d'Oliva n'était pas une chose impossible à un homme pourvu d'argent, de chevaux et de serviteurs éprouvés. Clermont se promit d'être de la fête, sinon comme invité, il arrivait trop tard, du moins comme spectateur: il était sûr de l'accueil que lui feraient ses amis et le prince.

Profitant d'une belle nuit qui promettait une belle matinée, il partit à petit bruit, emmenant tout son monde et bien déterminé à opérer sa jonction une fois pour toutes avec la maison royale. Une cellule à l'abbaye ou une cabine dans le vaisseau de Jean Bart; un trou dans la sentine, comme disait Philoctète à Néoptolème, mais la vue du drapeau de France, mais le regard des gens aimés, mais la joie des souvenirs qu'on échange et qui rendent un moment la patrie au proscrit qui, même heureux, doit encore tant souffrir!

Comme un naufragé perdu par les vastes mers sur quelques planches tremblantes frissonne de voir derrière lui disparaître le soleil et tout à coup aperçoit à l'autre horizon se lever l'astre pâle dont les rayons assurent et consolent sa vie, Clermont, en précipitant sa course pour retrouver ses amis et son prince, croyait trouver une existence nouvelle au delà de ce clément horizon.

Avec eux tant de fois éprouvés, l'exil lui serait presque doux, eux ses confidents, ses témoins, ses frères, eux qui lui parleraient d'elle, eux victimes de son bonheur, et dont la présence lui rappellerait continuellement que ce bonheur n'était pas tout à fait un rêve; à mesure qu'il se rapprochait de ces cœurs généreux, il les appréciait davantage. Il repassait en mémoire toute leur jeunesse, une vie d'abnégation, de dévouement, de mécomptes; le dévouement, il sentait en lui assez de reconnaissance et de tendresse pour le payer; les mécomptes, il les effacerait, tant par ses propres libéralités que par la protection constante qu'il leur assurerait du roi de Pologne. Il se faisait la douce chimère de créer enfin à ses deux amis une vie brillante et bienheureuse. Didier les lui recommandait, il voulait surprendre Didier lui-même par la magnificence de ses bienfaits. Soutenu comme il le serait par deux amis braves et intelligents, hommes d'épée et de conseil, il ne doutait pas de maintenir M. de Conti sur son trône, et de se construire à l'ombre de ce trône une situation tellement splendide, que la princesse elle-même en pût être fière et le roi de France jaloux, sinon désarmé. Enfin, dans le rapide parcours de la route qui menait à l'abbaye d'Oliva, Clermont, s'il n'avait point perdu sa tristesse, avait retrouvé ses illusions.

Il avait pris un guide; cet homme fut très-fidèle et de très-bonne humeur au début du voyage; mais il n'eut pas plus tôt communiqué avec quelques compatriotes rencontrés sur la route à diverses distances, qu'il s'assombrit et s'associa moins chaleureusement à l'expédition.

Tout l'alarmait. Il se haussait à chaque minute sur ses étriers, prétendant qu'il apercevait des cavaliers en armes. On distinguait, en effet, dans les vastes plaines semées de bois, des troupes peu nombreuses, aussitôt disparues qu'entrevues.

Ce sont les Polonais du parti français qui se rendent à l'abbaye, disait Clermont, ce sont des amis, des alliés.

Le guide secouait la tête et conseillait aux Français les chemins les plus détournés, les plus couverts.

Cependant, pour concilier avec une trahison cette invitation faite au roi par des seigneurs dont la loyauté ne pouvait être suspectée, il eût fallu n'être pas intéressé comme Clermont au succès de la France, il eût fallu n'être pas aveugle. Le guide, pressé de questions, déclara qu'on avait vu dans le pays des rôdeurs du parti saxon, et il conseilla aux voyageurs de retourner en arrière. Les Français lui rirent au nez, et lui, plus honnête que courageux, profita de la nuit et déserta sans réclamer son salaire.

Cette circonstance éveilla peut-être quelques soupçons chez Clermont, mais ne le détourna point du but. Il pensa que le guide était Saxon lui-même et enragé de voir un renfort arriver au prince de Conti ; il pensa que des rôdeurs ne devaient point faire peur à des gentilshommes et que, le danger fût-il avéré, l'honneur n'en commandait que plus impérieusement de courir à sa rencontre.

Ils n'étaient plus qu'à une demi-journée de l'abbaye, et le pays leur apparaissait morne et désert, lorsqu'ils rencontrèrent un gros de cavaliers qui revenaient. C'étaient des boyards du parti français. Ils racontèrent en latin que le repas donné par l'évêque de Plosko avait eu lieu la veille, que tout s'y était admirablement passé. Ils ajoutèrent force compliments, toujours dans la langue de Virgile, sur le bon effet qu'avait produit le roi Conti. Mais, quand il fallut entrer en explications sur le résultat probable de cette assemblée politique, les boyards se dirent pressés, tournèrent bride et continuèrent leur chemin rapidement.

Une seconde troupe fut moins rassurante encore. Ceux-là étaient des Polonais flottant entre Auguste et Conti. Ils revenaient également du festin de l'abbaye, et ne se gênèrent point pour dire à Clermont que son prince français n'était pas assez généreux pour être roi de Pologne.

Ils passèrent comme les premiers. Ce fut une troisième troupe qui apprit à nos voyageurs que M. de Conti n'était plus à l'abbaye, qu'il avait pris congé le matin de l'évêque et des grands sans rien conclure, et qu'il coucherait ce soir même à un château voisin nommé Préminsko, dont ils lui montrèrent de loin le donjon sur une petite colline d'où l'on découvrait la mer.

Aussitôt Clermont de pousser vers cet endroit avec un redoublement d'ardeur. On aurait donc à lutter : tant mieux ! Jamais le jeune homme ne s'était senti si riche de zèle et de courage. Son cœur embrasé de toutes les passions nobles, faisait éruption d'héroïsme. Lui, le plus malheureux des hommes, il se sentait invincible et capable de consoler d'autres malheureux. Les chevaux reprirent des ailes à l'aspect du but salué par des cris joyeux.

Ce donjon de Préminsko aperçu derrière une chaîne de monticules, il fallait, pour y arriver, suivre les méandres d'une vallée marécageuse, encaissée, dont la largeur semblait s'accroître à mesure que les cavaliers avançaient. Une fois enfermés dans cette gorge sauvage, qui les éloignait plus qu'ils ne s'y fussent attendus, ils perdirent de vue le donjon, et, à plusieurs reprises, il leur sembla entendre de ce côté comme de lointaines détonations.

— Sans doute quelque orage tournoyant au-dessus de ces vallées, pensèrent les uns ; peut-être quelques salves de mousqueterie en l'honneur de l'hôte illustre arrivé à Préminsko, pensèrent les autres. Quoi qu'il en fût, pas un soupçon, pas une inquiétude ne surgit dans l'esprit de Clermont et de ses compagnons, tout entiers à la hâte de terminer leur voyage.

Les premiers arrivés sur l'autre revers de la vallée jouirent d'un splendide spectacle : le château s'élevait à une demi-lieue dans un pittoresque massif de rochers et d'arbres ; tout autour le domaine boisé épanouissait ses dômes de verdure rougeâtre, enfin, à l'horizon, la mer immense s'allait perdre dans le ciel, et le globe flamboyant du soleil à son coucher embrasait cette nappe éblouissante et rouge comme un lac de lave liquide.

Les cavaliers, après une pause d'admiration, se dirigèrent vers le château.

Cependant Clermont, en approchant, s'étonnait de voir déserts les environs de la seigneuriale demeure. Tant à cause de son importance qu'à cause de la visite du roi de Pologne, Préminsko eût dû paraître plus animé. Pas d'habitants accourus pour voir le nouveau prince. Quelques bestiaux épars dans les pâtures, mais nuls pasteurs. Une sorte de faubourg jeté en avant du manoir et composé de cinq à six chaumières, offrit même solitude, même étrange silence.

Par le plus singulier contraste, les chemins étaient piétinés, rompus par les traces d'une quantité de chevaux et d'hommes. Une sorte d'armée avait passé là, et passé récemment. Les traces se croisaient en sens inverse.

— Serait-il bien possible, pensa Clermont, que cette masse de vivants eût été absorbée ainsi ou revomie tout entière par ce froid et silencieux édifice aux portes béantes ?

Clermont avait beau chercher, imaginer, il comprenait bien mal. Encore quelques pas, et il ne comprit que trop.

Au détour du chemin, lorsque la petite troupe arriva en face de Préminsko, à trente pas, et plongeant dans sa cour intérieure, des armes brisées, des munitions éparses, quelques chevaux morts et déjà dépouillés de leurs harnais, enfin deux cadavres humains dont le sang fumait encore, tel fut le spectacle funèbre qu'offrit aux gentilshommes français ce séjour hospitalier des réjouissances et des fêtes.

Clermont faillit reculer d'horreur ; son cheval refusait de franchir un obstacle. C'était une sorte de barricade sous laquelle trois morts avaient roulé ensevelis. L'un d'eux, la face tournée vers le ciel comme pour le prendre à témoin, frappa les regards du jeune homme, qui reconnut un des courriers de M. de Conti, un Français, un serviteur courageux et fidèle. Il était mort d'un coup de lance saxonne qui lui avait coupé la gorge.

Au cri de terreur et d'indignation poussé par

toute la troupe, au mouvement de chaque cavalier pour se mettre en défense contre les invisibles assassins que révélaient tant de victimes, un autre malheureux, mutilé, sanglant, se souleva du fond de l'abri où il avait tenté d'éviter la mort, et, comme on l'entourait, comme on lui prodiguait les secours, tout en l'interrogeant, il eut la force de répondre qu'un fort parti saxon était venu pour enlever le prince; que celui-ci s'était jeté dans le château avec une poignée d'amis; qu'une lutte acharnée, mais bien courte, s'était engagée entre ces brigands et les défenseurs, tant français que polonais, du roi trahi.

Mais le roi, où était-il? Mais ses gentilshommes? Mais les gens du château? Mais l'issue de ce combat? A-t-on pris M. de Conti? L'a-t-on sauvé? Où sont les vainqueurs? Où les vaincus? Clermont, palpitant, interrogeait toujours, déjà le blessé ne répondait plus.

Aux derniers mots qui lui furent adressés pour connaître au moins le théâtre de ce carnage et l'endroit choisi par M. de Conti pour sa défense ou pour sa fuite, le mourant essaya de se lever; il montra de la main un corps de logis situé à quelques pas, bégaya : —Là! et retomba dans les bras de ces défenseurs que Dieu lui envoyait si tard.

Pâle et les cheveux dressés, l'épée d'une main, le pistolet de l'autre, Clermont marche lentement dans la direction que le mourant lui a indiquée. Ses compagnons le suivent prêts à l'attaque ou plutôt à la défense. Quoi de plus effrayant, en effet, de plus perfide que ce silence, que cette solitude? Les portes enfoncées par les axons laissent voir une longue file d'appartements vides et noirs. Encore des tronçons d'armes, des cadavres. Les Français avancent pénétrés d'une froide horreur.

Oui, c'est là qu'a dû se passer la plus terrible scène. La mêlée a été horrible. Que de corps! que de sang! Mais parmi les victimes pas un compatriote; pas un ami. Dieu soit béni! le roi a pu fuir avec ses gentilshommes, tous sont maintenant en sûreté. Clermont et les siens poursuivent leur route funèbre.

Tout à coup une porte les arrête, elle est fermée. Vainement ils heurtent, vainement ils ébranlent en cherchant à forcer le passage. Nos gens se consultent; la flamme sombre qui luit dans leurs regards les avertit qu'ils sont du même avis. S'il y a un ennemi, il est là barricadé, retranché; c'est là qu'il va falloir combattre. Eh bien! on combattra. En avant!

Mais ce cri poussé par Clermont, par une voix française, une voix de soldat habituée à le jeter fièrement dans les tempêtes du champ de bataille, ce cri trouve un écho : derrière la porte un gémissement y répond, un soupir plaintif, comme un adieu, comme un râle, et dont la note sinistre perce jusqu'au fond de l'âme de Clermont. Le levier, la hache, dix assauts, font craquer le chêne et déchirent les gonds. La matière seule fait résistance. Par-delà cette porte infernale, le même effrayant silence que jusqu'à elle. Enfin elle cède, elle s'écroule : Clermont se précipite le premier sur les décombres, dans les ténèbres.

— Sire, s'écrie-t-il en délire, où êtes-vous? Voilà votre serviteur, votre fidèle! Mes amis, Robert, Henri, où êtes-vous? mais où êtes-vous donc?

Tout à coup, aux pieds de Clermont même, le gémissement répondit.

Un gentilhomme français était là, couché en travers de la porte, épuisé de sang, raidi, froid. Son corps gardait le passage. Clermont comprit la tactique de ce vaillant soldat, qui, blessé dans les combats précédents, avait dû se réfugier là pour s'y retrancher et tenir le poste jusqu'à ce que le roi eût gagné un asile sûr.

— Il ne faut pas laisser mourir un si brave homme, s'écria Clermont. Et il saisit le blessé, l'enleva dans ses bras pour mieux voir son visage. C'était Henri de Montvalat, qui l'avait reconnu à sa voix et essayait de lui sourire encore, n'ayant plus la force de lui parler.

Clermont l'embrassait, l'appelait des noms les plus doux, et cherchait à panser ses blessures : mais Henri, promenant autour de lui un vague regard, déjà trouble, déjà éteint :

— Sauvez Robert! murmura-t-il en exhalant tout ce qui lui restait de souffle et d'âme.

Une dernière convulsion contracta ses traits livides, et il expira.

Clermont sentit vibrer jusqu'en lui ce coup décisif de la mort. Il se glaçait au contact du cadavre. Mais l'idée de secourir au moins l'un des frères lui rendit l'énergie et l'impétuosité d'un lion.

— Oh oui! sauvons Robert! répéta-t-il pâle et les dents serrées.

Tout à coup il fut arrêté par deux mains de spectre qui se posaient sur ses épaules. Une forme humaine adossée à la muraille se dressait devant lui face à face. Il recula, et le jour bleuâtre d'une meurtrière tomba sur cette figure décomposée par la douleur et masquée par le sang.

— Est-ce vous, Robert? balbutia Clermont éperdu d'horreur.

— Oui, répondit la tête effrayante par un signe qui remplaçait sa voix.

Une pique lui avait traversé les genoux, une balle l'avait frappé au-dessous de l'oreille, et, ne pouvant plus ni marcher ni appeler à l'aide, ayant vu expirer son frère, sans pouvoir ni le secourir ni lui dire adieu, il luttait en héros contre son dernier ennemi, l'agonie.

Clermont sentit la folie se glisser dans son cerveau. Il avait peur de ces ténèbres, peur de ces morts, peur de ces pâles survivants, il était temps de s'élancer hors d'un si affreux songe. Un escalier montait à la plate-forme du château. Là on retrouverait le jour, le soleil. Clermont emporta son ami sur cette terrasse, il l'assit, lui fit respirer l'air comme s'il lui faisait boire la vie, et, agenouillé devant lui, poussant des cris inarticulés, tordant ses mains, se roulant à ses pieds, il le suppliait d'avoir courage, espoir, et de s'aider un peu, et de ne pas mourir.

Mais ces âmes-là, Dieu n'aime pas à les laisser longtemps sur la terre. Peu à peu s'écoulait le reste de sang que Robert n'avait pas donné au prince de Conti. Il fallait mourir. Robert prit une main de son ami, qu'il regarda tendrement avec une sorte de compassion ineffable. Puis, comme l'étincelle manquait à ses yeux, l'expression à ses lèvres, pour rendre sa dernière pensée, il rougit son doigt à la source vive de ses blessures, écrivit sur la dalle : « Didier ! » et alors, n'ayant plus ni un devoir à remplir, ni une goutte de sang à répandre, il ferma les yeux et laissa aller son âme.

Clermont se releva. Immobile d'abord, puis étourdi, vacillant et cherchant un point d'appui dans ce monde où tous les étais lui manquaient l'un après l'autre.

Le prince... oui, le prince... n'allait-il pas aussi le trouver mourant sur quelque monceau de cadavres? L'ennemi était-il encore dans le château? Aurait-on au moins le bonheur de le combattre ? Sauverait-on au moins une victime ? Conserverait-on un seul ami ?... Le prince !... Cherchons le prince ou tombons avec lui ! Il est trop affreux de demeurer ainsi seul vivant parmi les morts !

Mais Clermont devait accomplir jusqu'à la fin sa destinée inexorable. Lorsque ses yeux, qui ne demandaient que le ciel, rencontrèrent la nappe cuivrée de la Baltique, il aperçut, déjà au large, une voile polonaise fuyant à tire-d'ailes vers Dantzig. C'était l'esquif que le dévoûment des Montvalat avait permis au prince d'atteindre avec le reste de ses défenseurs. Ce roi vaincu avant d'avoir régné regagnait les vaisseaux de Jean Bart. Il avait tout perdu : couronne, fortune, amis, mais il n'était pas exilé, lui, il avait la France !

Clermont resta donc seul, abandonné par les vivants et par les morts, ceux-là partis pour le pays natal, ceux-ci pour la patrie éternelle. Il demeura bien longtemps sur cette plate-forme avant de comprendre que tant de malheurs pussent échoir à un seul homme. La nuit vint. L'infortuné restait là, foudroyé. Peut-être au réveil eût-il oublié qu'il était chrétien, qu'il était l'époux de Marianne. Peut-être en sa longue torpeur murmurait-il déjà la sinistre imprécation de l'homme qui veut mourir et qui n'a plus de foi.

Ses serviteurs l'arrachèrent du gouffre sur lequel il se penchait de plus en plus avide. Leur piété donna la sépulture aux Français morts sur cette terre sauvage, et ce fut là, sous les ronces, à l'ombre des granits moussus, que Robert et Henri dormirent enfin côte-à-côte. Bien heureux ! ils ne devaient plus se quitter.

XLVI.

Lorsque le temps eut engourdi la première fièvre de ses douleurs, Clermont, retiré près de la frontière de France, abrité sous le rempart qui le séparait du pays natal, se rappela la dernière recommandation de Robert. Il écrivit à Didier.

Déjà la princesse avait couru à Fleurines. Elle y trouva M. de Conti qui, à son retour, avant de s'ensevelir dans la retraite, était allé aussi embrasser le jeune prêtre. Ces illustres consolateurs étaient à bout de courage. Ils fondirent en larmes. Ce fut Didier qui les consola.

Il leur annonça qu'après avoir interrogé sa conscience pour connaître s'il avait le droit d'abandonner ses pauvres et ses orphelins, la voix de son cœur lui avait répondu qu'il se devait aux plus malheureux, aux plus souffrants; que la faim et le froid, tout le monde les pouvait guérir, mais que lui seul pouvait guérir l'âme blessée de son ami. Il était donc résolu à partir pour l'aller rejoindre.

Le prince le remercia ; il lui jura une éternelle amitié, une protection à toute épreuve. Il le chargea de porter à Clermont non-seulement ses vœux et ses caresses, mais l'assurance formelle d'un retour de fortune qui le dédommagerait de tout ce qu'il avait souffert.

— Quant à vous, monsieur, dit-il, comptez bien que vous êtes de ma famille. Vos frères m'ont sauvé la liberté, la vie; ils sont morts pour moi, je vivrai pour vous, et, si vous êtes de ceux qu'aucune faveur ne tente, si jusqu'à ce jour vous avez voulu demeurer dans l'ombre et la pauvreté, rappelez-vous qu'on sert Dieu tout aussi bien sous la pourpre que sous la bure; rappelez-vous que le pouvoir aux mains d'un juste fait le salut de l'humanité; vous monterez aussi haut que ma main pourra vous faire atteindre, et cette main vous poussera, si vous résistez !

— Moi, dit tout bas la princesse en serrant les mains du jeune homme, moi qui vous dois tout, faites que je vous doive encore la vie de mon mari ! Conservez-le moi courageux et fortifié en lui l'espérance. Nous aussi nous serons les maîtres; ce jour viendra !... nous y touchons peut-être ! Nous aussi nous régnerons. Vous venez d'entendre M. le prince de Conti. Dites à Clermont que nous avons encore de plus puissantes ressources : outre ce protecteur, il nous reste ma mère et Monseigneur, notre futur souverain. Voilà trois appuis inébranlables. L'avenir est donc à nous. Protégez Clermont contre le doute et la douleur; qu'il soit fidèle et ne désespère jamais ! Pour vous, qui m'avez promis déjà votre amitié, accordez-moi aussi vos prières. Demandez à Dieu qu'il me réunisse à Clermont, et, quand cet heureux moment sera venu, ne nous quittez plus, si haut que nous ayons monté : votre âme est faite pour diriger celle des princes et des rois !

— Ainsi parlèrent ces deux grands de la terre. Didier les écouta sans les interrompre, avec son doux sourire et son regard voilé qui disaient :

— Ma récompense n'est pas de ce monde, et vous promettez ce qui n'est pas à vous !

Il partit, laissant son village désolé. Il fit ses adieux aux vieillards qui avaient espéré mourir entre ses bras, aux enfants, ses petits amis, à l'église ornée de ses mains, où Dieu lui avait tant de fois souri dans le soleil et les fleurs et parlé par la voix profonde de la nature; au presbytère, humble et heureuse maison qui avait abrité ses joies et ses douleurs. Et, comme un pressentiment invincible l'avertissait qu'il partait pour un exil sans retour, il voulut se déranger de son chemin pour faire aussi ses adieux à la maison paternelle, au vieux château où reposaient son père et sa mère, dans un tombeau qu'avaient espéré leurs enfants.

Lorsqu'il arriva dans la vallée si riante, au bord du bois, le long des pâtures aimées des grands troupeaux, c'était le soir, l'heure à laquelle le soleil tombant derrière Montvalat écaillait de paillettes de feu les toits aigus de ses deux tours. Didier surpris ne vit plus les tours se profiler en bleu d'acier sur le ciel de pourpre. Il pensa un moment s'être égaré, il pensa aussi que sa vue s'était affaiblie.

En effet, le bois géant dont les cimes arrondies accompagnaient la molle inclinaison du monticule, ces grands chênes, ces hêtres deux fois séculaires dont les tiges robustes montaient fièrement jusqu'aux dômes de verdure comme des colonnes de marbre blanc, cette vieille futaie, l'honneur du château, Didier ne la voyait pas : il ne distinguait à la place qu'un certain nombre de piliers trapus et bas, pareils aux fondations d'un édifice qui commence à sortir de terre.

Pauvre Didier! Sa vue était pourtant bien sûre, et il ne s'était point égaré. Ce qu'il voyait, c'était bien Montvalat : le roi n'avait-il pas condamné à la mort les maîtres, à la ruine la maison? N'était-il pas écrit que le château serait rasé, les bois de haute futaie coupés à six pieds du sol? Eh bien! la sentence du grand roi recevait son exécution. Plus de tours sur la colline, plus d'arbres dans le vallon, plus de Montvalat sur la terre! L'arrêt de Sa Majesté avait trouvé pour eux des exécuteurs jusque dans les marais de la Poméranie!

Et cette exécution du château s'était donc faite en silence? Quoi! à quelques lieues seulement Didier n'avait rien senti, personne ne l'avait prévenu? On l'aimait trop pour lui faire cette peine, et plus d'une fois, le voyant inquiet, agité comme par un murmure lointain, pour le distraire du bruit de la ruine, du fracas de ses arbres croulants, les enfants avaient chanté autour de lui leurs plus beaux cantiques, les jeunes filles leurs plus douces chansons.

Tout est vanité. Elle est grande, elle est vraie, cette parole de l'Écriture : Depuis longtemps Didier l'avait comprise et vaillamment pratiquée : il tenait à peu de chose sur terre, mais il aimait ces murs entre lesquels sa mère lui avait donné le premier baiser. Il aimait ces arbres innocents que le roi venait de punir. Lorsqu'il ne vit plus debout qu'un débris de sa tour violée et découronnée, lorsqu'il n'entendit plus frissonner au vent du soir les feuillages dont la riante majesté était devenue la joie et le besoin de ses yeux, Didier se sentit pâlir comme le guerrier dont un lâche coup a trompé la cuirasse, il s'arrêta un moment éperdu.

Ainsi, plus d'asile pour lui après sa mort, plus d'espoir de ramener au tombeau des parents la dépouille de leurs fils exilés! Qui sait! plus de tombeau peut-être!... Et pourquoi non? Pourquoi le roi qui dispersait les pierres et hachait les branches, pourquoi n'aurait-il pas ordonné qu'on jetât aux vents des cendres qui s'étaient appelées Montvalat!

Mais le château, en tombant, avait recouvert et protégé ses vieux maîtres. Du milieu des décombres émergeait, symbole vénéré, la croix de marbre sous laquelle dormaient les aïeux. Cette croix attendrit Didier, elle calma sa colère. La croix signifie espoir, elle signifie pardon : Didier n'espérait plus, mais il pouvait pardonner encore; il s'agenouilla sur ces ruines, baisa cette croix sainte et pria Dieu pour le roi.

Quelques instants après, il reprit son chemin en grande hâte. Son temps ne lui appartenait pas, puisqu'il avait promis d'aller consoler un homme malheureux.

XLVIII.

Ce n'est pas à l'âge de Clermont, à la fleur de la jeunesse, qu'un homme amoureux perd l'espérance, surtout quand il y est exhorté par la voix d'un ami.

Quand on est jeune, qu'importe le deuil, qu'importent les ruines, tout n'a-t-il pas le temps de ressusciter?

Amis, amours, ceux qu'on a perdus deviennent avec le temps des anges bienveillants, des ombres souriantes qui accompagnent dans le bonheur ou soutiennent dans l'adversité celui qu'ils aimaient lorsqu'ils étaient sur la terre. Leur souvenir, resté jeune, n'est point sinistre au survivant. Ils n'avertissent pas encore, et l'on ne s'effraie pas de penser qu'on les reverra plus tard... Ce plus tard est loin.

En attendant, la vie se déroule, soit avec son cortége de plaisirs et d'ambitions réalisées, la vie vivante, étourdissante surtout, soit avec ses illusions et ses chimères, qui sont des jouissances aussi et suffisent à tromper, sinon à occuper le temps.

Clermont, en fait de réalité, n'avait près de lui que le curé de Fleurines, mais un cœur comme celui-là, quelle réalité!

Comme illusions, il avait son mariage, cet acte écrit, irrévocable, consigné dans les registres de l'église... Pauvre Clermont! en le détrompant on l'eût tué!

Comme chimère, il avait le dénouement prochain de ses misères. Il avait surtout les trois protections toutes-puissantes qui, attisées par le zèle infatigable de sa femme, finiraient par triompher de la haine du roi. Il avait entre autres chimères, pourquoi ne pas dire au premier rang de toutes? la fin plus que probable de ce roi, qui assurément n'était pas immortel!

Un cerveau ainsi alimenté peut ruminer longtemps sans se croire vide! Clermont fut calme et fort pendant longtemps.

Mais l'une de ces fumées s'évanouit. M. le prince de Conti tomba malade. En vain tout Paris, toute la France assiégeant trois mois de suite les églises, supplièrent-ils Dieu de conserver à la patrie ce prince bon et courageux, l'idole des Français, le seul prince du sang qui n'eût pas mêlé sa race aux bâtards de Louis XIV : M. de Conti mourut objet d'un deuil universel. On pleura partout, jusque dans les cabanes. On pleura même chez la duchesse de Bourbon, malgré le duc, qui avait tari l'amour sans pouvoir arrêter les larmes. Le roi ne pleura pas, lui, mais cette mort le soulagea de ses vieux ressentiments.

On raconte que Monseigneur allant à l'Opéra passait sur le quai du Louvre, lorsqu'il vit sur le quai opposé une foule immense escorter le viatique qu'on portait à son ami agonisant. Il eût couru comme tous les autres, il eût embrassé une dernière fois l'un des hommes qu'il avait le plus tendrement chéris, le plus solide appui de sa couronne future, mais il eut peur de mécontenter le roi. Le roi n'aimait pas qu'on aimât. Monseigneur composa son visage, sécha ses larmes, brava l'indignation publique et alla entendre l'opéra.

— Nous avons fait une cruelle perte, écrivit Marianne à Clermont, qu'elle savait en proie au désespoir. Mais ne pleurons que l'ami ; comme protecteur, cet illustre prince n'est pas regrettable. Ceux qui nous restent valent mieux et suffisent pour nous consoler!

En effet, la princesse comptait que l'amitié si publique de M. de Conti pour Clermont avait été la cause réelle de l'obstination du roi à éloigner ce gentilhomme. Il était si brave ami, le feu prince ! Lui effacé, le souverain jaloux craindrait moins les ligues, il pardonnerait enfin à l'exilé. La princesse guettait l'occasion favorable, et la pieuse carmélite, sa mère, avait promis de la faire naître bientôt.

N'y avait-il pas là plus qu'une consolation banale? N'était-ce point la solution vraisemblable? Fut-il jamais plus solide raison d'espérer? Lorsque Clermont eut épuisé ses larmes à pleurer son maître, l'ami de son enfance, il écouta la voix de sa consolatrice, il eut foi dans l'intercession angélique qui déjà une fois l'avait sauvé. Il espéra. Il attendit.

Un an après M. de Conti, la duchesse de La Vallière mourut aux Carmélites.

Cette perte-là, Marianne n'écrivit pas à son époux pour l'engager à s'en consoler. Le coup était affreux. Il frappait la fille et l'épouse si cruellement qu'elle tomba malade, et Didier, qui le savait, ne fut occupé qu'à empêcher tout bruit d'en arriver jusqu'au pauvre exilé.

Le roi trouva un mot pour se dispenser de regretter La Vallière. — Depuis longtemps, dit-il, il la regardait comme étant au ciel. D'ailleurs, comme il survivait, lui, pourquoi pleurer?

Lorsque Monseigneur vit la pauvre princesse ainsi abandonnée, il fut pour elle aussi tendre, aussi rassurant que sa nature peureuse pouvait le lui permettre. Il n'alla pas souvent la voir, parce que trop d'assiduités chez elle l'eussent compromis près du roi, mais il lui envoya Mlle de Choin en ambassade, et celle-ci, bonne, dévouée, outrant les promesses, exagérant sa mission, porta au chevet de la malade tant de consolation et d'espoir que le mal céda, que les yeux se séchèrent. Et la princesse de sa main encore mal assurée écrivit à Clermont : — Nous avons perdu ma sainte mère, mais je vous aime, et nous avons toujours, plus que jamais, Monseigneur. Monseigneur, c'est tout!

Didier, le seul qui prévît la fureur de cette veine fatale, parvint à maintenir son ami en le courbant sous la main irritée de Dieu. Il pleura La Vallière avec lui : — Plus les épreuves deviennent cruelles, lui disait-il, plus se rapproche la misé-

ricorde divine. Un mal intolérable ne dure jamais.

Clermont ne répondait pas toujours à ces exhortations avec la confiance que Didier eût voulu inspirer. Trop d'années s'accumulaient; l'espérance des gens longtemps malheureux vieillit et s'assombrit comme eux-mêmes. Ce n'est plus l'ange aux ailes d'azur qui plane radieux à l'horizon, c'est un Esprit sévère qui glisse lentement devant le voyageur et lui éclaire un obscur chemin à travers des tombes.

Quant à la princesse, dans sa trépidation fiévreuse, elle commençait à perdre le sentiment du vrai et du juste. Un changement de règne, une aube nouvelle, voilà ce qu'elle demandait avec une ardeur insensée. Rêve obsédant de ses nuits, vœu haletant de ses jours, ce but, elle l'appelait, elle y croyait toucher de sa main toujours étendue. Comme la fille du Tarquin ancien, elle ne voyait plus le corps paternel sous les roues brûlantes de son char.

Un an après la mort de La Vallière, Mgr le Dauphin, partant de Meudon pour la chasse, fut pris d'une faiblesse qui le coucha dans sa chaise. C'était l'invasion d'une maladie. Les médecins accourus signalèrent la petite-vérole, mal impitoyable en ce temps-là. Le roi vint s'installer avec la cour à Meudon.

On peut croire que Mme de Conti n'y arriva pas la dernière. Après le premier moment de prostration, elle réagit et lutta si furieusement contre cette nouvelle menace du sort qu'elle parut le faire reculer. Monseigneur était d'une santé robuste, dans la force de l'âge. Monseigneur était l'avenir, la dernière ressource, il fallait que Monseigneur vécût. La princesse fondit sur la mort et la mit en fuite du premier choc. Après quoi, épuisée de veilles, d'angoisses, ayant dépensé toutes ses forces à retenir ce mourant près d'elle, elle se reposa un moment et ouvrit la main.

Déjà les médecins répondaient au roi de la guérison de son fils. La convalescence venait, dissipant comme un souffle l'espérance infatigable des bâtards. La pauvre Choin, confinée en un grenier du château par la présence du roi, commençait à respirer d'une alarme qui avait brisé son cœur. Tout à coup en deux heures la scène changea, ce mieux devint le pire, la santé fut l'agonie, Monseigneur ressuscité était devenu un moribond.

Le roi sortait de table, il voulut entrer chez son fils, dix empressés l'en empêchèrent. Les médecins vinrent annoncer que tout était fini : aussitôt le roi monte en carrosse et part, tout le monde quitte Meudon comme lui. Personne ne s'informe s'il n'est pas un peu tôt pour fuir. On fuit. Un indescriptible désordre remplace les chants et les rires. Les chevaux qui se heurtent, les roues qui grondent, les portes qui crient, un flot de gens effarés qui se sauvent, valets et maîtres, voilà que la princesse réveillée entend sans le comprendre. Elle se lève, elle descend chez son frère: personne dans les vestibules, dans les salons, personne dans la chambre même de Monseigneur. Elle voit sortir du lit une main égarée qui cherche vainement quelque main secourable, des yeux obscurcis qui appellent un regard et ne le rencontrent pas. Elle se précipite, elle saisit le mourant dans ses bras, elle l'inonde de baisers et de larmes, elle colle sa bouche sur ces lèvres gonflées pour arrêter la vie au passage; mais ce dernier souffle de l'homme, personne ne le retient que Dieu. Marianne le sent glisser, humide et froid, sous sa brûlante haleine : elle appelle, rien ne répond : Monseigneur était mort!

C'est alors qu'on put voir une femme, pâle du silence qui régnait autour d'elle, descendre à pas furtifs le grand escalier du château et traverser lentement ce morne désert. C'était la modeste et dédaignée compagne de celui qui venait d'expirer en l'appelant peut-être! Mlle de Choin, se voyant oubliée dans le palais immense, se hasarda enfin jusqu'à la chambre de Monseigneur. Elle le trouva déjà glacé. La princesse, évanouie, se cramponnait encore à ce cadavre.

Cette seule compagne du Dauphin mort veilla près de lui jusqu'à ce qu'il arrivât enfin quelque serviteur honteux d'un oubli si étrange. Elle remit à ces gens l'infortunée princesse que ses soins n'avaient pu rappeler à la vie, et, comme son époux n'était plus seul et sans prières, alors, humble toujours, elle se déroba par une porte de service et regagna son logis obscur de la rue du Pot-de-Fer, n'emportant du palais où elle avait été reine que le souvenir d'un bonheur perdu, son généreux silence et l'honneur de sa pauvreté.

XLIX.

Le roi ne trouva pas extraordinaire que son fils fût mort avant lui. Il lui restait le duc de Bourgogne et trois arrière-petit-fils pour assurer la transmission de la couronne en ligne directe. Au besoin les bâtards étaient là. Et puis, un petit-fils est un instrument plus maniable aux mains d'un vieillard qu'un fils déjà mûr et impatient de paraître à son tour. Tout bien examiné, cette mort du Dauphin pouvait avoir son bon côté.

Quand ces grands artisans de Milan ou de Tolède, quand les Arabes de Damas forgeaient des armures ou des lames, avant d'en trouver une parfaite ils en rompaient mille, dit-on, dans les terribles épreuves qu'ils leur faisaient subir. L'arme qui résistait à un essai pareil pouvait braver et porter tous les coups. Le cœur humain est comme l'acier, il se brise ou se trempe dans un excessif malheur.

Aussitôt que la princesse de Conti eut repris connaissance et accordé à la faiblesse d'une femme cette part que le corps prélève souvent en dépit de l'âme, aussitôt qu'elle eut respiré et tout considéré autour d'elle avec l'instinctive opiniâtreté de la nature qui veut vivre, au lieu du désespoir pardonnable, peut-être après une semblable accumulation d'infortunes, elle ne trouva en elle qu'une rage insensée de résistance et une vigueur capable de pousser cette résistance jusqu'à la plus audacieuse rébellion.

Qu'avait elle à risquer désormais? Rien. Qu'a-vait-elle à gagner? Tout. Lorsqu'une créature humaine se pose et résout de la sorte le problème de son avenir, ce n'est plus une force humaine qui peut l'arrêter ou la vaincre.

Et, logiquement, Marianne avait plus de chances par la lutte que par l'abnégation et l'obéissance.

Attendre? Voici ce que ce mot représentait pour elle :

Le roi devenant centenaire, le duc de Bourgogne un cagot, un ennemi lui succédant et continuant sa politique. Plus de jeunesse, plus d'amour, plus de fortune possible.

Lutter? c'était une rupture avec un père, mais cette rupture, elle était de fait accomplie et ne rapportait rien. Obéir, se soumettre, c'était bon lorsqu'on espérait, lorsqu'il s'agissait de tenir le serment fait par La Vallière, par une mère respectable à l'égal d'une divinité.

Mais maintenant La Vallière était morte, et, déliée de tout sur la terre, elle avait aussi délié sa fille. Cette fille, au contraire, avait fait serment à Dieu d'aimer et de suivre son mari. Voilà le seul serment qui restait debout.

Quoi! jeune encore, belle plus que jamais, elle laisserait flétrir dans cette stupide servitude non-seulement ses beaux jours à elle, mais la vie de son mari! elle condamnerait à une prison éternelle ce malheureux, rachetable par une seconde de résolution! Exilé? mais il ne l'était pas, si elle voulait le tirer d'exil. L'exil, ce n'est pas l'obligation de vivre ici ou là, c'est l'absence des gens qu'on aime : il n'existe pas pour quiconque ne regrette rien !

Marianne se fût crue coupable d'hésiter plus longtemps. Sa fortune ne tenait pas si bien au sol de la France qu'elle n'en pût emporter avec elle les meilleurs morceaux. Sa fortune, d'ailleurs, c'était sa beauté, c'était son mari, auquel un pareil trésor suffisait. La princesse sentit une joie indicible à composer pièce à pièce et seule son complot. Elle ne voulut ni courir le danger d'une confidence, ni abandonner à un confident quelque parcelle du mérite de la conception. Une voie sûre de correspondance avait été ouverte depuis longtemps entre elle et Didier, ce serviteur toujours vigilant, toujours prêt au moindre signe. Elle lui écrivit de préparer peu à peu Clermont à un grand bonheur que depuis trop longtemps elle lui faisait attendre ; elle n'en dit pas assez pour compromettre le succès, mais elle se fit comprendre et termina en annonçant que sa première dépêche fixerait irrévocablement le jour de son arrivée dans un lieu où elle cesserait d'être esclave pour être libre à jamais.

Cette lettre achevée et partie, Marianne recommença réellement à vivre. Elle arrangea tout pour son départ avec une habileté qui déjoua la pénétration de la police royale et de la cour. D'ailleurs sa retraite, après la mort récente de Monseigneur, l'aidait naturellement à couvrir ses démarches, et huit jours ne s'étaient point écoulés depuis le désastre dans lequel d'abord elle s'était crue engloutie, que Marianne, tenant sous sa main une somme considérable en or et en pierreries, des amas de traites et de billets sur les principales banques de l'Europe, des relais assurés, un secret intact, envoya un baiser dans la direction de l'est où devait l'attendre Clèrmont, et, s'asseyant devant la table avec un tressaillement de joie, prit la plume pour écrire cette lettre décisive qu'elle avait promise à Didier.

Elle n'avait pas tracé le premier mot, qu'un éblouissement subit lui déroba la vue. Pour essuyer la sueur froide qui mouillait son front, elle quitta la plume et ne put la reprendre. Ses femmes l'entendirent se débattre contre ce malaise étrange ; elles accoururent. Marianne tomba dans leurs bras en murmurant :

* — Comme mon frère !

En effet, Monseigneur avait été frappé ainsi. La maladie était la même, la princesse en avait pris le venin dans son dernier soupir. A partir de ce moment, elle ne pensa plus, ne s'appartint plus ; elle végéta engourdie dans cet empoisonnement mortel.

Mlle de Choin quitta sa retraite pour donner à l'infortunée les soins d'une tendre sœur, d'une amie éclairée. Sait-on si elle n'avait pas deviné sa véritable souffrance !

Aux premiers relâchements du mal, quand l'esprit se réveilla et recommença à dominer la matière, la princesse étonna tout le monde par son courage à tout souffrir ; on l'entendit répéter chaque jour qu'elle ne mourrait pas, qu'elle voulait vivre, et qu'elle répondait de sa guérison, même quand personne ne l'aiderait à guérir.

L'événement justifia cette hardiesse. En moins de temps que les plus heureux, Marianne sortit des dangers de la terrible maladie. Ses médecins lui promirent une santé plus florissante que jamais ; et elle, avec un sourire, répondit qu'elle s'y attendait bien.

Déjà raffermie, se fixant à elle-même le jour de la délivrance, elle n'avait plus qu'une inquiétude, bien naturelle à une femme sans rivale pour la beauté : elle se demandait si les traces presque ineffaçables de ce mal respecteraient son visage ; Mlle de Choin, qui la comprit et la surveillait, lui répondit que toutes les phases de la maladie s'accomplissaient en elle avec un bonheur soutenu, que la nature avait un dernier effort à faire, mais qu'elle le ferait et que le succès était indubitable. Ce fut l'avis de tout le monde au chevet de la princesse : médecins, femmes, courtisans, chacun l'assura qu'elle ressusciterait merveille du monde.

Elle le désirait trop ardemment pour ne pas être aisément persuadée. Elle se soumit aux prescriptions les plus sévères afin de gagner plus vite le terme si impatiemment attendu.

Mais ce n'est pas assez pour une femme malade de savoir qu'elle est toujours belle : il faut qu'elle se voie dans cette beauté. La princesse, obsédée des ténèbres dans lesquelles on la tenait enfermée, ne cessait de demander du jour et un miroir, que, en riant et avec toutes sortes de câlineries galantes, ses gardes lui refusaient, sous prétexte que Maréchal et Fagon, heureux d'une cure parfaite, tenaient à compléter l'œuvre et ne permettaient à la chrysalide de se revoir que dans la splendeur du papillon.

— C'est moi, disait Maréchal, qui ouvrirai les fenêtres de Votre Altesse.

— C'est moi, disait Fagon, qui lui tiendrai le miroir le jour où l'habit de cour remplacera le déshabillé de la malade.

Et, quand la princesse impatiente les somma de fixer ce jour, ils demandèrent une semaine.

Marianne ne voulut pas perdre un temps si précieux. Tout en achevant cette guérison miraculeuse, tout en perfectionnant cette incomparable métamorphose qui lui était promise, elle pouvait renouer l'exécution des plans interrompus. Il suffisait de prévenir Didier par une lettre huit jours d'avance, c'était juste le temps d'avertir son mari.

Mais demander à écrire, c'était s'exposer aux refus de toute sa maison, on n'écrit pas sans lumière, et les deux médecins l'avaient proscrite. Il est vrai que Mlle de Choin serait femme à violer l'ordonnance. Marianne s'ouvrit à elle. Une bougie seulement et une feuille de papier, une complaisance de quelque minutes... L'amie dévouée refusa.

Marianne avait bien envie de se fâcher. On l'aimait trop, mais elle réfléchit que son secret s'en trouverait bien. Dans ces sortes d'affaires, la femme le mieux servie est celle qui se sert elle-même. De quoi s'agissait-il ? de sortir du lit pendant que les veilleuses dormiraient, ce qui ne manquait jamais vers le point du jour ; d'aller, sur la pointe du pied, dans le cabinet voisin, d'y écrire les quelques lignes promises ; le tout serait accompli avant que nul n'en eût seulement le soupçon.

On touchait à la fin de la nuit ; les gardes dormaient sans défiance, n'ayant plus de service à faire pendant le sommeil si régulier de la convalescente. Marianne attendit que les rayons de l'aube vinssent tracer leur raie lumineuse sous la porte du cabinet, et alors, exécutant de point en point sa résolution, sûre de n'être pas surprise, puisque ce cabinet était toujours désert, elle glissa hors du lit et traversa sa chambre sur un tapis épais qui absorba le bruit des pas.

Elle se réjouissait de se trouver si forte. Pas le moindre tremblement, une précision de geste, une présence d'esprit, indices de la santé la plus complète. Sa main adroite ouvrit la porte, qui ne cria pas et se referma derrière Marianne avec le même bonheur.

Mais en entrant la princesse s'aperçut qu'elle n'était pas seule. Une femme s'arrêta en face d'elle, une femme inconnue, ou plutôt une apparition épouvantable.

Le visage bouffi, haché de cicatrices, des prunelles imperceptibles sous le double bourlet rouge des paupières chauves, les joues couperosées et spongieuses, une bouche tordue... horreur ! Marianne recula d'effroi, la femme aussi recula.

Ce spectre affreux, c'était elle-même, aperçue dans la glace de la toilette qui tant de fois l'avait réfléchie adorable et superbe. Ce masque effrayant, cette expression ignoble, cette autre tête sur son corps, c'était la charmante Marianne, c'était la reine de grâce, d'amour et de beauté !

Elle voulut douter encore, elle étendit la main

pour toucher la vision horrible, mais elle reconnut au doigt du monstre l'anneau de mariage du pauvre Clermont, et, poussant un cri, suprême sanglot d'un cœur où se brise l'amour avec la vie, elle tomba lourdement sur le plancher.

L.

Depuis la mort de Monseigneur, Clermont ne s'illusionnait plus. Il comprenait sa destinée. Chaque parole de Didier était repoussée par un sourire silencieux et amer. Le jeune prêtre sentit qu'après tant de consolations perdues les ressources mondaines lui manquaient, il se mit à parler de Dieu au condamné.

Clermont l'écouta en silence comme toujours. C'était pitié de voir ce qu'avait fait le malheur d'une tête si jeune et si charmante. Après le malheur qui vieillit était venu le doute qui tue. L'homme qui doute est mort. Clermont marchant et respirant n'était déjà plus qu'un cadavre.

Cet aspect frappa Didier. Pour la première fois il remarquait l'effrayante rapidité de cette décadence; quant aux moyens de l'arrêter, il ne les possédait ni prompts, ni sûrs. La lettre si encourageante de la princesse, cet espoir de bonheur qu'elle permettait, qu'elle commandait même, Didier n'y croyait pas. C'était sans doute un nouveau leurre, la saillie d'une bienveillance incontestable, d'un amour fidèle, mais sans résultat possible. Voilà pourquoi Didier n'avait pas essayé de combattre avec cette lettre le morne découragement de Clermont.

En effet, que de fois depuis tant d'années la princesse n'avait-elle pas supplié son époux d'attendre et d'espérer encore! Que de promesses! que de combinaisons prétendues infaillibles qui, l'une après l'autre, avaient échoué! Didier, pour ranimer son ami, eût voulu avoir à lui offrir une nourriture moins chimérique. Cependant, comme il le vit écrasé, sceptique jusqu'à l'athéisme, il jugea prudent de l'arrêter sur cette pente funeste par une barrière, si fragile qu'elle fût, et alors il lui communiqua le message de sa femme, espérant à peine galvaniser le mort une dernière fois.

Clermont rougit d'abord et ses yeux éteints se rallumèrent, puis il haussa les épaules. Cette nouvelle promesse, dit-il, aurait le sort des précédentes; et il énuméra toutes les difficultés qui entraveraient l'action de la princesse. La réponse de Didier fut une énumération des possibilités du projet. Il la fit d'autant plus pompeuse qu'il était moins persuadé. Son audace dans l'invraisemblance ne révolta pas Clermont· cet incrédule croyait donc encore un peu. Sans doute, puisqu'il vivait encore.

— Au surplus, ajouta-t-il, à quoi bon discuter? Si nous devons revoir Mme de Conti (hélas! il l'appelait toujours ainsi, sublime dupe!), ce ne peut être qu'après un nouvel avis. Ne sommes-nous pas habitués à attendre? Attendons!

L'attente fut longue. La princesse, on le sait, n'était guère en état d'écrire. Clermont, cette fois, n'eut pas la patience ordinaire. Lorsqu'il vit s'écouler le délai que sa secrète espérance avait

assigné aux démarches de sa femme, lorsqu'il eut nuit et jour attendu, en se dévorant, le courrier promis:

— Eh bien! dit-il à Didier un soir qu'ils faisaient leur promenade monotone au bord de la mer, parle-moi donc un peu de tes illusions. Voyons, console-moi donc, consolateur inépuisable!

Ses mains tremblaient. Un feu fatal illuminait ses prunelles sanglantes. Le rire sauvage de la folie voltigeait sur ses lèvres. Il fit peur et pitié à Didier, qui l'entoura de ses bras et lui dit doucement:

— Pourquoi cesserai-je d'espérer, n'ai-je pas Dieu avec moi?

— Tu l'as peut-être, répliqua l'insensé, mais moi je ne l'ai pas.

— Ce n'est pas le bonheur qui prouve Dieu, reprit Didier plus fermement. C'est le malheur, au contraire.

— En vérité, s'écria Clermont. Ainsi Dieu est le fléau, le persécuteur des justes! Dieu frappe et tue les innocents. Ce même Dieu bénit et prolonge la vie des scélérats et des impies. Ah! ah! si j'étais Dieu, je voudrais me révéler d'une autre façon: je laisserais sur terre Robert, Henri, La Vallière, Conti, Monseigneur, et je sais bien qui j'en ôterais.

— Tu es un homme, Clermont, et tu ne vois pas plus loin que ne le permet ta vue. Il y a une autre vie, ne l'oublie pas, chrétien.

— Me réponds-tu, dit l'infortuné avec un rugissement de douleur, que cette autre vie me dédommagera de la présente? Et d'ailleurs à quoi bon me faire souffrir même une fois! Je suis pur, moi; les juges-hommes que tu méprises tant s'arrachent les cheveux et se châtient lorsqu'ils ont puni un innocent, cependant ils sont faillibles et partant excusables. Mais Dieu, l'infaillible, pourquoi permet-t-il, pourquoi commet-il le crime d'iniquité, qu'il réprouve chez nous, chétifs mortels?

— Tu blasphèmes, ami, murmura Didier d'une voix éteinte.

Cette violence le navrait. Il ne l'avait pas prévue. Agneau sans fiel, il ne comprenait pas la rage du lion!

— Je souffre, s'écria Clermont, je souffre! La plainte n'est-elle plus permise? Au blessé dont la chair saigne défends-tu de crier et de gémir? Voilà trop longtemps que je me contiens! Mes amis, où sont-ils? morts! mes protecteurs? morts! Ma femme bien légitime, n'est-ce pas, bien chrétiennement acquise, ce n'est pas un amour coupable, adultère comme ceux du roi: eh bien! ma femme, pourquoi ne l'ai-je pas là seulement pour me voir expirer dans ces tourments injustes? Je blasphème, dis-tu? Ah! Didier, celui qui a fait la blessure n'a pas le droit d'étouffer la plainte!

— Prends garde! mon ami, interrompit le jeune prêtre, n'attire pas sur toi de nouveaux malheurs...

— Et que peut-il m'arriver de plus, la mort de la princesse? Mais ce sera la fin de ses maux, la fin des miens, je le jure!

Didier se précipita sur l'insensé, il lui ferma la bouche: quelqu'un venait à eux.

C'était l'intendant de Clermont, porteur d'une dépêche que l'œil perçant de Didier aperçut et reconnut le premier. Il l'arracha des mains du serviteur, et, avec un élan de joie :

— Tiens ! s'écria-t-il, vois si l'on doit jamais douter !

Et il lui montra le cachet convenu entre lui et la princesse.

— D'elle ! s'écria Clermont subitement transfiguré.

— Oui, ingrat ! oui, mauvais fils ! qui accusais Dieu, quand il était si simple de supposer un retard, un empêchement quelconque à ton bonheur. Ce bonheur, le voilà peut-être, enfin !

Clermont prit la lettre dans ses mains tremblantes, et rompit le cachet. Didier suivait avec avidité chacun de ses mouvements.

Il vit Clermont blanchir, comme ces suicidés qui, s'ouvrant les veines, perdent la vie goutte à goutte. Le malheureux lut jusqu'au bout et garda cette pâleur de cire rendue plus effrayante encore par la rigide impassibilité de ses traits.

Didier frémit. Ses yeux éloquents sollicitaient l'œil hagard de son ami. Au bout d'un long silence, voyant Clermont toujours courbé, toujours anéanti, il ramassa la lettre tombée sur le sable.

« Louis, écrivait la princesse, la femme que vous avez aimée n'existe plus. À sa place, sous son nom, respire et s'agite un être informe, objet de dégoût et d'horreur, plus hideux que la plus repoussante des métamorphoses païennes. Voilà ce qu'a fait la maladie d'une beauté dont j'étais heureuse et fière, puisque je vous la consacrais.

» Il y a peu de jours, j'accourais vers vous les bras ouverts, vous apportant ma personne et mon âme. Je fusse morte à l'idée de ne plus vous revoir. Si, aujourd'hui, je savais être aperçue de vous, je tomberais morte, tuée de ma propre main.

» Nous sommes tous deux chrétiens, épargnez-moi ce crime : disons-nous adieu.

» Notre mariage a été maudit. Comme il avait été anéanti devant les hommes, le voilà brisé entre nous. Arraché du registre, arrachons-le de nos cœurs. Vous êtes libre, mon ami. Dieu qui avait reçu vos serments ne s'irritera pas de vous les voir reprendre ; tout au contraire, il vous bénira du jour où vous ne penserez plus à moi.

» Adieu, j'entre dans l'ombre qui précède la tombe. J'espère que Dieu m'a assez éprouvée en ce jour. Je vis, moi, pour me conserver le ciel, où j'espère vous retrouver un jour. Résistez au désespoir qui nous séparerait dans l'éternité bienheureuse. Vivez ! »

Lorsque Didier eut fini cette lecture en frissonnant à chaque mot, lui aussi demeura muet et atterré devant la persévérance d'une fatalité sans exemple. Il oubliait Clermont plongé dans sa torpeur funèbre. Cet état de prostration l'alarma ; il prit la main de son ami et le réveilla doucement.

— Tu disais vrai, murmura Clermont dans une solennelle extase, Dieu est plein de miséricorde : il secourt les affligés.

— Tu souffres ? s'écria Didier.

— Non, ami, non.

— Qu'as-tu alors ?

— Je meurs, dit l'infortuné avec un sourire.

En effet, le dernier coup l'avait affranchi. Il ne souffrait plus.

Le lendemain, Didier, après lui avoir rendu les devoirs suprêmes, prit passage sur un navire qui conduisait à Siam des missionnaires pour remplacer ceux qu'avaient massacrés les idolâtres. Lui aussi voulait retrouver au ciel tout ce qu'il avait aimé sur la terre.

Au moment où il s'embarquait, humble et perdu dans la foule des martyrs, un homme, fêté, applaudi, rayonnant, quittait le port avec une suite brillante. C'était le nouveau chargé d'affaires d'Angleterre, l'abbé Dubois, qui partait pour cette ambassade. Son superbe vaisseau de ligne faillit écraser en passant le modeste bateau des missionnaires. Didier vit resplendir sur le pont son heureux voisin de Saint-Christophe. Il l'entendit même répondre à l'amiral qui demandait des nouvelles de la cour.

— Le roi va mieux que jamais, monsieur. Meurent ses ennemis et vive le roi !

— Vive le roi ! répondit l'amiral. Et ses canons saluèrent majestueusement le port.

Didier disparut dans la fumée.

(Extrait du feuilleton du *Pays, Journal de l'Empire*.)

AUGUSTE MAQUET.

Paris. — Imprimerie de SCHILLER aîné, 11, rue du Faubourg-Montmartre.

www.ingramcontent.com/pod-product-compliance
Lightning Source LLC
Chambersburg PA
CBHW051736090426
42738CB00010B/2282